Litigation-PR: Alles was Recht ist

Lars Rademacher
Alexander Schmitt-Geiger (Hrsg.)

Litigation-PR: Alles was Recht ist

Zum systematischen Stand der strategischen Rechtskommunikation

Unter Mitarbeit von Andreas Köhler

Mit einem Geleitwort von Alice Schwarzer

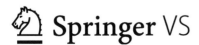

Herausgeber
Lars Rademacher
MHMK München, Deutschland

Alexander Schmitt-Geiger
München, Deutschland

ISBN 978-3-531-18201-8
DOI 10.1007/978-3-531-18980-2

ISBN 978-3-531-18980-2 (eBook)

Die Deutsche Nationalbibliothek verzeichnet diese Publikation in der Deutschen Nationalbibliografie; detaillierte bibliografische Daten sind im Internet über http://dnb.d-nb.de abrufbar.

Springer VS
© VS Verlag für Sozialwissenschaften | Springer Fachmedien Wiesbaden 2012
Das Werk einschließlich aller seiner Teile ist urheberrechtlich geschützt. Jede Verwertung, die nicht ausdrücklich vom Urheberrechtsgesetz zugelassen ist, bedarf der vorherigen Zustimmung des Verlags. Das gilt insbesondere für Vervielfältigungen, Bearbeitungen, Übersetzungen, Mikroverfilmungen und die Einspeicherung und Verarbeitung in elektronischen Systemen.

Die Wiedergabe von Gebrauchsnamen, Handelsnamen, Warenbezeichnungen usw. in diesem Werk berechtigt auch ohne besondere Kennzeichnung nicht zu der Annahme, dass solche Namen im Sinne der Warenzeichen- und Markenschutz-Gesetzgebung als frei zu betrachten wären und daher von jedermann benutzt werden dürften.

Einbandentwurf: KünkelLopka GmbH, Heidelberg

Gedruckt auf säurefreiem und chlorfrei gebleichtem Papier

Springer VS ist eine Marke von Springer DE. Springer DE ist Teil der Fachverlagsgruppe Springer Science+Business Media
www.springer-vs.de

Inhalt

Alice Schwarzer
Geleitwort 9

Lars Rademacher & Alexander Schmitt-Geiger
Litigation-PR in der Diskussion: Potenziale der strategischen
Rechtskommunikation 15

I. Grundlagen

Ines Heinrich
Litigation-PR: Kommunikationsmanagement zum Schutz der
Reputation im Gerichtssaal der öffentlichen Meinung 23

James F. Haggerty
The Origins and Current Status of Litigation-PR in the USA 41

Alexander Schmitt-Geiger
Deutschland und die USA: Ist US-amerikanische Litigation-PR auf
Deutschland übertragbar? 57

Volker Boehme-Neßler
Rechtsprechung im Gerichtshof der Öffentlichkeit?
Rechtssoziologische Überlegungen zur Litigation-PR 75

Alexander Bräunig & Ansgar Thießen
Reden ist Silber, Schweigen auch: Eine grundlegende
Gegenüberstellung öffentlicher Kommunikation von
Public Relations und Legal Affairs 93

Mark Eisenegger
Moral, Recht und Reputation 105

II. Spezifische und empirische Aspekte der Litigation-PR

Per Christiansen
Die Medien sollen es richten:
Der rechtliche Rahmen für Litigation-PR 123

Gerson Trüg & Marco Mansdörfer
Zur Öffentlichkeitsverantwortung der (Straf-) Gerichte und
Staatsanwaltschaften in der Mediengesellschaft 151

Nadine Remus
Justizberichterstattung als öffentliche Aufgabe 169

Andreas Köhler & Patricia Langen
Der Fall Kachelmann zwischen öffentlicher und veröffentlichter
Meinung: In dubio contra reo? 187

Andreas Köhler
Litigation-PR in Verfassungsfragen: Die Verfassungsklage
als oppositionelles PR-Instrument 203

Hans Mathias Kepplinger
Der indirekte Einfluss der Medien auf Richter und Staatsanwälte 219

Lars Rademacher & Anton Bühl
Die Bedeutung von Litigation-PR im deutschen Rechtssystem:
Ergebnisse einer Befragung deutscher Gerichte, Anwälte und
Staatsanwaltschaften 243

III. Herausforderungen der Praxis

Joachim Jahn
Litigation-PR als Provokation 257

Inhalt 7

Martin W. Huff
Wie kommunikationsfähig müssen Juristenbehörden sein?
Anforderungen an Fähigkeiten, Fertigkeiten und Ausbildung............... 267

Brigitte Koppenhöfer
Was darf die Justiz? Was macht die Justiz? Welchen Einfluss
haben die Medien? Ein Bericht aus der Praxis.. 279

Martin W. Huff
Staatsanwaltschaften in der Zwickmühle: Zwischen
Informationsarbeit und Vorverurteilung... 293

Dietrich Schulze van Loon, Tom Odebrecht & Ulrike Penz
Kommunikations- und Rechtsberatung: Kooperation zwischen
Agenturen und Kanzleien als richtungweisendes Modell...................... 303

Hartwin Möhrle
Litigation-PR in der Krisenkommunikation:
Beratungsstrategie aus der kommunikativen und juristischen
Doppelperspektive... 315

Stephan Holzinger
Felder und Strukturen der Kommunikationsberatung in
juristischen Auseinandersetzungen.. 325

IV. Perspektiven

Alexander Unverzagt, Claudia Gips & Peter Zolling
Rechtsfindung und Rufwahrung: Zur Zukunft der Litigation-PR
in der juristischen Praxis.. 341

Lars Rademacher
Rechtskommunikation in der (europäischen) Öffentlichkeit:
Aspekte des künftigen Einsatzes von Litigation-PR.............................. 351

Verzeichnis der Autorinnen und Autoren 359

Stichwortverzeichnis.. 365

Geleitwort

Alice Schwarzer

Sie alle werden den Kachelmann-Prozess verfolgt haben. Sie alle werden eine Meinung zu dem Fall haben. Und Sie (fast) alle werden überzeugt sein, ich hätte geschrieben, der Angeklagte sei schuldig und seine Ex-Freundin sage nichts als die Wahrheit. Was falsch ist. Sie (fast) alle haben sich täuschen lassen. Auch Sie sind ein Opfer dessen, was wir hier Litigation-PR nennen.

Auf den tatsächlichen – überprüfbaren – Sachverhalt werde ich noch zurückkommen. Lassen Sie mich vorab darlegen, warum mir das Thema Litigation-PR gerade heute so wichtig scheint, dass ich ein Vorwort zu diesem Band schreibe: Weil der Versuch der direkten Beeinflussung der öffentlichen Meinung in Bezug auf einen Prozess und seine ProtagonistInnen – und damit die indirekte Beeinflussung des Gerichts – inzwischen Dimensionen erreicht hat, die den Rechtsstaat gefährden. Die Klassenjustiz ist wieder eingeführt. Denn Litigation-PR ist eine Frage des Geldes. Dafür ist der Kachelmann-Prozess ein exemplarisches Beispiel.

Wie viele meiner KollegInnen war auch ich in meinem langen Berufsleben immer wieder mal als Gerichtsreporterin tätig, schon zu Beginn bei der Tageszeitung ging es dabei ebenso um den in der Regel „jugendlichen Autoknacker" wie um den in der Regel „armen Frauenmörder". Das ist Gerichtsalltag. In spektakulären Prozessen wie dem Fall Kachelmann aber geht es nicht nur um die Schuldfrage eines Einzelnen, sondern werden weit darüber hinaus gesellschaftlich akute Fragen exemplarisch verhandelt.

So schon 1961 apropos des Prozesses gegen Vera Brühne. Sie sollte aus Habgier einen Liebhaber umgebracht haben. Doch bereits als das „Lebenslänglich" gesprochen wurde, vermuteten viele, dass es sich mit hoher Wahrscheinlichkeit um ein Fehlurteil handele. Dahinter verbargen sich massive andere Interessen (Waffenhandel?) sowie das ideologische Klima der bigotten Nachkriegszeit, in der die leichtlebige Brühne als „Flittchen" galt, über das sich schein-biedere Hausfrauen und Ehemänner ostentativ empören konnten.

Oder der Prozess gegen den beliebten Ex-Boxweltmeister Bubi Scholz im Jahr 1984. Er hatte seine Frau, die sich aus Angst in der Toilette eingeschlossen hatte, durch die Türe mit einem Luftgewehr erschossen. Scholz stand für den verunsicherten Mann mit der zu emanzipierten Frau. Während das einstige

Männer-Idol arbeitslos war, führte seine Frau eine erfolgreiche Parfümerie auf dem Ku'damm. Die Tat „glich einem Selbstmordversuch, so abhängig, wie Gustav Scholz von seiner Frau war", schrieb damals Gerhard Mauz im *Spiegel*. Die Richter hatten ein Einsehen: drei Jahre, davon ein Jahr auf Bewährung. „Unser Bubi bald frei", jubelte *Bild*. Erste Pointe: Seine „Neue", die er zu dem Zeitpunkt seit fünf Jahren kannte, holte ihn nach zwei Jahren am Gefängnistor ab. Zweite Pointe: Der ja nicht wegen Mordes verurteilte Bubi Scholz kassierte auch noch die Lebensversicherung über 650.000 DM seiner von ihm getöteten Frau. Zu der Zeit ist die „Verletzung der Männerehre" tatsächlich noch eine strafmildernde Kategorie im deutschen Strafrecht und eine selbstverständliche Floskel in der Urteilsbegründung.

Oder auch die drei Prozesse im Fall Weimar in den Jahren 1986 bis 1999. „Mutter Weimar" stand für die „Rabenmutter". Auch hier ein schwacher Mann und seine berufstätige Frau, die zu allem Überfluss auch noch einen jüngeren Liebhaber hatte. Auch Monika Weimar wird, fast wortgleich, als „ihm überlegen", „kalt" und „schmallippig" beschrieben. Die Mutter wurde für den Tod ihrer beiden Töchter einmal schuldig, einmal frei und ein drittes Mal wieder schuldig gesprochen. Die Berichterstattung von Gerhard Mauz im *Spiegel* und seiner späteren Nachfolgerin Gisela Friedrichsen in der *FAZ* war nach Meinung vieler Beobachter entscheidend für den letzten Schuldspruch. Für sie war Monika Weimar eindeutig die Täterin. Doch die Doyenne der deutschen Rechtspsychologie, Prof. Elisabeth Müller-Luckmann, Gutachterin im Weimar-Prozess, war noch 2009 im Gespräch mit *EMMA* davon überzeugt, dass die Mutter unschuldig und der Vater der Täter gewesen sei. Doch der war nie auch nur vernommen worden.

Will sagen: Recht wird nicht im emotions- bzw. interessenfreien Raum gesprochen. Und Richter sind a) auch nur Menschen und b) beeinflussbar. Von den zahllosen Prozessen gar nicht zu reden, in denen muslimische Frauen- und Töchtermörder in den 1980er und 1990er Jahren freigesprochen oder zu verständnisvollen Mindeststrafen verurteilt wurden – wegen der „anderen Sitten" und weil auch ihre Opfer gegen die Ehre, in dem Fall gegen die „Familienehre" verstoßen hatten. Das änderte sich erst nach 9/11 allmählich.

Ich könnte diese Liste endlos fortsetzen, doch die wenigen Beispiele sollen genügen, um in Erinnerung zu rufen: Stimmung ist immer gemacht worden. Und selbst unumstößliche Fakten können so oder so interpretiert, können als „Mord" oder „Totschlag" klassifiziert werden – was entscheidend ist für das Strafmaß. Richter haben einen dem Laien weitgehend unbekannten, gewaltigen Ermessens-Spielraum beim Strafmaß.

Und genau da setzt die Litigation-PR an. Mit der Diskreditierung mutmaßlicher Opfer und Reinwaschung der Angeklagten – bzw. mindestens dem Säen von Zweifeln, was im Rechtsstaat bekanntlich zum Freispruch führt. In mehreren der folgenden Beiträge wird mit gutem Grund auch auf Zivil- und Wirtschaftsprozesse eingegangen. Ich möchte mich hier jedoch auf Strafprozesse beschränken, genauer: auf Morde und sexuelle Gewalt.

Die heute übliche Psychologisierung des Täters geht leider immer auf Kosten der Opfer. Aufgekommen ist sie in den 1960er Jahren, genau gesagt 1967 ab dem Prozess gegen den Jungen-Mörder Jürgen Bartsch. Die Vorgehensweise, nach den Prägungen des Täters zu fragen, war damals durchaus ein Fortschritt. Denn sie löste die Kopf-Ab-Mentalität der Nach-Nazizeit ab und machte klar: Auch Mörder sind Menschen. Inzwischen aber ist das Verständnis für die Täter längst in eine Ignoranz der Opfer gekippt. Es ist zur Waffe gegen Opfer geworden und zum Freifahrtschein für Täter. Die Argumentation ist dabei eine fast immer gleiche: schwere Kindheit, kaltherzige Mutter etc. Von den oft auch gewalttätigen Vätern der Täter ist übrigens selten die Rede.

Der 2003 verstorbene Gerichtsberichterstatter Gerhard Mauz war in der Pro-Täter-Berichterstattung über Jahrzehnte führend. Seine Nachfolgerin beim *Spiegel*, Gisela Friedrichsen, setzte die Tradition ungebrochen fort. Obwohl in Fachkreisen das Unbehagen über diese Art von einseitiger Berichterstattung schon lange groß ist. So hieß es in der *Neuen Juristischen Wochenschrift* über die studierte Germanistin bereits 2005: „Schulmeisterlich verteilt sie Zeugnisse, bewertet, lobt, verdammt, auf der Grundlage ihrer subjektiven Maßstäbe. Dabei ergreift sie nicht nur Partei für eine Seite, sondern berichtet einseitig, gibt den Argumenten der angegriffenen Seiten meist keinen Raum."

Schon lange scheinen viele Richter so verunsichert in unserer Mediengesellschaft, dass sie in heiklen Fällen die Verantwortung mehr und mehr an die Gutachter abschieben. Auf deren – keineswegs rein objektiven, sondern zwangsläufig ebenfalls subjektiven und manchmal sogar interessengeleiteten – Vorhaltungen basieren sie ihre Urteile. Der Bundesgerichtshof fördert diese Entmündigung der Richter auch noch. Die Nichthinzuziehung eines „Sachverständigen" – der oft kaum sachverständiger ist als ein Richter – kann dem Gericht beim Berufungsverfahren als Fehler angelastet werden. Kommentar Müller-Luckmann: „Die Richter werden zur Feigheit erzogen."

Kurzum: Massig Software und wenig Hardware. Genau da rein stößt die Litigation-PR. Doch was ist neu an ihr? Die Dimension! Waren es früher „nur" Anwälte und gewisse Journalisten, die ein Interesse an der parteiischen Darstellung eines Prozesses hatten, so kommen heute die „Medienanwälte" bzw.

„Kommunikationsexperten" hinzu, plus schwer greifbare AktivistInnen in der weiten Welt des Internet.

So diffamierte Kachelmanns „Medienanwalt" das mutmaßliche Opfer schon Monate vor dem Urteil als „die Erfinderin des Vergewaltigungsvorwurfes". Ungestraft. Gleichzeitig versuchte er, den Medien mit einer Flut von einstweiligen Verfügungen und Abmahnungen einen Maulkorb umzulegen. Dabei ging es keineswegs nur um den legitimen Persönlichkeitsrechtsschutz, sondern so manches Mal ganz einfach um das Verhindern der Berichterstattung durchaus relevanter Fakten – wie zum Beispiel die DNA-Spuren an dem fraglichen Messer. Die erste Instanz des Kölner Landgerichts gab, zur Fassungslosigkeit der BerichterstatterInnen, quasi allen Verbotsanträgen des Kölner „Medienanwaltes" statt. Die zweite Instanz aber gab im November 2011 in der Messer-Frage *bild.de* recht. Bleibt abzuwarten, welche Folgen diese Entscheidung für zukünftige Berichterstattungen über Prozesse haben wird.

Und dann das Internet. Im Fall Kachelmann gab es da eine Bloggerin in der Schweiz, die rechtlich so gut wie unbelangbar war und diese Freiheit nutzte, enthemmt Partei zu ergreifen für ihren armen Kachelmann und dessen zahlreiche (Ex)Freundinnen mit Kübeln von Dreck und Verleumdungen überschüttete. Das alles unterfüttert mit wahrlich beeindruckenden Detailkenntnissen zum Fall. Von wem?

Verschärfend hinzu kommt die Rolle gewisser Journalisten und Journalistinnen in diesem Fall. Die führende Meinungsmacherin im Fall Kachelmann war Sabine Rückert von der *Zeit*. Die bekannte Gerichtsberichterstatterin veröffentlichte bereits Monate vor Beginn des Prozesses, nämlich im Juni 2010, gleich ein ganzes Dossier über den „Justizirrtum" aus Verteidiger-Perspektive – sie beschied: Kachelmann sei unschuldig und ein Opfer seiner rachsüchtigen Ex-Freundin. Das alles gespickt, drei Monate vor Beginn des Prozesses, mit erstaunlichen Details. Von wem?

Dieselbe Journalistin mischte wenig später bei dem Wechsel des Verteidigers von Kachelmann mit. Sie empfahl dessen erstem Anwalt, Reinhard Birkenstock, dringlich die Hinzuziehung eines zweiten, Johann Schwenn. Mit ihm hatte Rückert bereits einmal einen „Justizirrtum" aufgedeckt, in einem Missbrauchsfall, und gleich ein ganzes Buch darüber geschrieben.

Schwenn löste Birkenstock dann mitten im laufenden Verfahren überraschend ab und erwies sich als Meister der Stimmungsmache. Mit besserwisserischen, arroganten Auftritten und medial massiv unterstützt von seiner bewährten Gefährtin Rückert, schaffte es der Hamburger „Staranwalt" nicht nur das Mannheimer Provinzgericht einzuschüchtern, sondern auch so manchen autoritätshörigen Journalisten. Etliche schwenkten, nach anfänglicher Kachelmann-Kritik, nun um auf den Kurs des machtbewusst auftretenden Verteidigers und der ihm gewogenen Hamburger Leitmedien.

Ein wahrhaft grotesker Höhepunkt der Schwenn-Strategie in Sachen Stimmungsmache war, dass er mich von der Pressebank in den Zeugenstand beordern ließ. Wohl wissend, dass ich a) nichts zu sagen hatte, b) als Journalistin die Aussage verweigern würde. Das ganze Manöver diente ausschließlich dem Ziel, mich als Kachelmann-kritische Berichterstatterin unglaubwürdig zu machen und in den Verdacht der Parteilichkeit pro mutmaßlichem Opfer zu rücken. Mit Erfolg. War ich in der ersten Hälfte des Prozesses noch eine Journalistin unter vielen, die das Geschehen verfolgt und sich in den Pausen mit den KollegInnen darüber austauschte, so war ich in der zweiten Hälfte eine Gebrandmarkte. Kaum einer bzw. eine mochte noch mit mir reden bzw. in der Mittagspause mit mir gesehen werden. Es war nicht ohne Komik – und eine sehr, sehr aufschlussreiche Erfahrung.

Der Fall Kachelmann hat mich gelehrt, dass die Gerichte in Deutschland und auch die Medien weit davon entfernt sind, der konzertierten und hemmungslosen Wucht der Litigation-PR gewachsen zu sein – ja, manche Medien sind gar selber Teil der Litigation-PR. Im Ernstfall genügt es ja, erfolgreich Zweifel zu säen in Bezug auf die Schuld des Angeklagten – Freispruch.

Auch wenn es im Fall Kachelmann nur ein Freispruch dritter Klasse war. Denn noch in seiner Urteilsbegründung betonte der Richter, der Verdacht, dass Kachelmann seine damalige Lebensgefährtin vergewaltigt und mit dem Tode bedroht habe, habe sich „nicht verflüchtigt", das Gericht habe weiterhin „Zweifel an seiner Schuld".

Genau das war meine Position in diesem ganzen Verfahren: der Zweifel. Als Gegengewicht zu der überwältigenden, selbstgerechten Pro-Kachelmann-Berichterstattung hatte ich die „Opferperspektive" eingenommen. Was nicht etwa hieß, dass ich – so wie Rückert & Co. – nun auch meinerseits behauptet hätte, die Wahrheit zu kennen und im Gegenzug geschrieben hätte: Er ist schuldig. Nein, ich hatte mir lediglich erlaubt, darauf aufmerksam zu machen, dass es sein *könnte*, dass das mutmaßliche Opfer die Wahrheit sagt (nachzulesen in allen online gestellten Kommentaren auf www.aliceschwarzer.de). Doch das war schon zu viel.

Denn es ging ja im Fall Kachelmann über die Interessen der direkt Betroffenen hinaus um etwas, was sehr viele Frauen und Männer betrifft: um die sexuelle Gewalt innerhalb einer Beziehung. Es ging um einen Mann, der im Verdacht stand, seine Freundin vergewaltigt zu haben. Und die Statistiken belegen: Bei jeder zweiten Vergewaltigung ist der eigene Freund oder Mann bzw. Ex-Mann der Täter. Entsprechend emotionalisiert und polarisiert war die öffentliche

Stimmung. Von den geschätzten 90.000 Vergewaltigungen Jahr für Jahr allein in Deutschland sind laut internationaler Statistiken maximal drei Prozent Falschanschuldigungen. Doch nur ein Prozent wird letztendlich gesühnt. Und was ist mit den restlichen 86.800 mutmaßlichen Opfern? Die haben eben keine Litigation-PR-Berater.

Litigation-PR in der Diskussion:
Potenziale der strategischen Rechtskommunikation

Lars Rademacher & Alexander Schmitt-Geiger

Kaum ein Fall der letzten Jahre hat auf so eindrucksvolle Weise die Macht der prozessbegleitenden oder prozessbezogenen Öffentlichkeitsarbeit vorgeführt wie das Berufungsverfahren im Fall der wegen Mordes verurteilten Amerikanerin Amanda Knox. Die damalige Studentin war in erster Instanz für schuldig befunden worden, gemeinsam mit Komplizen ihre Mitbewohnerin misshandelt und getötet zu haben. Mehr als vier Jahre saß Amanda Knox im Gefängnis, bis das Berufungsgericht die Strafe aufhob und der ersten Instanz schwere Fehler vorwarf. Den „Engel mit den Eisaugen" hatten Boulevardmedien die Angeklagte während des Verfahrens getauft, mehr als 400 Reporter waren angereist, um der Verkündung des Berufungsurteils im Oktober 2011 in Perugia beizuwohnen. Aber die Amanda Knox, die da vor Gericht stand, hatte nichts mehr von dem eiskalten Engel, der 2009 vor Gericht verurteilt worden war. Die Frau, die hier auftrat, wirkte zurückhaltend und selbstsicher, äußerte sich verhalten und glaubwürdig. Einer der wichtigsten Gründe dafür war die Beauftragung der PR-Beratung Goggerty Marriot. Selbst die Staatsanwaltschaft traute der laut Medienberichten millionenschweren PR-Kampagne zu, das Meinungsbild gedreht zu haben. Kurz vor der Urteilsverkündung rügte der Staatsanwalt die Einbindung des PR-Beraters öffentlich. Die Agentur selbst benennt den Fall heute als einen von sechs „Showcases" auf ihrer Homepage.

Ob der Freispruch allein auf die PR-Arbeit zurückzuführen ist oder ob die handwerklichen Mängel im Erstverfahren überwogen, lässt sich kaum entscheiden. Im Endeffekt jedoch ist Amanda Knox rehabilitiert, Verlage und Produktionsfirmen überbieten sich mit Angeboten, Knox die Rechte an ihrer Geschichte abzukaufen. Sie sei, so titelte die Berliner Morgenpost kurz nach ihrer Entlassung, „Amerikas neues Sweetheart": ein Idealobjekt für Paparazzi.

Fälle wie der von Amanda Knox, Jörg Kachelmann, Klaus Zumwinkel und anderen haben in den letzten Jahren die Aufmerksamkeit für die einstmals angestaubte Gerichtsberichterstattung deutlich erhöht. Wir erleben eine zunehmende Aufrüstung bei allen Prozessbeteiligten. Das hat den Blick geschärft für die

Differenzierung und Professionalisierung der strategischen Rechtskommunikation. Aus einem Praxisfeld wurde ein Forschungsfeld. Unser erster Impuls im Frühjahr 2010 war, das aktuelle Wissen der neu entstehenden Disziplin zu sammeln und zu systematisieren. Unser Ziel war eine erste Gesprächsplattform in Form eines Fachkongresses, der am 16. September 2010 als „Münchner Litigation-PR Tagung" an der MHMK München stattfand. Impulsgeber waren zu diesem Zeitpunkt Perry Reisewitz und Alexander Schmitt-Geiger, die die Brisanz des Themas erkannten. Gemeinsam mit Astrid Nelke haben wir die Tagung realisiert und noch vor Ort über eine Publikation diskutiert.

Doch aus der vagen Idee ist wesentlich mehr geworden als der ursprünglich geplante Tagungsband. Denn exzellente wissenschaftliche Übersichtsbände (vgl. Boehme-Neßler 2010) lagen ebenso vor wie erste grundständige Monographien (vgl. Heinrich 2010; Gostomzyk 2006) und gleich mehrere Beiträge aus der Beratung (vgl. Holzinger/Wolff 2009; Möhrle/Schulte 2011; Engel/Scheuerl 2012). Unser Anspruch konnte sich also nicht darauf beschränken, einen beliebigen Sammelband zu produzieren. Wir haben uns daher entschlossen, das vorhandene Wissen zu bündeln und zu systematisieren und erheben damit den Anspruch, eine umfassende Darstellung des Status quo der Litigation-PR im deutschen Sprachraum vorzulegen, die ebenso wissenschaftlich fundiert wie praxisrelevant ist. Wir versammeln daher systematische Beiträge, die Litigation-PR wissenschaftlich verorten und Bezüge zu den wichtigsten Disziplinen herstellen, wie Beiträge, die den vielschichtigen Handlungsträgern im Geschehen der prozessbegleitenden Kommunikation Raum zur Reflexion geben. Wir fahndeten nach den Potenzialen der strategischen Rechtskommunikation – und konnten neben den damaligen Referenten eine Reihe herausragender Experten gewinnen, uns auf dieser Suche zu unterstützen.

Zudem haben wir uns vorgenommen, das Buch möglichst gut als Nachschlagewerk nutzbar zu machen und so umfassend zu gestalten, dass Leserinnen und Leser aus den verschiedenen Perspektiven Vertiefungsmöglichkeiten finden. Das vorhandene Wissen rechtfertigt zum gegenwärtigen Zeitpunkt sicher noch kein eigenständiges Handbuch. Doch wir wollen den Lesern einen guten Ersatz bieten, bis es soweit ist. Ein Stichwortverzeichnis soll ihnen das schnelle Auffinden der für sie interessanten Stellen erleichtern. Englischsprachige Abstracts erfassen den Kern der jeweiligen Argumentation und sollen auch dem fremdsprachigen Leser erste Hinweise liefern.

Litigation-PR in der Diskussion: Potenziale der strategischen Rechtskommunikation

Zu den Beiträgen in diesem Band

Den Auftakt im Grundlagenteil macht *Ines Heinrich* mit einer wissenschaftlichen Verdichtung des Begriffes Litigation-PR. Sie hat für den deutschen Sprachraum Begriff und Konzept der Litigation-PR geklärt. Doch als importiertes Konzept orientiert sich Litigation-PR natürlich am amerikanischen Vorbild. Was lag da näher, als den Mitbegründer der modernen Litigation Communication, *James Haggerty*, um seine Einschätzung zum aktuellen Stand der Litigation-PR in den USA zu bitten. *Alexander Schmitt-Geiger* überträgt beide Einschätzungen in einen Vergleich zwischen Deutschland und den USA – denn natürlich sind die Voraussetzungen im amerikanischen Justizsystem andere als bei uns. Daher ist die Frage bedeutsam, was von den USA nach Deutschland übertragbar ist.

Volker Boehme-Neßler ist unserer Bitte gefolgt, intensiver in die rechtssoziologischen Hintergründe der Litigation-PR einzutauchen. Herausgekommen ist dabei eine der luzidesten Einschätzungen des vorliegenden Buches. Sein Beitrag ist grundlegend für das Verhältnis von Öffentlichkeit und Rechtsprechung. *Alexander Bräuning* und *Ansgar Thiessen* schlagen anschließend einen Blickwechsel vor. Sie stellen die gegensätzlichen Kommunikationsziele von PR und Jurisprudenz einander gegenüber und erklären damit, wie das Kommunikationsziel und die Kommunikationshaltung Einfluss nehmen auf das jeweilige Kommunikationsverhalten. Den Grundlagenteil beschließt *Mark Eisenegger* mit einem Beitrag, der Litigation-PR in der Reputationstheorie verortet. Der Reputationsschutz des Klienten sei eines der wichtigsten Ziele von Litigation-PR, heißt es. Eisenegger bezieht Reputation daher auf die von ihm entwickelten Reputationsdimensionen.

Im zweiten Teil kümmern wir uns um Einzelaspekte der Litigation-PR und überprüfen empirisch ihre Auswirkungen. *Per Christiansen* widmet sich dem Gegenstand zunächst aus der juristischen Perspektive und klärt die rechtlichen Rahmenbedingungen, bevor *Gerson Trüg* und *Marco Mansdörfer* die Öffentlichkeitsverantwortung der Strafgerichte und Staatsanwaltschaften diskutieren. Einen erneuten Blickwechsel vollziehen wir mit *Nadine Remus*, die aus der Perspektive der Journalismusforschung den Journalisten als Justizberichterstatter nach seiner Öffentlichkeitsverantwortung fragt und seine aktuelle Arbeitsrealität für den Erfolg von Litigation-PR verantwortlich macht.

In einer empirischen Analyse widmen sich *Andreas Köhler* und *Patricia Langen* dem wichtigsten deutschen Medienfall der letzten Jahre, dem Kachelmann-Prozess. Anhand eines Vier-Faktoren-Modells stellen sie die Zusammenhänge zwischen öffentlichem Meinungsbild, Kachelmanns PR-Strategie und der veröffentlichten Meinung dar. *Andreas Köhler* fährt fort mit einem Beitrag über die Verfassungsklage als oft genutztes oppositionelles PR-Instrument. Er klärt unter Bezug auf drei Fallbeispiele, ob die Oppositionsparteien im Rahmen der Klage auch Einfluss auf die Rechtsprechung zu nehmen beabsichtigten. Den indirekten Einfluss von Medien auf Richter und Staatsanwälte hat *Hans Mathias Kepplinger* mit seinem Team untersucht. Hier stellt er für uns noch einmal die wichtigsten Ergebnisse seiner bahnbrechenden Studie vor, die unter anderem belegt, dass zwar nicht das Urteil, dafür aber das Strafmaß durch mediale Berichterstattung stark beeinflusst werden kann. *Lars Rademacher* und *Anton Bühl* widmen sich in einer komplementären Studie zu Kepplingers Arbeit der Frage, wie professionell Litigation-PR heute schon betrieben wird. Dazu haben sie Gerichte, Staatsanwaltschaften und Anwälte in Deutschland umfassend befragt.

Im dritten Teil gehen wir Herausforderungen der Praxis nach. FAZ-Autor *Joachim Jahn* beschreibt Litigation-PR als Provokation (nicht nur der Justiz), hält sie für überschätzt aber nicht wirkungslos. Anschließend zeigt *Martin Huff* auf, wie kommunikationsfähig heute Justizbehörden sein müssen. Er ist selbst in der Ausbildung von Juristen tätig und berichtet aus seiner langjährigen Praxis. Die ehemalige Richterin und Staatsanwältin im Mannesmann-Prozess *Brigitte Koppenhöfer* fragt selbstkritisch danach, was Justiz darf – und was sie tut. Diese Perspektive wird von *Martin Huff* noch einmal geschärft und konkretisiert im Blick auf die heute wesentlich aktiveren Staatsanwaltschaften, die zwischen Umwelterwartungen und ihrer Verpflichtung auf Neutralität als Organ der Rechtspflege in die Zwickmühle geraten können.

Diesen Abschnitt beschließen Beiträge von drei Kommunikationsberatungen. *Dietrich Schulze van Loon*, *Tom Odebrecht* und *Ulrike Penz* widmen sich der Zusammenarbeit von PR-Agenturen und Kanzleien als neues Modell. Die Rolle der Litigation-PR im Gesamtkontext der Krisenkommunikation bearbeitet *Hartwin Möhrle*, selbst Herausgeber eines Werkes zu Litigation-PR. Der auf Litigation-PR spezialisierte *Stephan Holzinger*, Mitautor des sicher erfolgreichsten Fachbuches, vermisst das Feld der aktuellen Kommunikationsberatung in juristischen Auseinandersetzungen und wagt einen Blick in die Zukunft der Disziplin.

Im letzten Teil des Buches, der den Titel Perspektiven trägt, haben es *Alexander Unverzagt*, *Claudia Gips* und *Peter Zolling* auf Bitten der Herausgeber unternommen, die Quintessenz aus den hier versammelten Beiträgen zu ziehen und daraus Thesen für die Zukunft der juristischen Praxis zu entwickeln. Dafür sind die Herausgeber ihnen in besonderer Weise verbunden. Abschließend stellt *Lars Rademacher* Litigation-PR in einen kulturwissenschaftlichen Kontext und verweist zurück auf das Tribunal als Urform des Gerichthaltens. Er unterstreicht den grundsätzlich theatralen Charakter des Gerichthaltens, der letztlich Voraussetzung für die Beeinflussbarkeit juristischer Prozesse ist.

Die Herausgeber sind allen am Band Beteiligten zu großem Dank verpflichtet. An erster Stelle geht unser Dank an unsere Autoren, die uns zum großen Teil fristgerecht beliefert haben und auch unsere Korrekturvorschläge und Änderungswünsche mitgetragen haben. Andreas Köhler hat die Tagung mit vorbereitet und war ihr organisatorisches Rückgrat; er hat auch diesen Band mit viel Einsatz unterstützt, hat unermüdlich Kontakt zu den Autoren gehalten und die Druckvorlage sowie das Register erstellt. Deshalb wird er unter den Herausgebern als Mitarbeiter genannt. Sielle Phelan hat die englischen Abstracts Korrektur gelesen, Nadine Remus den gesamten Band. Tobias Gostomzyk und Jens Nordlohne haben die Anfangsphase der Tagungsvorbereitung begleitet. Dem Team des Springer VS Verlages danken wir für das Vertrauen und die unmittelbare Begeisterung für das Projekt.

Einen besonderen Dank schulden wir Alice Schwarzer, die spontan bereit war, ein Geleitwort für den Band zu verfassen. Als Prozessbeobachterin war die Journalistin an vorderster Front in die Prozessberichterstattung im Fall des Moderators Jörg Kachelmann involviert. Sie reflektiert in ihrem Beitrag kritisch die neue Qualität, die Litigation-PR aus ihrer Perspektive erreicht hat.

Wir waren auf der Suche nach Potenzialen und hoffen, einige Perspektiven aufzeigen zu können. Ob uns gelungen ist, einen Unterschied zu machen, der einen Unterschied macht, dürfen wir dem Urteil der Leser überlassen. Wir freuen uns über Anregungen und Hinweise.

Literatur

Boehme-Neßler, Volker (Hg.) (2010): Die Öffentlichkeit als Richter? Litigation-PR als neue Methode der Rechtsfindung, Baden-Baden: Nomos.
Engel, Peter/Scheuerl, Walter (Hg.) (2011): Litigation-PR: Erfolgreiche Medien- und Öffentlichkeitsarbeit im Gerichtsprozess, Köln: Heymanns.
Gostomzyk, Tobias (2006): Die Öffentlichkeitsverantwortung der Gerichte in der Mediengesellschaft, Baden-Baden: Nomos.
Heinrich, Ines (2010): Litigation-PR: PR vor, während und nach Prozessen. Perspektiven, Potenziale und Problemfelder. Burtenbach.

Holzinger, Stephan/Wolff, Uwe (Hg.) (2009): Im Namen der Öffentlichkeit. Litigation-PR als strategisches Instrument bei juristischen Auseinandersetzungen, Wiesbaden: Gabler.
Möhrle, Hartwin/Schulte, Knut (Hg.) (2011): Zwei für alle Fälle. Handbuch zur optimalen Zusammenarbeit von Juristen und Kommunikatoren, Frankfurt a. M.: Frankfurter Allgemeine Buch.

I. Grundlagen

Litigation-PR: Kommunikationsmanagement zum Schutz der Reputation im Gerichtssaal der öffentlichen Meinung

Ines Heinrich

Abstract

This article presents essential knowledge on the first doctoral thesis on litigation-pr in Germany. The growing publicity of legal proceedings and the relevance of public relations in legal disputes is described by the structural conditions of a media society. On this basis a scientific communications foundation and systematization is developed. The article's focus lies on the requirements concerning public relations in legal proceedings and the relation of Litigation-PR to Crisis-PR. Lastly litigation-pr is presented in the context of reputation and reputation management.

1. Einleitung – Rechtliche Auseinandersetzungen im Fokus der Öffentlichkeit

Rechtsstreitigkeiten vor Gericht sind eine „res publica", stellen gegenwärtig eine der wachsenden Krisen für Unternehmen dar und sorgen für eine Zuspitzung der öffentlichen Debatte. Zu beobachten ist ein substanzieller Anstieg des Medieninteresses an rechtlichen Verfahren. Das hat zur Folge, dass die Zahl der Fälle, die in der Öffentlichkeit immense Beachtung finden, stetig steigt. Auch die Staatsanwaltschaften werden zum Gegenstand der Schlagzeilen, wenn sie Ermittlungen gegen Unternehmen bzw. Manager, Vorstandsvorsitzende oder Aufsichtsräte wegen Untreue, Steuerhinterziehung, Bilanzbetrug, Korruption, Bestechung oder Unfall mit Todesfolge einleiten. Weder Führungskräfte, noch Politiker, Spitzensportler, Musik-, Film- und Fernsehstars oder andere bekannte Personen des öffentlichen Lebens sind davor gefeit.

Ob zu Recht oder Unrecht mit dem Vorwurf des Gesetzesverstoßes behaftet: Die mediale Aufmerksamkeit scheint namhaften Unternehmen, aber auch Personen in der Öffentlichkeit gewiss zu sein. Rechtsverstöße sind den prüfenden und kritischen Blicken von Medien und Öffentlichkeit ausgesetzt. Daraus folgt wiederum, dass juristische Auseinandersetzungen häufig von lang andauernden und zum Teil heftig geführten öffentlichen Kontroversen begleitet werden. Die Betroffenen geraten dadurch nicht selten in das Kreuzfeuer der Kritik. Was für das Publikum der Medien unterhaltsam ist, ist für die Betroffenen i.d.R. ein belastender Ausnahmezustand. Besondere Brisanz hat dabei der meist ambivalente Ausgang der Streitsache im Hinblick auf die Reputation. Das Urteil, das die Öffentlichkeit[1] spricht, kann für das Ansehen des Angeklagten und sein Umfeld folgenreich sein. Zahlreiche Fallbeispiele belegen, dass selbst bei einem erfolgreichen Prozessausgang immer etwas „in den Köpfen" hängen bleibt.

Eine rein juristische Lösung des Konfliktes scheint, gerade bei medienwirksamen Rechtsverfahren, nicht mehr ausreichend zu sein. Kommunikation wird so zu einem wesentlichen Einflussfaktor in rechtlichen Auseinandersetzungen. Die PR-Beratung gewinnt an Bedeutung. Diese kommunikative Begleitung rechtlicher Auseinandersetzungen, Litigation-PR (kurz: LPR) genannt, hat sich in der US-amerikanischen PR-Branche mittlerweile etabliert.[2] Der Begriff Litigation-PR ist hierzulande noch relativ neu in der Reihe der Schlagwörter, die in der Kommunikationsbranche für Modernität und Fortschrittlichkeit stehen. Was genau steckt hinter diesem fachlichen Begriff und der PR-Anwendung, die nun auch in Deutschland für Aufsehen sorgt?

2. Litigation-PR im Kontext der Mediengesellschaft

Die Rahmenbedingungen für rechtliche Verfahren haben sich gewandelt. Die Ursache für das rege Medieninteresse an rechtlichen Auseinandersetzungen und die damit ggf. zusammenhängende negative Publizität ist im Strukturwandel der Medien und in den veränderten Beziehungen zwischen dem Rechts- und Mediensystem begründet.

---

[1] Zum Begriff der Öffentlichkeit im Kontext der Litigation-PR und seinen verschiedenen Lesearten siehe Heinrich (2010: 38ff.): „Der Court of Public Opinion lässt sich bedingt durch die Medienpublizität mit einem sozialpsychologischen Verständnis von Öffentlichkeit als Urteilsinstanz beschreiben, der für den Betroffenen eine Bedrohung darstellt. Mit einer kommunikationswissenschaftlichen Sichtweise als offenes Kommunikationsforum bietet er dem Betroffenen eine Chance dieser Prangerwirkung zu entgehen. Entsprechend wird der Court of Public Opinion fortan synonym mit dem Begriff Öffentlichkeit verwendet" (Heinrich 2010: 50).
[2] Vgl. hierzu Heinrich (2010: 5ff.)

2.1 Zur Rolle der Medien und Journalisten

Prozesse haben das Potenzial, zu Medienereignissen zu werden. Rechtsverfahren sind ein äußerst attraktives Betätigungsfeld für Journalisten, die in einer Mediengesellschaft einem harten Wettbewerb ausgesetzt sind und unter Erfolgsdruck stehen. Entsprechend reagieren Journalisten v.a. bei hohem Öffentlichkeitsinteresse auf die Wünsche und Bedürfnisse der Rezipienten und orientieren sich weniger an den Rationalitätserwartungen des Rechtssystems (vgl. Heinrich 2010: 67ff.). In der Weise wie die Unterhaltungsfunktion der Medien die Nachfrage der Medienkonsumenten bedient, kann die Informations-, Kritik- und Kontrollfunktion in den Hintergrund treten.

Die Berichterstattung über medienwirksame rechtliche Verfahren bewegt sich in einem engen Wirkungs- und Beziehungsnetz aus Abhängigkeiten, Interessen und Erwartungen. So ausgeprägt die Medienberichte zu Rechtsstreitigkeiten ausfallen, so augenscheinlich negativ sind die Aspekte, die im Vordergrund stehen. Daraus resultieren möglicherweise nachteilige Konsequenzen für Betroffene mit hohem Gefährdungspotenzial für die Reputation.

2.2 Zur Medialisierung der Justiz

Die Mediengesellschaft zeigt Wirkung. Die Justiz passt sich an die Selektions- und Interpretationslogiken der Medien an. Die Ursache für eine verstärkte Publizität ist demzufolge nicht nur bei den Medien selbst, sondern auch bei der Justiz zu verorten.

Das Verhältnis zwischen Justiz und Journalismus gestaltet sich als ein Interdependenzverhältnis, das je nach Fall und Konstellation unterschiedlich intensiv ist. Diese wechselseitige Durchdringung kann zugunsten der Kläger und zuungunsten der Beklagten ausfallen. Dabei zeigt sich, dass die Justiz-PR durchaus Einfluss auf die mediale Berichterstattung hat und Medieninhalte vorrangig auf PR-Aktivitäten seitens der Ermittlungsbehörden entstehen können. Dies kann eine negative Publizität begünstigen. Medien orientieren sich, motiviert durch ökonomische Interessen, an der Justiz. Diese wiederum reagiert mit einer zunehmend intensiven und professionellen Öffentlichkeitsarbeit, wobei Eigeninteressen auf beiden Seiten handlungsleitend sind; mit der Folge, dass sich die Publizität für den Beschuldigten (meist) negativ ausdrückt (vgl. Heinrich 2010: 82).

Es besteht grundsätzlich die Gefahr einer einseitigen Sichtweise in der Öffentlichkeit zuungunsten des Betroffenen. Verstärkt wird dies mitunter durch

Kommunikationsdefizite bei den Verteidigern. In dieser Konstellation erscheinen die betroffenen Organisationen und Personen ohne eine entsprechende Öffentlichkeitsarbeit gegenüber der Justiz und in der direkten Konfrontation mit den Medien unterlegen. Angesichts der nachteiligen Konsequenzen haben die Betroffenen ein berechtigtes Interesse, dass nicht nur die Perspektive der Staatsanwaltschaft, sondern auch ihre Sichtweise in den Medien Niederschlag findet.

2.3 PR als anwaltliches Handwerkszeug

Die massenmediale Begleitung von publikumswirksamen Rechtsverfahren stellt in quantitativer wie qualitativer Hinsicht neue Anforderungen an die Kommunikationsleistung der Anwälte und ihrer Mandanten. Kenntnisse der medialen Spielregeln sowie deren professioneller Einsatz werden unabdingbar.

Im Zuge dessen ist es unumgänglich, das vorhandene Medieninteresse professionell zu nutzen und ein Gegengewicht zur Kommunikationspolitik der Justiz zu schaffen, um so z.B. einem möglicherweise verzerrten medialen Bild in der Öffentlichkeit entgegenzuwirken und ggf. eine Vorverurteilung abzuwehren. So kann Öffentlichkeitsarbeit ein Instrument zur Förderung der meinungsbildenden Vielfalt und Ausgewogenheit sein. Zudem ist zu bedenken, dass die Auseinandersetzung mit den Medien für Anwälte zeitaufwendig ist; oftmals fehlen hierfür aufgrund von Komplexität und Fülle der rechtlichen Aufgaben die Zeit und die Spezialkompetenz. Eine Übernahme dieser Kommunikationsaufgabe durch einen Kommunikationsberater erscheint aus Gründen der Effizienz sinnvoll (vgl. Heinrich 2010: 92).

2.4 Litigation-PR – ein Medialisierungsphänomen

In einem ausdifferenzierten Mediensystem hat das Risiko für Organisationen[3] zugenommen, in eine rechtliche Auseinandersetzung zu geraten, die medial kommuniziert und transportiert wird. Parallel dazu geht mit der Medialisierung der Justiz eine Reputationsgefährdung für die betroffenen Organisationen einher. Dies zwingt die Betroffenen zum Going Public. Sie müssen verstärkt kommunikative Maßnahmen einsetzen, um eine kommunikative Präsenz sicherzustellen und um eigene Problemdefinitionen und Sichtweisen thematisieren und

---

[3] Unter dem Begriff Organisation werden hier auch Miniorganisationen wie Prominente und ihre Manager erfasst.

darstellen zu können. Der erfolgreiche Ausgang eines rechtlichen Verfahrens hängt also zunehmend davon ab, inwieweit sich Organisationen in der Öffentlichkeit gegenüber den anderen Verfahrensbeteiligten behaupten können. Vor diesem medienzentrierten Hintergrund avanciert Kommunikation zur zentralen Einflussgröße im Management moderner Rechtsstreitigkeiten. Die medienvermittelte Kommunikation erfährt dadurch auch im Kontext rechtlicher Verfahren eine Bedeutungssteigerung. Sie avanciert zu einem strategischen Erfolgsfaktor für den Schutz der Reputation. Im Sinne eines ganzheitlichen Reputationsmanagements berücksichtigt eine Litigation-PR-Strategie für Organisationen deren ganzheitliche nach innen und außen gerichtete Kommunikationsstrategie (vgl. Kleiner, 2010: 115ff.). Eine zunehmende Verbindung von PR und rechtlichen Streitigkeiten liegt auf der Hand. Die Anwendung von Litigation-PR ist eine strukturelle Anpassungsleistung an neue bzw. veränderte Kommunikationserfordernisse der Mediengesellschaft. Litigation-PR ist ein Medialisierungseffekt.

3. Litigation-PR: Begriffsbestimmung, Grundlagen und Bedeutung

3.1 Zum Begriff Litigation-PR

Litigation-PR ist ein neuer Begriff in der Kommunikationsbranche und ebenso unbekannt wie die PR-Tätigkeit, die dahinter steht. Litigation-PR ist eine US-amerikanische fachsprachliche Bezeichnung, die sich aus der logischen Synthese der Worte Litigation (lat.: litigator = Prozessführer, prozessführende Partei; litigatus = Streit, Prozess) und PR (Public Relations, übersetzt „öffentliche Beziehungen") zusammensetzt. Litigation ist ein angloamerikanischer Rechtsbegriff und wird wörtlich übersetzt mit Gerichtsverfahren, Prozess, Rechtsstreit oder Strafsache. In Anlehnung an die direkte Übersetzung geht es um „PR in Prozessen". Litigation-PR lässt sich aus einer organisationstheoretischen Perspektive als das Kommunikationsmanagement von Organisationen vor, während und nach einer rechtlichen Auseinandersetzung mit ihren Anspruchsgruppen definieren. Vereinfacht gesagt: Es geht um kommunikatives Handeln von Organisationen oder Personen in und mit der Öffentlichkeit in der speziellen Situation rechtliche Auseinandersetzung (vgl. Heinrich 2010: 10f., 99ff.).

Rechtliche Auseinandersetzungen sind grundsätzlich als eine Form von Konflikten zu begreifen, die durch die Medienpublizität zu öffentlichen bzw. publizistischen Konflikten werden können. Wie Krisen haben rechtliche Auseinandersetzungen exogene und endogene Ursachen, die, sobald sie öffentlich werden, für Unternehmen[4] zu einer publizistischen Krise werden können. Rechtliche Verfahren können die Folge einer klassischen Krise sein, aber auch selbst zu einer Krise werden. Das krisenauslösende Element ist oftmals nicht der Gesetzesverstoß per se, sondern die mediale Berichterstattung darüber. Nicht jeder rechtliche Konflikt muss in eine Krise münden. Erst wenn ein rechtlicher Konflikt das mediale Interesse weckt, kann dies zu einer (Unternehmens-)Image schädigenden publizistischen Krise führen. Journalisten kommt bei der Definition der Krise „Prozess" eine signifikante Rolle zu. Die destruktiven Auswirkungen der publizistischen Krise „Prozess" – bedingt durch die Publizität von rechtlichen Verfahren – zeigen sich nicht nur im materiellen Bereich (z.B. Kapitalverlust, Umsatzeinbußen, Vernichtung der Existenz), sondern auch im immateriellen Bereich (z.B. Gefährdung der sozialen Geltung: psychische und physische Belastungen, Verlust der Reputation). Entsprechend sind rechtliche Auseinandersetzungen als Konflikt- bzw. Krisensituationen zu verorten, deren destruktive Auswirkungen im immateriellen Bereich generell durch öffentliche Kommunikation zu bewältigen sind.

3.2 Kommunikationswissenschaftliche Einordnung

Analog ihrer Bezeichnung müsste die Litigation-PR eine eigenständige Teildisziplin der PR sein. Diese Ansicht wird v.a. in der US-amerikanischen und auch deutschsprachigen Praktikerliteratur vertreten (vgl. u.a. Haggerty 2003; Holzinger/Wolff 2009). Die wissenschaftlich ausgerichtete Literatur verortet Litigation-PR dagegen als Subdisziplin der Krisenkommunikation bzw. Konvergenz der Teildisziplinen der PR (vgl. u.a. Gibson/Padilla 1999; Jin/Kelsay 2008: 66; Heinrich 2010: 147).

Als Teildisziplinen von PR werden in der kommunikationswissenschaftlichen Literatur Presse- und Medienarbeit, Issues Management, Mitarbeiterkommunikation, Krisenkommunikation und Investor Relations genannt (vgl. z.B. Raupp 2005: 149). Diese PR-Teildisziplinen finden sich auch in der Litigation-PR wieder. Es handelt sich um eine instrumentenübergreifende Kommunikationsdisziplin, bei der Krisenkommunikation, Issues Management, Investor Rela-

---

[4] Es wird im Folgenden der Einfachheit halber und aufgrund der Tatsache, dass die Litigation-PR bisher in Deutschland v.a. aufseiten von Unternehmen zum Einsatz kommt, primär von Unternehmen gesprochen.

tions, Public Affairs, Media Relations und interne Kommunikation als zentrale Handlungsfelder anzusehen sind (vgl. Lies 2008: 192; Heinrich 2010). Die Einstufung der Litigation-PR hängt grundsätzlich von der jeweiligen Betrachtungsperspektive ab. Ihr Tätigkeitsschwerpunkt wird durch die Art der Rechtsstreitigkeit bestimmt, sowie dadurch, ob PR auf der Kläger- oder Beklagtenseite erfolgt. Im Bereich des Zivilrechtes aufseiten der Kläger ist eher ein Kommunikationsmanagement erforderlich, welches dem Issues Management und den Public Affairs näher steht. Bei Litigation-PR für die Beklagtenpartei in zivilrechtlichen wie in strafrechtlichen Verfahren steht eher die Krisenkommunikation im Vordergrund. In diesem Fall ist auch das Reputation Management von verstärkter Relevanz. Je nach Art des Verfahrens und der Kommunikationssituation bestehen unterschiedliche kommunikative Bedürfnisse. Dadurch ist die Litigation-PR jeweils stärker an der einen oder anderen Kommunikationsdisziplin ausgerichtet. Litigation-PR ist ein Spezialgebiet der PR, das auf verschiedene Teildisziplinen der PR zurückgreift.

3.3 Anspruchsgruppen der Litigation-PR

Die Aufgabe der Litigation-PR ist, ebenso wie in der PR im Allgemeinen, die Gestaltung der kommunikativen Beziehungen zu den Anspruchsgruppen.[5] Da es in der Litigation-PR um die öffentliche Wahrnehmung des Klienten geht, muss nicht nur mit dem Konfliktgegner kommuniziert werden, sondern in Abhängigkeit vom rechtlichen Sachverhalt und der jeweiligen Organisation mit einer großen Anzahl von Anspruchsgruppen. Zu den potenziellen Anspruchsgruppen eines Unternehmens gehören Mitarbeiter (Belegschaft, Betriebsrat, etc.), Anteilseigner und Kapitalgeber (Aktionäre, Banken, etc.), Kunden, Lieferanten und Medien. Dieser Kreis lässt sich je nach Fall und Konstellation, besonders in zivilrechtlichen Fällen, beliebig erweitern, z.B. um Akteure aus Politik und Wirtschaft, Behörden und Verbände, Pressure Groups (Bürgerinitiativen, Verbraucherschützer), etc. (vgl. Jarrell 2004: 35; Lies 2009: 192). Das Aufgaben- und Tätigkeitsfeld ist aufgrund der unterschiedlichen Anspruchsgruppen vielfältig. Das Kommunikationsmanagement umfasst interne und externe Kommunikation.

Den Medien als Anspruchsgruppe kommt ein besonderer Stellenwert zu: Sie sind aufgrund ihrer bedeutsamen Vermittlerrolle das zentrale Element in

---

[5] Die Begriffe Anspruchsgruppe (Stakeholder) und Interessengruppe werden hier synonym mit dem Begriff Bezugsgruppe bzw. Teilöffentlichkeit verwendet.

einer juristischen Auseinandersetzung. Sie können dazu beitragen, Glaubwürdigkeit und Vertrauen bei den einzelnen Anspruchsgruppen zu fördern. Hinzu kommt, dass das Medienpublikum das mediale Framing einer Krise übernimmt (vgl. Bentele/Janke 2008: 113). Prozesse entziehen sich meist der direkten persönlichen Erfahrbarkeit, so dass der Zugang größtenteils über Medien hergestellt wird. Bei den Journalisten fungiert die Glaubwürdigkeit der Akteure als Orientierungsmechanismus, der bestimmt, welche der Argumentationen und Sichtweisen angenommen werden. Hier offenbart sich die Relevanz, sich den Medien als kompetenter und zuverlässiger Informant zu präsentieren und anzubieten.

In der Litigation-PR spielt aber auch die Kommunikation mit den Mitarbeitern eine wesentliche Rolle (vgl. Heinrich 2010: 172ff.; Kleiner 2010: 113). Ein offener Umgang des Managements mit rechtlichen Schwierigkeiten stärkt nicht nur das Vertrauen in die Unternehmensführung, sondern nimmt Spekulationen die Angriffsfläche. Aber auch aus taktischen Gründen ist dies wichtig: Mitarbeiter werden oft zu Ansprechpartnern und Informationslieferanten für Journalisten und Außenstehende und werden daher in die LPR-Strategie mit einbezogen (vgl. z.B. Haggerty 2003: 90ff.; Heinrich 2010: 142, 172ff.).

3.4 Funktionen und Ziele

Litigation-PR ist im Wesentlichen als ein Kommunikationskonstrukt zu verstehen. Ihr Ziel ist es, die Reputation zu schützen, die Argumentation der Gegenpartei zu widerlegen und die Unterstützung der Öffentlichkeit für die eigene Position zu gewinnen. Kommunikative Professionalität soll den Klienten vor einem irreparablen Reputationsschaden und dessen Folgen bewahren. Deshalb soll im Kommunikationsprozess selbst Einfluss darauf genommen werden, wie eine Organisation und ihre Akteure in einer rechtlichen Angelegenheit in der Öffentlichkeit wahrgenommen werden. Die kommunikative Begleitung beschränkt sich aber nicht nur auf die akute Phase des Prozesses, die Gerichtsverhandlung, sondern auch auf das Vorfeld (vgl. Reber et al. 2006: 26). Ziel ist es, bei optimalem Verlauf einen Prozess durch gezielte Öffentlichkeitsarbeit sogar zu verhindern. Litigation-PR kann ebenso ein Instrumentarium sein, um gegenüber der Gegenpartei ein bestimmtes Verhalten zu erreichen, wie z.B. die Anklagepunkte abzuschwächen bzw. keine Klage zu erheben (vgl. Heinrich 2010: 103).

Die zentrale Aufgabe des Kommunikationsmanagements liegt im Schutz der Reputation. Aus diesem Blickwinkel ist es das Ziel, Glaubwürdigkeits- und

Vertrauensverluste, die aus dem krisenhaften Ereignis resultieren, zu verhindern oder einzudämmen bzw. Vertrauen und Glaubwürdigkeit zu erhalten oder aufzubauen, um so einem Reputationsschaden entgegenzuwirken.[6]

Die LPR-Ziele lassen auch einen Rückschluss auf den primären Anwendungsbereich, die Media Relations, zu. Litigation-PR wird immer dann nötig, wenn Medien und/oder Öffentlichkeit auf ein rechtliches Verfahren aufmerksam werden und eine Berichterstattung einsetzt. Medien entscheiden nicht nur, ob eine Krise vorliegt, sondern sie nehmen eine Schlüsselstellung ein und fungieren für diejenigen, die im Fokus des öffentlichen Interesses stehen, als Vermittlungsinstanz. Obgleich die Öffentlichkeitsarbeit mittlerweile weit über die ursprüngliche mediatisierte Kommunikation hinausgeht, ist die Litigation-PR auf die Medienarbeit fokussiert, weil medieninduzierte Reputationsschäden nicht außerhalb der Medien korrigiert werden können. Damit kommt den Medien als Zielobjekt reputationserhaltender und -bildender Maßnahmen große Relevanz zu (vgl. Eisenegger 2005: 197). Da rechtliche Streitigkeiten oftmals als Medienkonflikt ausgetragen werden, erfüllt Litigation-PR größtenteils die Aufgabe einer professionellen öffentlichen Kommunikation. Da es sich bei medienwirksamen rechtlichen Konflikten nicht länger um einen Zwei-Parteien-Konflikt handelt, sondern die Massenmedien als drittes Element hinzutreten, haben die Konfliktparteien sich an diesem Dritten zu orientieren. Primär geht es deshalb nicht um eine argumentative Auseinandersetzung mit der gegnerischen Partei, sondern um die Kommunikation der Akteure über die Medien mit der Öffentlichkeit und damit indirekt mit der Gegenpartei (vgl. Heinrich 2010: 24ff., 104f.).

3.5 Kommunikationsinstrumente

Die in der Litigation-PR eingesetzten PR-Instrumente unterscheiden sich hinsichtlich ihrer Grundfunktionen nicht von denen der PR im Allgemeinen oder auch der Krisen-PR im Speziellen. Bei rechtlichen Verfahren werden die klassischen PR-Instrumente verwendet, jedoch aus strategischen Gründen bewusst anders eingesetzt. Während in der Krisenkommunikation v.a. auf das anlassbe-

---

[6] Damit finden sich beim Kommunikationsmanagement in rechtlichen Auseinandersetzungen die klassischen Ziele von Öffentlichkeitsarbeit: öffentliche Aufmerksamkeit erwecken, Vertrauen in die eigene Glaubwürdigkeit schaffen und Zustimmung zu den eigenen Intentionen erreichen (vgl. Röttger 2001a: 287). Litigation-PR beschreibt spezifische Funktionen und Aufgaben regulärer PR im Kontext rechtlicher Auseinandersetzungen.

zogene Kommunikationsinstrument Pressekonferenz zurückgegriffen wird (vgl. Thießen 2007: 107), wird in der Litigation-PR von Pressekonferenzen eher Abstand genommen und andere Instrumente (wie z.B. Interviews) in den Fokus gerückt. Angesichts der besonderen Anforderungen an die Medienarbeit in rechtlichen Auseinandersetzungen erfolgt die Entscheidung über den jeweiligen Einsatz verstärkt anhand strategischer Kriterien. Neben banalen Praktikabilitätsgründen, bedingt durch die zeitliche Ausrichtung der LPR-Arbeit (Dauer von rechtlichen Verfahren), sind die jeweilige Kommunikationssituation (Verfahrensabschnitte) und das damit verbundene Kommunikationsziel ein wichtiger Einflussfaktor. So ist nicht jedes PR-Instrument in den einzelnen Verfahrensabschnitten gleichermaßen geeignet. Für die spezifische Krisensituation „Prozess" existieren demnach Kriterien, anhand derer sich LPR-Berater für oder gegen ein bestimmtes Instrument bei der praktischen Umsetzung der LPR-Ziele entscheiden. Die Wirkungskraft des jeweiligen PR-Instrumentes ist dabei der ausschlaggebende Faktor. Durch die Komplexität und Schwierigkeit der rechtlichen Materie kommt es sogar zu einer Erweiterung der PR-Instrumente, wie dem „Media Brief" (eine Art Fallzusammenfassung), zum anderen erlangt die Entwicklung von Kernbotschaften besondere Relevanz (vgl. Heinrich 2010: 125ff.), die eng mit dem mandatierten Anwalt abzustimmen sind.

Die Bewältigung einer juristischen Auseinandersetzung benötigt auch einen organisatorischen Rahmen, um die kommunikativen Maßnahmen zu koordinieren. Damit die LPR-Arbeit effektiv sein kann, d.h. ein medienwirksames Rechtsverfahren zielführend kommunikativ begleitet werden kann, ist es, unentbehrlich, dass die Kommunikation systematisch und sorgfältig geplant wird und ein Teil einer koordinierten und umfassenden Strategie ist. Wesentlich für den Erfolg der Kommunikation sind eine rechtzeitige einheitliche Verzahnung der kommunikativen mit der rechtlichen Komponente und eine abgestimmte und professionelle Vorgehensweise zwischen Anwälten und PR-Beratern (vgl. u.a. Haggerty 2003: 143ff.; Petermann 2006: 19, 31; Heinrich 2010: 189f.).

Auch bei rechtlichen Verfahren ist ein gezieltes Ergreifen von Früherkennungsmethoden sowie Präventionsmaßnahmen wesentlich. Dadurch lässt sich eine publizistische Krise im besten Falle umgehen. Dem Issues Management kommt deshalb bei der Prävention gegen rechtliche Verstöße eine große Bedeutung zu. Denn wenn nicht kontinuierlich und systematisch die Unternehmensumwelt und -kultur beobachtet wird, erhöht sich das Risiko, in eine rechtliche Auseinandersetzung zu geraten. Das Erkennen möglicher Krisensignale juristischer Auseinandersetzungen ist äußerst relevant, weil es dem betroffenen Unternehmen eine vergrößerte Reaktionszeit mit entsprechenden Eingriffsmöglichkeiten sichert; ein solcher Handlungsspielraum ist in der akuten Krisenphase nicht mehr vorhanden und die kommunikativen Strategien müssen unter erhöhtem Zeitdruck stattfinden. Issues Management bewährt sich als eine Methode zur Früherkennung von Prozessrisiken (Krisenprävention). Bedeutung erlangen die Instrumente des Issues Managements zur Umwelt- und Situationsanalyse vor allem während laufender Verfahren (Krisenbewältigung), um Themen und deren Entwicklung vorauszusehen und ggf. öffentlich darauf zu reagieren. Bei Prozessen, aber auch im Vorfeld während des Ermittlungsverfahrens, können sich Möglichkeiten bzw. Anlässe für weitere daran anschließende öffentliche Kontroversen ergeben. Deshalb ist ein erfolgreiches Kommunikationsmanagement wichtig, um derartige (potenziell) auftretende Issues frühzeitig zu antizipieren. Hierin liegt die Chance der Einflussnahme auf die Entwicklung des Themas und damit zur aktiven Gestaltung der Reputation (vgl. Heinrich 2010: 128ff.).

Es fällt auch auf, dass etliche in klassischen Krisen angewendeten kommunikativen Maßnahmen und Strategien genauso notwendig sein können, wenn die Krise eine rechtliche Auseinandersetzung ist. Das heißt aber nicht, dass die reguläre PR bzw. die Krisen-PR automatisch mit der Litigation-PR gleichzusetzen ist. Es gibt nebst typischen und in gewisser Weise innovativen Instrumenten v.a. strategische Besonderheiten, die Berücksichtigung finden (müssen).

4. Litigation-PR und Reputation Management

4.1 Reputation im Kontext rechtlicher Verfahren

In einer Mediengesellschaft werden Unternehmen verstärkt über die Führungsetage (Vorstandsvorsitzende/Geschäftsführer) wahrgenommen, d.h. die Medien geben den anonymen Organisationsgebilden ein Gesicht und feiern oder brandmarken die Führungspersonen je nach Erfolg oder Misserfolg. Die Folge: Mit einem Reputationsschaden für den CEO geht immer auch ein Reputationsverlust für das Unternehmen einher. Reputationsverluste schlagen sich auch im Aktienkurs börsennotierter Unternehmen nieder. Wie empfindlich der Kurs auf schwebende rechtliche Anschuldigungen und mangelnde Kommunikation reagiert, demonstrieren die großen Wirtschaftsprozesse der letzten Jahre und die daraus resultierenden Kursverluste (vgl. Haller 1999: 72; Wilmes 2006: 82). Da die Anerkennung des Unternehmens in den meisten Fällen an das Ansehen der Topkader geknüpft ist, kommt es zu einer personalisierten Verantwortungszuschreibung (vgl. Eisenegger 2005: 37, 193)[7]. Diese drückt sich dadurch aus, dass z.b. im Kontext eines publikumswirksamen Ermittlungsverfahrens nicht das Unternehmen selbst, sondern die betroffene Führungskraft zu einem öffentlichen Akteur wird. Die Wirtschaftsprozesse der letzten Jahre belegen diese Entwicklung eindrücklich. So wurde z.B. der Mannesmann-Prozess (2004) zu einem Ackermann-Prozess, obwohl neben Ackermann weitere ehemalige Mannesmann-Manager auf der Anklagebank saßen (vgl. Wilmes 2006: 9; Holzinger/Wolff 2009: 72f.). Ein Rechtsstreit erhält also zusätzliche Brisanz, wenn Mitglieder der Führungsebene oder leitende Mitarbeiter persönlich davon betroffen sind. Reputation als immaterieller Vermögensgegenstand wird für Unternehmen und ihre Repräsentanten immer wichtiger. Und damit steigt die Bedeutung einer kommunikativen Begleitung rechtlicher Verfahren. Mit Blick auf die Unternehmensreputation wird nachvollziehbar, weshalb das Topmanagement geschützt werden muss (vgl. Wilmes 2006: 113).

Akteure mit einer intakten Reputation genießen einen Vertrauensvorschuss. Das heißt: abweichende Erfahrungen bzw. unerwartetes Handeln innerhalb dieses Toleranzrahmens werden gebilligt, ohne dass Reputation eingebüßt wird (vgl. Eisenegger 2005: 34; Eisenegger 2004: 272). Sobald diese Schwelle der Vertrauenskredite überschritten wird, d.h. eine Einpassung der neuen Erfahrungen nicht mehr in das tradierte Vorstellungsbild über den Reputationsträger gelingt, indem z.B. das gewachsene Vertrauen fundamental enttäuscht wurde, schlägt der gewährte Vertrauenskredit in Misstrauen um. Die Folge ist eine Erosion der gewachsenen Reputation (vgl. Eisenegger 2005: 34f.; Eisenegger 2004: 272f.).

Eine juristische Auseinandersetzung ist imstande, das zugesprochene Vertrauen zu zerstören, indem durch den Gesetzesverstoß bestimmte Erwartungen nicht erfüllt worden sind oder der Toleranzrahmen, innerhalb dessen sich die Erwartungen abspielen, überschritten worden ist. Je nach Stärke der Rechtsverletzung zieht eine rechtliche Auseinandersetzung einen Vertrauensverlust nach sich, der der Reputation schaden kann. Denn: Je nachdem, wie stark das rechtliche Fehlverhalten eines Unternehmens und seiner Akteure ist, kann dadurch das gewachsene Vertrauen fundamental enttäuscht werden, sodass es die Reputation angreift. Ähnliches tritt auch dann ein, wenn die Erwartungen an ein Unternehmen durch wiederholte Rechtsverletzungen nicht erfüllt worden sind. In beiden Fällen kann aus gewachsener Positiv- eine Negativreputation werden (vgl. hierzu Eisenegger 2004: 273).

---

[7] Diese Reduktion auf die Führungspersonen in Strafprozessen hängt auch damit zusammen, dass Unternehmen selbst nicht angeklagt werden können, sondern nur die verantwortlichen Personen.

Rechtliche Verfahren können grundsätzlich die funktionale, soziale und expressive Reputation tangieren. In der funktionalen Dimension kann die Verwicklung in eine juristische Auseinandersetzung als Inkompetenz wahrgenommen werden. Insbesondere ist die soziale Dimension durch den Verstoß gegen rechtliche und gesellschaftliche Normen (moralische Werte) betroffen. Das Handeln der Reputationsträger erscheint nicht legitim, weil sozialmoralische Erwartungen nicht erfüllt worden sind, weshalb die Betroffenen vollständig auf die „Krise Prozess" reduziert werden, sodass sich in der expressiven Reputationsdimension nur noch die negativ besetzte, emotionale Wirkung des Gesetzesverstoßes entfaltet. Denn durch z.B. Bestechung, Untreue, Korruption, Geldwäsche und Steuerhinterziehung können moralische Werte betroffen sein, die die Sozialreputation gefährden. Die Legitimität von Unternehmen und ihrer Repräsentanten steht durch derartige moralische Normverstöße auf dem Spiel. Besonders schwerwiegend ist, dass beim Verlust moralischer Integrität immer die ganze Person betroffen ist und nicht nur das Segment, in dem die Person tätig ist. „Diese Gesetzmäßigkeit ist umso folgenreicher als die Sozialreputation unter Bedingungen der Mediengesellschaft besonders starken Gefährdungen ausgesetzt ist" (Eisenegger 2005: 34). Angesichts des starken medialen Interesses und der aus der Rezipientensicht hohen Glaubwürdigkeit der medialen Darstellung sind die – zumeist negativen – Folgen auf die wahrgenommene Sozialreputation der Unternehmen erheblich. Der verstärkte Hang der Medien zur Personalisierung und Skandalisierung bringt die Reputation zudem in erhebliche Gefahr (vgl. Eisenegger 2005: 197). Die Aufgabe des Reputation Managements bei Rechtsverstößen, die v.a. die soziale Reputation gefährden, muss deshalb im Beweis oder Erhalt der sozialen Integrität liegen (vgl. Burkhardt 2009: 10).

4.2 Litigation-PR als Reputation Management

In einer Mediengesellschaft wird rechtlichen Auseinandersetzungen reges mediales Interesse zuteil. Von besonderer Brisanz ist dabei der ambivalente Ausgang der Streitsache im Hinblick auf die Reputation der involvierten Unternehmen. Litigation-PR wird nötig, um zu verhindern, dass rechtliche Auseinandersetzungen zu Reputationskrisen werden. Hieraus begründet sich der zentrale Ansatzpunkt der Litigation-PR und ihre steigende Bedeutung: der Schutz der Reputation durch PR.

Die Aufgabe des Reputation Managements im Allgemeinen ist die Abwehr medialer Reputationsrisiken. Reputation Management in der Litigation-PR bedeutet, die Haltungen, Einstellungen, Meinungen und Handlungen der Anspruchsgruppen sowie die öffentliche Wahrnehmung gegenüber dem Betroffenen (Kläger oder Beklagter) zu beeinflussen. Glaubwürdigkeit ist – neben Vertrauen – ein wesentliches Konstrukt beim Schutz der Reputation in rechtlichen Auseinandersetzungen (vgl. Heinrich 2010: 161f.).

Litigation-PR ist Reputation Management, hier verstanden als das Management von Kommunikationsprozessen mit den Anspruchsgruppen zum Schutz der Reputation im Krisenkontext. Durch Öffentlichkeitsarbeit sollen während und ggf. nach Rechtsstreitigkeiten Glaubwürdigkeits- und Vertrauensverluste bei den Anspruchsgruppen und der damit einhergehende Reputationsschaden verhindert oder zumindest abgeschwächt werden.

Eine positive Reputation bereits im Vorfeld einer rechtlichen Auseinandersetzung hilft, Glaubwürdigkeit und Vertrauen in der Krisensituation „Prozess" zu erhalten und so ein rechtliches Verfahren besser zu überstehen. Es gilt: Je höher die Glaubwürdigkeit der Organisation und die Vertrauenswerte, umso besser die kommunikative Ausgangsbasis zu Beginn einer juristischen Auseinandersetzung. Damit ist die Bewältigung einer rechtlichen Auseinandersetzung letztlich eine Frage des Vertrauens, die auf der Grundlage von kommunikativen Beziehungen gelöst werden kann, die eine Organisation vorab erarbeitet hat.

Eine langfristig ausgerichtete stakeholderorientierte PR-Arbeit zum Aufbau und Erhalt von Vertrauensbeziehungen zu den Anspruchsgruppen, wie sie in und für die Krisenkommunikation gefordert wird, ist aber nicht nur als Krisenprävention zu sehen. Der Stakeholder-Dialog ist eine unabdingbare Voraussetzung für den Vertrauenserhalt bzw. die Rückgewinnung von verletztem Vertrauen in der „Krise Prozess". Eine offensive Kommunikationspolitik gegenüber den Anspruchsgruppen, besonders den Medien, ist mit Blick auf den Schutz der Reputation unerlässlich. Dies erhöht die Chance, einen Rechtsstreit unbeschadet zu überstehen. Da es in rechtlichen Auseinandersetzungen zum einen um Legalität (Durchsetzung rechtlicher Ansprüche) und zum anderen um Legitimation (Wahrung von Stakeholder-Ansprüchen) geht (vgl. Lies 2008: 192f.), unterliegt eine transparente und proaktive Stakeholder-Kommunikation gewissen Schranken. Die Litigation-PR ist dadurch in ihrem Kommunikationsmanagement reguliert. Entscheidend ist jedoch, dass gerade bei rechtlichen Auseinandersetzungen in einer Mediengesellschaft sowohl dem kommunikativen als auch dem rechtlichen Aspekt Rechnung getragen wird.

Vertrauen ist neben Glaubwürdigkeit ein wichtiger Faktor für die Qualität der Beziehungen zu den Stakeholdern und damit zentrale Orientierungsgröße für die Ausgestaltung der Kommunikation in juristischen Auseinandersetzungen. Als wesentliche Bestimmungsgrößen für Glaubwürdigkeit und Vertrauen sind eine positive Zuschreibung von Sachkompetenz, eine kommunikative Konsistenz mit Blick auf die Vermeidung von kommunikativen Diskrepanzen sowie eine praktizierte offene, wahrheitsgetreue, transparente und verständliche Kommunikation zu sehen (vgl. Heinrich 2010:169).[8]

5. Litigation-PR: Resümee und Perspektiven

PR hat durch die Litigation-PR eine Facette hinzugewonnen und Litigation-PR wird ihren Platz in der deutschen PR-Landschaft finden. Mit großer Wahrscheinlichkeit wird Litigation-PR in Deutschland in naher Zukunft zu einem zentralen Punkt moderner medienwirksamer rechtlicher Verfahren werden. Litigation-PR wird sich vermutlich in dem Maße entwickeln, wie sich die Einsicht durchsetzt, dass (1) über Sieg oder Niederlage in einer Mediengesellschaft nicht mehr nur vor Gericht entschieden wird, sondern der Court of Public Opinion mitentscheidend für den Ausgang einer Rechtsstreitigkeit und Disposition der Reputation geworden ist und sich (2) die Betroffenen bewusst werden, dass sie sich den Folgen der Medienaufmerksamkeit eines rechtlichen Verfahrens nicht mehr entziehen können. Die stetig wachsende Medialisierung der Justiz trägt zu dieser Entwicklung bei. Je mehr der Einfluss der Medien auf die Justiz wächst, desto stärker werden die Gegenkräfte. Dies schlägt sich in einer immer größeren Professionalisierung der Kommunikation in rechtlichen Auseinandersetzungen nieder. Der öffentliche Diskurs wird zum Kommunikationsmanagement. Eine professionelle kommunikative Bewältigung rechtlicher Verfahren erhöht die Chance, einen Rechtsstreit unbeschadet zu überstehen. Damit ist die Litigation-PR nicht (mehr) nur als eine lukrative Nische auf dem Kommunikationsmarkt zu sehen. Denn: Wer in einer Mediengesellschaft nicht in der Lage ist, einen rechtlichen Konflikt kommunikativ zu managen, riskiert, dass sich dieser zu einer existenzgefährdenden Reputationskrise entwickelt. Je mehr sich diese Einsicht durchsetzt, desto größer wird die Nachfrage nach LPR-Beratern sein. Litigation-PR ist ein Wachstumsmarkt und das Berufsfeld wird sich entsprechend ausweiten.

---

[8] Bei Heinrich (2010: 162ff.) wird analysiert, inwieweit Faktoren, die einen Erwerb- bzw. Entzug von Vertrauen in der Krisenkommunikation zur Folge haben, auch in der Krise „Prozess" von Bedeutung sind.

Literatur

Bentele Günter/Janke, Katharina (2008): Krisenkommunikation als Vertrauensfrage? Überlegungen zur krisenbezogenen Kommunikation mit verschiedenen Stakeholdern, in: Nolting, Tobias/Thießen, Ansgar (Hrsg.): Krisenmanagement in der Mediengesellschaft. Potenziale und Perspektiven der Krisenkommunikation. Wiesbaden, 112-132.

Burkhardt, Steffen (2009): Reputationmanagement. Ziele, Strategien und Erfolgsfaktoren, in: Publikationsreihe des Bundesverbandes deutscher Pressesprecher, Nr. 13, 1-13.

Eisenegger, Mark (2004): Reputationskonstitution in der Mediengesellschaft, in: Imhof, Kurt/Blum, Roger/Bonfadelli, Heinz/Jarren, Otfried (Hrsg.): Mediengesellschaft. Strukturen, Merkmale, Entwicklungsdynamiken. Wiesbaden, 262-292.

Eisenegger, Mark (2005): Reputationskonstitution, Issues Monitoring und Issues Management in der Mediengesellschaft. Eine theoretische und empirische Untersuchung mit besonderer Berücksichtigung ökonomischer Organisationen, Diss., Wiesbaden.

Gibson, Dirk C./Padilla, Mariposa E. (1999): Litigation Public Relations Problems and Limits, in: Public Relations Review, 25. Jg., 215-233.

Haggerty, James F. (2003): In the Court of Public Opinion: Winning your Case with Public Relations. Hoboken (New Jersey).

Haller, Monika (1999): „Reden wir darüber"? Die Kommunikationspolitik der Deutschen Bank im „Fall Schneider" zwischen Anspruch und Wirklichkeit – Erkenntnisse und Lehren, in: Bentele, Günter/Rolke, Lothar (Hrsg.): Konflikte, Krisen und Kommunikationschancen in der Mediengesellschaft. Casestudies aus der Praxis. Berlin, 57-109.

Heinrich, Ines (2010): Litigation-PR: PR vor, während und nach Prozessen. Perspektiven, Potenziale und Problemfelder. 1. verb. Aufl., Burtenbach.

Holzinger, Stephan/Wolff, Uwe (2009): Im Namen der Öffentlichkeit. Litigation-PR als strategisches Instrument bei juristischen Auseinandersetzungen. Wiesbaden.

Jarrell, Kent (2004): Litigation Communication: A Road Map to an Emerging Art. 8. Jg., Nr. 4. Washington, D.C.

Jin, Yan/Kelsay, Chrisher J. (2008): Typology and Dimensionality of Litigation Public Relations Strategies. The Hewlett-Packard board pretexting scandal case, in: Public Relations Review, Jg., Nr. 34, 66-69.

Kleiner, Susanne (2010): Litigation-PR in der Organisationskommunikation 2.0 – Zwischen Kapital und Emotion: Topmanager vor Gericht, in: Boehme-Neßler, Volker (Hrsg.): Die Öffentlichkeit als Richter? Litigation-PR als neue Methode der Rechtsfindung, Baden-Baden, S. 98-119.

Lies, Jan (2008): Juristische Kommunikation (Litigation Public Relations), in: Lies, Jan (Hrsg.): Public Relations. Ein Handbuch. Konstanz, 190-194.

Petermann, Frank (2006): Litigation Communication. Wenn rechtliche Auseinandersetzungen die Reputation gefährden. Online unter: www.falkenstein.ag/uploads/media/litigation_commu nication_zzz_2006.pdf [03.01.2009].

Raupp, Juliana (2005): Public Relations, in: Althaus, Marco/Geffken, Michael/Rawe, Seven (Hrsg.): Handlexikon Public Affairs. Münster, 147-150.

Reber, Bryan H./Gower, Karla K./Robinson, Jennifer A. (2006): The Internet and Litigation Public Relations, in: Journal of Public Relations Research, 18. Jg., Heft 1, 23-44.

Röttger, Ulrike (2001a): Public Relations, in: Otfried, Jarren/Bonfadelli, Heinz (Hrsg.): Einführung in die Publizistikwissenschaft, Bern (u.a.), 285-307.

Thießen, Ansgar (2007): Strategische Kommunikation oder unreflektiertes Zweckbündnis? Das Verhältnis zwischen Öffentlichkeitsarbeit und Journalismus in Krisen. Technische Universität Ilmenau: Unveröffentlichte Diplomarbeit.

Wilmes, Frank (2006): Krisen PR – alles eine Frage der Taktik. Die besten Tricks für eine wirksame Offensive in Strafprozessen. Göttingen.

The Origins and Current Status of Litigation-PR in the USA

James F. Haggerty

Abstract

Der bekannte Verleumdungsprozess des ehemaligen US-General William Westmoreland gegen das TV-Netzwerk CBS in den 1980er Jahren kann als Geburtsstunde der Litigation-PR in den Vereinigten Staaten betrachtet werden, insbesondere im Kontext des Zivilrechts. Derzeit wird nicht nur Litigation-PR, sondern auch die mediale Begleitung von straf- und zivilrechtlichen Verfahren zunehmend Teil des täglichen Lebens in den USA. Unternehmen und Einzelpersonen werden sich immer bewusster, wie die mediale Berichterstattung von Gerichtsprozessen nicht nur das Unternehmensimage in der Öffentlichkeit beeinflusst, sondern auch das Gerichtsverfahren selbst.

Mit der kontinuierlichen Verflechtung der Felder Recht, Medien, Politik und Public Relations ist es elementar für Prozessparteien, insbesondere Unternehmen und Einzelpersonen, für ihren Sieg im „Gerichtssaal" der Öffentlichkeit zu kämpfen. Das ist strategisch wichtiger als der Sieg in jedem anderen Gerichtssaal.

On Tuesday May 3, 2011 the United States Government filed a civil lawsuit against Deutsche Bank AG and its subsidiary company, MortgageIT. The US Department of Justice alleged the company approved 39,000 loans for Federal Housing Administration insurance between 1999 and 2009 with blatant disregard for quality control. The loans were sold to investors as ultra-safe government-backed securities, allowing the Deutsche Bank unit to profit handsomely – while costing the United States Government millions of dollars in insurance claims after nearly one-third of the loans went bad, many within only a few months.

Extensive news coverage followed, not just in the United States, but also in Germany and other media outlets worldwide. "US Says Deutsche Bank Lied" was the headline in *The Wall Street Journal,* while in Germany, *Die Welt* wrote

"US-Regierung verklagt die Deutsche Bank." *The New York Times, Washington Post, Frankfurter Allgemeine Zeitung* and *Berliner Morgenpost* also ran significant stories, as might be expected. But the news of the lawsuit was also picked up in other areas of the globe, in media that included the *China Daily Post, Reuters Japan,* the *Financial Mail* in South Africa and *Exame* in Brazil.

With such obvious global public interest, how should Deutsche Bank respond? Issue a terse "No comment", focusing solely on the proceedings within the courtroom? Or should they implement a strategy to manage the media just as effectively as any other aspect of the case?

Clearly, US prosecutors have already shown they won't litigate quietly. Although the court proceedings were just beginning, the United States Government was attacking the bank in the court of public opinion. *The Wall Street Journal* quoted the government stating: "while Deutsche Bank and MortgageIT profited from the resale of these government-insured mortgages, thousands of American homeowners have faced default and eviction, and the government has paid hundreds of millions of dollars in insurance claims." The US further noted the depletion of FHA reserves from $21 billion to $4.7 billion over the past three years. "If its reserves are depleted, the FHA could be required to seek taxpayer money for the first time in its 77-year history", US prosecutors said. The government was clearly using media to highlight their message of a massive German bank victimizing the US people for selfish gain.

German media outlets, for their part, focused on the negative impacts of the lawsuit for Deutsche Bank and its investors. *Die Welt* noted that "die Klage könnte Deutschlands größte Bank bis zu einer Mrd. Dollar kosten" and "die Aussicht auf eine Klage der USA gegen die Deutsche Bank schickte deren Aktien am Dienstagnachmittag auf Talfahrt".

This is the reality of high-profile litigation in the global media age. It is also the reason the practice of litigation public relations, or litigation communications, has emerged as a distinct area of public relations practice, beginning first in the United States. With globalization, the US trend has already reached Germany and is becoming a much talked about and debated topic among legal, communications and public relations professionals. Commentators have raised questions about the necessity and moral implications of this young industry.

From the US perspective, the necessity is clear: there is a growing realization that, in this "information" age, media, politics, public opinion, and other extrajudicial forces exert a growing influence over the course and conduct of litigation in the United States – and, thus, the ultimate adjudication of legal disputes. Lawyers, their clients, and their public relations representatives ignore these impacts at their own peril.

With both a rising number of cases and a growing public interest, the Deutsche Bank lawsuit described above is just one of many examples of the trend. News of corporate litigation is no longer a topic that presents itself in a few articles in a local newspaper or trade publication. In a global and interconnected economy – and with the information sharing community of the Internet – this type of news reaches millions of readers within a few hours. Not only Internet publications, but also social media outlets like Facebook, Twitter and blogs have made it easier than ever for Internet users to attain and react to information as legal stories develop.

In the end, a legal victory is not worth much if during the process of litigation, a company's image, character and reputation is destroyed through negative media attention.

1. The History of Litigation Public Relations in the United States

Litigation public relations in the United States, especially in the context of civil, rather than criminal cases, is still a relatively young field. The use of public relations techniques in civil litigation in the United States traces its roots to the mid 1980s.

It is true, of course, that the media has always covered certain court cases – particularly criminal cases – and parties have always attempted to influence public opinion during lawsuits. It is said that in the 1960s, famous US trial lawyer F. Lee Bailey installed stage lighting above his desk so that he could be interviewed at a moment's notice.

But as a formalized discipline, most observers believe litigation PR in the civil context had its birth with the famous libel lawsuit of the early 1980s by former US General William Westmoreland against the CBS television news network.

The facts of the Westmoreland libel trial involved a report that CBS had broadcast in a segment by Mike Wallace on its *60 Minutes* program, alleging Westmoreland, while in charge of US forces in Vietnam, knowingly exaggerated enemy casualty figures to convince the administration of US President Lyndon Johnson – and the American public – that the US was actually winning the Vietnam War. Westmoreland sued CBS, charging that he had been libeled by the report, and a media circus seldom seen in noncriminal court cases ensued.

CBS had the foresight to hire a public relations representative named John Scanlon, who cleverly worked to manage the coverage of the case on CBS's behalf. Every step of the way, from shortly after the filing of the complaint until the case actually reached the courthouse, Scanlon was there, discussing the case with reporters, passing out key documents used in court (along with documents that weren't) and otherwise making CBS's "case."

The New York Times reported his presence thus:

> "[Scanlon] is not a member of the press, and he is not a lawyer. He is on CBS's side, but he is not a CBS employee: He is new scenery on the landscape of legal procedure. He represents one of two public relations companies working for the opposing sides, and while the legal battle is being fought according to the principles of law, Mr. Scanlon and General Westmoreland's representative, David Henderson of Washington, are fighting with the uncodified art of public relations."

"Both sides", said Professor Geoffrey Hazard of the Yale Law School, "are seeking a public opinion verdict as well as a jury verdict". Neither professor found anything wrong or improper in the presence of public relations men at the trial (Kaplan 1984).

The tactics undertaken in the Westmoreland case have now become standard in high-profile litigation in the United States. In major lawsuits, it is expected that both sides will have spokespeople interacting with media on a daily basis. Indeed, a party to a lawsuit that attracts media attention might be considered remiss if they did not have a point of contact for the case.

In the Westmoreland trial, the tactics worked. Just at the height of the contentious court proceedings, the case was settled, in a manner highly positive for Scanlon's client, CBS: General William C. Westmoreland dropped his $120 million libel suit.

Under the terms of the settlement, CBS did not disavow the 1982 documentary on the Vietnam War that was the basis of the suit, and did not pay any money to General Westmoreland.

The parties issued a joint statement today saying "they now agree that the court of public opinion, rather than a court of law, is the appropriate forum for deciding who was right in the case [emphasis added]" (Farber 1985).

In this case, not only was the media used decisively by CBS in fending off General Westmoreland's advances, it was ultimately decided that the public arena was where the case should be decided. The use of PR in high-profile litigation had arrived.

2. The Merger of Legal and Public Perception Matters

Since the 1980's and especially in the last 10-15 years, lawyers, PR professionals and their clients facing litigation have implemented and adapted PR tactics in order to favorably impact the course of litigation for their side. It may be one of the youngest PR specialties, but litigation PR is also among the fastest growing fields in the United States.

In US and other advanced business markets around the world, media, law, politics and public relations are coming together in a very real way. My own personal career experience serves as example. I started out in journalism, then went into public relations, then to law school. After law school, I eventually found myself back in the field of public relations where part of my "unique selling proposition" was my background as an attorney. More than a decade later, the opposite is sometimes true: I now find myself sought out as an attorney, with my unique selling proposition being my background in public relations, legislative and regulatory issues, and media. At times it is hard to tell where law practice ends and public relations begins.

Indeed, one of the most famous trial lawyers in the United States told me recently that he is increasingly hired *not* for his skills in the courtroom, but rather for his skill at managing public audiences during the course of a high-profile, media-intensive trial. The attorneys in a recent case, for example, knew they were going to be attacked publicly over their legal position – both in the media and in political circles – if a case went to trial. They needed to add a member of the legal team who knew how to manage the frenzy of high-profile litigation, for fear of the effect public perception would have on the judge, the jury and the client's legal rights.

Another development is what I call the "David Boies" tactic. David Boies, as you may know, is among the most famous lawyers in the United States. He was the lead attorney on *Bush v. Gore*, the Microsoft antitrust trial and, more recently, the California litigation over the right to same sex marriages. As good a lawyer as Mr. Boies is, he is increasingly brought into high-profile cases for the public relations impact of having America's most famous attorney at your side. When David Boies speaks, people listen. And that includes the judge, the media, the general public and the other side. Especially the other side.

Again, more evidence of a remarkable integration of legal, media, political and public opinion issues in the resolution of legal disputes.

3. The American Perspective

One of the main reasons litigation public relations has emerged in the United States is because litigation itself is now so central to American commercial and economic life. It is no exaggeration to say that we Americans love to sue one another. In fact, in the United States, most businesses will be sued (probably more than once) in the course of their existence. Statistics from the National Federation of Independent Businesses (NFIB) indicate that nearly a quarter of businesses across the country are sued each year.

According to a Gallup Poll, 56 percent of businesses in the United States with more than fifty employees say that their odds of getting sued in the next five years are "abundant." Another recent study showed that half of US companies with $1 billion or more in revenues were sued more than 20 times each year – and almost one-third more than 50 times!

In this Media Age, business news necessarily includes legal news. Thus, effectively communicating about litigation matters is just as necessary as effective communication about any other business-related issue.

An increase in litigation, combined with rising public interest in legal issues, has created an environment where US companies are more and more turning to public relations techniques in order to communicate strategically when facing legal issues. A survey conducted by my company for the US legal publication *Corporate Legal Times* showed that nearly 50 percent of large companies regularly use public relations when involved in litigation and 23 percent use public relations "often" or "always."

It is also important to note that liability for damages in the United States far exceeds anything you see in Germany, Europe or other parts of the world. This is especially true in the area of punitive damages, which is a uniquely American concept that enables additional damages to be awarded in a civil case in order to punish a defendant and deter others from engaging in the same activity. It is also true for statutory damages, those set by legislators who are often more concerned with gaining political clout than they are with the actual damage suffered by a party. Sometimes damages are tripled simply because a statute requires it.

In addition, most corporate crisis events in the US now lead to litigation, with a whole industry of plaintiff lawyers who aggressively pursue tort cases – and whose primary legal skill seems to be their ability to scare corporate America into settling early and for large sums of money.

One example, taken from a recent US news story: In a large US city, an explosion at a petroleum company occurred just after midnight. By early afternoon that same day, the first lawsuit had been filed on behalf of city residents who might have suffered damages from toxic fumes – before the fire was even put out! When the lawyer was asked, "How do you know there will be damages?" he pointed to the plume of smoke above the facility and said, "What goes up, must come down!"

So this is the American way. Thus, companies and individuals in the United States are beginning to learn that if they are not communicating properly to the public and stakeholders throughout the course a lawsuit, it can hurt them.

Damage to a company extends not only to its reputation but also to the course of litigation itself. A poor public response to a legal issue in the "court of public opinion" can have huge ramifications on the course and conduct of the case itself. It affects the way the other side conducts themselves – how hard they fight, whether they think they have a good case, whether they think they are right, and what their next steps will be. A bad media response can also determine whether additional, "copycat" lawsuits are filed. Further, public reaction to a judge's ruling early in a case can affect his next ruling as the lawsuit moves forward. And, of course, media attention can affect the jury – what they think about the case and the issues surrounding the case – when, and if, the lawsuit eventually comes to trial.

Which brings me to a key fact about American lawsuits: most cases never see the inside of a courtroom. According to various statistics, more than 95 percent of court cases are settled before trial. Moreover, this statistic doesn't even include the legal actions, investigations and regulatory or administrative proceeding that are resolved before formal legal action is even filed. This means that most of the action on the public perception front occurs months before a case ever gets before a judge. Influencing judge and jury is only a small part of our concern. Indeed, with so many cases settling, the effect of media attention and other forms of public perception on the other side becomes a far greater factor. If a party is getting beaten up on a daily basis in the media, for example, they will likely be far more willing to agree to a resolution of the case that is favorable to your side. That can mean millions at the settlement table.

If you are a plaintiff, therefore, your goal is to convince the other side that the story is not going away – in fact that it is getting worse. I tell plaintiffs and defendants alike: any defendant can survive a single day of bad press. It is the 'drip, drip, drip' of a growing story that makes a defendant think: "It is far easier and far better for my company, my products and my business goals to get this case behind me as quickly as possible."

If you are the corporate defendant – the majority of my clients – you want the plaintiffs to realize that you play the media game just as well as they do, and that you are not going to be an easy target for their attacks. If the corporate defendant fumbles the initial response to a legal attack, the plaintiff's lawyers are emboldened. They "smell" a good payday, and will fight even harder.

Conversely, if the corporate defendant is managing the communications elements of the legal attack with care, it sends a message to the other side that this is going to be a very tough fight, and that the case may not be one the plaintiffs can ultimately win. Plaintiff lawyers are smart entrepreneurial businesspeople. If they see that a particular line of cases is not going to bring them proper return on investment, they will go elsewhere.

4. The Court Papers don't tell the Story

Part of the reason an effective litigation public relations program is vital stems from the fact that lawyers, clients and their advisors often have difficulty communicating to media and other public audiences with the brevity and focus necessary to effectively tell their side of the story. In court, arguments are usually limited only by restrictions on the number of pages in a particular brief or filing. In the media, by contrast, a litigant may be limited to a sentence or two in which to make their "case". As I tell each of my clients before every engagement: it is far easier to make your argument in 10,000 words, than it is in 1,000 words, or 100 words.

This is particularly true in the US system, where there are often millions of documents produced during discovery. Thus, the central litigation public relations challenge: in this media age, where the public is awash in information about issues and arguments and policy, how do you discuss a lawsuit with thousands of pages of legal arguments, hundreds of issues and more than a million documents produced during discovery? And how do you do so in the proverbial "ten words or less?"

As a litigation PR consultant, my challenge is to ensure my clients' information is presented to the public in the best manner possible to serve broader legal and business interests. Positioning issues and arguments. Forming perceptions. Changing perceptions. "Spin" is the oft-used pejorative term, but bending the truth has little to do with effective litigation communications. Excessive "spinning" will leave both lawyer and client dizzy. And no matter how good a "Spin-Doctor" you are, if you bend the truth too much, it will break.

What we're really doing in the litigation PR field is taking the voluminous information that is part and parcel of any lawsuit or legal crisis and putting it into a form that can be understood and used by various public audiences – including the media – to form perceptions about the case. Done right, effective litigation public relations will positively affect both the party's reputation and – quite often – the course and conduct of the litigation itself. Indeed, the court of public opinion may well be as important to the effective representation of a client during high profile litigation as anything that goes on in the courtroom.

It is the lawyer's responsibility, moreover, to ensure his or her client's interests are protected as the case moves forward. Consider this quote by Justice Kennedy of the United State Supreme Court from a 1991 case entitled *Gentile v. State Bar of Nevada,* 501 US 1030, 1043 (1991):

> "An attorney's duties do not begin inside the courtroom door. He or she cannot ignore the practical implications of a legal proceeding for the client an attorney may take reasonable steps to defend a client's reputation and reduce the adverse consequences of indictment. A defense attorney may pursue lawful strategies to obtain dismissal of an indictment or reduction of charges, including an attempt to demonstrate in the court of public opinion that the client does not deserve to be tried."

This quote is from 1991, long before the World Wide Web, before email, before the O.J. Simpson trial, and before the explosion of media, both traditional and new media, that now infiltrates every aspect of our lives, with such enormous impact on how cases are perceived – and how they're ultimately resolved. It is still the law of the land in the United States. It is even more important now, in the age of the Internet, social media and nearly instantaneous media coverage of legal events.

5. The Power of Perception

When considering the impact of perception on high-profile court cases, another famous litigator I know, puts it this way:

If your teenage daughter comes home one night, late, on a school night, and you ask "Where have you been?" and she says "No comment"... well, you're going to make some assumptions about what is going on. And if she walks in and says: "Well, let me get back to you. What's your deadline?" you're going to form a different set of assumptions. But if her response is: "Look, I made a mistake, I'm sorry. I think I know how to prevent it from happening again." Those two sentences are going to change the whole tenor of the conflict.

It sounds simple, and on some levels it can be. But doing it well in the course of a billion-dollar lawsuit is the hard part. That is where the art and science of litigation public relations comes in.

How you respond publicly to allegations will have an enormous impact on public perceptions and on how every actor in the litigation is going to behave, including the judge, jurors and the other side. Especially the other side. Because other lawyers, prosecutors, regulators and judges believe what they read. Certainly their clerks do, and so do the regulators and prosecutors whose efforts can either help or hurt a plaintiff or defendant as a case moves forward. And we all know politicians read the paper, don't we?

So all of these initial perceptions can have a huge impact on the way a party's rights are protected... or not. And it is foolish to think anyone is immune. Again, more than 95 percent of cases in the United States settle before trial. Most of what happens won't come close to the "traditional" trial by jury you might see on "Law and Order," the famous US television show. Rather, cases are fought in pretrial hearings and motions, in the pages of briefs, at the settlement table, and before various public audiences long before the case is ever scheduled to come to trial.

Thus, it is increasingly the lawyer's job to attend to public aspects of the case to ensure the proper defense of their clients. Such an approach requires clients and their lawyers to pay attention to the public perception of a case, just as they would every other aspect. It is a part of modern litigation management: understanding the impact of perception on the case, and how public actions can influence the litigation itself.

I was in US federal district court about a year ago on a healthcare case, for example. It was a very good case, a very worthwhile case, where my side was going for a preliminary injunction to stop the other side from taking action that would hurt health insurance customers. In the United States, a preliminary injunction – which stops a party from taking action, rather than asserting damages after an action is taken – is a very difficult case to win. Even with that in mind, in this case my client was doing a particularly bad job.

"I am inclined to rule for the defendant, but I'll hear your argument anyway," the judge said to begin the hearing. "See if you can change my mind."

It went downhill from there. Again, this was a very good case, and a good cause, but it was just not a very good day for my side.

The problem was, it was a very big media day. There were reporters in the courtroom and – more problematically – three camera crews set up at various points in the breezeway outside the courthouse. Though this particular hearing only dealt with one aspect of the case, bad news coverage would likely impact the entire course of the litigation.

The lawyers from my side were feeling the heat in the courtroom, and they were wilting. They were red-faced and sweating as the judge attacked their argument. In addition, although my client's lead attorney was a very good lawyer, he could show a temper at times. He was liable to shout angrily the moment he got close to a TV camera – or knock the cameraman down on the way out the door. In any event, it would be a horrible visual of my client's beaten down legal team staggering away from the courthouse in disarray.

So, since we knew a bad ruling was coming, how could we minimize today's damage so it wouldn't impact the rest of the case?

Here's what we did. First, I informed the print and electronic reporters sitting in the courtroom that we'd make no comment on the way out, but would have a written statement within a half hour of the ruling.

I knew that the other side's lawyer would be excited about his victory, so he'd approach the first camera he saw to give an interview. So I asked two well-known executives who were in the courtroom and supportive of our side to quickly engage the other two news crews. Explain how hard it is to get a preliminary injunction, and that this was only the first round of a very worthwhile battle. Since the executives were both quite famous, they were natural subjects for an interview.

Thus, the three video news crews were occupied. I quickly ushered my dour legal team out of the courthouse and into a waiting car before the cameras could finish those interviews and find us. We later issued a short written statement with the proper message to all the relevant media outlets.

Taking these simple steps, we avoided a negative visual and giving a rushed, angry statement that would reinforce the notion that we were losers.

Again, like the story of the 14-year old who comes home late, a well-chosen response takes a potentially disastrous situation and makes it manageable. And we're not divulging legal strategy, we're not trying to influence the jury or otherwise doing things that might be deemed unethical.

6. Cost Benefit and Risk Analysis

Many believe that we litigation public relations consultants in the United States spend most of our time writing press releases, arranging press conferences, arguing on CNN about the guilt or innocence of the accused, or scheduling appearances for our clients on the newsmagazine program *60 Minutes*. As with our counterparts in Germany, this is part of what we do. Yet it is a smaller part than you might think.

Most of what is done in litigation communications, is much more nuanced: advising on the public implications of legal issues or litigation, how everything a litigant does or says – or the way a litigant acts or behaves – during the course of a case affects the perception of these issues, either to the benefit or the detriment of both the case and the client's reputation.

As discussed earlier, there is an enormous number of practical and reputation considerations that must be weighed carefully in an age where most major litigation will be subject to media and other public scrutiny. This is an aspect of the law that isn't formally taught at law schools, one that also exerts an enormous impact on the course and conduct of litigation: the *cost-benefit analysis*. In every lawsuit, whether plaintiff or defendant, prosecutor, regulator or private attorney, whether an individual or the largest multinational corporation… every litigant does a cost-benefit analysis regarding whether and how to assert or defend their legal rights.

More specifically: what will be the cost of proceeding through the legal system to protect my rights – whether in asserting a meritorious claim or defending against a claim without merit – and what will be the benefit?

How hard should the company or individual fight? What resources should they devote to this effort? In the context of a corporation of large business enterprise: how big a priority is the litigation to the company and its mission? Should the company assign their best people to this task? Settle quickly? Feign interest in an aggressive stance, knowing full well that you are eventually going to settle? How tough should a litigant be during settlement negotiations?

All of these cost-benefit analyses go into determinations regarding how, and whether, a potential litigant is going to assert their legal rights.

On the plaintiff's side, there are similar considerations. How much will it cost to ensure the plaintiff's rights are protected? How hard will the other side fight? How will the plaintiff really benefit if they win? These are some of the practical considerations that go into every lawsuit before a decision is made to assert or defend a claim.

In addition to the economic considerations, however, there are also reputational concerns. They can be as powerful as any legal or economic consideration facing a litigant in a particular case. What will this case do to a company's reputation? Is it worth proceeding? What are the risks? If a public corporation – what will be the effect on investors? What will the reputational effects do to a company's stock price?

All of these considerations lead to the following question: What can I, a party, do during the litigation process to minimize these risks – or, even better, to incorporate them into legal strategy in ways that change the cost-benefit analysis. This is where effective litigation public relations comes in.

Strategy, including the cost-benefit analysis, informs the decisions you make and the "tactics" you use when in the midst of high-profile litigation. In the United States, it is increasingly the fact that understanding how all of these factors work together – understanding and appreciating the effect of politics, media and public perception on the litigation process – is what separates great practitioners of litigation public relations from mere good ones. Increasingly, it is also what separates merely adequate attorneys from the very best.

7. The Ethics of Litigation Public Relations

Finally, no discussion of Litigation PR in the US would be complete without a look at the ethical and moral dimensions of the practice. A question I am often asked is: "Doesn't the work you do skew the legal system in favor of those who know how to spin the media to their advantage? Is your work ethical under the rules governing the practice of law in the United States?"

First, the law. The legal profession in the United States is regulated by each of the 50 states. Most have rules such as New York State Disciplinary Rule 7-107, which states:

> "A lawyer who is participating in or has participated in a criminal or civil matter shall not make an extrajudicial statement that the lawyer knows or reasonably should know will be disseminated by means of public communication and will have a substantial likelihood of materially prejudicing an adjudicative proceeding in the matter."

This rule would seem to eliminate a lot of litigation PR work. However, the rule then goes on to state that, in all circumstances, a lawyer may, in the representation of his or her client, publicly state a variety of factual elements of the case, including the following:

(1) the claim, offense or defense and, except when prohibited by law, the identity of the persons involved; or
(2) information contained in a public record. It further adds that you can make a public statement when warning of danger if there is reason to believe that there exists the likelihood of substantial harm, including harm to the public interest.

Furthermore, under New York State law, you are also permitted to make a public statement that a reasonable lawyer would believe is required to protect a client from the substantial prejudicial effect of recent publicity.

In other words, there are a lot of instances, in which presenting your case publicly is not only ethically appropriate, but also important to affect perceptions that might have a substantial prejudicial impact on the course of the proceedings.

To quote United States Supreme Court Justice Kennedy in *Gentile v. State Bar of Nevada, 501 US 1030, 1043 (1991):*

> "Since lawyers are considered credible in regard to pending litigation in which they are engaged and are in one of the most knowledgeable positions, they are a crucial source of information and opinion. To the extent the press and public rely upon attorneys for information because attorneys are well informed, this may prove the value to the public of speech by members of the bar. If the dangers of their speech arise from its persuasiveness, from their ability to explain judicial proceedings, or from the likelihood the speech will be believed, these are not the sort of dangers that can validate restrictions. The First Amendment does not permit suppression of speech because of its power to command assent."

So in the United States, there is at the very least, statutory and judicial guidelines that allow for representing your client in the court of public opinion as well as the court of law, so long as no other ethical boundaries are crossed. But what of the moral question? Many observers worry that, in using outside influences, justice suffers. Or, to put it more bluntly: Vicious, amoral spin doctors use their "black magic" to tilt the scales of justice unfairly, twisting and bending the rule of law to meet their own nefarious ends. Using media and other public audiences in legal disputes allows the waves of public passion that swell in the wake of a media barrage to engulf the reasoned, dispassionate dispensation of justice.

In fact, I believe the exact opposite is true: Properly using these channels of communication can actually level the playing field, eliminating many of the advantages that money, ideology, influence, and class have long brought to our legal system. Particularly as new technologies offer a scalability of the message that ensures even the faintest voices will be heard.

It is important to understand that all legal systems, including that of the United States, are anchored to the practical realities of the world in which they operate. Grand theories of justice are the foundation of our system, but let's not pretend that extrajudicial realities have not, over the years, framed the judicial structure. There's no doubt that over the past two decades, media and other public audiences have taken their place among all of the other real-world factors that influence the course of the law.

Indeed, media and other public influences may now be among the most important of these factors.

That's that can be scary. The rise of media and other public opinion influence circumvents many of the other real-world elements that have long held sway over our judicial system. For centuries, the course of litigation was guided by those who had the influence to properly frame the arguments and the resources to fight the battle and fight it well. The party with the greater resources usually won, while the poor, unrepresented or politically marginal usually lost. With this new ability to appeal to a broader public audience when addressing legal matters, parties to a legal dispute are able to short-circuit much of that traditional influence. To those that have traditionally benefited, it is a scary thing. But ultimately, I'm not too sure it's that bad a thing for legal system... or for justice.

Indeed, in the media age, an attorney who is not tending to these broader elements of their client's case is probably doing that client a grave disservice.

Literatur

Farber, M.A. (1985): Suit against CBS is being dropped by Westmoreland, in: The New York Times 18.2.1985.

Kaplan, Peter W. (1984): o.T., in: The New York Times 23.10.1984.

Deutschland und die USA: Ist US-amerikanische Litigation-PR auf Deutschland übertragbar?

Alexander Schmitt-Geiger

Abstract

Litigation PR takes place in the conflict areas between media and law. By comparing the "legal" and the media framework conditions in the U.S. and Germany, the question whether litigation PR practiced in the U.S. can be transferred to Germany can be clarified. The paper describes relevant features of U.S. law and the U.S. media, that are crucial for the development and the characteristics of litigation PR. These are class actions, punitive-damages, pre-trial discoveries and the jury system on the one hand and special interest channels and journalistic standards of the U.S. media on the other hand.

This analysis is contrasted with similar aspects of German law and German media – lay judges, accumulation of litigants and a competitive situation in German media. Finally, the article deals with the vast differences and answers the main question of transferability of U.S. themes to the German situation.

1. Einleitung

Litigation-PR, zu Deutsch strategische Rechtskommunikation oder rechtsstreitbegleitende Öffentlichkeitsarbeit, entstand in den 80er Jahren in den USA. Mittlerweile fasst Litigation-PR auch in Deutschland Fuß. Indizien dafür sind, dass sich darauf spezialisierte Agenturen gründen, zahlreiche Veröffentlichungen zum Thema erscheinen und sich Abschlussarbeiten an Hochschulen mit Litigation-PR beschäftigen.

Diese PR-Disziplin findet im Spannungsfeld von Medien und Recht statt. Rechts- und Mediensysteme beeinflussen maßgeblich die Entstehung und Ausprägung von Litigation-PR. Zur Beantwortung der Frage, ob die in den USA praktizierte Litigation-PR auf Deutschland übertragbar ist, werden deshalb US-

Recht und US-Medien auf ihre Vergleichbarkeit mit den „rechtlichen" und medialen Rahmenbedingungen in Deutschland untersucht.

2. USA

2.1 Besonderheiten des US-Rechts und ihr Einfluss auf Litigation-PR

Es bedarf keiner vertieften Kenntnisse des US-amerikanischen Rechts um festzustellen, dass es bedeutende Unterschiede im Vergleich zum deutschen Recht gibt: Immer wieder ist in hiesigen Medien von exorbitant hohen Schadenersatzforderungen, skurril wirkenden Produkthaftungsverfahren und vollstreckten Todesurteilen die Rede. Diese Meldungen zeigen, dass das uns aus Popkultur und Filmen sonst so vertraute Land in Fragen des Rechts oftmals sehr unterschiedlich zu sein scheint. Und bei genauerer Betrachtung wird deutlich, dass es genau diese Unterschiede sind, die maßgeblich zur Entstehung und Ausprägung der Litigation-PR in den USA beigetragen haben.

2.1.1 Das Jurysystem

Was ist das Jurysystem? Aus Fernsehserien und Kinofilmen, wie beispielsweise dem 1957 von Regisseur Sidney Lumets gedrehten Kinostreifen „Die zwölf Geschworenen", ist das amerikanische Jury-System auch hierzulande einem breiten Publikum vertraut (vgl. Herz 1996: 973). Hintergrund des Jurysystems ist, dass Recht nicht allein durch die staatliche Justizbürokratie gesprochen werden soll. Auch Mitbürgerinnen und Mitbürger sollen an der Rechtsprechung beteiligt werden. Diese zentrale Rolle des Volkes soll für Öffnung und Transparenz der Justiz sorgen (vgl. Widmaier 2004: 407).

Das uramerikanische Recht, ein Verfahren in Zivil- (gem. Zusatzartikel VII der US-Verfassung) oder Strafsachen (gem. Zusatzartikel VI der US-Verfassung) von einer Jury entscheiden zu lassen, ergibt sich aus der US-Verfassung. Ist in einem Prozess eine Jury beteiligt, nimmt sie eine zentrale Position ein. So erfolgt die Bewertung der Beweise und Tatsachenvorträge auf Plausibilität und Glaubwürdigkeit alleine durch die Jury (vgl. Wieland 2011 und bezüglich des Zivilprozesses Hirte 2002: 346).

Allein die Jury befindet im Strafprozess über Schuld oder Unschuld des Angeklagten. Ihr Beratungsergebnis nach der Beweisaufnahme ist verbindlich.

Dabei ist es nicht einmal erforderlich, dass die Jury ihre Entscheidung begründet (vgl. Zekoll 1999: 2164). Die Berufsrichter beaufsichtigen dagegen lediglich das Verfahren (Eser 1995: 171) und entscheiden über die Zulässigkeit von Beweismitteln. In einigen Bundesstaaten der USA legen sie außerdem nach dem Schuldspruch der Jury das Strafmaß fest. In anderen Bundesstaaten erfolgt auch das durch die Jury.

Die Jury wird auch als ein „body truly representative of the community" (Smith vs. Texas 1940, 311 U.S. 128, 130) beschrieben, als ein Spruchkörper, der die Gemeinschaft wirklich repräsentiert. Da die Jurymitglieder die Lebensverhältnisse vor Ort kennen, trauen ihnen viele Bürgerinnen und Bürger der USA bis heute eher zu, über eine Straftat zu richten, als den Richtern in der Verwaltung.

Eine Jury besteht in den USA aus zwölf Laienrichtern, die im jeweiligen Gerichtsbezirk wohnen und ursprünglich nach dem Zufallsprinzip rekrutiert wurden. Im Idealfall sollten nur unvoreingenommene und dem Verfahrensstand ferne Bürger der Jury angehören. Heute geht der Auswahl der Jury ein oft wochenlanger Verhandlungsmarathon zwischen Anklage und Verteidigung voraus. Ist der Angeklagte beispielsweise ein Schwarzer, wird die Verteidigung versuchen, möglichst viele Schwarze in die Jury zu bekommen. Geht es um einen Produkthaftungsfall, versuchen die Anwälte des Klägers, möglichst viele Verbraucher und möglichst keine Unternehmer in die Jury zu bekommen. Die Lebenssituation der Jurymitglieder sollte, zumindest in relevanten Punkten, der des Mandanten entsprechen. Das soll bestenfalls Solidarisierungstendenzen, zumindest jedoch Verständnis für die Position des Mandanten schaffen.

Im O. J. Simpson-Prozess mussten die Kandidaten beispielsweise ihr Privatleben in 294 Fragen offenlegen. Fragen waren zum Beispiel: „Wie oft gehen Sie zur Kirche?", „Mögen Sie Krimis?", „Haben Sie einen Hund?". Anschließend wurden die Jurymitglieder – wie nur in großen Prozessen üblich – während des 225 Tage dauernden Mordprozesses die meiste Zeit getrennt von ihren Familien in einem Hotel untergebracht, um eine Beeinflussung auszuschließen. Gleichwohl sprach anschließend die vornehmlich schwarze Jury den ebenfalls schwarzen Ex-Footballstar O. J. Simpson trotz erdrückender Beweise frei. Eine vornehmlich weiße Jury hielt ihn im Zivilverfahren dagegen für schuldig (vgl. zum Simpson Prozess Herz 1997: 1138).

Dies zeigt sehr gut, dass selbst im Falle einer Abschottung der Jury nicht vergessen werden darf, dass es sich hierbei um juristische Laien handelt, die sich – wie jeder andere Mensch auch – von Erfahrungen, Klischees, Ansichten und Vorurteilen leiten lassen.

Wie begünstigt das Jurysystem die Entstehung und Verbreitung der Litigation-PR? Es hat sich in den USA gezeigt, dass Jurymitglieder, die in den meisten Verfahren nicht von den Medien abgeschottet sind, deutlich beeinflussbarer sind als Berufsrichter (vgl. Hirte 2002: 345f.). Ihnen fehlt gerade die professionelle Distanz bei ihren Entscheidungen. Außerdem treffen Jurymitglieder häufig Sympathieentscheidungen. So urteilen Jurys stärker opferorientiert (Zekoll 1999: 2164) und verbraucherfreundlicher als Berufsrichter und geben häufig überhöhten Schadenersatzforderungen nach (vgl. Hirte 2002: 345). Zudem lassen sich Jurymitglieder öfters von emotionalen oder subtilen Faktoren bei der Entscheidungsfindung leiten.

Diese Erkenntnis machen sich findige Anwälte in den USA seit den 1980er Jahren zunutze, indem sie versuchen, die Jury nicht allein durch ihr anwaltliches Auftreten vor Gericht zu beeinflussen, sondern auch durch eine für den Mandanten günstige Stimmung in Medien und Öffentlichkeit, die sich wiederum auf die Jury im Sinne des Mandanten auswirken soll. Neben der reinen Prozessvertretung haben sich deshalb immer mehr Anwälte auf eine gezielte Kommunikation mit den Medien spezialisiert, woraus sich rasch die spezielle Kommunikationsdisziplin der Litigation-PR etablierte.

2.1.2 Punitive Damages

Was sind Punitive Damages? Immer wieder ist in den Medien zu hören und zu lesen, wie vor den US-amerikanischen Gerichten um erstaunlich hohe Schadenersatzsummen gestritten wird. Oft machen Kläger dabei sog. Punitive Damages geltend, ein Rechtsinstitut, das aus dem englischen Common Law stammt und seit mehr als 200 Jahren im Schadensrecht der USA angewandt wird (vgl. Schwarze 2003: 804). Punitive Damages bestrafen den Schädiger für besonders verwerfliches Verhalten und sollen ihn von einer Fortsetzung schädigender Handlungen abhalten („punishment and deterrence") (vgl. Schwarze 2003: 805; Seitz 2001: 135). Die Besonderheit daran ist, dass dieser „Strafschadensersatz" nicht im Strafprozess, dem an sich die Bestrafung eines Täters vorbehalten ist, gewährt wird, sondern im Rahmen eines zivilrechtlichen Schadensersatzprozesses. Daher auch der Begriff „Strafschadensersatz".

Nach deutschem Verständnis sind die dabei erreichten Schadenersatzsummen oft schwer nachvollziehbar. Dabei wird jedoch oft übersehen, dass zwar erstinstanzlich solch hohe Schadenersatzsummen verhängt werden, diese aber häufig von Berufsrichtern der Rechtsmittelinstanz wieder aufgehoben werden (Molitoris 2004: 3669). Außerdem wird nicht bedacht, dass die Gerichte nur dann Punitive Damages verhängen, wenn der normale Schadenersatz, das Strafrecht sowie gesellschaftliche Sanktionen den Schädiger nicht von seinem schädigenden Verhalten abzubringen vermögen.

Einige Berühmtheit erlangte in diesem Zusammenhang der Fall von Stella Liebeck. Sie fuhr mit ihrem Enkel bei McDonalds im Drive-thru vor. Beim Entgegennehmen des Kaffees verschüttete sie diesen und zog sich dabei schwerste Verbrennungen im Schambereich zu (Mörsdorf-Schulte 2006: 1185). Sie musste sich mehreren kostspieligen, schmerzhaften und riskanten Operationen an empfindlicher Stelle unterziehen (ebd.). Obwohl die Voraussetzungen eines Schadenersatzes gegeben waren, verweigerte McDonalds jegliche Zahlung und hielt aus rein wirtschaftlichen Motiven an der besonders hohen Brühtemperatur fest (ebenda). Im Ergebnis musste McDonalds an Stella Liebeck 160.000 US-Dollar Schadenersatz und 480.000 US-Dollar Punitive Damage, insgesamt also 640.000 US-Dollar zahlen.

Die Möglichkeit, mittels Punitive Damages sehr hohe Schadenersatzsummen einzuklagen, macht das amerikanische Rechtssystem für Geschädigte attraktiv. Geschädigte aus aller Welt versuchen ihren Schadenersatz möglichst in den USA einzuklagen. Der britische Lordrichter Denning formulierte dazu treffend: „Streitparteien werden von den Vereinigten Staaten wie Motten vom Licht angezogen" (vgl. Elsing 2007: 5).

Wie begünstigen Punitive Damages die Entstehung und Verbreitung der Litigation-PR? Aus journalistischer Sicht haben hohe Streitwerte einen großen Reiz: Sie stellen einen Nachrichtenfaktor dar. Je höher die Summe, um die es im Prozess geht, umso mehr steigt das Interesse der Leser und Zuschauer und damit auch der Journalisten an dem Fall. Gerichte verurteilen zwar nur in ca. 3 Prozent aller Fälle die Beklagten zur Zahlung eines solchen Strafschadenersatzes (vgl. Stempfle/Terbille 2008: § 33, Rn. 69). Doch das ändert nicht viel an der journalistischen Attraktivität. Für die Medien ist der Fall bereits dann von Interesse, wenn nur über die Geltendmachung einer hohen Schadenersatzsumme berichtet werden kann. Ob es dann auch zu einer entsprechenden Verurteilung kommt, ist nachrangig.

US-Rechtsanwälte merkten bereits in den 1980er Jahren, dass ein großes Medieninteresse vor allem für die Klägerseite Vorteile mit sich bringen kann. Sie begannen, dies gezielt für ihre Mandanten zu nutzen und den Umgang sowie die Kommunikation mit den Medien zu professionalisieren und strategisch zu planen. So etablierte sich die Litigation-PR auch im zivilrechtlichen Bereich.

Heute beziehen Anwälte ganz selbstverständlich das Interesse der Medien an hohen Schadenersatzforderungen in ihre Strategie mit ein. Die Geltendmachung hoher Summen dient den Anwälten dabei in erster Linie als „Druckmittel", um Unternehmen – aus Angst vor hohen Zahlungen und der damit einhergehenden negativen Berichterstattung – zum Abschluss eines Vergleichs zu bewegen (Klode 2009: 1927).

2.1.3 Pre-Trial-Discovery-Verfahren

Was ist das Pre-Trial-Discovery-Verfahren? Das Pre-Trial-Discovery-Verfahren des amerikanischen Zivilprozesses ist ein förmliches Vorverfahren, mit dem die Parteien streitrelevante Tatsachen herausfinden können, die in der Sphäre der Gegenseite liegen (vgl. Pfeiffer 1999: 598).

Der Ablauf eines US-amerikanischen Zivilprozesses unterscheidet sich wesentlich von einem deutschen Prozess. Kläger in Deutschland müssen beispielsweise bei Produkthaftungsfällen nur die Ursächlichkeit zwischen Fehler und Schaden schlüssig darlegen.

In den USA ist die Beweisführung für Kläger viel schwieriger. Sie müssen – im Gegensatz zu Deutschland – nachweisen, dass das Produkt fehlerhaft und der Fehler für den Hersteller vermeidbar war (vgl. Böhmer 1990: 3052). Einen solchen Nachweis können Kläger nur dann erbringen, wenn sie möglichst genaue Einsicht in Konstruktionsunterlagen etc. erhalten.

Dazu dient das Pre-Trial-Discovery-Verfahren, welches mit Einreichung der Klageschrift beginnt. Hierfür reicht es aus, dass der Kläger vage schildert, welche Ansprüche er warum inne zu haben glaubt. Erforderliche Beweise muss der Kläger erst zur Hauptverhandlung vorlegen (vgl. Hopffgarten 2007: 1).

In der Zeit zwischen Klageerhebung und Hauptverhandlung können Kläger nun bei Beklagten sowie bei unbeteiligten Dritten auf die Suche nach Beweisen gehen. Sie können dazu beispielsweise Gegenstände, E-Mails, Dokumente, elektronisch gespeicherte Informationen samt dazugehöriger Metadaten wie Namen der Bearbeiter, letzte Änderungen, etc. von den Beklagten heraus verlangen. Kläger können den Beklagten außerdem schriftliche Fragen stellen, die diese auch wahrheitsgemäß beantworten müssen und sogar Zeugen außergerichtlich vernehmen. Das Pre-Trial-Discovery-Verfahren steht zwar unter Aufsicht des Gerichts, findet aber im Wesentlichen zwischen den Parteien statt (vgl. Böhmer 1990: 3052).

Dieses Vorverfahren ist besonders bei Unternehmen gefürchtet, da die weitreichenden Ausforschungsmöglichkeiten der Kläger Geschäfts- und Betriebsgeheimnisse der beklagten Unternehmen gefährden (vgl. Claude Neon Light, Inc. vs. Rainbow Light, Inc. 1927, 31 F. 2d 988; siehe auch 227 USPQ 18, 1985; 658 F. Supp. 998, 1987; McKown, Discovery of Trade Secrets, 75 JPTOS 721, 1993 zitiert nach Pfeiffer 1999: 600). Eine kurze Klageschrift reicht aus, um Einsicht in die Umsatzzahlen und Marktstrategien der Konkurrenz nehmen zu können. Und für den Fall, dass eine Partei die angeforderten Dokumente nicht beibringen kann, drohen empfindliche Geldbußen. So löschte zum Beispiel das Computersystem des Tabakkonzerns Philip Morris automatisch im regelmäßigen Turnus elektronische Daten. Im Rahmen eines Vorverfahrens konnte Philip Morris deshalb bestimmte, turnusmäßig gelöschte Unterlagen nicht mehr herausgeben und musste eine Geldbuße in Höhe von 2,75 Mio. US-Dollar zahlen (vgl. United States vs. Phillip Morris USA, Inc. No. Civ. 99-2496, 2004 WC 1627252, D.D.C. July 21, 2004).

Wie begünstigt das Pre-Trial-Discovery-Verfahren die Entstehung und Verbreitung der Litigation-PR? Findige Klageanwälte merkten rasch, dass sich mit Hilfe des Pre-Trial-Discovery-Verfahrens, das Beweissicherungen in der breiten Öffentlichkeit zulässt, ein hohes Medieninteresse herstellen lässt. Dementsprechend lassen sie – bevorzugt bei namhaften Unternehmen – Unterlagen, Akten und weitere Beweismittel vor den Augen und Kameras der wartenden Journalisten heraustragen und „sichern". Einzige Voraussetzung hierfür ist, dass das angeforderte Material zur Entdeckung von Beweismaterial führen können muss (vgl. Pfeiffer 1999: 601). Da diese Hürde für US-Anwälte leicht zu nehmen ist, setzen sie die mediale Wirkung solcher Discoverys gezielt ein, um auf die Gegenseite Druck auszuüben. Der Streitgegner soll – mit Hilfe der gezielten Kommunikation über die Öffentlichkeit – zu einem Vergleich bewegt oder wie es plastisch in der Sprache der Anwälte heißt, zu einem Vergleich weichgekocht werden (Böhmer 1990: 3053). Gerade Klägeranwälten steht damit ein hervorragendes Verfahrensmittel zur Verfügung, um auf die Beklagtenseite mit Hilfe der Darstellungen in der Öffentlichkeit Druck auszuüben.

2.1.4 Class Actions

Was sind Class Actions? Class Actions, zu Deutsch Sammelklagen, sind zivilrechtliche Gruppenklagen. Das Besondere daran ist ihre Wirkung: Wird eine Class Action gewonnen, können nicht nur die Kläger Ansprüche gegenüber dem Beklagten durchsetzen, sondern jede Person, die in gleicher Weise vom streitgegenständlichen Sachverhalt betroffen ist – unabhängig davon, ob sie selber geklagt hat. Der Einzelne muss nicht mehr seine individuelle Betroffenheit nachweisen, sondern lediglich darlegen, dass er zur entsprechenden Gruppe (Class) gehört.

Ein besonders aufsehenerregendes Beispiel dafür ist die Sammelklage gegen den Pharmahersteller Wyeth - den bislang teuersten Schadenersatzprozess der USA. Durch die Einnahme des Diätmittel Fen-Phen traten bei Patienten tödlicher Lungenhochdruck und Herzprobleme auf. Wyeth musste im Rahmen einer solchen Sammelklage mehr als 21 Milliarden US$ Schadenersatz an Geschädigte und deren Angehörige zahlen (vgl. Hofmann 2011).

Wie begünstigen Class Actions die Entstehung und Verbreitung der Litigation-PR? Sammelklagen führen oft zu einer großen Medienaufmerksamkeit, da die geforderten Schadenersatzsummen häufig sehr hoch sind. Sie sind deshalb ein bevorzugtes Angriffsmittel findiger Klägeranwälte in den USA (vgl. Mahlich 2004: 56). Den Beklagten drohen dadurch große Reputationsverluste und Imageschäden. Dementsprechend versucht jede Seite, die Öffentlichkeit mittels gezielter, strategischer Kommunikation für sich zu gewinnen.

Den Klägeranwälten geht es dabei vor allem darum, die breite Öffentlichkeit mit Hilfe oftmals aufgebauschter Geschichten, riesiger Schadenersatzforderungen und polemischer Stimmungsmache für die Interessen des Mandanten zu gewinnen und den Beklagten zum vorschnellen Vergleich zu bewegen (vgl. Dahm-Loraing: 23, Anmerkung 5).

Die Beklagtenanwälte versuchen dagegen, den Ruf ihres Mandanten in der Öffentlichkeit zu schützen und ein Deutungsgleichgewicht in der veröffentlichten Meinung herzustellen.

2.2 Besonderheiten der US-Medien und ihr Einfluss auf Litigation-PR

Ein Blick auf die amerikanische Medienlandschaft zeigt, dass es hier Besonderheiten in Bezug auf Angebot, Medienformate und journalistischem Stil gibt, die maßgeblich zur Entstehung und Ausprägung der Litigation-PR beigetragen haben.

2.2.1 Spartensender und ihr Einfluss auf die Litigation-PR

Als Spartensender bezeichnet man Fernsehsehprogramme, die sich auf spezielle Themen und Zielgruppen konzentrieren. Für die Entstehung und Ausprägung der Litigation-PR in den USA sind Spartensender wie TruTV (vormals CourtTV) oder iReport ausschlaggebend. Diese berichten täglich, meistens live und rund um die Uhr über Gerichtsverhandlungen und Kriminalität. Sender wie TruTV und iReport profitieren entscheidend davon, dass es in den USA erlaubt ist, Film- und Tonaufnahmen von Gerichtsverhandlungen zu machen, die schlicht zum Gerichtsalltag (vgl. Pillsbury, Criminal Law Bulletin 1997: 3-28, zitiert nach: Gehring 2000: 197) gehören, weshalb auch journalistisch interessante Prozesse sofort zu Medienereignissen werden. Dies bietet Anwälten einer im Fokus der Medien stehenden Gerichtsverhandlung die Möglichkeit, die Geschworenen nicht nur direkt im Gerichtssaal zu überzeugen, sondern auch mit Hilfe einer gezielten Kommunikation über Medien und Öffentlichkeit Einfluss auf sie auszuüben, um das mediale öffentliche Interesse bestmöglich für die Ziele des Mandanten zu nutzen.

2.2.2 Niveau der US-Medien und die Folgen für die Litigation-PR

Im Zuge der Watergate-Affäre gelang es den beiden Washington-Post-Journalisten, Bob Woodward und Carl Bernstein, eine ganze Reihe von Fällen missbräuchlich genutzter Regierungsmacht aufzudecken. Ihre Enthüllungen veröffentlichten Woodward und Bernstein 1972 und lösten damit die Watergate-Affäre aus. Sie gipfelte 1974 im Rücktritt des US-Präsidenten Richard Nixon. Watergate ist seit dieser Zeit ein Synonym für qualitativ hochwertigen Enthüllungsjournalismus in den USA. Die Presse war vierte Macht im Staat. Sie war Kontrollorgan und Gewissen der Öffentlichkeit.

Dieser hoch angesehene Enthüllungsjournalismus wich spätestens seit der Clinton-Lewinsky-Affäre zugunsten eines Inquisitionsjournalismus (vgl. Kraus/Treutler 1999: 7). Statt Fakten und Informationen zu recherchieren, geht es in den US-Medien seit dieser Zeit in erster Linie um die schnelle Verbreitung von unbewiesenen Behauptungen (ebenda). So beruhten nach einer Studie des Committee of Concerned Journalists zur Clinton-Lewinsky Affäre nur 26 Prozent der Meldungen auf genannten Quellen und davon lediglich 1 Prozent auf zwei oder mehr genannten Quellen. 41 Prozent der Aussagen beruhten dagegen auf subjektiven Wertungen beziehungsweise Spekulationen (vgl. Committee of Concerned Journalists).

Die Berichterstattung über die Clinton-Lewinsky-Affäre nahm Ausmaße an, die in keiner Weise mehr im Verhältnis zur Bedeutung dieser Affäre standen. So ergab eine Auswertung, dass ABC, NBC und CBS TV mehr darüber berichteten, als über die asiatische und russische Wirtschaftskrise, die Auseinandersetzung der USA mit dem Irak, die Bombenanschläge auf die US-Botschaften in Afrika und den darauf folgenden Vergeltungsschlag, den Streik der größten Gewerkschaft Amerikas, den Nah-Ost Friedensprozess, John Glenns Rückkehr ins All und den nuklearen Wettlauf zwischen Indien und Pakistan zusammen (vgl. Kraus/Treutler 1999: 1). Bis zum 15. Dezember 1998 sendeten die drei Fernsehsender 1.502 Sendungen mit einer Gesamtlänge von 43 Stunden über den Clinton-Lewinsky-Skandal – ohne die Berücksichtigung von Wiederholungen.

Im Zuge der Berichterstattung fielen auch moralische Grenzen. Seitenweise berichteten US-Medien – von Boulevard-Blättern bis zur New York Times – über die sexuellen Vorlieben des Präsidenten. So verwendete die New York Times zum ersten Mal in ihrer Geschichte das Wort „Penis" und der New Yorker schrieb über den Knick in Clintons Genital (ebd.: 2).

Der hohe Konkurrenzdruck, vor allem aus dem Internet, führte dazu, dass sich US-Medien bei der Erzeugung gewinnbringender Skandale beteiligten – die Boulevardisierung wurde zur wirtschaftlichen Überlebensstrategie. Der große Wettbewerbsdruck unter US-Medien sorgt seitdem für ein aggressiveres Vorgehen der Journalisten im Kampf um berichtenswerte Neuigkeiten.

Diese grundsätzliche Veränderung des US-amerikanischen Journalismus war maßgeblich am Erfolg der Litigation-PR in den USA beteiligt. Denn eine zunehmend unkritische Haltung von Journalisten war und ist das Einfallstor für alle Arten der Beeinflussung. Auch für Beeinflussungen durch Litigation-PR. Die Gefahr, dass Medien von PR-Strategen instrumentalisiert werden, ist in den USA durchaus gegeben. Insofern ist Klaus Kocks zuzustimmen, wonach „die blühende Blume der PR, wenn es sie gibt, auf dem Mist des Journalismus gewachsen ist" (Kocks 2010).

3. Deutschland

3.1 „Rechtliche" Rahmenbedingungen für die Litigation-PR in Deutschland

Im deutschen Recht sind Strafschadensersatz sowie ein gerichtliches Vorverfahren entsprechend dem Pre-Trial-Discovery-Verfahren gänzlich unbekannt. Zwar gibt es auch in Deutschland die Beteiligung von Laienrichtern bei der Urteilsfindung. Diese stellt aber keine mit der „Jury" in den USA vergleichbare „rechtliche" Rahmenbedingungen für die Litigation-PR dar. Die einzig vergleichbare „rechtliche" Rahmenbedingung für die Litigation-PR in Deutschland bildet damit die Möglichkeit der Parteienhäufung.

3.1.1 Schöffen, ehrenamtliche Richter und ihre Bedeutung für Litigation-PR

Auch in Deutschland gibt es juristische Laien, die Recht sprechen – hier heißen sie ehrenamtliche Richter oder Schöffen. Sie können in Straf-, Zivil-, Arbeits-, Sozial-, Verwaltungs- sowie in Finanzgerichtsverfahren beteiligt werden. Gemeinsam ist allen Spruchkörpern mit Laienbeteiligung, dass mindestens ein Berufsrichter bei der Urteilsfindung beteiligt sein muss.

Deutsche Laienrichter sind zwar in ihren Entscheidungen ebenso über die Medien beeinflussbar. Doch schränkt die Beteiligung eines Berufsrichters am Spruchkörper – ausweislich einer Studie von Casper und Zeisel (1979) – die Möglichkeiten der medialen Einflussnahme auf das Urteil entscheidend ein. Dies mag zunächst verwundern, könnten doch z.b. beim Schöffengericht, das aus einem vorsitzenden Berufsrichter und zwei Laienrichter besteht, die beiden (medial beeinflussten) Schöffen leicht den Berufsrichter überstimmen.

Hintergrund ist, dass Schöffen (so die Studie von Casper und Zeisel), die übereinstimmend anderer Auffassung als der Vorsitzende sind, trotz ihrer Zweidrittelmehrheit, allenfalls eine 50prozentige Chance haben, das Urteil im Ergebnis zu beeinflussen (Casper/Zeisel 1979: 80-83; Renning 1993: 448ff.). Erklären lässt sich dieses Studienergebnis mit den Voraussetzungen, die gegeben sein müssen, damit sich eine soziale Minderheit in einer Gruppe gegenüber der Mehrheit durchsetzt – wenn sich also ein Berufsrichter gegenüber seinen Schöffen durchsetzt. Die Minderheit hat dann eine Chance sich durchzusetzen, wenn sie ihre Auffassung konsistent und widerspruchsfrei vertreten kann und aktiv an der Diskussion mitwirkt (Moscovici 1979: 82ff.). Diese Voraussetzungen sind bei den allermeisten Berufsrichtern gegeben. Hinzu kommt, dass meistens nur sie Argumente zur Rechtslage sowie zur gängigen gerichtlichen Praxis in die Diskussion einbringen können.

Laienrichter spielen folglich in Deutschland eine eher untergeordnete Rolle. Sie sind zwar über die Medien beeinflussbar, doch haben beeinflusste Schöffen eine weitaus geringe Chance, ihre Meinung in die Urteilsfindung einzubringen. In der Diskussion um Litigation-PR in Deutschland wird demnach der Möglichkeit, ein Urteil über Laienrichter zu beeinflussen, zu große Bedeutung beigemessen (andere Ansicht u.a. Gerhardt 2009: 249).

Vor diesem Hintergrund stellt sich die berechtigte Frage, wie beeinflussbar Berufsrichter durch die Medien sind. Ausweislich einer Studie von Gerhardt, Kepplinger und Zerback sehen sich deutsche Strafrichter bei der Schuldfrage durch die Berichterstattung in den Medien nicht beeinflusst (Gerhardt/Zerback/Kepplinger 2008). Ein Viertel der befragten Richter und ein Drittel der befragten Staatsanwälte bejahte aber einen Einfluss auf das Strafmaß.

Dadurch wird deutlich, dass sich deutsche Richter bei der Frage, ob Tatbestandsvoraussetzungen erfüllt sind, in erster Linie an Rechtsprechung und Fachliteratur orientieren. Gleichwohl lesen auch Richter Zeitung und verfolgen dort, was über ihre Fälle geschrieben wird. Und dies wiederum kann durchaus Einfluss auf ihre Ermessensentscheidungen haben.

3.1.2 Verbandsklagen und kapitalmarktrechtliche Musterverfahren und ihre Bedeutung für die Litigation-PR

Sammelklagen, wie die amerikanischen Class Actions, gibt es im deutschen Recht nicht. Doch seit 2002 unterliegt diese Rechtslage einem Wandel. Der deutsche Gesetzgeber führte zunächst sog. Verbandsklagen ein. Durch die Änderung des Rechtsberatungsgesetzes (vgl. Art. 1 §3 Nr. 8 RberG) kann nun bei der Beeinträchtigung eines überindividuellen Allgemeininteresses im Rahmen des Verbraucherschutzes Schadenersatz im Wege der Verbandsklage durchgesetzt werden (vgl. Burckhardt 2005: 1). Hierbei werden mehrere individuelle Schadenersatzansprüche von Verbrauchern zu einem Verfahren gebündelt. Verbraucher treten dazu ihre Ansprüche an einen Verbraucherschutzverband ab. Der Verband klagt die Ansprüche ein und zahlt bei einem Sieg das Geld an die Verbraucher aus.

Im Jahr 2005 ging der deutsche Gesetzgeber mit dem Gesetz über kapitalmarktrechtliche Musterverfahren (KapMuG) noch einen Schritt weiter und betrat damit juristisches Neuland. Dieses Gesetz ermöglicht die gemeinsame gerichtliche Prüfung von Schadenersatzansprüchen mehrerer Anleger im Rahmen eines Musterverfahrens. Alle anderen Verfahren müssen währenddessen ausgesetzt werden. Die Entscheidung im Musterverfahren hat dann Bindungswirkung für alle anderen Klagen.

Für die Litigation-PR in Deutschland bedeutet diese Entwicklung, dass es in Zukunft ein verstärktes Ziel der Litigation-PR sein kann, solche Verbands- oder Musterverfahren zu unterstützen. Ein erstes Beispiel dafür ist das Verfahren um Kündigungen von Premiere-Abonnements. Rund 250 Premiere-Kunden kündigten ihr Abo und schickten, wie im Vertrag vereinbart, dazu ihre Smartcard an Premiere zurück (vgl. N.N. 2006). Die Smartcard ist eine Datenkarte, die für den Empfang des Programms notwendig ist. Der Bezahl-Sender behauptete in vielen Fällen, keine Karten erhalten zu haben und trieb über ein Inkassounternehmen pro Person 75 Euro Schadenersatz ein (vgl. Meldung der Verbraucherzentrale Hamburg 2007). Mit einer medial begleiteten Abtretungsklage der Verbraucherzentrale Hamburg gelang es, dass Premiere kurz vor Beginn der mündlichen Verhandlung die gesamte Klageforderung bezahlte (ebenda). Es liegt die Vermutung nahe, dass dieses kurzfristige „Einknicken" von Premiere eine weitere Klagewelle verhindern sollte. Überdies wollte Premiere ganz offensichtlich einen größeren Imageschaden in der Öffentlichkeit verhindern.

3.2 Mediale Rahmenbedingungen für die Litigation-PR in Deutschland

Im Verhältnis zu den USA sind in Deutschland auch die medialen Rahmenbedingungen für die Litigation-PR eingeschränkt. So sind in Deutschland Film- und Tonaufnahmen von Gerichtsverhandlungen gem. § 169 S.2 GVG verboten.[1] Journalisten dürfen lediglich vor und nach der Verhandlung Aufnahmen machen.

Dies vermag allerdings nicht zu verhindern, dass immer mehr juristische Auseinandersetzungen auch in Deutschland in der Öffentlichkeit ausgetragen werden und die Berichterstattungen über Gerichtsverfahren deutlich zunehmen. Grund dafür ist vor allem das gestiegene Interesse deutscher Medien an juristischen Auseinandersetzungen. Dabei kann schon eine falsche Geste, wie Ackermanns Victory-Zeichen im Mannesmann-Prozess zeigt, zu erheblichen Image-Schäden führen.

Weiter besteht in Deutschland keine mit den USA vergleichbare Gefahr der Instrumentalisierung der Medien durch PR-Strategen: Zwar stehen auch in Deutschland die Medien unter einem großen Wettbewerbsdruck, der durch sinkende Abonnentenzahlen, einbrechende Werbeeinnahmen und die Konkurrenz durch das Internet verschärft wird. Auch in Deutschland werden die Redaktionen ausgedünnt, sodass viele Journalisten, mehr oder weniger freiwillig, von Festanstellungen zu freien Tätigkeiten wechseln müssen. Und natürlich besteht auch in Deutschland die Gefahr, dass Journalisten aufgrund der angespannten wirtschaftlichen Lage unausgewogen und einseitig berichten, weil ihnen die Zeit für Recherchen fehlt und weil sie finanziell darauf angewiesen sind, schnell ihre Texte fertigzustellen. Denn unabhängige journalistische Recherche setzt wirtschaftlich unabhängige Journalisten voraus.

Deutsche Medien schafften es bislang jedoch deutlich besser als amerikanische Medien, mit dem gestiegenen Wettbewerbsdruck umzugehen. Für Printmedien belegt dies eine vergleichende Studie zur Situation in Deutschland und den USA: Danach gibt es erhebliche Unterschiede auf beiden Zeitungsmärkten.

---

[1] Gleichwohl wird dieses Verbot intensiv diskutiert: vgl. dazu Kaulbach 2009: 236-239; Haupt 2002: 669-670; Plate 1999: 391ff.

Deutsche Zeitungen konnten sich gegenüber der Konkurrenz aus dem Internet weitaus besser behaupten als amerikanische. So lesen gerade einmal vier von zehn Amerikanern gedruckte Zeitungen. In Deutschland lesen dagegen gut 70 Prozent der Erwachsenen regelmäßig Tageszeitungen (Siepmann 2009: 17). Zudem blieb die Titelzahl in Deutschland in den vergangenen zehn Jahren stabil (1999: 355, 2009: 351) (ebd.). Und die Notwendigkeit der Refinanzierung aus dem auch hierzulande schrumpfenden Anzeigen- und Werbemarkt (2008 minus 4,2 Prozent) ist deutlich geringer als in den USA: In Deutschland werden jeweils etwa 50 Prozent des Umsatzes aus Anzeigen bzw. Werbung und aus dem Vertrieb erzielt; in den USA ist das Verhältnis 80 Prozent (Anzeigen) zu 20 Prozent (Vertrieb) (ebd: 20f.).

Indem sich Deutschland trotz des bestehenden Wettbewerbsdrucks einen kritischen Journalismus bewahrt hat, der im Großen und Ganzen eine durch einseitige PR indizierte Berichterstattung verhindert, fehlt es der Litigation-PR in Deutschland an den entsprechenden Beeinflussungsmöglichkeiten wie in den USA. Dies hat zur Folge, dass Litigation-PR in Deutschland in erster Linie darauf abzielt, eine ausgewogene Berichterstattung in den Medien zu erreichen, bei der Argumente des Mandanten ebenso wie die der Gegenseite Gehör finden.

4. Zusammenfassung

Eine Übertragbarkeit der US-amerikanischen Litigation-PR auf Deutschland setzt vergleichbare „rechtliche" und mediale Rahmenbedingungen voraus. Zwar bestehen durchaus Gemeinsamkeiten hinsichtlich der Ziele und Strategien. Die „rechtlichen" und medialen Rahmenbedingungen weisen aber deutliche Unterschiede auf.

So gibt es im deutschen Recht weder Strafschadenersatz noch ein gerichtliches Vorverfahren entsprechend dem Pre-Trial-Discovery-Verfahren. Eine Gegenüberstellung der Jury mit deutschen Laienrichtern macht deutlich, dass auch hier nicht von vergleichbaren „rechtlichen" Rahmenbedingungen gesprochen werden kann. Zum einen haben deutsche Laienrichter bereits keine mit der amerikanischen Jury vergleichbare Rechtsstellung. Zum anderen gibt es in den USA eine ganz andere Prozesskultur, bei der die strategisch geplante Beeinflussung der Jury eine Selbstverständlichkeit im Prozess darstellt (vgl. Kupjetz 2004: 255) während in Deutschland Beeinflussungsversuche des Gerichtes über die Medien als „Sturmangriff auf die Rechtsfindung" (Tolksdorf 2009: 21) bezeichnet werden.

Als einzig vergleichbare rechtliche Rahmenbedingung für die Litigation-PR in Deutschland bleibt damit die Möglichkeit der Parteienhäufung, die in Zukunft verstärkt in den Fokus der Litigation-PR gestellt werden könnte. Auch die medialen Rahmenbedingungen der Litigation-PR in Deutschland sind nicht mit denen der USA vergleichbar. Aufgrund des in Deutschland nach wie vor bestehenden kritischen Journalismus fehlt es der Litigation-PR in Deutschland vor allem an den vergleichbaren Beeinflussungsmöglichkeiten der Medien, die sich entscheidend auf Art und Weise der Entwicklung der Litigation-PR hier und in den USA ausgewirkt haben. Während in den USA die schnelle Verbreitung von unbewiesenen Behauptungen im Vordergrund steht, verfügen deutsche Journalisten noch über mehr Recherchemöglichkeiten, um Informationen zu verifizieren und einzuordnen. Aufgrund des höheren Wettbewerbsdrucks der US-Medien arbeiten amerikanische Journalisten außerdem aggressiver, was wiederum eine aggressivere PR erfordert, um in dieser Medienlandschaft Gehör zu finden.

Abschließend kann festgestellt werden, dass sowohl das deutsche Recht, wie auch die deutschen Medien signifikante Unterschiede im Vergleich zu den USA aufweisen. Deshalb entwickelt sich in Deutschland auch eine andere Form von Litigation-PR. Auch wenn diese junge Disziplin noch „in den Kinderschuhen" steckt, lässt sich schon jetzt sagen, dass sich deutsche Litigation-PR von ihrem amerikanischen Vorbild deutlich abheben muss, um in Deutschland erfolgreich zu sein.

Literatur

Böhmer, Christoph (1990): Spannungen im deutsch-amerikanischen Rechtsverkehr in Zivilsachen, in: NJW Heft 48/1990, S. 3049-3054.

Burckhardt, Markus (2005): Dissertationsvortrag: Art. 1 §3 Nr. 8 RberG - auf dem Weg zu einer Class Action in Deutschland?, in: http://schwintowski.rewi.hu-berlin.de/_pdf/burckhardt.pdf, S. 1, Berlin 2005, zuletzt aufgerufen am 02.12.2011.

Casper, Gerhard/Zeisel, Hans (1979): Bunderepublik Deutschland, in: Dies. (Hrsg.): Der Laienrichter im Strafprozeß. Vier empirische Studien zur Rechtsvergleichung, Karlsruhe: Müller, S. 80-83.

Committee of Concerned Journalists, (1998): The Clinton Crisis And The Press: A CCJ Study, in: http://www.concernedjournalists.org/clinton-crisis-and-press-ccj-study, zuletzt aufgerufen am 02.12.2011.

Dahm-Loraing, Regina/Speer, Michael (2007): KapMuG, WCAM, Shell und Frau Kuneva - Sammelklagen in Europa. Ein Überblick, in: http://www.genre.com/sharedfile/pdf/Themen15_DahmL_Speer-de.pdf, zuletzt aufgerufen am 02.12.2011.

Elsing, Siegfried (2007): Konflikte der Rechtskulturen bei der Beilegung internationaler Streitfälle, Vortrag v. 16. Januar 2007, Heinrich Heine-Universität Düsseldorf, in: http://de.orrick.com/export/hue/pdf/recitations/AntrittsvorlesungProfDrSiegfriedHElsing16012007.pdf, zuletzt aufgerufen am 02.12.2011.

Eser, Albin (1995): Laienrichter im Strafverfahren, Ein Vergleich zwischen inquisitorischem und adversatorischem System aus deutscher Sicht, in: Kroeschell, Karl (Hrsg.): Vom nationalen zum transnationalen Recht: Symposion der rechtswissenschaftlichen Fakultäten der Albert-Ludwigs-Universität Freiburg und der Städtischen Universität Osaka, Heidelberg: C. F. Müller, 161-181.

N.N. (2006): Verbraucherzentrale Klage gegen Premiere, in: http://www.focus.de/digital/multimedia/verbraucherzentrale_aid_119579.html, zuletzt aufgerufen am 02.12.2011.

Gehring, Heiner (2000): Fernsehaufnahmen aus Gerichtsverhandlungen – Eine Gegenüberstellung von Umfrageergebnissen aus Deutschland und den USA., in: ZRP Heft 5/2000: S. 197-199.

Gerhardt, Rudolf (2009): Die Richter und das Medienklima – Welchen Einfluss hat die Gerichtsberichterstattung in den Medien auf das Strafverfahren und das Urteil?, in: ZRP Heft 8/2009: S. 247-250.

Gerhardt, Rudolf/Zerback, Thomas/Kepplinger, Hans Mathias (2008): Wir Richter sind auch nur Menschen, in: Frankfurter Allgemeine Zeitung v. 11. Januar 2008.

Haupt, Stefan (2002): Öffentlichkeit und Medienöffentlichkeit, in: ZUM Heft 8-9/2002: S. 669-670.

Herz, Dietmar (1996): We The Jury - Die Suche nach Gerechtigkeit, in: NJW Heft 15/1996: S. 973-975.

Herz, Dietmar (1997): Reasonable Doubts - Der Fall Simpson als Lehrstück für den US- amerikanischen Strafprozeß, in: NJW Heft 17/1997: S. 1138-1139.

Hirte, Heribert (2002): Spielt das amerikanische Rechtssystem verrückt?, in: NJW Heft 5/2002: 345-346.

Hofmann, Siegfried (2011): Milliardenstrafe für Pharmabranche, in: Wirtschaftswoche v. 24. Januar 2011.

Hopffgarten, Alexander (2007): Missachtung kann böse Folgen haben. Informationspflicht gegenüber dem Kläger / Sofortige Dokumentation nötig, in: http://www.gtai.de/DE/Content/__SharedDocs/Links-Einzeldokumente-Datenbanken/fachdokument.html?fIdent=MKT20070716104 656, zuletzt aufgerufen am 02.12.2011.

Kaulbach, Ann-Marie (2009): Moderne Medien in der Gerichtsverhandlung- Ein Plädoyer für eine neue Debatte, in: ZRP Heft 8/2009: S. 236-239.

Klode, Michael (2009): Punitive Damages – Ein aktueller Beitrag zum US-amerikanischen Schadenersatzrechte, in: NJW Heft 27/2009: S. 1927.

Klode, Michael (2009): Punitive Damages – Ein aktueller Beitrag zum US-amerikanischen Strafschadenersatz., in: NJOZ Heft 21/2009: S. 1762-1773.

Kocks, Klaus (2010): PR-Berater: Geschäfte und Machenschaften, in: http://www.ndr.de/fernsehen/sendungen/zapp/media/prberater100.html, zuletzt aufgerufen am 13.12.2011.

Kraus, Sven/Treutler, Michael (1999): Die Rolle der Medien in der Clinton-Lewinsky-Affäre, in: http://www.cafe-diem.de/treutler/studium/referat_clinton_lewinsky.pdf, zuletzt aufgerufen am 02.12.2011.

Kupjetz, Jörg (2004): Witness Coaching und Adversary System. Der Einfluss der Parteien und ihrer Prozessbevollmächtigten auf Zeugen und Sachverständige im deutschen und US- amerikanischen Zivilprozess, in: SchiedsVZ Heft 5, S. 255-256.

Mahlich, Thomas C. (2004): Sammelklagen in den USA – Bange Machen gilt Nicht!, in: PharmR Heft 2, S. 56

Molitoris, Michael (2004): Tabakprozesse in den USA, Deutschland und anderen europäischen Ländern, in: NJW Heft 51/2004: S. 3662-3670.

Mörsdorf-Schulte, Juliana (2006): Strafschadensersatz – eine deutsche Hassliebe?, in: NJW Heft 17/2006: S. 1184-1186.

Moscovici, Serge (1979): Sozialer Wandel durch Minoritäten. München: Urban & Schwarzenberg
Pfeiffer, Axel (1999): Hätte Columbus gewußt, was aus seiner „discovery" wird, Das „discovery"-Verfahren im amerikanischen Patentverletzungsprozeß, in: GRUR Int Heft 7/1999: S. 598-605.
Pillsbury, Samuel H. (1997): Time, TV, and Criminal Justice: Second Thoughts on the Simpson Trial, in: Criminal Law Bulletin vol. 33, S. 3-28.
Plate, Jürgen (1999): Wird das „Tribunal" zur „Szene"?, in: NStZ Heft 8/1999: S. 391-394.
Rennig, Christoph (1993): Die Entscheidungsfindung durch Schöffen und Berufsrichter in rechtlicher und psychologischer Sicht, empirische, rechtsdogmatische und psychologisch-theoretische Untersuchungen zur Laienbeteiligung an der Strafgerichtsbarkeit. Marburg: Elwert, Teilstudie 2: S. 448ff.
Schwarze, Torsten (2003): Das Ende des Schreckens? – Beschränkung der punitive damages durch den US-Supreme Court, in: NZG Heft 17/2003: S. 804-807.
Seitz, Walter (2001): Funktion und Dogmatik US-amerikanischer punitive damages. Punitive damages, multiple damages und deutscher ordre public, in: NJW Heft 2/2001: S. 134-135.
Siepmann, Ralf (2009): Am Wendepunkt, Die Zeitungen in den USA: Strukturen, Trends, Strategien – Konvergenzen und Divergenzen zum deutschen Zeitungsmarkt. Bonn: Im Auftrag des Bundesverbandes Deutscher Zeitungsverleger (BDZV).
Stempfle, Christian Thomas/Terbille, Michael (2008): Münchner Anwaltshandbuch Versicherungsrecht. München: C.H. Beck.
Timmerbeil, Sven (2004): Witness Coaching und adversary system, der Einfluss der Parteien und ihrer Prozessbevollmächtigten auf Zeugen und Sachverständige im deutschen und US-amerikanischen Zivilprozess. Tübingen: Mohr Siebeck.
Tolksdorf, Klaus (2009): Warnung vor Manipulation, in: Frankfurter Allgemeine Zeitung v. 4. Februar 2009.
Verbraucherzentrale Hamburg (2007): Sammelklage gegen Premiere erfolgreich, in: http://www.vzhh.de/recht/30812/premiere-sammelverfahren-erfolgreich.aspx, zuletzt aufgerufen am 02.12.2011.
Widmaier, Uli (2004): Jury und Medien: Zu einem elementaren verfassungsrechtlichen Problem in den USA, in: NJW Heft 7/2004: S. 407-410.
Wieland, Karen (o.J.): Internationales Wirtschaftsrecht – Zivilprozess in den USA, in: http://www.karen-wieland.de/internationales_wirtschaftsrecht/zivilprozess_usa.html, zuletzt aufgerufen am 30.11.2011.
Zekoll, Joachim (1999): US-amerikanisches Haftpflichtrecht – Mythos und Realität, in: NJW Heft 30/1999: S. 2163-2165.

Rechtsprechung im Gerichtshof der Öffentlichkeit?
Rechtssoziologische Überlegungen zur Litigation-PR

Volker Boehme-Neßler

Abstract

We live in a media society. Media influences everything, even the law and the courts. Empirical studies show: Courts and judges are highly influenced by media coverage. In the US Litigation-PR is already a common tool for lawyers to exert public pressure on courts. Doing PR to influence judicial verdicts – what implications does this have for the justice and the law system?

Litigation-PR holds chances for the law, but also heavy risks. It challenges fundamental pillars of law: the presumption of innocence, the rationality of law and - last, not least - the idea of justice. Up until now, the way lawyers and judges communicate does not fit well in the modern media society. In a democratic society law depends heavily on acceptance by its citizens. And acceptance must be earned by communication. Litigation-PR could be a chance to modernize the necessary communication between law and people.

1. Einleitung: Der Gerichtshof der Öffentlichkeit als neue Instanz?

Eigentlich werden Urteile von staatlichen Gerichten gesprochen. Das scheint sich aber zurzeit zu ändern. Immer öfter fällt die (Medien-) Öffentlichkeit Urteile in Rechtsstreitigkeiten, für die sich die Öffentlichkeit interessiert. Eine Verurteilung im „Gerichtshof der Öffentlichkeit"[1] hat oft gravierende Folgen. Ein späterer Freispruch vor staatlichen Gerichten kann diese Konsequenzen nicht immer beseitigen. Ist ein Prominenter durch die (Boulevard-) Medien vorverurteilt worden, nützt ihm ein späterer Freispruch möglicherweise wenig. Sein Ruf ist ruiniert; seine öffentliche Existenz ist vernichtet. Wird einem Unternehmen von den Medien in der Öffentlichkeit ein fehlerhaftes oder gar gefährliches Produkt attestiert, sind seine Reputation und das Vertrauen der Kunden beschä-

---

[1] Den Begriff hat Haggerty (2009) geprägt. Siehe dazu auch seinen Beitrag in diesem Band.

digt. Auch wenn es den Produkthaftungsprozess vor Gericht gewinnt, ist sein Vertrauenskapital in vielen Fällen damit nicht wiederhergestellt.

Was die (Medien-) Öffentlichkeit denkt und meint, beeinflusst auch die Justiz. Das ist keine neue Erkenntnis. Die Intensität und Qualität, in der dies geschieht, hat in der Mediengesellschaft aber enorm zugenommen. Inzwischen etablieren sich Dienstleister, die systematisch über die Öffentlichkeit kommunizieren und dadurch gerichtliche Entscheidungen beeinflussen (wollen). Litigation-PR ist in den Vereinigten Staaten bereits eine Dienstleistung, die im Zusammenhang mit rechtlichen Auseinandersetzungen intensiv nachgefragt wird.[2] In Deutschland ist der Trend ebenfalls zu beobachten (Boehme-Neßler 2010: 21f.). Was bedeutet diese Entwicklung für das Recht und für die Gesellschaft?

2. Weiter so? Rechtskommunikation in der Mediengesellschaft

Die Welt hat sich verändert, seit die Grundregeln der juristischen Kommunikation entwickelt und gesetzlich fixiert wurden. Die Macht der Medien hat deutlich zugenommen. Wir leben in einer Mediengesellschaft. Darauf hat sich die juristische Kommunikation noch nicht eingestellt. Die rechtlichen Vorstellungen von Kommunikation sind mit der modernen Mediengesellschaft nur wenig kompatibel. Das führt zu Problemen, die in Zukunft noch zunehmen werden. Rechtlich Kommunikation muss und wird sich verändern.

2.1 Irritationen und Inkompatibilitäten

Das Verhältnis zwischen Medien und Justiz ist schon seit jeher sehr konfliktträchtig. Die Reibungen und gegenseitigen Irritationen nehmen aber deutlich zu. Besonders gut lässt sich das bei spektakulären Prozessen beobachten, die stark im Fokus der Öffentlichkeit stehen. Große Teile der Medien beschränken sich dann nicht mehr auf die Rolle der Beobachter. Sie ergreifen aktiv Partei und übernehmen ureigene Aufgaben der Justiz: Sie bewerten Aussagen von Zeugen, sie spüren neue Zeugen auf und lassen sie ausführlich zu Wort kommen. Sie diskutieren öffentlich den Inhalt der Ermittlungsakten. Um es auf den Punkt zu bringen: Die Medien machen die Öffentlichkeit zum Gerichtssaal.

---

[2] Siehe dazu ausführlich den Beitrag von Haggerty in diesem Band.

Die Justiz fühlt sich dadurch stark unter Druck gesetzt, denn Medien folgen ihrer eigenen inneren Logik, die sich von der des Rechts unterscheidet.[3] Medien sind Medien – und keine Sprachrohre der Justiz (Hassemer 1990: 71). Nicht selten beklagen Richter, dass sie sich durch den enormen Mediendruck in ihrer richterlichen Unabhängigkeit bedroht fühlen. Umgekehrt fühlen sich auch die Presse und die Medien durch die Justiz in ihrer Arbeit behindert. Weil das Gericht (zu) oft die Öffentlichkeit ausschließe, sei eine umfassende Berichterstattung nicht mehr möglich.

Ein anderes Beispiel für das konflikthafte Verhältnis zwischen Medien und Justiz ist die Frage nach den Kameras im Gerichtssaal. Die Justiz wehrt sich mit Händen und Füßen gegen Kameras im Gerichtssaal. Vor allem die Bildmedien brauchen aber Bilder und können deshalb das Kameraverbot kaum akzeptieren. Der Fernsehsender *n-tv* ist sogar bis zum Bundesverfassungsgericht gegangen, um seinen Anspruch gegen die Justiz durchzusetzen – mit Hilfe des obersten Gerichts. Erfolg hat er damit nicht gehabt (BVerfGE 103, 44).

2.2 Recht und Medien – Zwei Welten begegnen sich

Die Logik der Medien ist stark ökonomisch geprägt.[4] Medien agieren auf Märkten und müssen sich in einem harten wirtschaftlichen Verdrängungswettbewerb behaupten.[5] Gewinn können sie nur dann machen, wenn sie eine bestimmte Auflage oder eine bestimmte Einschaltquote erreichen. Journalisten müssen ihr Handeln zunehmend der ökonomischen Logik unterwerfen.[6] Vor diesem wirtschaftlichen Hintergrund ist eindeutig, um was es Medien geht: Sie müssen Aufmerksamkeit erregen. Aufmerksamkeit der Leser oder Konsumenten generiert Auflage oder Quote.[7] Es sind vor allem Emotionen, die Aufmerksamkeit garantieren. Das Aufmerksamkeits-Dogma diktiert nicht mehr nur die *Form*, in der Medien ihre Inhalte aufbereiten. Zunehmend wird auch der *Inhalt* danach ausgewählt, ob er emotional besetzt ist und Aufmerksamkeit garantieren kann.

---

[3] Die Logik der Massenmedien ist stark ökonomisch dominiert. Ausführlich dazu Boehme-Neßler (2008: 347ff.) und Gostomzyk (2006: 130ff.).
[4] Ausführlich dazu Rademacher (2009: 57ff.). Ruhrmann/Göbbel (2007: 65) sprechen auf der Grundlage empirischer Daten von einer deutlichen Kommerzialisierung der Fernsehnachrichten.
[5] Zu den ökonomisch geprägten Rahmenbedingungen des Journalismus ausführlich Fengler/Ruß-Mohl (2005: 67ff.).
[6] Fengler/Ruß-Mohl (2005: 108ff.) sprechen deshalb vom Journalisten als „homo oeconomicus maturus".
[7] Zur Bedeutung der Reichweite Ruhrmann/Göbbel (2007: 66).

Immer öfter stehen deshalb Personen, Geschichten, Konflikte, Dramen und Skandale im Mittelpunkt der Medienberichterstattung. Die Medienwissenschaft spricht in diesem Zusammenhang von einer *Boulevardisierung der Medien* (Ruhrmann/Göbbel 2007: 66).[8]

Die Logik der Justiz ist diametral anders. Ihr geht es darum, *sine ira et studio* die Wahrheit aufzudecken oder jedenfalls Konflikte zu lösen und Rechtsfrieden herzustellen. Sie braucht dazu keine öffentliche Aufmerksamkeit, sondern im Gegenteil Ruhe und Zeit. Justizbedienstete versuchen, akribisch, konzentriert und in Ruhe Fakten zu sammeln, Details zu eruieren und daraus ein Bild des tatsächlichen Geschehens zu gewinnen. Jedenfalls das moderne westliche Recht wird vom Ideal des rationalen Rechts geprägt. Emotionen sollen deshalb keine Rolle spielen. Wer Recht anwendet, soll sachlich, ohne Ansehen der Person und menschlich unbeteiligt agieren (Weber 1972: 563). Nach der immer noch vorherrschenden Meinung sind Gefühle eher ein Problem: Sie verhindern, dass ein faktischer Geschehensablauf aufgeklärt werden kann, ohne dass Zweifel bleiben.

2.3 Nicht ohne einander: Medien und Justiz

Die Funktions- und Handlungslogiken von Medien und Justiz sind kaum kompatibel. Das wäre kein Problem, wenn Medien und Justiz in der Gesellschaft völlig unabhängig voneinander, auf sich selbst bezogen arbeiten könnten. Beide sind aber in Wirklichkeit gegenseitig voneinander abhängig.

Die modernen Massenmedien brauchen die Justiz. Die Justiz ist ein wichtiger Teil der Welt, über den die Medien berichten müssen. In der (Straf-) Justiz finden sich viele hochdramatische, existenzielle Konflikte und Geschichten, mit denen sich leicht die Aufmerksamkeit des Publikums erregen lässt. Kaum ein Medium kann es sich deshalb leisten, spektakuläre Gerichtsverfahren zu ignorieren. Umgekehrt ist die Justiz genauso auf die Medien angewiesen. Jedenfalls die Justiz in der modernen Demokratie ist eine öffentliche Justiz. Der demokratische Souverän – das Volk – muss jederzeit sehen können, wie die Justiz arbeitet und was sie entscheidet. Denn nur dann können Urteile „im Namen des Volkes" verkündet werden. In der Mediengesellschaft geht der Trend eindeutig von der Saalöffentlichkeit hin zur Medienöffentlichkeit. Es reicht nicht mehr, dass

---

[8] Rademacher (2009: 60) weist auf einen Vorteil hin, den Medienprodukte mit einem hohen Unterhaltungsanteil haben: Die Möglichkeiten der Mehrfachverwertung in unterschiedlichen Teilen der Verwertungskette sind größer.

sich das Volk ein Bild von der Justiz machen kann, indem es persönlich an einzelnen Prozessen teilnimmt. Öffentliche Beobachtung und Kontrolle der Justiz ist nur möglich, wenn Medien ausführlich über diesen wichtigen Teil der Gesellschaft berichten. Letztlich ist deshalb demokratische Justiz ohne Medien kaum denkbar.

3. Unvermeidbarkeit: Die Zukunft von Litigation-PR

Das Phänomen der Litigation-PR ist ein typisches Produkt der Mediengesellschaft. In der Mediengesellschaft spielt die Öffentlichkeit eine überragende Rolle. Die Öffentlichkeit kann in der Mediengesellschaft der Richter sein. Jedenfalls muss sie als wichtiger Verbündeter in Gerichtsverfahren gewonnen werden. Die unaufhaltsame Entwicklung hin zur Mediengesellschaft macht deshalb das weitere Vordringen von prozessbezogener Public Relations letztlich unvermeidbar.

3.1 Mediengesellschaft. Zur Kolonialisierung der Welt durch die Medien

Die Bedeutung der Massenmedien hat in den letzten Jahren enorm zugenommen. Es gibt kaum einen Bereich der Gesellschaft, der sich den Medien entziehen kann. Alles wird zum Thema der Medien. Man kann fast von einer „Kolonialisierung der Lebenswelt" durch die Medien sprechen.[9] Die umfassende Medialisierung der Gesellschaft bleibt nicht ohne Einfluss auf die Welt. Denn Medien berichten nicht nur über die Welt, sie verändern sie auch. Schon dadurch, dass ein Medium existiert, verändert sich die Welt. Medien erschaffen eine eigene Realität.[10] Der kanadische Medienwissenschaftler McLuhann (1992: 17) hat das auf die berühmte Formel gebracht: „The medium is the message".

Medien sind ein wichtiger Teil des kulturellen Umfelds und dadurch an einer Modellierung des Menschen beteiligt.[11] Die Auswirkungen der Medien auf den Menschen sind noch nicht in allen Facetten erforscht. Eine ganze Reihe von Effekten lässt sich aber schon ausmachen.[12] Vor allem die technisch-apparativen Medien haben tief greifende Auswirkungen: Sie strukturieren oder konstruieren

---

[9] Den Begriff prägt Habermas (1981: 522), allerdings in einem anderen Zusammenhang.
[10] Luhmann (1996: 14 f.) spricht von der „Realität der Massenmedien".
[11] So ganz pointiert Hickethier (2003: 230).
[12] Siehe dazu die Aufzählung bei Hickethier (2003: 230ff.).

sogar das Zeitgefühl (Altheide/Snow 2001: 31f.)[13], sie fokussieren Aufmerksamkeit, sie setzen Prioritäten und ordnen die Welt (Hickethier 2003: 231). Kurz gesagt: Sie liefern Modelle und Muster zum Verständnis der Welt. Die elektronischen Medien strukturieren und prägen nicht nur die Informationsordnung einer Gesellschaft.[14] Sie beeinflussen – weit darüber hinausgehend – auch die soziale Ordnung und das persönliche Leben in der Gesellschaft.[15] Es entsteht eine „Fernsehwirklichkeit".[16]

Ein Feld, in dem sich das besonders gut studieren lässt, ist die Politik. Politik in der Mediengesellschaft folgt ganz anderen Regeln als die Politik in einer Gesellschaft, in der Medien keine große Rolle spielen.[17] Der politische Stil ändert sich (Sarcinelli 2009: 101ff.). Kommunikations- und Legitimationsmuster modifizieren sich gravierend (Sarcinelli 2009: 185ff., 277ff.). andere Typen von politischen Akteuren werden einflussreich (Sarcinelli 2009: 167ff.). Ein anderer Bereich der Gesellschaft, an dem sich dieser Befund ebenfalls gut demonstrieren lässt, ist der Sport. Sport orientiert sich zunehmend an den Spielregeln der globalen Medien. Ein ganz banales Beispiel: Der Spielplan der Fußballbundesliga und die Zeiten, zu denen Weltmeisterschaftsspiele ausgetragen werden, hängen von den Sendezeiten der großen Rundfunkveranstalter ab. Um es zuzuspitzen: Nicht das Fernsehen richtet sich nach dem Spielplan der Fußballbundesliga, sondern die Liga richtet sich nach dem Programmschema des Fernsehens.

3.2 Litigation-PR als zwangsläufige Konsequenz der Medialisierung

In der Mediengesellschaft hat sich die Rolle der Medien verändert. Sie sind nicht mehr – wie ursprünglich – die möglichst objektiven Beobachter und Zuschauer des Geschehens. Sie sind in weiten Teilen selbst zu aktiven, von eigenen Interessen geleiteten Mitspielern auf der Bühne geworden. Medien ent-

---

[13] Bahnbrechend dazu schon früher Altheide (1985: 136ff.).
[14] Zu den Umwälzungen in der Informationsordnung der amerikanischen Wirtschaft und Gesellschaft durch die elektronischen Medien: Altheide (1985: 97ff.).
[15] Dazu grundlegend Altheide (1985: 131ff.), Winterhoff-Spurk, (2005: 141ff.).
bezeichnet das Fernsehen sogar als „heimlichen Erzieher", der unseren Charakter forme.
[16] Grundsätzlich dazu, wie Massenmedien die Vorstellung von der Wirklichkeit (und damit die Wirklichkeit selbst) prägen: Jäckel (2005: 185ff.). Bahnbrechend dazu schon früher Fiske (1987), der Merkmale einer *television culture* herausarbeitet und untersucht, wie sie die Gesellschaft beeinflusst.
[17] Ausführlich zum Einfluss der Medien auf die Politik: Sarcinelli (2009: 101ff.).

scheiden mit darüber, wie Menschen die Welt wahrnehmen.[18] Dadurch erhalten sie eine enorme Macht, das Denken und das Handeln der Medienkonsumenten zu bestimmen.

Medien spielen zunehmend auch in Zusammenhängen eine Rolle, in denen sie früher kaum relevant waren. Das hat eine wichtige Konsequenz: Wer in Politik, Wirtschaft, Kultur und Gesellschaft agiert, muss die Medien mit ins Kalkül ziehen. Kommunikation ohne Medienbeteiligung ist (fast) undenkbar geworden. Dass auch im Zusammenhang mit Gerichtsverfahren oder juristischen Ermittlungen Medienarbeit gemacht wird, ist deshalb die zwangsläufige Konsequenz der umfassenden Medialisierung der Gesellschaft. Litigation-PR wird auch in Deutschland ein integraler Bestandteil der Rechtskommunikation werden.

4. Spiel mit dem Feuer: Litigation-PR als Gefahr für das Recht

Mit der Litigation-PR sind also Chancen für die Rechtskommunikation verbunden. Das darf aber den kritischen Blick nicht trüben: Litigation-PR birgt auch erhebliche Risiken für das Recht und die Rechtskommunikation.

4.1 Unschuldsvermutung

Ein Verdächtiger gilt so lange als unschuldig, bis er rechtskräftig verurteilt worden ist. Das ist ein unverrückbarer Eckpfeiler des modernen Rechtsstaats.[19] Dementsprechend breit ist auch die Normierung der Unschuldsvermutung in unterschiedlichen internationalen und nationalen Rechtsmaterien. Im Grundgesetz lässt sie sich dogmatisch in der Menschenwürdegarantie und im Rechtsstaatsprinzip verorten (BVerfGE 19, 342, 347; 22, 254, 265; 38, 105, 115; 82, 106, 114; st. Rspr.).

In jedem Schuldspruch steckt ein sozial-ethisches Unwerturteil. Davor will die Unschuldsvermutung den bewahren, der bisher nur verdächtig ist.[20] Das Unwerturteil ist nur vertretbar, wenn die Schuld ohne Zweifel in einem Ge-

---

[18] Allerdings determinieren Medieninhalte keineswegs das Denken und Verhalten der Mediennutzer. Menschen ziehen eigene, nicht selten unerwartete Schlüsse aus medialen Darstellungen. Dazu Bösch/Frei (2006: 13).
[19] Eine ausführliche Darstellung der historischen Entwicklung findet sich bei von Stuckenberg (1998: 11).
[20] Ähnlich Kühl (2001: 415).

richtsverfahren nachgewiesen wurde. Letztlich ist die Unschuldsvermutung die prozessbezogene Konsequenz aus dem sozialpsychologischen Phänomen der *self-fulfilling prophecy*. Prophezeiungen sind Erwartungen, die deshalb erfüllt werden, weil sie bestehen (Aronson et al. 2004: 70). Für den Strafprozess würde das bedeuten: Wer vor dem Prozess vorverurteilt wird, wird deshalb mit größerer Wahrscheinlichkeit im Prozess verurteilt. Öffentliche Vorverurteilungen senken also die Wahrscheinlichkeit eines Freispruchs. Für einen Rechtsstaat wäre das ein unerträglicher Zustand. Eine konsequent praktizierte Unschuldsvermutung könnte die Wirkung einer *self-fulfilling prophecy* wenn nicht beseitigen, so doch verringern.

Ihre Bedeutung reicht aber noch weiter. Sie schützt nicht nur das Individuum, das unter Verdacht geraten ist, sondern auch die Gesellschaft als Ganzes. Indem sie unkontrollierte, missbräuchliche und nicht selten zerstörerische Beschuldigungen verhindert oder wenigstens begrenzt, zivilisiert sie den gesellschaftlichen Diskurs und stärkt den sozialen Zusammenhalt. In ihrer Bedeutung für die Zivilisation lässt sich die Unschuldsvermutung deshalb kaum überschätzen.[21]

Für Litigation-PR-Strategen ist die Unschuldsvermutung keine relevante Kategorie. Ihnen geht es darum, die Sichtweise eines Mandanten einseitig in der Öffentlichkeit zu kommunizieren. Das kann in der Praxis im Sinne der Unschuldsvermutung sein. Litigation-PR kann auch ein Mittel eines Angeklagten sein, eine öffentlichen Vorverurteilung in den Medien zu verhindern – oder wenigstens zu relativieren. Öffentlichkeitsarbeit im Zusammenhang mit einem juristischen Verfahren kann aber auch im Gegenteil die Unschuldsvermutung eklatant verletzen. Das gilt etwa dann, wenn aus dem Bereich der Justiz einseitige, belastende Informationen an die Öffentlichkeit weitergegeben werden (Boehme-Neßler 2010: 28). Die Bewertung von Litigation-PR ist vor dem Hintergrund der Unschuldsvermutung durchaus ambivalent.

4.2 Rationalität des Rechts

Recht ist ein rationales Verfahren, um unterschiedliche Interessen auszubalancieren und Konflikte zu vermeiden oder zu lösen. Die neuere Rechtsgeschichte lässt sich insgesamt als Entwicklung zunehmender Rationalität des Rechts verstehen (Weber 1972: 563ff.). Emotionen sind immer weiter zurückgedrängt

---

[21] Ähnlich Marxen (1980: 365, 373), der in diesem Zusammenhang von der Unschuldsvermutung als wichtigem gesellschaftlichem Organisationsprinzip spricht.

worden. Stattdessen soll es um nüchterne, möglichst rationale Überlegungen und Entscheidungen gehen.

In diesem Zusammenhang ist die Entwicklung von Litigation-PR nicht unproblematisch.[22] Bei dieser neuen Form von prozessbegleitender Öffentlichkeitsarbeit geht es darum, die Öffentlichkeit für die Anliegen einer Prozesspartei zu gewinnen.[23] Ohne Emotionalisierungen geht das nicht. Denn Emotionen sind ein unverzichtbares Instrument, um Aufmerksamkeit zu erregen, Unterstützung zu gewinnen und Öffentlichkeit zu mobilisieren. Nicht selten werden also Emotionen instrumentalisiert werden (müssen), um wirksame Litigation-PR zu betreiben.[24] Das ändert den Charakter der rechtlichen Kommunikation tiefgreifend: Die jetzt übliche nüchterne, Emotionen verdrängende juristische Kommunikation wird zwangsläufig emotionaler, farbiger und bildlicher.[25]

Der Verlust an emotionaler Distanz birgt letztlich ein grundsätzliches Problem. Die *emotionale Kälte des Rechtssystems* hat nämlich auch eine heilsame Funktion. Das Recht soll nicht populistisch sein. Populistische Gefühlswallungen, hysterische Reaktionen der Öffentlichkeit und Vorurteile sollen sich nicht unmittelbar auf das Rechtssystem auswirken. Dahinter steht die Tradition der rationalen, distanzhaltenden, gerade nicht emotionalen Gerechtigkeit. Wenn die Distanz verloren geht, wird das Recht auch schwächer gegenüber populistischen und demagogischen Einflüssen. Das könnte im schlimmsten Fall zu einem emotionalisierten, populistischen, von den (hysterischen) Stimmungen und Gefühlen der Öffentlichkeit und der Medien abhängigen Recht führen. Der *Stammtisch als Richter* – das wäre sicher kein erstrebenswertes Ziel.

4.3 Remoralisierung des Rechts

In einem langen Entwicklungsprozess hat sich das Recht von der Moral emanzipiert (Rehbinder 2009: Rn. 51). Seit der Neuzeit sind Recht und Moral nicht mehr identisch (Raiser 2007: 189). Das ist letztlich die Konsequenz aus der Säkularisierung und dem Werte-Pluralismus der modernen Gesellschaft. Es gibt nicht mehr die eine Moral, die für jeden Bürger maßgeblich sein kann (Luhmann 1993: 78).

---

[22] Grundsätzlich zu den verfassungsrechtlichen Problemen von Litigation-PR: Boehme-Neßler (2010: 26ff.).
[23] Ausführlich Holzinger/Wolff (2009: 17ff.) und Jahn (2010: 11ff.).
[24] Sehr kritisch dazu: Streeck (2010: 135ff.), der eine „Remoralisierung des Rechts" befürchtet.
[25] Grundsätzlich zur Visualisierung der Rechtskommunikation: Boehme-Neßler (2010a: 109ff.).

Die Trennung von Recht und Moral ist aber nicht überall eindeutig. Es gibt natürlich Überschneidungen (Rehbinder 2009: Rn. 51). Und das Verhältnis von Recht und Moral ist nicht statisch. Gerade in jüngerer Zeit lässt sich eine gewisse Remoralisierung des Rechts beobachten.[26] Das Bundesverfassungsgericht ist der Vorreiter dieser Entwicklung. Es erweitert den Anwendungsbereich der Erfassung permanent durch die Entwicklung immer neuer kollektiver Güter, höher stehender Verfassungsprinzipien und die exzessive Anwendung der Abwägung im Einzelfall (Maus 1989: 196ff.). Das ist nicht zuletzt unter demokratietheoretischen Gesichtspunkten heikel (Maus 1989: 201). Denn im Ergebnis führt das zu einer Stärkung der Verwaltung auf Kosten des Parlaments und der Zivilgesellschaft.

An diese problematische Entwicklung schließt Litigation-PR nahtlos an. Litigation-PR könnte den Trend zur Remoralisierung des Rechts begünstigen.[27] Denn prozessbezogene Öffentlichkeitsarbeit versucht, moralische Überlegungen in den juristischen Prozess einzuspeisen. Rechtliche Fragen werden in der Öffentlichkeit als moralische Probleme – und persönliche Dramen – dargestellt. Das kann zu einer problematischen Verschiebung der juristischen Prioritäten führen – weg vom rechtlich Relevanten hin zum öffentlichkeitswirksamen Moralischen. Für das Rechtssystem kann das gefährlich werden. Es könnte seine spezielle Bedeutung für die Gesellschaft verlieren. Irrelevanz könnte die Folge sein. Denn wozu braucht die Gesellschaft ein Rechtssystem, das nach ähnlichen – oder gar denselben – Gesetzen funktioniert wie die (Medien-) Öffentlichkeit?

5. Modernisierung: Litigation-PR als Chance für das Recht

Hat das Recht schon angemessen auf die Herausforderungen reagiert, die mit der Medialisierung der Gesellschaft verbunden sind? Das ist mehr als zweifelhaft. Litigation-PR enthält Chancen für die Rechtskommunikation, die bisher wenig gesehen werden. Um es zuzuspitzen: Ein offener Umgang mit Litigation-PR könnte ein Beitrag zur Modernisierung der Rechtskommunikation sein.

---

[26] Sehr kritisch dazu Maus (1989: 193ff.).
[27] Das befürchtet mit guten Gründen Streeck (2010: 135ff.).

5.1 Litigation-PR: Rechtliches Gehör in der medialisierten Gesellschaft

Art. 103 Abs. 1 GG enthält einen Grundpfeiler des Rechtsstaats. Er garantiert das rechtliche Gehör vor Gericht. Das ist das *prozessuale Urrecht* des Menschen und lässt sich aus der Menschenwürdegarantie des Grundgesetzes ableiten (BVerfGE 55, 1, 5f.; BVerfGE 107, 395, 408). Die Verfassung gibt den Betroffenen Informationsrechte und Äußerungsrechte (BVerfGE 84, 188, 190; 98, 218, 263, 107, 395, 409). Gerichte sind verpflichtet, das, was vorgebracht wird, nicht nur anzuhören, sondern auch zu berücksichtigen (BVerfGE 83, 24, 35; BVerGE NJW 1995, 2096). Art. 103 Abs. 1 GG zeigt: Die Verfassung lässt nicht zu, dass mit einem Menschen ein „kurzer Prozess" gemacht wird (BVerfGE 55, 1, 5f.). Wird dieser Grundsatz durch Litigation-PR verändert?

Litigation-PR zielt zwar *direkt* auf die Öffentlichkeit, aber *indirekt* auf das Gericht. Es geht ihr um eine Beeinflussung des Gerichts über den „Umweg" der Öffentlichkeit. Dann ist die „Waffengleichheit" vor Gericht[28] betroffen, die Art. 103 Abs. 1 GG herstellen will. Denn der Prozessbeteiligte, der Litigation-PR einsetzt, nutzt zusätzliche Kommunikationswege neben den klassischen prozessualen Rechten, um das Gericht zu erreichen. Wenn das Auswirkungen auf die Richter hat[29], ist Art. 103 Abs. 1 GG verletzt. Denn dann hat nicht jeder Akteur im Prozess dieselben Kommunikationsmöglichkeiten gehabt. Ein Beispiel: Staatsanwälte, die prominente Beschuldigte live unter den Augen einer großen Medienöffentlichkeit verhaften, kommunizieren eine starke Botschaft – auch an die Richter.[30] Die medial verstärkte Kommunikation kann so laut werden, dass sie die üblichen Äußerungen der anderen Prozessbeteiligten „übertönt" und damit die Waffengleichheit zunichtemacht.[31]

Ein Beispiel dafür: Der Kläger in einem Zivilrechtsstreit setzt massiv Litigation-PR in seinem Sinne ein. Der Beklagte kann sich das nicht leisten und gerät deshalb in der Öffentlichkeit in die Rolle des „Bösewichts". Dann besteht die Gefahr, dass die Richter durch den öffentlichen Druck beeinflusst werden.[32] Das ist dann ein Problem des rechtlichen Gehörs, wie es die Verfassung garan-

---

[28] Zur Bedeutung des rechtlichen Gehörs für die „Waffengleichheit" vor Gericht BVerfGE 52, 131, 156.
[29] Zu den Auswirkungen der Medienöffentlichkeit auf den Richter vgl. den Beitrag von Kepplinger in diesem Band.
[30] Das gilt auch umgekehrt für Beschuldigte, die professionelle Angeklagten-PR betreiben. Dieser Fall ist aber nicht für Art. 103 Abs. 1 GG relevant.
[31] Das beklagt schon Gatzweiler (2005: 64f.), der mögliche Gegenmaßnahmen der Verteidigung diskutiert.
[32] Zum Einfluss der Medien auf die Gerichte vgl. den Beitrag von Kepplinger in diesem Band und Boehme-Neßler (2009a: 539ff.).

tiert. Ein formal garantiertes, praktisch aber unwirksames rechtliches Gehör entspräche nicht den verfassungsrechtlichen Vorgaben.

Im Zeitalter der zunehmenden Prozessführung über die Medien muss Art. 103 Abs. 1 GG die mediale Massenkommunikation mit ins Kalkül ziehen. Eine formale Beschränkung des rechtlichen Gehörs auf die Kommunikation im Gerichtssaal ist den modernen Kommunikationsstrukturen nicht mehr angemessen. Die mediale Kommunikation, die außerhalb des Gerichtssaals stattfindet, muss berücksichtigt werden. Das bedeutet: Art. 103 Abs. 1 GG ist gleichzeitig Garantie und Grenze von Litigation-PR. Einerseits ist Litigation-PR eine moderne, der Mediengesellschaft angepasste Möglichkeit, Standpunkte zu äußern und Informationen zu verbreiten. Insofern ist sie eine spezielle Form des rechtlichen Gehörs und durch Art. 103 Abs. 1 GG geschützt. Andererseits kann Litigation-PR eines Prozessbeteiligten durch ihre Wirkungsmacht aber die Äußerungsmöglichkeiten anderer Prozessteilnehmer einschränken. Sie ist deshalb wegen Art. 103 Abs. 1 GG nur soweit rechtlich zulässig, solange sie noch Raum für Äußerungen der anderen Prozessbeteiligten lässt.[33]

5.2 Schutz der Unschuldsvermutung

Aliquid semper haeret: Von jeder – noch so abwegigen Beschuldigung – bleibt immer etwas hängen. Das ist in aller Kürze die Grundlogik der öffentlichen Beschuldigung. Und es ist die Begründung dafür, warum Litigation-PR in der Mediengesellschaft notwendig sein kann.

Eine wichtige Zielsetzung von juristischer Öffentlichkeitsarbeit ist der Schutz der Reputation des Betroffenen.[34] Dahinter steht eine wichtige Erkenntnis: Die Logik des Rechts und die Logik der öffentlichen Kommunikation stimmen in weiten Teilen nicht überein. Wer vom Gericht freigesprochen wird, ist in der Öffentlichkeit dadurch nicht automatisch rehabilitiert. Nicht selten wird der Verdacht gegen eine Person und die Ermittlung der Staatsanwaltschaft auf der Titelseite eines Printmediums oder in der Prime-Time der Fernsehsender ausführlich diskutiert. Wenn Wochen oder Monate später ein Freispruch erfolgt, ist das Interesse der Öffentlichkeit bereits erlahmt: Das freisprechende Urteil wird kaum zur Kenntnis genommen.[35] Die öffentliche Erinnerung und der Ruf

---

[33] Ausführlich schon Boehme-Neßler (2010: 31).
[34] Ausführlich dazu Eisenegger in diesem Band.
[35] Noch perfider ist die folgende Konstellation, die ebenfalls zu beobachten ist: Der Freispruch wird in der Öffentlichkeit diskutiert, aber relativiert („Freispruch zweiter Klasse"). Dann kann die Öffentlichkeit trotz der Entscheidung des Gerichts bei ihrer ursprünglichen Meinung bleiben. Ein ein-

des Betroffenen werden deshalb stärker vom früheren Verdacht und weniger vom späteren Freispruch dominiert. Betroffene werden in der Mediengesellschaft sozial diskreditiert; eine spätere Rehabilitation findet nicht wirksam statt. Mit rechtlichen Mitteln lässt sich der medial angerichtete Schaden nicht beheben. Das hat eine wichtige Konsequenz: Die Verteidigungsstrategie darf sich nicht auf rechtliche Instrumente beschränken. Es ist ein Fehler, die Medien und die Öffentlichkeit mit einem: *Kein Kommentar* abzuspeisen. Die Verteidigung muss von Anfang an versuchen, einen medial verursachten Schaden in der Öffentlichkeit zu vermeiden oder wenigstens einzudämmen. Sie muss – mit anderen Worten – das *influence game* (Haggerty 2009: 33ff.) mitspielen. Litigation-PR versucht deshalb, von Anfang an das Bild eines Betroffenen in der Öffentlichkeit (mit) zu prägen. Nur so kann man – wenn überhaupt – verhindern, dass sich in der Öffentlichkeit ein Bild festsetzt, das sich nie wieder revidieren lässt.

5.3 Transparenz des Rechts

Öffentlichkeit ist ein Kernelement sowohl der Demokratie als auch des Rechtsstaates.[36] Die Gerichtsöffentlichkeit soll – das ist der rechtsstaatliche Aspekt – ein faires Verfahren garantieren und eine Kontrolle der Justiz sicherstellen (Wohlers 2005: 187). Bürgernähe und Vertrauen sollen die Folgen sein (Hassemer 1990: 64). Alle Staatsgewalt geht vom Volke aus – das ist der in Art. 20 Abs. 1 GG prägnant formulierte Grundgedanke der Demokratie. Dazu gehört natürlich auch die rechtsprechende Staatsgewalt. Deshalb urteilen Gerichte nicht im eigenen Namen, sondern im Namen des Volkes. Weil die Gerichte im Namen des Volkes urteilen, muss das Volk die Gerichte auch kontrollieren können und jederzeit Zugang zu ihren Verhandlungen haben.[37] Das ist die demokratische Begründung der Gerichtsöffentlichkeit. Gerichtsverhandlungen im Rechtsstaat und in der Demokratie sind aus diesem Grunde in der Regel öffentlich (BVerfG JZ 2001, 704, 706).[38] Die Öffentlichkeit darf nur in besonderen, eng

---

drucksvolles Beispiel dafür ist der Fall des ehemaligen Fernsehmoderators Andreas Türck. Ausführlich dazu Sasse (2007: 69ff.) mit einer eingehenden Analyse der Berichterstattung in den Boulevard-Medien.
[36] Hassemer (1990: 62ff.), der aber, a.a.O., S. 66, die aufgeklärte Gerichtsöffentlichkeit an der Praxis misst und als weit gehende Fiktion ansieht. Allerdings sollte man die disziplinierende Wirkung der potentiellen kontrollierenden Öffentlichkeit trotz allem nicht unterschätzen.
[37] So ähnlich schon Feuerbach (1821: 180).
[38] Etwas anderes gilt für strafrechtliche Ermittlungsverfahren. Dazu Weigend (2004: 36ff.).

begrenzten Fällen mit besonderer Begründung ausgeschlossen werden (BVerfGE 70, 324, 358).

Ursprünglich war mit Gerichtsöffentlichkeit die Saalöffentlichkeit gemeint. Wer wollte, konnte grundsätzlich im Gerichtssaal Platz nehmen und einen Prozess verfolgen. In der Massendemokratie, die von Medienkommunikation geprägt ist, ist Gerichtsöffentlichkeit aber weit gehend und in erster Linie Medienöffentlichkeit.[39] Die Medienöffentlichkeit nimmt die Funktionen wahr, die im klassischen Rechtsstaat noch der Saalöffentlichkeit zugeschrieben waren: Kontrolle der Justiz und Schaffung von Vertrauen in die Justiz.

Litigation-PR führt dazu, dass in der Öffentlichkeit und in den Medien mehr über rechtliche Thematiken gesprochen wird. Im offenen, demokratischen Rechtsstaat ist das ein positiver Trend. Medien, vor allem die elektronischen Massenmedien erreichen Bevölkerungsschichten, die üblicherweise wenig Interesse am Recht, geschweige denn Verständnis für juristische Fragestellungen und Problemlösungen haben. Wenn durch Litigation-PR und verstärkte Medienberichterstattung in breiten Bevölkerungskreisen Interesse und Verständnis für das Rechtssystem geweckt wird, fördert das die Akzeptanz des Rechtsstaates in der Bevölkerung. Litigation-PR und Medien können im besten Sinne aufklärend sein – gerade auch über das Recht und die Justiz.[40]

Allerdings ist es zweifelhaft, ob sie ihr Aufklärungspotenzial auch tatsächlich nutzen. Empirische Untersuchungen zeigen eher das Gegenteil. Medien verzerren das Bild des Rechtssystems.[41] Sie dokumentieren in der Regel Prozesse nicht vollständig und detailgetreu. Das (Bild-) Material wird stattdessen bearbeitet, damit es der dramaturgischen und ökonomischen Logik der Medien entspricht. Das hat einen fatalen Effekt: Medien wecken unrealistische Erwartungen durch eine verzerrte, unrealistische Darstellung der Wirklichkeit (Boehme-Neßler 2010a: 132ff.). Mittelfristig werden sich diese Erwartungen auf das Rechtssystem im Allgemeinen und die Beteiligten eines Prozesses auswirken.[42] Wenn aus der Medienberichterstattung eine medialisierte Justiz wird, wird es gefährlich für Recht und Gesellschaft. Denn dann droht das Recht seine Funktionen für die Gesellschaft zu verlieren. Kurz und überspitzt: Eine medialisierte

---

[39] So schon Scherer (1979: 40). Dazu Gostomczyk (2006:126ff.).
[40] Ausführlich zu den Auswirkungen des Fernsehens auf das Recht Boehme-Neßler (2009: 15ff.). Grundsätzlich zu den Effekten, die das Fernsehen auf Individuen, Kultur und Politik hat: Plake (2004: 210ff.) mit umfangreichem empirischen Material.
[41] Ausführlich dazu, wie das Fernsehen die Vorstellung vom Recht und vom Justizsystem prägt: Thaler (1994: 6ff.).
[42] Ausführlich zu den Effekten, die das Bild vom Recht auf das Recht selbst hat: Boehme-Neßler (2010a: 137).

Justiz, die nach der Logik der Medien funktioniert, sucht nicht mehr nach Wahrheit und Gerechtigkeit. Sie kann keine Stabilität und Verlässlichkeit mehr gewährleisten. Das wäre ein problematischer Verlust für die gesamte Gesellschaft, die (nicht nur, aber auch) einen großen Bedarf an Stabilität hat.

5.4 Rechtsbewusstsein und Rechtsgefühl in der Mediengesellschaft

Ob das Rechtssystem einer Gesellschaft effektiv ist, hängt auch vom Rechtsbewusstsein und vom Rechtsgefühl der Bürger ab (Rehbinder 2009: Rn. 118f.). Bürger werden Recht nur befolgen, wenn sie es als richtig – oder gerecht – ansehen. Fehlt dieses Rechtsbewusstsein, werden sie nach Möglichkeit versuchen, den Anforderungen des Rechts auszuweichen (Rehbinder 2009: Rn. 119). Das Recht verliert dann an Wirksamkeit. Ein generelles Rechtsbewusstsein in der Bevölkerung bildet sich nur, wenn juristische Inhalte in die Öffentlichkeit kommuniziert und dort auch diskutiert werden. Öffentliche Diskussionen über das Recht, spezielle Rechtsprobleme und brisante Prozesse sind ein Instrument, um das Rechtsbewusstsein zu schaffen, weiterzuentwickeln und zu erhalten. In diesem Zusammenhang kann Litigation-PR Bedeutung erlangen. Sie kann dazu beitragen, dass öfter, intensiver und breiter über Rechtsprobleme in der (Medien-) Öffentlichkeit gesprochen wird.

5.5 Akzeptanz des Rechts

Menschen nehmen nur einen ganz kleinen Teil der Welt persönlich, mit eigenen Augen wahr. Alles andere bekommen wir nur mittelbar, über die Medien mit. Das hat eine irritierende, vielleicht sogar erschreckende Konsequenz. Was in den Medien nicht präsent ist, ist für die meisten Menschen auch nicht präsent in der Welt. Hier liegt eine Ursache für die Medienfixiertheit der modernen Politik. Wer in den Medien nicht vorkommt, wird als Politiker von den Menschen – und seinen Wählern – nicht wahrgenommen. Erfolg in der Politik setzt also notwendigerweise Präsenz in den Medien voraus.

Auch wenn das Recht unabhängiger von der Öffentlichkeit ist als die Politik: ganz verschwinden aus der öffentlichen Wahrnehmung darf es nicht. Denn Recht und Justiz sind auf Akzeptanz der Bürger angewiesen.[43] Wie sollen die Bürger aber etwas akzeptieren, das in ihrer mediengestützten Wahrnehmung

---

[43] Zur notwendigen Akzeptanz des Rechts durch die Bürger: Rehbinder (2009: Rn. 84, 116).

nicht vorkommt? Kurz gesagt: Recht und Justiz, die in den Medien nicht vorkommen, werden nicht mehr wahrgenommen und akzeptiert. Langfristig verlieren sie dadurch an Relevanz. Litigation-PR wird die breite öffentliche Diskussion über Rechtsthemen eher intensivieren. Dadurch kann sie einen indirekten Beitrag zur vertieften Akzeptanz des Rechts in weiten Teilen der Bevölkerung leisten.

6. Zwischen Verweigerung und Anpassung – Strategien für das Recht

Grundsätzlich sind zwei extreme Strategien denkbar, wie sich das Recht und die Justiz gegenüber der Litigation-PR verhalten könnten. Eine Strategie wäre die Verweigerung. Das andere Extrem wäre eine (Über-) Anpassung an die Gesetze der Mediengesellschaft und der PR. Beide Strategien sind wenig sinnvoll. Denn sie sind riskant und verschenken gleichzeitig die Chancen.

Verweigerung wäre eine mögliche Strategie für das Recht und die Justiz, mit den Medien umzugehen. Beide könnten ihre Kommunikation mit den Medien und den PR-Strategen auf ein Minimum beschränken. Sie könnten sich den Spielregeln der Mediengesellschaft verweigern. Die Justiz ist schon verfassungsrechtlich sehr unabhängig. Deshalb wäre diese Verweigerungsstrategie kurzfristig sicher möglich. Wie die Empirie zeigt, ist die Verweigerungsstrategie auch die bevorzugte Methode der Justiz für den Umgang mit der Litigation-PR. Die öffentliche Kommunikation zu verweigern ist aber schon verfassungsrechtlich nicht zulässig. Die Justiz hat eine Öffentlichkeitsfunktion, die sie nicht ignorieren darf. Sie muss kommunizieren – mit der Öffentlichkeit und mit den Medien. Eine Verweigerungshaltung würde auch die Modernisierungschancen verschenken, die mit der Litigation-PR verbunden sind. Blauäugig und kritiklos dürfen sich Recht und Justiz aber auch nicht auf die Litigation-PR einlassen. Denn dazu ist Litigation-PR zu gefährlich. Unreflektierte oder skrupellose Litigation-PR kann die Unschuldsvermutung und die Rationalität des rechtlichen Prozesses gefährden.

Letztlich muss das Recht einen schwierigen Balanceakt schaffen. Es muss sich auf die Litigation-PR einlassen, um ihr Modernisierungspotenzial nutzen zu können. Eine Neuerfindung der Rechtskommunikation in der Mediengesellschaft ist überfällig. Gleichzeitig müssen Justiz und Recht der Litigation-PR auch Grenzen setzen. PR funktioniert nach einer völlig anderen Logik als Recht und Justiz. Seine Eigenständigkeit darf das Recht nicht aufgeben. Sonst verliert es seine spezifische Bedeutung für die Gesellschaft.

Literatur

Altheide, David L. (1985): Media Power, Beverly Hills.
Altheide, David L./Snow, Robert P. (2001): Media Worlds in the Postjournalism Era, New York.
Aronson, Elliot/Wilson, Timothy B./Akert, Robin M. (2004): Sozialpsychologie, 3. Aufl., München.
Boehme-Neßler, Volker (2008): Unscharfes Recht. Überlegungen zur Relativierung des Rechts in der digitalisierten Welt, Berlin.
Boehme-Neßler, Volker (2009): Recht und Fernsehen, in: UFITA, S.15ff.
Boehme-Neßler, Volker (2009a): Unabhängige Richter in der Mediengesellschaft?, in: Archiv für Presserecht, S. 539ff.
Boehme-Neßler, Volker (2010): Die Öffentlichkeit als Richter?, in: Ders. (Hrsg.): Die Öffentlichkeit als Richter? Litigation-PR als neue Methode der Rechtsfindung, Baden-Baden, S. 20-51.
Boehme-Neßler, Volker (2010a): BilderRecht. Die Macht der Bilder und die Ohnmacht des Rechts, Heidelberg u.a.
Bösch, Frank/Frei, Norbert (2006): Die Ambivalenz der Medialisierung, in: Dies. (Hrsg.): Medialisierung und Demokratie im 20. Jahrhundert, Göttingen.
Fengler, Susanne/Ruß-Mohl, Stephan (2005): Der Journalist als „homo oeconomicus", Konstanz.
Feuerbach, Anselm von (1821) Betrachtungen über die Oeffentlichkeit und Mündlichkeit der Gerechtigkeitspflege, Bd 1, Gießen.
Fiske, John (1987): Television Culture, London/New York.
Gatzweiler, Norbert (2005): Medienberichterstattung und hieraus resultierende Verteidigungsmöglichkeiten, in: StrafverteidigerForum, S. 64.
Gostomzyk, Tobias (2006): Die Öffentlichkeitsverantwortung der Gerichte in der Mediengesellschaft, Baden-Baden.
Habermas, Jürgen (1981): Theorie des kommunikativen Handels. Bd. 1. Handlungsrationalität und gesellschaftliche Rationalisierung. Frankfurt am Main.
Haggerty, James F. (2009): In the Court of Public Opinion. Winning your Case with Public Relations, 2. Aufl., Hoboken, NJ.
Hassemer, Winfried (1990): Der Einfluss auf das Strafverfahren aus strafrechtlicher Sicht, in: Oehler et al. (Hrsg.): Der Einfluss der Medien auf das Strafverfahren, Baden-Baden, S. 62ff.
Hickethier, Knut (2003): Einführung in die Medienwissenschaft, Stuttgart/Weimar.
Holzinger, Stephan/Wolff, Uwe (2009): Im Namen der Öffentlichkeit. Litigation-PR als strategisches Instrument bei juristischen Auseinandersetzungen, Wiesbaden.
Jäckel, Michael (2005): Medienwirkungen, Ein Studienbuch zur Einführung, 3. Aufl., Wiesbaden.
Jahn, Joachim (2010): Zwischen Erpressung und Dienst an der Gerechtigkeit, in: Boehme-Neßler (Hrsg.): Die Öffentlichkeit als Richter? Litigation-PR als neue Methode der Rechtsfindung, S. 11-19.
Kühl, Kristian (2001): Unschuldsvermutung und Resozialisierungsinteresse als Grenzen der Kriminalberichterstattung, in: Festschrift für Heinz Müller-Dietz, München.
Luhmann, Niklas (1993): Das Recht der Gesellschaft, Frankfurt am Main.
Luhmann, Niklas (1996): Die Realität der Massenmedien, 2. Aufl., Opladen.
Marxen, Klaus (1980): Medienfreiheit und Unschuldsvermutung, in: Goldtammers Archiv, S. 365ff.
Maus, Ingeborg (1989): Die Trennung von Recht und Moral als Begrenzung des Rechts, in: Rechtstheorie 20, S. 191ff.
McLuhan, Marshall (1992): Die magischen Kanäle: „Understanding Media", Düsseldorf/Wien.
Plake, Klaus (2004): Handbuch Fernsehforschung, Wiesbaden.
Rademacher, Lars (2009): Public Relations und Kommunikationsmanagement. Wiesbaden.

Raiser, Thomas (2007): Grundlagen der Rechtssoziologie, 4. Aufl.., Tübingen: Mohr Siebeck.
Rehbinder, Manfred (2009): Rechtssoziologie, 7. Aufl.., München: Beck.
Ruhrmann, Georg/Göbbel, Roland (2007): Veränderung der Nachrichtenfaktoren auf die journalistische Praxis in Deutschland, in: www.netzwerkrecherche.de/files/nr-studie-nachrichtenfaktoren.pdf, eingesehen am 1.2.2012.
Sarcinelli, Ulrich (2009): Politische Kommunikation in Deutschland. Zur Politikvermittlung im demokratischen System, 2. Aufl., Wiesbaden.
Sasse, Sabine (2007): Die Justiz und die Medien. Die Berichterstattung im Prozess gegen den TV-Moderator Andreas Türck, in: Schertz, Christian/Schuler, Thomas (Hrsg.): Rufmord und Medienopfer. Die Verletzung der persönlichen Ehre, Berlin, S. 69-80.
Scherer, Joachim (1979): Justiz und Massenmedien. Kontrollierende oder kontrollierte Medienöffentlichkeit? in: Zeitschrift für ausländisches öffentliches Recht und Völkerrecht, S. 40ff.
Streeck, Klaus (2010): Litigation-PR als beauftragte Beeinflussungsdienstleistung, in: Boehme-Neßler, Volker (Hrsg.): Die Öffentlichkeit als Richter?, Baden-Baden, S. 129-138.
Stuckenberg, Sebastian von (1998): Untersuchungen zur Unschuldsvermutung, Berlin u.a.
Thaler, Paul (1994): The Watchful Eye. American Justice in the Age of the Television Trial, Westport, Connecticut.
Weber, Max (1972): Wirtschaft und Gesellschaft. 5. Aufl., Tübingen.
Weigend, Thomas (2004): Medienöffentlichkeit des Ermittlungsverfahrens?, in: Bannenberg et al. (Hrsg.): Alternativ-Entwurf Strafjustiz und Medien, München.
Winterhoff-Spurk, Peter (2005): Kalte Herzen. Wie das Fernsehen unseren Charakter formt, Stuttgart.
Wohlers, Wolfgang (2005): Prozessuale Konsequenzen präjudizierender Medienberichterstattung, in: Strafverteidiger, S. 187ff.

Reden ist Silber, Schweigen auch:
Eine grundlegende Gegenüberstellung öffentlicher Kommunikation von Public Relations und Legal Affairs

Alexander Bräunig & Ansgar Thießen

Abstract

Public communication of organizations either means laying the cards on the table or keeping them close to the chest. While Public Relations professionals aim for openness when gaining public trust, legal professionals look for a coherent line of argumentation before going public at all. The point is: neither active publicity nor total reticence wins the game. In our article we give insights into the two distinct lines of argumentations and promote Litigation-PR as a common playing field for public communication.

„Entscheidend für vertrauensbildende Kommunikation ist Integrität, Fairness und Offenheit." Das antworten Kommunikationsverantwortliche in der Regel auf die Frage, wie sich das hohe Gut der Unternehmensreputation aufbauen, etablieren oder gar schützen lässt. Stellt man die gleiche Frage einem Juristen, dann fällt die Antwort fast vollständig gegenteilig aus: Offenheit verleitet zu Spekulationen, Fairness ist keine Frage der öffentlichen Entscheidung und Integrität allenfalls der Ausdruck rechtskonformen Verhaltens. Und mit genau diesen beiden Antworten sind wir bereits inmitten einer Diskussion, die weder Gewinner noch Verlierer kennt. Einer Diskussion, die in Unternehmen fast täglich stattfindet und einer Diskussion, die gleichsam maßgeblich darüber entscheidet, welche grundsätzliche Form öffentlicher Kommunikation für ein Unternehmen prägend ist.

Die korrekte Antwort vorneweg: Es gibt keine. Der Aufbau unternehmerischer Reputation wird sich immer in einem Spannungsfeld bewegen zwischen einerseits der Wahrnehmung als offener Akteur, der – wenn gefragt – seinen Teil zu einer öffentlichen Debatte beitragen kann und andererseits der Wahrnehmung als gesellschaftlicher Akteur, der sich an moralischen und juristischen

Wert- bzw. Normvorstellungen einer Gesellschaft orientiert (vgl. hierzu auch Thießen 2011: 275ff.). Das Interessante ist: Beide Dimensionen unternehmerischer Reputation bedürfen eines öffentlichen Diskurses – wenngleich er von PR wie von Juristen unterschiedlich bedient wird. PR argumentiert in erster Linie entlang der Wahrung eines öffentlichen Vertrauens und rückt damit tendenziell eine (wenngleich gezielte) öffentliche und somit offene Kommunikation in den Vordergrund. Eine Kommunikation, die einem durchaus auch emotionalen und von vielen verschiedenen Meinungen getriebenen Diskurs begegnet. Hingegen folgt die Jurisprudenz völlig emotionslos extrem sachlichen und zwingend logischen Argumenten, die erst nach eingehender und zeitintensiver Prüfung sowie der Sichtung möglichst aller Argumente zusammengeführt und für eine zielgerichtete Beweisführung verwendet werden können.

Nun ist die Öffentlichkeitsarbeit von Unternehmen im Sinne eines Reputationsaufbaus gleichzeitig durch PR und durch Juristen nicht grundsätzlich unmöglich. Relevante Teilöffentlichkeiten sind in der Regel so grundverschieden, dass man sich nicht weiter im Wege steht. Deutlich wird der Konflikt jedoch vor allem dann, wenn Unternehmen sich in Krisen einer heftigen öffentlichen Debatte ausgesetzt sehen. Einer Debatte, die einerseits emotional und mit vielen Argumenten binnen kürzester Zeit verläuft und in der andererseits eine sachlogische juristische Prüfung von zentraler Bedeutung aber praktisch kaum umsetzbar ist. Dann stellt sich sehr schnell die Frage nach dem grundsätzlichen Umgang mit Öffentlichkeit: Ist es das Bedienen des öffentlichen Verlangens nach Information oder ist es das Bedienen des öffentlichen Verlangens nach gesellschaftlicher Integrität? Ist es die kurzfristige und scheinbar offene aber sich agil entwickelnde Kommunikation oder ist es das vorübergehende Schweigen aber dafür das korrekte Aufarbeiten der gegenwärtigen Situation?

Die im Folgenden aufgezeigten Perspektiven auf öffentliche Kommunikation aus Sicht der Public Relations einerseits und der Jurisprudenz andererseits sind grundsätzlicher Natur. Die Diskussion soll zeigen, vor welchem Hintergrund und mit welcher Motivation PR-Experten und Juristen Öffentlichkeit verstehen und mit ihr umgehen. Der Beitrag soll damit keine Antworten auf die eingangs gestellten Fragen liefern, sondern Klarheit in die beiden Sichtweisen bringen. Er setzt sich zum Ziel, ein gegenseitiges Verständnis öffentlicher Kommunikation zu schaffen. Der Beitrag bleibt damit zwar bewusst beschreibend, zeigt aber abschließend auch einen gemeinsamen Argumentationsraum auf, der für PR wie für die Jurisprudenz gleichermaßen für öffentliche Kommunikation nutzbar wird.

1. Die öffentliche Kommunikation der Public Relations

Wenn Public Relations-Verantwortliche mit einer Unternehmenskrise konfrontiert sind, dann wollen sie die öffentliche Wahrnehmung prägen mit dem Ziel, die bis dahin aufgebaute Reputation zu schützen. Reputation meint dabei die Zusammenfassung persönlicher (direkter) Erfahrung, die verschiedene Stakeholder einem Unternehmen zuschreiben. Sie ist eine Erwartung, die man anhand vergangener oder aktueller Handlungen (organisationsimmanent) oder Signale (medienvermittelte Interpretation) an einen Reputationsträger stellt. Entscheidend dabei ist, dass nicht jeder von uns direkte Erfahrungen mit einer Organisation hat, wir aber dennoch Reputationserwartungen an sie stellen. Dies ist möglich, weil sich ein Großteil unternehmerischer Reputation aus unserer Wahrnehmung über öffentliche Kommunikation und damit in erster Linie medienvermittelt konstituiert. Jeder Zeitungsartikel, jeder TV-Beitrag und jeder Beitrag in sozialen Onlinemedien trägt also dazu bei, ein Unternehmen wahrzunehmen und seine Reputation zu formen.

Public Relations-Verantwortliche steuern diese öffentliche Wahrnehmung und nehmen damit Einfluss auf einen zentralen Teil der Reputationskonstitution. Ihr Interesse, den öffentlichen Diskurs durch einen klar umrissenen Definitionsrahmen zu prägen und die Ziele und Interessen einer Organisation zu legitimieren ist somit funktionsimmanent. Es ist ihr ureigenes Interesse, mit unterschiedlichen Stakeholdern in den Dialog zu treten und den Informationsfluss im Sinne einer gewollten Wahrnehmung zu gestalten. Umgekehrt ist es aber ebenso in ihrem Interesse, Informationen, die ebendieser Reputationskonstitution nicht dienlich sind, auch entsprechend nicht aktiv in eine öffentliche (Medien-) Debatte einzubringen.

Voraussetzung für die Reputationskonstitution aufseiten der Öffentlichkeit sind die Mechanismen öffentlicher Vertrauensbildung, verstanden als „[...] ein kommunikativer Mechanismus zur Reduktion von Komplexität, in dem öffentliche Personen, Institutionen und das gesamte gesellschaftliche System in der Rolle des ‚Vertrauenssubjekts' fungieren. Öffentliches Vertrauen ist ein medienvermittelter Prozess, in dem die ‚Vertrauenssubjekte' zukunftsgerichtete Erwartungen haben, die stark von vergangenen Erfahrungen geprägt sind" (Bentele 1994: 141). Öffentliches Vertrauen wird hingegen verloren, wenn der Dialog zwischen Unternehmen und Öffentlichkeit grundlegend gestört ist. Dies liegt dann vor, wenn die vermittelte Information nicht dem tatsächlichen Sachverhalt entspricht bzw. eine Aussage des Unternehmens nicht dem tatsächlichen Handeln durch das Management. Gestört wird der Dialog ebenso, wenn unternehmerisches Handeln (oder die Aussagen z.B. des Unternehmenssprechers) in einer früheren Situation nicht dem der aktuellen Situation entspricht bzw. die Aussage eines Akteurs der eines anderen widerspricht. Schließlich, und das liegt insbesondere dann vor, wenn Unternehmen juristische Verstöße begehen, wird Vertrauen verloren, wenn das tatsächliche Verhalten eines Unternehmens nicht den allgemein anerkannten rechtlich oder moralischen Normen einer Gesellschaft entspricht (vgl. Bentele 1994: 147). Derartige Nicht-Entsprechungen suchen Public Relations-Verantwortliche konsequent zu vermeiden – durch eben einen ständigen und orchestrierten Dialog mit relevanten Stakeholdergruppen.

In Krisen wird öffentliche Kommunikation besonders relevant, weil Unternehmen sich in der Regel dann einer heftigen öffentlichen Debatte ausgesetzt sehen. Aus diesem Grund orientieren sich Kommunikationsstrategien in der Krise auch nicht ausschließlich an dem Sachverhalt selbst, sondern durchaus auch an einer Wahrnehmungsantizipation. Die Studien von Coombs (2006) und Thießen (2011) zeigen auf, dass der Erfolg öffentlicher Kommunikation maßgeblich von der Einschätzung der attribuierten Krisenschuld abhängig ist – also einer Einschätzung der öffentlichen Wahrnehmung, welchen Schuldbeitrag ein Unternehmen in der Krise hat. Und zwar unabhängig davon, ob das Unternehmen tatsächlich schuldig ist oder nicht. So kann es durchaus sein, dass ein unternehmerisches Handeln faktisch und juristisch als vollkommen korrekt eingestuft werden muss, es aber dennoch einen öffentlichen Aufschrei gibt. Denn dieser kann sich an den moralisch gesellschaftlichen Normvorstellungen orientieren, so dass dem Unternehmen trotz scheinbar korrektem Verhalten eine hohe Schuld an unkorrektem Verhalten und damit an einer Krisensituation zugeschrieben wird.[1]

Die Aufgabe von Public Relations ist es also, zentrale Argumentationslinien einer öffentlichen Debatte zu erkennen und darauf zu reagieren. Denn die dominante Funktion von Öffentlichkeitsarbeit liegt in der Legitimation eines Unternehmens und dem Durchsetzen seiner Interessen, um so die Freiheitsgerade von Entscheidungen zu erhöhen und die Existenz einer Unternehmung auch weiterhin zu sichern (vgl. Jarren/Röttger 2008: 33). Voraussetzung dafür ist einerseits, dass Public Relations in der Lage sind öffentliche Argumentationslinien zu beobachten und zu erkennen und andererseits die eigene Argumentation in diese Debatte einzuführen. Damit kommt der Public Relations in der Krisenkommunikation eine aktive Rolle zu. Und zwar aktiv im Sinne von der Einflussnahme

---

[1] Beispiele hierfür sind die geplante Versenkung der Ölplattform Brent Spar in der Nordsee durch das Unternehmen Shell (Unternehmen) oder die Finanzgeschäfte des Schweizer Notenbankchefs Philipp Hildebrand (Personen).

auf den öffentlichen Diskurs, im Sinne der eigenen Reputationskonstitution oder aktiv im Sinne von einem aktiven Vermeiden einer öffentlichen Debatte, sofern dies die Krisensituation überhaupt zulässt. Fasst man die Perspektive der Public Relations damit zusammen, so wird deutlich, dass sie sich stark an dem öffentlichen Diskurs über eine Unternehmung orientiert mit dem Ziel, diesen im Sinne seiner eigenen Zielreputation und innerhalb eines klar umrissenen Interpretationsrahmens zu steuern. Es dominiert eine aktive und öffentliche Legitimation der Organisationsinteressen im Sinne eines kommunikativen Gestaltens von Umweltbeziehungen.

Wenn also die Public Relations der Versuch einer Steuerung öffentlicher Debatten ist, wieso kommt es dann in Krisen zur „No-Comment"-Aussage? Dies widerspricht dem grundlegenden Ziel jedweder Kommunikationsabteilung, da es weder den eigenen Interpretationsrahmen in den öffentlichen Diskurs einbringt noch reputationsfördernd ist. Ist diese Aussage getrieben von einer juristischen Argumentation, so gilt es, sich im Folgenden der Perspektive der Jurisprudenz zu widmen und deren Argumentationslinien zu verstehen.

2. Die öffentliche Kommunikation der Jurisprudenz

Wenn Juristen mit dem Sachverhalt einer Unternehmenskrise konfrontiert sind, werden sie der Notwendigkeit einer eiligen, rechtlichen Handlungsempfehlung selten durch ein auch noch so erfahrungsgehärtetes Judiz genügen. Das bedeutet: Krisen sind in der Regel zu abrupt und dynamisch, als dass sich eine spontane vollständig durchdachte juristische Empfehlung abgeben lässt. Im Gegenteil: Der Konfliktfall als komplexer individueller Ausnahmefall potenziert sogar die Anforderungen an die methodische und hinreichend Zeit erfordernde Sorgfalt der juristischen Bewertung auf ein Äußerstes. Und dennoch: Juristen sind in der Krise – und nicht erst danach – ein zentraler Bestandteil der Krisenbewältigung. Denn die juristische Intervention kann insofern zu einem existentiell bedeutsamen und wirtschaftlich werthaltigen Vorteil werden, als sie den Krisenfall beenden oder eine Krisenverschärfung sogar vereiteln kann. Doch woran liegt es genau, dass ebendies in Krisen nur besonders schwer möglich ist?

Die Rechtsanwendung folgt der Logik der juristischen Methodik: *Subsumtion* oder auch *juristischer Syllogismus* genannt. Vereinfacht gesagt geht es um den Abgleich des Sachverhalts, also realer Tatsachen, mit dem komplexen Geflecht der Rechtsnormen. Ziel der Subsumtion ist es, dem Recht die Rechtsfolgen zu entnehmen, die es für eben solche „passenden" Sachverhalte vorsieht (vgl. Rüthers et al. 1995; Larenz/Canaris 1995). Ein sorgfältige Rechtsberater bleibt nun jedoch nicht bei der Antwort auf die Frage stehen, wie die Rechtslage ist, d.h. wer etwa das (materielle) Recht auf seiner Seite hat und welche Folgen das Recht für welchen Akteur vorsieht. Denn das Recht auf dem Papier wäre wenig wert, wenn ihm nicht auch Geltung verschafft wird. Fehlen etwa Beweise, wird sich die Rechtslage durch staatliche Gewalt nicht durchsetzen lassen. Ein juristischer Krisenberater muss daher immer auch antizipieren, ob und auf welche Weise sich das *materielle* Recht im Rahmen des *prozessualen* Rechts durchsetzen lässt. Es ist also letztlich bedeutsam, wie die Rechtsprechung den Fall wohl entscheiden würde bzw. welche sonstigen vielfältigen prozessrechtlichen Strategien, zum Beispiel das Hinwirken auf eine Verfahrenseinstellung gegen eine Auflage im Strafverfahren, verfolgt werden könnten. Erst die materiell-rechtliche, verbunden mit der prozessrechtlichen Begutachtung einer Krise vermag also die Handlungsempfehlung aus juristischer Sicht zu begründen.

Bliebe man bei diesem vereinfachten Erklärungsmodell juristischer Konfliktbewältigung, so würde man suggerieren, dass juristische Beratung eine mehr oder weniger intelligente Antizipation eines Rechtserkenntnis- und Verwirklichungsautomatismus wäre. Dies verkennt aber den eigentlichen Sinn juristischer Beratung. Richtig ist zwar, dass das Rechtssystem nicht im Widerspruch zur vorgegebenen „Binnenlogik" operieren kann und insofern einer relativ stringenten Vorhersehbarkeit unterliegt. Ein auch noch so hervorragend qualifizierter Rechtsbeistand wird bei einem eindeutigen Normbefehl und einer einfachen, klaren Sachlage schwerlich das Blatt nochmal wenden können, wenn beides gegen den Mandanten spricht. Die überwiegende Vielzahl juristischer Problemfälle ist allerdings gerade nicht von einer solchen Einfachheit bzw. Offensichtlichkeit geprägt. Bei diesen ist keineswegs schon „automatisiert" vorgegeben, welchen „Output" das Rechtssystem bei eingegebenem „Input" auswirft. Dies gilt umso mehr, als es sich um komplexe Fallgestaltungen mit schwierigen Rechtsfragen und umfangreichem Datenmaterial handelt. Jede Unklarheit auf der Tatsachenebene wie auch auf der normativen Ebene bedeutet einen Spielraum innerhalb der juristischen Bewertung und damit das Potenzial erhöhter Chancen oder auch Risiken, die es abzuwägen gilt. Dort, wo die Rechtsanwendung einer „Unterbestimmtheit" unterworfen ist, d.h. nicht nur eine von vielen Möglichkeiten zulässt, wird der Rechtsanwender zu einem Rechts*strategie*berater – dies ist in Krisen ganz besonders der Fall.

Zusammenfassend lässt sich bis hierher festhalten: Am Anfang jeder Rechtsberatung steht die Erforschung des Sachverhalts und dessen Reduktion auf die rechtserheblichen Tatsachen. Die sorgfältige Beschaffung und Sichtung des entsprechenden Datenmaterials sind mitunter zeitaufwendig, aber unabdingbar. Danach erfordert die juristische Bewertung nun ein Verständnis der einschlägigen Rechtsnormen, deren Bedeutung in vielen Fällen nicht offensichtlich ist, sondern aufgrund ihres notwendigen Abstraktionsgrads eine normative „Unterbestimmtheit" aufweist, die durch „Auslegung" überwunden werden muss (vgl. Struck 2001: 373ff.). Hier sind exemplarisch unbestimmte Rechtsbegriffe, Rechtslücken, offene Vertragsklauseln sowie richterliche Rechtsfortbildungen („Richterrecht") zu nennen. Oftmals schuf der Gesetzgeber ganz bewusst Interpretationsspielräume (beispielsweise bei den sog. „Generalklauseln"), um das Recht an die gesellschaftliche Dynamik zu koppeln. In all diesen Fällen ist die Auslegung des Rechts bei sprachlicher Interpretationsvielfalt eigentliche Aufgabe des Rechtsanwenders. Das bedeutet: Bei gegebenem Sachverhalt ist somit die Situation denkbar, dass bei unterschiedlicher Auslegung des Rechts derselbe Sachverhalt unterschiedlich beurteilt werden kann. Hier können marginale Abweichungen im Verständnis der Normbedeutung ausschlaggebende Wirkungen zeitigen.

Die Aufgabe eines juristischen Krisenberaters ist es deshalb im Falle von rechtlichen Bewertungsspielräumen, unter Beachtung der Auslegungstendenzen der Rechtsprechung, d.h. der mutmaßlichen Rechtsansicht des erkennenden Gerichts, die vertretbaren Auslegungsvarianten zu ergründen, die zu einer vorteilhaften Rechtsanwendung für den Mandanten führen. Hierin zeigt sich das Erfordernis einer umfassenden, sorgfältigen Begutachtung.

(1) Auf der Grundlage der materiell-rechtlichen Begutachtung folgt die Einschätzung des prozessualen Vorgehens. Dabei beschränkt sich die juristische Kommunikation auf den Adressatenkreis der Verfahrensakteure, namentlich den Verfahrensgegner, das Gericht oder Behörden. Kern der juristischen Vertretung ist die sorgfältigen Ermittlung des geeigneten verfahrensrechtlichen Vorgehens im Rahmen der verschiedenen Prozessordnungen (bei Unternehmenskrisen ist das im Wesentlichen die Suche nach der vielversprechendsten Abwehr- oder Verteidigungsstrategie) und die Vornahme von Verfahrenshandlungen im Namen des Mandanten. Für das Verhältnis zur Krisen-PR ergeben sich dabei zwei zentrale Besonderheiten.

(2) Gerichte entscheiden nur aufgrund von Tatsachen, die bewiesen werden können. Wie die Gerichte (oder die Ermittlungsbehörden im Vorfeld) die Wahrheit ermitteln, ist in den jeweiligen Prozessordnungen festgelegt. Der Wahrheitsermittlung sind zum Schutz höherrangiger Rechtsgüter (wie etwa der Menschenwürde, dem Grundsatz des fairen Verfahrens oder dem Verbot sich selbst einer Straftat bezichtigen zu müssen) Grenzen gesetzt. Derartige Begrenzungen finden sich etwa im

Schweigerecht des Angeklagten im Strafverfahren[2] oder in zahlreichen für alle Verfahrensarten relevanten Zeugnisverweigerungsrechten (beispielsweise von Ärzten, Angehörigen, Anwälten, Notaren, Steuerberatern, Wirtschaftsprüfern etc.) wieder.[3] Reale Tatsachen sind folglich nicht zwingend auch im juristischen Sinne „beweisbar". In Zivilverfahren – für das grundsätzlich eine Wahrheitspflicht gilt – gibt es ferner die Besonderheit des Beibringungsgrundsatzes: Es kommt von Vornherein nur auf die Tatsachen an, die von den Parteien in den Prozess eingeführt wurden und zur Überzeugung des Gerichts feststehen (Grundsatz der formellen Wahrheit).[4] Bestreitet die Gegenseite eine Behauptung nicht, so ist sie als unstreitig jeder weiteren Ermittlung entzogen und gilt als wahr, selbst wenn dies realiter nicht der Fall ist. Auch sehen die Prozessordnungen Regelungen vor für den Fall, dass der geltend gemachte zivilrechtliche Anspruch oder der strafrechtliche Vorwurf nicht bewiesen werden können. Ein „non-liquet" geht im Zivilverfahren in der Regel zu Lasten der Partei, die sich auf die entsprechende Tatsache beruft. Im Strafverfahren erfolgt nach dem Grundsatz „in dubio pro reo" der Freispruch des Angeklagten. Die Wahrheitsfindung im Verfahren ist also nicht nur faktischen, sondern auch normativen Barrieren ausgesetzt. Auch hier überlegt der Rechtsbeistand seines in der Krise befindlichen Mandanten genau, welche Verfahrenshandlungen und Äußerungen im Rahmen der Prozessordnung für den Mandanten interessengerecht sind. Soweit es die Prozessordnung erlaubt, wird er in Einzelfällen auch eine restriktive Preisgabe von Tatsachen erwägen. Diese nach der Logik der Verfahrensstrategie ausgerichtete Informationspolitik kann aus juristischer Sicht zu starken Friktionen mit einer Krisen-PR führen.

(3) Juristische Kommunikation, insbesondere mit dem Gericht, zeichnet sich durch besondere Sachlichkeit aus. Es ist aber so gut wie unbestritten, dass im Rahmen des juristischen Entscheidens, insbesondere bei problematischen auslegungsintensiven Sachverhalten, auch subtil außerjuristische Wertungen vorgenommen werden (vgl. Alexy 1983;

---

[2] BGHSt 3, 149, 152; Meyer-Goßner, Strafprozessordnung, Kommentar, 54. Auflage, 2011, § 261, Rn. 16ff. Der Angeklagte (nicht aber der Verteidiger) kann ohne Strafbewehrung – allenfalls mit einem Glaubwürdigkeitsverlust bei Überführung – sogar bewusst die Unwahrheit sagen, solange er nicht dadurch die allgemeinen Strafgesetze verletzt (bspw. falsche Verdächtigung etc.), siehe OLG Koblenz NJW 1956, 561; Rüping, JR 1974, 135, 139.
[3] siehe etwa §§ 52ff. StPO oder §§ 383ff. ZPO.
[4] dazu Thomas/Putzo, ZPO, Kommentar, 32. Auflage 2011, Einl. I, Rn. 1ff.; § 138, Rn. 3ff.

Struck 2002). Die Kommunikation des Rechtsbeistands mit den entscheidenden Akteuren des Verfahrens (Gericht, Behörde) muss also nicht nur sorgfältig die am Mandanteninteresse und seiner prozessualen Realisierbarkeit orientierten Rechtsansichten kommunizieren, sondern einen Duktus bemühen, der von dem Bewusstsein zeugt, dass auch juristisches Entscheiden personales Entscheiden ist und subtile außerjuristische Wertungen nicht gänzlich verbannen kann. Juristische Strategieberatung ist also nicht nur juristische Strategie, sondern auch kommunikative Strategie. Verdeutlichen kann man das etwa am Beispiel einer Ermessensentscheidung über das Strafmaß oder die Höhe eines Bußgeldes, die regelmäßig auch unter Berücksichtigung von Faktoren wie dem Umstand gezeigter Einsicht und Reue, dem Bemühen um Schadenswiedergutmachung und dem Grad an Verschulden getroffen werden. Hier kann ungeachtet der reinen juristischen Argumentation ungeschicktem Prozessverhalten oder einem ungünstigen Prozessklima subtiles Nachteilpotenzial anhaften. Selbst wenn man die Möglichkeit einer externen Beeinflussung juristischer Entscheidungsprozeduren aufgrund ihrer starken Formalisierung in der Regel keine wesentliche Bedeutung beimessen kann, ist doch denkbar, dass die subtilen, subjektiven Spielräume von Entscheidungsträgern durch die Medialisierung von Verfahren oder die Art der Krisen-PR – zu Gunsten oder zu Ungunsten des Mandanten – nicht gänzlich unberührt bleiben.

Im Ergebnis ist damit festzuhalten, dass es Kern der juristischen Konfliktberatung ist, normative Spielräume sowohl in der materiellrechtlichen Bewertung als auch der prozessualen Umsetzung zu Gunsten des betroffenen Mandanten nutzbar zu machen. Die dabei erforderliche Sorgfalt bedingt notwendigerweise einen hinreichenden Zeitaufschub für die kommunikative Reaktion gegenüber den Akteuren des Rechtsverfahrens. Schnellschüsse oder unüberlegte Äußerungen in der Phase der rechtlichen Prüfung können das Ergebnis der Beurteilung und Abwägung nachhaltig und vehement zum Nachteil des Mandanten beeinträchtigen.

Ist die weitere Strategie aus juristischer Sicht geklärt, erfolgt deren Umsetzung, wobei die Adressaten der juristischen Kommunikationen ausnahmslos die Verfahrensakteure (Gericht, Behörde, Verfahrensgegner) sind. Dabei ist die empfohlene Prozessführungsstrategie möglicherweise geprägt von einer restriktiven Informationspolitik des Betroffenen im Rahmen des rechtlich Erlaubten. Eine vorschnelle Offenlegung könnte möglicherweise Selbstschutzrechte von Betroffenen konterkarieren.

4. Litigation-PR als gemeinsamer Raum für öffentliche Kommunikation

Mit der Zusammenführung der PR- und der juristischen Perspektive wird der grundsätzliche Zielkonflikt offensichtlich: So können erstens Schnellschüsse und unüberlegte Äußerungen verheerende Auswirkungen auf die juristische Bewertung und damit in der Konsequenz auf die rechtlichen Interessen des Mandanten haben. Zögern und der Eindruck eines kommunikativen Vertuschens der Sachlage hingegen haben verheerende Auswirkungen auf die Zuschreibung von Glaubwürdigkeit und damit die Konstitution von Vertrauen und Reputation. Zweitens unterscheidet sich der Adressatenkreis mitunter erheblich. Während Juristen sich ausnahmslos an die Verfahrensakteure richten (also Gerichte, Behörden, Verfahrensgegner) ist das Ziel der Public Relations entweder die breite Öffentlichkeit oder ganz bestimmte Dialoggruppen wie Kunden, Investoren, politische Interessenvertreter. Drittens unterscheiden sich die Inhalte öffentlicher Kommunikation zwischen beiden Perspektiven. Während Juristen selektiv im Rahmen des Rechts zulässige und auf rechtliche Vorteile des Mandanten hin gerichtete Äußerungen abgeben, sind die Public Relations großzügiger. Denn wenn sie es nicht schaffen, einen Beitrag in eine auch emotional geführte Debatte zu bringen, verspielen sie einen wichtigen Teil ihres öffentlichen Ansehens und damit ihrer Reputationskonstitution. Besonders deutlich wird dieser Unterschied in der Kommunikation von Unternehmen in sozialen Onlinemedien. Juristische Fachtexte, die logisch und korrekt formuliert sind, werden in einer alltagssprachlichen Diskussion eher verhöhnt, als dass sie zu einer Entschärfung der Kommunikationsfronten beitragen.

Damit lässt sich zumindest an dieser Stelle eine Synthese auf die eingangs gestellt Frage wagen. Weder verhilft eine juristisch korrekte und exakte Kommunikation als solche zur Befriedigung von öffentlichen Reputationserwartungen noch helfen allzu offene Äußerungen der Public Relations, eine eventuell juristisch notwendige Argumentation felsenfest zu stützen. Was bleibt, ist demnach der gemeinsame Weg einer PR- und juristischen Beratung, die von Koordination und Ergänzung lebt. Der Weg ist, aus Kommunikationssicht die Sachlage und juristische Eventualitäten zu verstehen und mit einzubeziehen und gleichzeitig durch gezielte Steuerung bestimmter Dialoggruppen und der öffentlichen Debatte durch die Public Relations eine rechtlich neu (und vorteilhaft) zu beurteilende Faktenlage zu schaffen. Der Weg ist, aus juristischer Sicht, dem Verlangen nach öffentlicher – und manchmal auch emotionaler – Stellungnahme nachzukommen, wohlwissend nicht sämtliche Argumentarien vorher absehen zu können. Litigation-PR als Fach- und Forschungsfeld gibt damit eine Perspektive, die der Unternehmenskommunikation nicht nur in Krisen einen neuen Gestaltungsrahmen gibt. Dies gilt es, künftig zu nutzen und zu belegen.

Literatur

Alexy, Robert (1983): Theorie der juristischen Argumentation – die Theorie des rationalen Diskurses als Theorie der juristischen Begründung, Berlin: Suhrkamp.

Bentele, Günter (1994): Öffentliches Vertrauen – normative und soziale Grundlage für Public Relations, in: Armbrecht, Wolfgang/Zabel, Ulf (Hrsg.): Normative Aspekte der Public Relations. Grundlagen und Perspektiven, Wiesbaden: Westdeutscher Verlag, S. 296-313.

Coombs, Timothy (2006): The protective powers of crisis response strategies. Managing reputational assets during a crisis, in: Journal of promotion management, 12 (3/4), S. 241-260.

Larenz, Karl/Canaris, Claus-Wilhelm (1995): Methodenlehre der Rechtswissenschaft, 3. Aufl., München: Springer Verlag.

Rüthers, Bernd/Fischer, Christian/Birk, Axel (2011): Rechtstheorie mit juristischer Methodenlehre, 6. Auflage, München: Beck Verlag.

Struck, Gerhard (2001): Das Gesetzt als Kommunikation des Gesetzgebers mit dem Bürger, in: Rechtstheorie 32, S. 373-391.

Struck, Gerhard (2002): Eristik für Juristen in: http://www.jura.uni-hamburg.de/public/personen/struck/eristik_fuer_juristen.pdf, eingesehen am 31.01.2012.

Thießen, Ansgar (2011): Organisationskommunikation in Krisen. Reputationsmanagement durch situative, integrierte und strategische Krisenkommunikation. Wiesbaden: VS Verlag für Sozialwissenschaften.

Moral, Recht und Reputation

Mark Eisenegger

Abstract

To be implicated in a court hearing generates maximum public interest and also maximises reputation risks. This paper looks at the specific logic of the reputation constitution that comes into effect in connection with a court hearing. It will be shown that the reputation dynamics in such situations are strongly characterised by the factors of 'moralization' and 'intimization'. Court hearings are always concerned with particularly serious cases of moral misconduct and provide intimate insights into the backgrounds and mindsets of the accused. The paper discusses the consequences of this fact for the reputation management of the accused, and of the legal disputes between those concerned.

Reputation ist ein Wertschöpfungsfaktor mit nachweislich positiven Effekten auf den Erfolg einer Organisation. Reputation ist allerdings auch ein äußerst fragiles Gut. In eine Gerichtsverhandlung verwickelt zu sein, bedeutet maximale öffentliche Aufmerksamkeit bei ebenso maximalen Reputationsrisiken, zumal dann, wenn es sich um ein Strafverfahren handelt, dem die Semantik eines gravierenden moralischen Fehltritts anhaftet. Welche spezifische Logik greift, wenn eine Reputationsvalidierung im Kontext einer Gerichtsverhandlung stattfindet? Was ist beim Reputationsmanagement der Betroffenen in dieser Situation zu beachten? Dieser Frage geht dieser Beitrag nach.

In einem ersten Schritt wird gezeigt, welche elementaren Funktionen der gute Ruf in Wirtschaft und Gesellschaft erfüllt (Kapitel 1). Dafür ist es notwendig, die Größen Vertrauen und Reputation zueinander in Beziehung zu setzen. Ebenfalls werden die drei basalen Reputationsdimensionen eingeführt, auf die sich das Reputationsmanagement beziehen muss. Danach werden die Wechselwirkungen zwischen den Größen Reputation und Regulierung diskutiert (Kapitel 2). Es wird gezeigt, dass die kodifizierten, wie die nicht-kodifizierten, Normen, über die ein Akteur im Rahmen eines Skandals und/oder einer Gerichtsverhandlung stolpern kann, wesentlich von der Reputationsdynamik in der Gesellschaft beeinflusst werden. Im Anschluss daran wird ausgeführt, wie sich die Reputationsdynamik unter Bedingungen moderner Mediengesellschaften verändert hat und welche Konsequenzen dies für die Aufmerksamkeit gegenüber juristischen Auseinandersetzungen und Gerichtsprozessen zur Folge hat (Kapitel 3). Der Beitrag interessiert sich sodann für die spezifische Logik der Reputationskonstitution im Kontext juristischer Auseinandersetzungen (Kapitel 4). Daraus werden abschließend einige Handlungsempfehlungen für das Reputationsmanagement abgeleitet, die es im Kontext von Gerichtsverhandlungen zu beachten gilt (Kapitel 5).

1. Vertrauen und Reputation – Elementar und unverzichtbar

Vertrauen ist die wichtigste Handlungsressource in unserer Gesellschaft. Warum? Ohne Vertrauen wären wir überhaupt nicht in der Lage, zu handeln (Simmel 1992: 393ff.). Könnten wir nicht darauf vertrauen, dass sich unsere Interaktionspartner so verhalten, wie wir es erwarten, würden wir es tunlichst vermeiden, uns auf sie einzulassen. So käme es uns beispielsweise nie in den Sinn, unser Geld einer Bank in einem Potentatenstaat anzuvertrauen. Wir möchten darauf vertrauen, dass die Bank unserer Wahl zumindest die grundlegendsten ethischen Standards einhält, wir nicht hinters Licht geführt oder gar betrogen werden. Und wir wollen darauf bauen, dass die Bank kompetent und zu unserem Vorteil mit unserem Geld umgeht.

Je mehr wir gelernt haben, einem Akteur zu vertrauen, desto unbeschwerter und langfristiger werden wir uns auf ihn einlassen. Denn Vertrauen basiert auf der Erfahrung, dass ein Akteur in der Vergangenheit unsere Erwartungen erfüllt hat. Und Vertrauen nährt die Zuversicht, dass der Akteur auch in Zukunft unsere Erwartungen erfüllen wird (Bentele 1994). Deshalb eilt vertrauenswürdigen Akteuren der gute Ruf im sprichwörtlichen Sinne voraus. Vertrauen festigt bestehende Bindungen und wirkt als Magnet für künftige Bindungen. Das gilt freilich nicht nur in der Wirtschaft. Das gleiche Gesetz durchwirkt die Politik und andere Handlungsfelder bis tief in unsere persönlichen Alltags- und Beziehungswelten hinein.

Nun ist es aber so, dass wir in unserer heutigen komplexen Gesellschaft nur in den wenigsten Fällen in der Lage sind, unser Vertrauen auf eigene Erfahrung abstützen zu können. Exakt deshalb sind wir auf Reputationsinformationen angewiesen. Immer dann, wenn wir nicht auf unsere eigene Erfahrung zurückgreifen können, müssen wir uns auf die Empfehlungen Dritter abstützen. Solche Empfehlungen aber sind nichts anderes als Reputationsurteile, von denen wir uns leiten lassen, auch weil es Kosten und Zeit spart. Egal, ob wir uns für einen Anwalt entscheiden, für eine Bankbeziehung, für ein bestimmtes Produkt, für die Schule unserer Kinder oder welchem Politiker wir die Stimme geben – immer spielen Reputationsurteile Dritter die ausschlaggebende Rolle.

Deshalb ist Reputation ein unersetzlicher Wertschöpfungsfaktor. Reputationsurteile erhöhen unsere Freiheitsspielräume. Sie erlauben uns, Entscheide für oder gegen einen Akteur auch unter Bedingungen unvollständigen Wissens oder nicht vorhandener eigener Erfahrung zu fällen. Eine intakte Reputation erleichtert die Unterstützung relevanter Bezugsgruppen und sie erhöht unsere Definitionsmacht. Betriebswirtschaftlich gesprochen verbessert ein guter Ruf die Kundenbindung und die Gewinnung fähiger Mitarbeiter, und sie senkt die Kapitalbeschaffungskosten. Durch den Aufbau einer positiven Reputation errichten die Unternehmen eine Barriere, die Kundenabwanderungen verhindert und Markteindringlinge fernhält (Schwaiger 2004).

Mit diesen ohne Zweifel essentiellen ökonomischen Funktionen ist die Bedeutung von Reputation aber keineswegs erschöpfend beschrieben. Denn Reputation übernimmt auch für unsere Gesellschaft insgesamt unverzichtbare Steuerungsfunktionen (Eisenegger 2005: 35ff.).

Eine gesamtgesellschaftlich elementare Funktion von Reputation besteht darin, Machtunterschiede zu legitimieren. Von oben verliehene Macht muss von unten anerkannt sein, um legitim zu erscheinen. Macht, die sich nicht mit Mitteln der Gewalt und Repression absichern kann, muss durch eine adäquate Reputation verdient sein. Deshalb werden Machtpositionen über kurz oder lang fragil, wenn die Reputation gravierenden Schaden nimmt. So werden wir täglich Zeitzeugen davon, wie ranghohe Politiker, CEOs oder andere Statusträger ihren Hut nehmen müssen, weil ihr ramponierter Ruf es nicht mehr zulässt, ein hohes Amt zu bekleiden. Und weil die modernen Massenmedien sehr erfolgreich darin sind, die Reputation von Machtinhabern kritisch zu hinterfragen, bestimmen sie mehr und mehr mit, welche „Top Shots" bleiben dürfen und welche gehen müssen.

Eine intakte Reputation minimiert aber auch die soziale Kontrolle. Der gute Ruf entlastet vom Zwang, die Handlungen der Reputationsträger beständig überprüfen zu müssen. Je angeschlagener umgekehrt die Reputation von Institutionen, Organisationen und Führungseliten ist, desto größer sind der Kontroll- und der Regulierungsdruck.

Was aber macht die Reputation eines Akteurs aus? In Analogie zu Habermas' Konzept einer objektiven, einer sozialen und einer subjektiven Welt muss sich jeder Handlungsträger immer in genau drei Welten bewähren, und zwar unabhängig davon, ob es sich um ein Unternehmen, einen Manager, eine Partei, einen Politiker oder einen anderen Akteurstyp handelt (Eisenegger 2005; Eisenegger/Imhof 2008; Eisenegger et al. 2010).

In der objektiven Welt kognitiv überprüfbarer Sachverhalte werden die Reputationsträger erstens auf der Basis von Leistungserwartungen der Funktionssysteme Politik, Wirtschaft, Wissenschaft etc. beurteilt. Es gilt, die eigene Kompetenz und damit verbundene Erfolge im jeweiligen Handlungsfeld unter Beweis zu stellen. Diese so genannte funktionale Reputation wird beispielsweise bei Unternehmen an der erwirtschafteten Rendite oder bei politischen Parteien an ihrem Wahlerfolg festgemacht.

In der sozialen Welt der Normen und Werte müssen sich Reputationsträger zweitens an moralischen Erwartungen orientieren und werden im Hinblick auf ihre ethische Legitimität und Integrität beurteilt. In dieser Dimension entsteht soziale Reputation. Im Zentrum steht hier die Frage, inwieweit ein Akteur ein good citizen ist, in seinem Erfolgsstreben also nicht einfach über Leichen geht, sondern sich rechtlich und moralisch korrekt verhält.

Und in der subjektiven Welt besitzt drittens jeder Akteur schließlich auch eine expressive Reputation. Während in der funktionalen Reputationsdimension eine faktengestützte und in der sozialen Reputationsdimension eine sozialmoralische Bewertungsrationalität vorherrscht, dominieren in dieser dritten Dimension emotionale Geschmacksurteile. Beurteilt wird die innere und äußere Anmut des jeweiligen Akteurs. Im Zentrum steht die Frage, welche emotionale Attraktivität, Authentizität und Einzigartigkeit vom charakteristischen Wesen und der Identität eines Akteurs ausgeht. Zielt die expressive Reputation in stark überhöhter Form auf eine Person, dann steigert sich die expressive zur charismatischen Reputation. Solche charismatische Reputation basiert auf dem Glauben an die außeralltäglichen Gnadengaben der jeweiligen Person (Weber 1980: 123).

Alle drei Dimensionen sind für den Erfolg eines Akteurs entscheidend. Am wichtigsten aber ist die expressive Reputation. Nur Akteure mit einem einzigartigen, faszinierenden und glaubwürdigen Profil können nachhaltig punkten und erfolgreich sein. Apple Macintosh oder der Schweizer Uhrenhersteller Swatch sind Beispiele für Unternehmen, die Erfolg haben, weil sie in der expressiven Dimension eine Identität vermitteln, die fasziniert, glaubwürdig ist und Identifikationsmöglichkeiten schafft.

Notabene auch unsere persönliche Reputation wird immer auf diesen drei Ebenen geformt. So bewirtschaften wir unsere funktionale Reputation und bringen zum Ausdruck, im Job erfolgreich und kompetent zu sein. Wir behalten zweitens immer auch unsere soziale Reputation im Auge und machen deutlich, eine integere Person zu sein, ein Partner, Kumpel und Freund, der verantwortungsvoll handelt. Und drittens – und das ist matchentscheidend – setzen wir

Moral, Recht und Reputation 109

alles daran, einen Unterschied zu markieren. Bloß nicht als Langweiler oder 08/15-Typ dazustehen, ist das Ziel unserer persönlichen, expressiven Reputationspflege.

Somit sind wir nun in der Lage, das Geheimnis erfolgreichen Reputationsmanagements zu definieren. In funktionaler Hinsicht wird erwartet, dass Reputationsträger den Leistungszielen ihres Funktionssystems dienen. In sozialer Hinsicht sollen sie sich verantwortungsvoll an gesellschaftlich konzertierte Normen halten. Damit ist das Geheimnis des guten Rufs allerdings erst zur Hälfte gelüftet. Es genügt nicht, sich nur an funktionale und soziale Erwartungen relevanter Bezugsgruppen anzupassen. Wer nur immer Erwartungen erfüllt, dem droht bald das Stigma des Konformisten oder gar des Opportunisten. Deshalb wird in der expressiven Reputationsdimension Abgrenzung zur Pflicht. Wer Reputation aufbauen und erhalten will, muss sich trennscharf von seinen Konkurrenten abheben und über ein Profil verfügen, das eine identifikationsstiftende Differenz markiert. Entsprechend basiert erfolgreiche Reputationspflege auf der schwierigen Balance zwischen funktionaler und sozialer Anpassung sowie expressiver Abgrenzung, zwischen Erwartungs- und Profilmanagement (vgl. *Abbildung 1*).

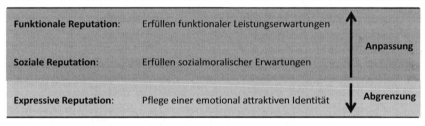

Abb. 1: Das Geheimnis des Reputationsmanagements

Diese Reputations-Trias hilft uns dabei, bestimmte Phänomene besser zu verstehen, wie beispielsweise eine fundamentale Reputationskrise: Ein solcher Reputations-Gau basiert erstens auf der Wahrnehmung krasser Inkompetenz, zweitens auf der Brandmarkung totalen moralischen Versagens und drittens auf der vollständigen Reduktion der Identität eines Akteurs auf die Krise selbst. Einen solchen Reputations-Gau konnten wir unter anderem bei den historischen Wirtschaftsskandalen der Unternehmen Enron und Worldcom beobachten. Aber auch in der aktuellen Finanzmarkt- und Wirtschaftskrise sind nicht wenige Unternehmen in diesen Reputations-Abgrund geraten.

2. Reputation und Regulierung

In eine Gerichtsverhandlung involviert zu sein, bedeutet, über bestehende Regulierungen, d.h. kodifizierte wie nicht-kodifizierte Rechtsnormen, zu stolpern. Solche Regulierungen aber, so die Essenz dieses Abschnitts, sind das Produkt wirkmächtiger Reputationsdynamiken in der Gesellschaft. Das bestätigt der Blick in die Wirtschaftsgeschichte. So sind beispielsweise der Sarbanes-Oxley-Act und die Regulierungsflut auf den Linien der Corporate Governance ohne die Reputationskrisen im Zusammenhang der Bilanzfälschungsskandale und der Managementexzesse um die Jahrtausendwende nicht zu erklären. Aber auch die durch das Platzen der Subprime-Bubble ausgelösten Finanz-, Wirtschafts- und Schuldenkrisen und der damit verbundene Vertrauensverlust in die freie Marktwirtschaft haben eine Fülle neuer Regulierungen hervorgebracht. Es bestätigt sich der oben angedeutete Zusammenhang: Je angeschlagener die Reputation von gesellschaftlich relevanten Institutionen, Organisationen und Personen ist, desto mehr müssen rechtlich einklagbare und formalisierte Regulierungen implementiert werden, um das Reputationsvakuum auszugleichen (Imhof 2005). Verloren gegangenes Vertrauen in diese Akteure muss dann durch Systemvertrauen in die neuen Rechtsnormen ersetzt werden. Deshalb treiben Reputationskrisen die Regulierungsdynamik an. Die gesellschaftlich relevanten Akteure tun gut daran, auf ihren Ruf zu achten, wollen sie stark einschränkende Regulierungen und Gesetzgebungen verhindern. Je intakter der Ruf der Wirtschaft ist, desto grösser sind die Freiheitspotenziale und desto legitimer erscheinen milde Formen privatwirtschaftlicher Selbstregulierung.

Einen guten Ruf kann sich allerdings nur erhalten, wer sich nicht nur an harte Gesetzestexte hält, sondern auch weichere moralische Grundsätze beachtet. Nicht alles, was legal ist, ist auch legitim (Max Weber). Eine intakte soziale Reputation setzt voraus, auch nicht-kodifizierte, informelle Normen zu beachten. Wer sich nur an kodifizierte Rechtsnormen hält, hat in der heutigen Kommunikationsgesellschaft schon verloren. Denn die Moralvorstellungen von heute sind die Rechtsnormen von morgen. So haben überrissene Managergehälter und exorbitante Boni den Ruf vieler Unternehmen beschädigt, lange bevor ihnen mit den Mitteln des Rechts nun ein Riegel vorgeschoben wird.

„Weiche" Reputationsdynamiken gehen also den „harten" Regulierungsprozessen voraus. Freilich beeinflussen die Regulierungen ihrerseits aber auch die

Reputationsdynamik. So werden die tiefen sozial-ökologischen Regulierungsstandards in China zunehmend zum Reputationsrisiko für die vor Ort tätigen, westlichen Firmen. Aber auch die Klagekultur und die damit verbundene Rechtsunsicherheit in den USA wirken sich negativ auf den Ruf des amerikanischen Wirtschaftsstandortes aus, was zunehmend mehr Marktteilnehmer abschreckt. Auf der anderen Seite waren Regulierungen, sofern sie der demokratisch legitimierten Rechtssicherheit dienen, immer schon ein wichtiger Standortfaktor und ein Magnet für Investoren. Regulierungen sind also keineswegs einfach schlecht. Ganz im Gegenteil. Effektive und demokratisch legitimierte Regulierungen sind ein eminent wichtiger Standortfaktor. Dies gilt es zu betonen, denn die letzte Dekade bis zum Ausbruch der Finanzmarktkrise war eine äußerst regulierungsfeindliche Zeit. Regulierungen wurden primär als „Kostenfaktor" betrachtet. Die politische Parole lautete vielerorts: Dereguliert, baut die Normierungsdichte ab, befreit die Märkte von staatlichen Eingriffen, privatisiert und liberalisiert, und alles wird gut. Dies entpuppte sich seit dem Marktversagen im Zusammenhang der Finanzmarktkrise als eine massiv verkürzte Sicht.

Dass Reputation und Regulierung unmittelbar zusammenhängen, lässt sich auch soziologisch erklären, denn beide Größen beziehen sich auf die exakt gleiche Währung: Erwartungssicherheit. Eine intakte Reputation basiert darauf, die Erwartungen wichtiger Bezugsgruppen zu erfüllen. Eine positive Reputation setzt also Erwartungssicherheit voraus und genau solche Erwartungssicherheit produzieren Regulierungen. Regulierungen sorgen dafür, dass wir einigermaßen gesichert davon ausgehen können, dass sich Akteure so verhalten, wie wir es erwarten, und dass grobe Normverstöße geahndet werden. Gesellschaftlich akzeptierte Regulierungen schaffen also Erwartungssicherheit, ohne die insbesondere die Wirtschaft nicht gedeihen kann.

3. Veränderung der Reputationsdynamik in unserer Gesellschaft

Gesellschaftliche Reputationsdynamiken und namentlich gravierende Reputationskrisen sind somit die wichtigste Ursache für die Aushandlung und Implementierung neuer Regulierungen. Wie aber hat sich die Reputationsdynamik in den letzten Jahren entwickelt? Im Folgenden werden wichtige Forschungsbefunde zur Reputationskonstitution unter Bedingungen der Mediengesellschaft festgehalten. Sie entstammen der empirischen Reputationsforschung des fög – Forschungsbereichs Öffentlichkeit und Gesellschaft der Universität Zürich. Diese Befunde machen plausibel, weshalb Gerichtsprozesse – also die juristische Ahndung moralischer Vergehen – mit besonders hoher Aufmerksamkeit rechnen können.

3.1 Bedeutungsgewinn moralischer Themen

Die Berichterstattung über Themen zur gesellschaftlichen Verantwortung der Unternehmen hat seit 1965 kontinuierlich zugenommen (Eisenegger 2009: 59ff.). Die wichtigste Ursache dafür ist, dass moralische Fragen zum zentralen Nachrichtenwert der internationalen Medien-Öffentlichkeit geworden sind. Fragen über „gut" und „böse" sind heute wesentliche Quotenbeschaffer der kommerzialisierten Medien. Für die Reputationsträger bedeutet dies, dass das Management der sozialen Reputation wichtiger, aber auch delikater wird (Eisenegger/Schranz 2011a, 2011b). Denn die soziale Reputation ist mit größeren Risiken behaftet als die funktionale Reputation, die sich auf den wirtschaftlichen Erfolg der Unternehmen bezieht.

3.2 Soziale Reputation – für Großkonzerne ein Minenfeld

Studien zur Reputationskonstitution global tätiger Firmen zeigen denn auch, dass die Werte der sozialen Reputation durchs Band tiefer sind als jene der funktionalen Reputation zur ökonomischen Leistungsfähigkeit der untersuchten Großkonzerne (Schranz 2007: 154; Eisenegger 2009: 67f.). Man kann es so auf den Punkt bringen: Die Welt der sozialen Reputation ist für große Unternehmen ein Minenfeld. Kaum ein „Goliath" der Wirtschaftswelt hat es bislang geschafft, in der sozialen Reputationsdimension langfristig zu punkten. Wenn schon, sind es die „Davids" der Wirtschaft, d.h. die lokal und regional tätigen Unternehmen, die sich in der sozialen Welt des Moralischen erfolgreich schlagen. Dieser David-Goliath-Effekt lässt sich erklären: Je größer und mächtiger ein Unternehmen, je größer seine marktbeherrschende Stellung ist, desto größer ist der gesellschaftliche Legitimationsdruck und desto kritischer wird das Handeln dieser Marktgiganten verfolgt. Es erstaunt somit nicht, dass McDonald's als Nummer 1 im Markt und nicht Burger King das vorrangige Angriffsziel der Anti-Globalisierungsbewegung ist oder, dass die Firma Microsoft und nicht andere Softwareanbieter die bevorzugte Zielscheibe junger Hacker darstellt. Mit wachsender Größe des Unternehmens steigen die Reputationsrisiken und die Notwendigkeit nimmt zu, das eigene Reputationsmanagement zu professionalisieren.

So oder so aber gilt, dass Unternehmen, die sich in der Außenkommunikation allzu forsch mit einer weißen Weste präsentieren, Gefahr laufen, in die Moralfalle zu tappen. Genau diesen Fehler hat beispielsweise das IT-Unternehmen Google begangen. Es versuchte sich mit dem Leitspruch „Don't be evil" zu profilieren als publik wurde, dass das Unternehmen auf Druck des chinesischen Regimes Internetseiten zensiert. Google wurde kritisiert, Wortbruch an seinen eigenen ethischen Prinzipien zu begehen. Dies ist nur eines von vielen Beispielen, das zeigt, dass glaubwürdiges soziales Engagement auf Taten beruht, und nicht auf Worten. Denn eines ist klar: Soziale Reputationsverluste wiegen schwerer als funktionale. In Frage gestellte funktionale Kompetenz lässt sich korrigieren, sofern sich entsprechende Erfolge wieder einstellen. Wahrgenommene sozialmoralische Defizite hingegen prägen den Ruf sehr viel länger und können im schlimmsten Fall dazu führen, dass der moralisch diskreditierte Akteur für immer von der Bildfläche verschwinden muss.

4. Reputationskonstitution im Kontext von Gerichtsverhandlungen

Aus dem vorhergehenden Abschnitt wurde deutlich, dass sich die Empörung über das moralisch Verwerfliche unter Bedingungen kommerzialisierter Mediensysteme besonders gut verkauft. Kein Wunder also, dass Gerichtsprozesse auf ein besonders großes Interesse stoßen (Holzinger/Wolff 2009; Heinrich 2010; Kleiner 2010).

Gerichtsprozesse bedienen in idealer Weise massenmediale Selektions- und Interpretationslogiken. Erstens fokussieren sie stets früher oder später auf natürliche Personen, die entweder bereits prominent sind oder es spätestens im Zuge der juristischen Auseinandersetzung noch werden (Personalisierung). Zweitens befassen sie sich stets mit besonders krassen Fällen moralischen Fehlverhaltens, zumal dann, wenn es sich um Strafgerichtsprozesse handelt (Moralisierung). Und drittens verschaffen sie intime Einblicke in die Hinterbühnen, Psychen und privaten Lebenswelten der Angeklagten (Intimisierung). Personalisierung, Moralisierung und Intimisierung: In öffentliche Gerichtsverhandlungen verwickelt zu sein bedeutet maximale Aufmerksamkeit für die Beteiligten. Solche extremen Aufmerksamkeitsspitzen aber sind immer außerordentlich reputationswirksam – und dies gilt notabene nicht nur für die Angeschuldigten und Angeklagten, sondern auch für Staatsanwälte und Richter. Auf allen Seiten steht im Zusammenhang solcher „Aufmerksamkeits-Tsunamis" viel Reputationskapital auf dem Spiel, das gegen Angriffe der Gegenpartei aber auch im Hinblick auf die Gunst des breiten Medienpublikums verteidigt werden muss.

Im Folgenden werden die für das Reputationsmanagement im Kontext einer Gerichtsverhandlung besonders bedeutsamen Aspekte der Moralisierung und Intimisierung genauer betrachtet.

4.1 Reputationsfaktor Moralisierung

Krasse Normbrüche und Verstöße gegen das sittliche Empfinden haben seit jeher die Gemüter erhitzt. Immer schon interessierten sich die Menschen vor allem für das, was andere Menschen einander antaten und wozu der Mensch fähig ist, im Guten, wie vor allem im Bösen. Gerichtsverhandlungen bedienen diese Aufmerksamkeitsbedürfnisse in idealer Weise, symbolisieren sie doch den Sündenfall, die Möglichkeit krasser Fehltritte gegen bestehende Normen und Moralvorstellungen. Der Nachrichtenwert der im Raum stehenden Normbrüche ist dabei umso größer, je mächtiger und prominenter die angeschuldigte Person ist. Je ranghöher und prominenter die Person, desto größer die Erwartung an normkonformes und integeres Verhalten und desto höher ist die Fallhöhe des Angeschuldigten, die medienwirksam bewirtschaftet werden kann.

Dabei gehorcht die öffentliche Arena, in der die moralischen Vergehen zumeist lange vor der eigentlichen Gerichtsverhandlung zum Thema werden, im Vergleich zum Gerichtssaal einer exakt konträren Logik. Gilt im Gerichtssaal der Grundsatz der Unschuldsvermutung, so orientiert sich die Öffentlichkeit genau am Gegenteil, nämlich am Prinzip der Schuldvermutung. Medial dominiert die Sicht: Wo Rauch ist, da ist auch Feuer. Lange, bevor der effektive Schuldspruch erfolgt, kommt in der harten Unterscheidung zwischen Tätern und Opfern dem Opfer in aller Regel Empathie zu, während die vermeintlichen Täter in der Kategorie des Bösen beschrieben werden (Imhof 2011). Diese Eigenart konnte jüngst bei den Vergewaltigungsfällen Kachelmann und Dominik Strauß-Kahn beobachtet werden. Ausnahmen sind selten. Täter(innen) genießen nur in jenen seltenen Fällen einen Sympathiebonus, wenn es gelingt, das Täter-Opfer-Schema zu drehen, das heißt den vermeintlichen Täter als Opfer zu beschreiben, wie im Falle der Mutter Marianne Bachmeier, die im Gerichtssaal den Mörder ihrer Tochter erschoss.

Tätermalus und Schuldvermutung erklären, weshalb die Medien bereits im Stadium erster Verdachtsmomente mit Vorverurteilungen zur Stelle sind. Diese vorverurteilende und anprangernde Logik macht aus der Optik des kommerziellen Mediensystems auch durchaus Sinn, denn moralisches Fehlverhalten anzuprangern erzeugt mehr Aufmerksamkeit und Schlagzeilen als normkonformes Handeln zu würdigen. Die großen Dramen der Medienberichterstattung lebten immer schon vom Sündenfall. Diesen gilt es medial auch unter der Bedingung zu bewirtschaften, dass am Ende der Freispruch erfolgt. Denn von einem Gerichtsverfahren bleibt immer etwas „hängen", so dass die medienwirksame Anprangerung am Ende immer irgendwie gerechtfertigt erscheint. Selbst wenn am Schluss die vorgebrachten Anschuldigungen nicht justitiabel sind, haben Gerichtsverhandlungen doch die Eigenheit, dass sie stets Einblicke in moralische Untiefen verschaffen. Dauert die öffentliche Debatte über einen Angeschuldigten nur genügend lang, so wird sie früher oder später immer etwas zutage fördern, was moralisch diskreditiert werden kann, auch wenn es am Ende nicht für einen Schuldspruch reicht. So wird auch beim Wettermoderator Jörg Kachelmann oder beim Ex-Direktor des Internationalen Währungsfonds Dominik Strauß-Kahn trotz Freispruch der Malus des sittlich nicht einwandfreien Lebensvollzuges haftenbleiben.

Gerichtsverhandlungen tangieren jedoch nicht nur die Reputation des oder der Angeklagten, sondern auch jene der Justiz. Bei jeder Gerichtsverhandlung geht es letztlich immer wieder aufs Neue um den „Sieg der Gerechtigkeit". Technisch gesprochen muss jede Gerichtsverhandlung die Systemreputation des Rechtssystems bekräftigen, d.h. das Vertrauen in das Rechtssystem als solches bestätigen. Der Urteilsspruch soll glaubwürdig, ethisch zweifelsfrei und unter kompetenter Anwendung von Rechtsnormen erfolgen. Nun neigt die Öffentlichkeit die Akzeptanz der Gerichte aber zunehmend daran festzumachen, inwieweit Urteilssprüche in Übereinstimmung mit dem herrschenden Meinungsklima gefällt werden. Ist die öffentliche Meinung zum vermeintlichen Fehltritt eines Angeklagten erst einmal gemacht, so hat ein gegenteiliges Verdikt einen äußerst schweren Stand, öffentliche Akzeptanz zu finden. Die Justiz ist somit einem großen und weiter zunehmenden öffentlichen Druck hinsichtlich des erwarteten Urteilsspruchs ausgesetzt, ja es zeigt sich sogar eine gewisse Tendenz der Re-Politisierung der Justiz (Imhof 2011). Nicht selten wird der unerwünschte Urteilsspruch als mangelnde Kompetenz seitens des Gerichts ausgelegt und beispielsweise der Vorwurf der „Kuscheljustiz" erhoben. Dementsprechend steht bei Gerichtsprozessen immer auch ein Stück Reputation der Kläger und Richter auf dem Spiel. Und gleichzeitig sind sie für die Justiz auch eine Chance, ihr Standing so aufzuwerten, dass die im Gerichtsfall gegebenenfalls erworbenen Reputationsmeriten gegen verbesserte Karrierechancen eingetauscht werden können. Allein schon das Gesetz, dass eine öffentliche Reputationsvalidierung die Machtchancen aller Beteiligten beeinflusst, erklärt, weshalb die in Medien kolportierte veröffentlichte Meinung zwangsläufig einen Einfluss auf das Handeln sämtlicher juristischen Rollenträger hat – auch auf jenes der Richter und Staatsanwälte. Öffentliche Gerichtsverhandlungen bilden eine Reputationsarena, welche die Karrierepfade des Rechtspersonals sehr wesentlich mit beeinflusst. Deshalb ist es aus Sicht der Angeschuldigten durchaus zielführend, die funktionale, soziale und/oder expressive Reputation der Klägerseite, d.h. die Kompetenz, Integrität und/oder Glaubwürdigkeit öffentlichkeitswirksam und unter Anführung überzeugender Gründe in Zweifel zu ziehen. Denn nicht nur die Angeklagten, sondern auch die Kläger und Richter haben in Gerichtsprozessen eine Reputation zu verteidigen. Eine wesentliche Eigenschaft medialisierter Gerichtsprozesse ist es denn auch, dass die kognitive Abwägung von Indizien und Motivstrukturen in den Hintergrund rückt zugunsten einer Konfliktdynamik, die direkt auf die beteiligten Personen spielt mit dem Ziel, die Reputation und Glaubwürdigkeit der Gegenseite medienwirksam zu diskreditieren.

4.2 Reputationsfaktor Intimisierung

Es gehört zur immanenten Logik der öffentlichen Begleitkommunikation von Gerichtsverhandlungen, dass beim Aufkeimen erster Verdachtsmomente eine Ursachenforschung einsetzt, welche Antworten für den moralischen Fehltritt im privaten Lebensvollzug, in der Biografie und in der spezifischen Psyche des Verdächtigen sucht. Typisch für eine öffentliche Gerichtsverhandlung ist somit eine Kommunikation, die das Private und Intime anzieht wie der Magnet die Eisenspäne. Wie kein anderes Kommunikationsereignis verschaffen juristische Auseinandersetzungen Einblicke in Charakteren, Psychen und Hinterbühnen. Gerichtsprozesse stoßen Türen auf zu den Niederungen der menschlichen Psyche sowie zu den Arkanbereichen der Macht. Sie sind deshalb eines der wichtigsten Einfallstore des Privaten und Intimen in die öffentliche Kommunikation überhaupt. In öffentlichen Gerichtsverhandlungen wird der Angeschuldigte aus seinem funktionalen Rollenkontext heraus katapultiert und ganz auf seinen intimsten Wesenskern, seine Persönlichkeit zurückgeworfen. In der juristischen Auseinandersetzung tritt uns der Angeschuldigte ganz als Mensch mitsamt seinen vermeintlichen charakterlichen Abgründen entgegen. Durch die Thematisierung von Gerichtsverhandlungen vollzieht sich eine ruckartige Grenzverschiebung zwischen dem Öffentlichen und dem Privaten (Imhof 2011). Aufgrund dieser immanenten Intimisierung gehört die Gerichtsberichterstattung zu den bevorzugtesten Stoffgebieten des kommerzialisierten Mediensystems überhaupt. Gleichzeitig werden in Gerichtsprozessen bestehende Statushierarchien entwertet. Der Angeschuldigte begegnet dem Publikum als sozial Gefallener, und der Sündenfall wird medienwirksam ins Bild gerückt, beispielsweise dann, wenn der Angeklagte in Handschellen oder umringt von Polizisten abgeführt wird. In

Gerichtsprozessen entsteht ein zutiefst moralisches und privatisierendes Framing. Die ursprüngliche Position und Rolle als Top-Manager, Politiker, Sportler, Bischof, Fernsehstar etc. wird entwertet. Es interessiert nur noch der Mensch hinter der jeweiligen Funktionsrolle. Ekel, Furcht, Abscheu oder Mitleid – indem die Gerichtsberichterstattung intime Einblicke auf lebensweltliche Hinterbühnen verschafft, ist sie gleichzeitig eine Quelle starker Emotionen. Medial ausgeschlachtete Gerichtsprozesse lassen niemals kalt.

Diese Intimisierung und Emotionalisierung der Gerichtsberichterstattung hat für den Angeklagten zur Folge, dass sich die Logik der Reputationskonstitution sehr grundsätzlich verändert. Der Median der Reputationsbildung verschiebt sich auf die soziale, insbesondere aber die expressive Reputationsdimension. Seiner angestammten Machtbasis entledigt, rückt die Rolle des Angeschuldigten als Manager, Politiker etc. in den Hintergrund, d.h. die funktionale Reputation, bei der die Zuschreibung von Kompetenz und Erfolg im Zentrum steht, verliert an Gewicht. Stattdessen werden die moralische Integrität (soziale Reputation), vor allem aber das Wesen, der spezifische Charakter und das Privatleben des Angeschuldigten (expressive Reputation) zum primären Objekt der Reputationsbeurteilung. Aus dieser Verlagerung von der funktionalen auf die moralisch-expressive Reputationsdimension resultiert ein sprunghaft vergrößertes Reputationsrisiko: Denn funktionale Reputationsdefizite lassen sich leicht ausgleichen, wenn sich Erfolge wieder einstellen. Dagegen tangieren moralische, vor allem aber expressive Reputationsdefizite immer die gesamte Person und bleiben wesentlich länger hängen. Bei moralisch-expressiven Reputationsproblemen dominiert rasch eine öffentliche Wahrnehmung, dass das Problem charakteristische Ursachen hat und somit kaum zu korrigieren ist.

5. Schlussfolgerungen für das Reputationsmanagement

Welche Lehren sind aus dem vorhergehenden Abschnitt für das Reputationsmanagement im Kontext von Gerichtsverhandlungen zu ziehen? Erstens die simple Einsicht, dass Gerichtsprozesse, selbst wenn sie letztlich zum Freispruch führen, eher im Regel- denn im Ausnahmefall Reputationseinbußen zur Folge haben, weil sie die moralisch-expressive Reputationsdimension tangieren und – der massenmedialen Logik gemäß – früher oder später auf charakterliche Defizite fokussieren. Unter Bedingungen moderner Mediengesellschaften lohnt es sich deshalb ganz besonders, auf einen normkorrekten Lebensvollzug zu achten, der davor bewahrt, Opfer eines Gerichtsprozesses und der damit verbundenen Skandalisierung persönlicher Charakterdefizite zu werden. Denn bereits die

Möglichkeit einer bevorstehenden Gerichtsverhandlung belastet die Reputation. Diese Schlacht aber wird im öffentlichen Raum ausgetragen und entschieden und nicht im Gerichtssaal. Und weil Skandalisierungen nur dort bekämpft werden können, wo sie stattfinden, nämlich in der Arena der veröffentlichten Meinung, hat Litigation-PR die wichtige Aufgabe, Angriffe auf die Reputation eines Angeschuldigten möglichst frühzeitig, mediengerecht und gegebenenfalls unter Verzicht auf die prozessualen Schweigerechte zu dementieren. Dadurch gerät wiederum die Klägerseite unter Zugzwang. Weil gutes Reputationsmanagement nicht von Selbstzuschreibungen lebt, sondern auf den Zuspruch glaubwürdiger Dritter angewiesen ist, ist zudem darauf zu achten, dass Bündnispartner in die Waagschale geworfen werden können, welche Unschuld und Integrität des Angeschuldigten glaubwürdig unterstreichen können. Dies kann bisweilen auch ohne Worte geschehen, wenn wie im Fall Strauß-Kahn der Angeklagte das Gerichtsgebäude händehaltend mit der Ehegattin verlässt.

Zweitens ist vor privatisierender PR zu warnen. Homestories oder andere Formen privatisierender Öffentlichkeitsarbeit mögen zwar ein Mittel sein, einem Akteur Aufmerksamkeit zu verschaffen, aber sie liefern auch den Stoff für die Skandalisierung vor morgen. In der privaten Lebenssphäre werden jene Antworten gesucht, wenn es um die Beweisführung für die Stichhaltigkeit des angelasteten moralischen Fehlverhaltens geht. Zurückhaltung in der Preisgabe privater Informationen lautet deshalb insbesondere im Zeitalter von Facebook und Social Media das Gebot der Stunde.

Schließlich erfordern Gerichtsprozesse von den Angeschuldigten einen Habitus, der durch Demut und Bescheidenheit gekennzeichnet ist. Nichts schadet der Reputation eines in einen Rechtshandel verwickelten Top Shots mehr, als wenn er sich immer noch in seinem angestammten Machtrevier wähnt. Denn in einen Gerichtsprozess involviert zu sein, bedeutet in öffentlicher Perspektive von etwaigen Machtpositionen entblößt und ganz auf das Menschsein zurückgeworfen zu werden. Dementsprechend ist alles zu unterlassen, was als ein Verhalten ausgelegt werden kann, das nicht in Übereinstimmung zu bringen ist mit dem potentiellen Sündenfall. Schädlich ist insbesondere ein selbstherrliches oder gar arrogantes Verhalten in einer Kommunikationssituation, in welcher der Mensch und seine Charakterstärken im Zentrum des öffentlichen Interesses stehen.

Literatur

Bentele, Günter (1994): Öffentliches Vertrauen - normative und soziale Grundlage für Public Relations, in: Armbrecht, Wolfgang/Zabel, Ulf (Hrsg.): Normative Aspekte der Public Relations. Grundlagen und Perspektiven. Eine Einführung. Opladen, S. 131-158.

Eisenegger, Mark (2005): Reputation in der Mediengesellschaft. Konstitution, Issues Monitoring, Issues Management. Wiesbaden: VS Verlag.

Eisenegger, Mark/Imhof, Kurt (2008): Funktionale, soziale und expressive Reputation - Grundzüge einer Reputationstheorie, in: Röttger, Ulrike (Hrsg.): Theorien der Public Relations. Grundlagen und Perspektiven der PR-Forschung (2. erw. Aufl.). Wiesbaden: VS Verlag, S. 243-264.

Eisenegger, Mark (2009): Vertrauen und Regulation in der Wirtschaft, in: Roth, Monika (Hrsg.): Close up on Compliance. Recht, Moral und Risiken – Nahaufnahmen zu Compliance Management und Governance Fragen. Zürich/St. Gallen: Dike, S. 59-71.

Eisenegger, Mark/Schranz, Mario/Schneider, Jörg (2010): Corporate Reputation and the News Media in Switzerland, in: Carroll, Craig (Hrsg.): Corporate Reputation and Global News Media: Case studies of agenda-setting. New York/London: Routledge, S. 207-220.

Eisenegger, Mark/Schranz, Mario (2011a): Reputation Management and Corporate Social Responsibility, in: Ihlen, Oyvind/Bartlett, Jennifer/May, Steve (Hrsg.): The Handbook of Communication and Corporate Social Responsibility. Chichester: Wiley-Blackwell, S. 128-146.

Eisenegger, Mark/Schranz, Mario (2011b): CSR - Moralisierung des Reputationsmanagements, in: Raupp, Juliana/ Jarolimek, Stefan/Schultz, Friederike (Hrsg.): Handbuch CSR. Kommunikationswissenschaftliche Grundlagen, disziplinäre Zugänge und methodische Herausforderungen (1. Aufl.). Wiesbaden: VS-Verlag, S. 71-96.

Heinrich, Ines (2010): Litigation-PR. PR vor, während und nach Prozessen; Perspektiven, Potenziale, Problemfelder. Burtenbach: KLR Heinrich Verlag.

Holzinger, Stephan/Wolff, Uwe (2009): Im Namen der Öffentlichkeit. Litigation-PR als strategisches Instrument bei juristischen Auseinandersetzungen. Wiesbaden: Gabler.

Imhof, Kurt (2005): Was bewegt die Welt? Vertrauen, Reputation und Skandal. Ein Essay zu drei Essenzen des Sozialen und zur Abzockerdebatte in: Röthlisberger, Peter (Hrsg.): Skandale: Was die Schweiz in den letzten zwanzig Jahren bewegte. Zürich: Orell-Füssli, S. 203-221.

Imhof, Kurt (2011): Gerichtsberichterstattung. Politisierung der Justiz. Unveröffentlichtes Manuskript. Zürich.

Kleiner, Susanne (2010): Litigation-PR in der Organisationskommunikation 2.0. Zwischen Kapital und Emotion: Topmanager vor Gericht, in: Boehme-Neßler, Volker (Hrsg.): Die Öffentlichkeit als Richter. Baden-Baden: Nomos, S. 98-119.

Schranz, Mario (2007): Wirtschaft zwischen Profit und Moral. Die gesellschaftliche Verantwortung von Unternehmen im Rahmen der öffentlichen Kommunikation. Wiesbaden: VS Verlag.

Schwaiger, Manfred (2004): Components and Parameters of Corporate Reputation – an Empirical Study, in: Schmalenbach Business Review 56 (1), S. 46-71.

Simmel, Georg (1992): Soziologie. Untersuchungen über die Formen der Vergesellschaftung. Gesamtausgabe. Frankfurt/M.: Suhrkamp.

Weber, Max (1980): Wirtschaft und Gesellschaft. Tübingen: Mohr.

II. Spezifische und empirische Aspekte der Litigation-PR

Die Medien sollen es richten:
Der rechtliche Rahmen für Litigation-PR

Per Christiansen

Abstract

This article outlines the legal framework for Litigation-PR. The regulations for journalists for covering pending trials provide the horizon. Strategic PR-measures aiming to form opinions outside the trial, e.g. reputation management, self-marketing or justice communication, are widely accepted by the law. However, PR-measures designed to advantageously influence the judgment via the media may impair constitutional principles of fair trial. Media law as well as social norms may counter such an effect. In practice, substantial latitude remains.

1. Gerichtsberichterstattung versus Litigation-PR

Der Verteidiger verlässt den Saal und tritt sofort vor die Kameras und TV-Journalisten, für deren zahlreiches Erscheinen er zuvor selbst gesorgt hatte. Die Krawatte ist gelockert und signalisiert so die Hitze des Gefechts. Sein Gesicht stellt in geübter Manier sowohl Erleichterung und Glück als auch Befremden über ein angeblich bizarres Treiben der Justiz zur Schau. Er sagt nur einen Satz: „Das Gericht ist uns in allen Punkten gefolgt". Ob das wirklich stimmt, kann er nicht wissen. Das Gericht hat den Freispruch noch nicht begründet. Aber das spielt auch keine Rolle. Er unterstreicht seine Aussage mit einer Handbewegung, als ob er alle Vorwürfe gegen seinen prominenten Mandanten wie Unrat vom Tisch fegt. Um in TV-Aufnahmen eine Botschaft zu übermitteln, hat man erfahrungsgemäß höchstens sieben Sekunden Zeit. Der Verteidiger brauchte nur drei Sekunden. Aber diese drei Sekunden wurden in allen relevanten Massenmedien übertragen und sein Mandant wurde dadurch in der öffentlichen Wahrnehmung weitgehend rehabilitiert. Der Verteidiger erwies damit seinem Mandanten einen zweifachen Dienst: Zum einen hatte er im Strafverfahren einen

Freispruch erwirkt. Aber das war erst die halbe Miete. Danach hat er durch geschickten Einsatz der Medien die Reputation und damit gewissermaßen Leben und Umfeld seines Mandanten wiederhergestellt. Der Mandant ist unendlich dankbar und zahlt ohne Murren ein horrendes Honorar. Zum Beispiel darum geht es bei „Litigation-PR".

„Litigation-PR" ist ein markiges Schlagwort. Es beschreibt ein aus den USA importiertes Beratungsprodukt von PR-Agenturen und Anwälten, nämlich die strategische mediale Begleitung von gerichtlichen Prozessen oder sonstigen rechtlichen Verfahren (Haggerty 2003: 2f.). In der Praxis und in der durch einige spektakuläre Straf- und Wirtschaftsprozesse ausgelösten Diskussion wird Litigation-PR jedoch auch nicht selten viel weitergehender mit medialer Berichterstattung oder gar Boulevardpresse über einen Prozess gleichgesetzt. In einer Analyse des rechtlichen Rahmens gilt es, diese begriffliche Unschärfe zu bekämpfen. Die strategische PR-Beratung unterscheidet sich von einer journalistischen Berichterstattung durch die Absicht einer gezielten und zweckgerichteten Meinungsbeeinflussung, und ist damit von juristisch ganz anderer Qualität. Es leuchtet ein: Aus laufenden Verfahren berichten zu dürfen ist eine Sache. Eine Legitimation dafür zu finden, diese Berichterstattung zu instrumentalisieren, zu beeinflussen und im schlimmsten Falle zu manipulieren ist eine andere.

Die Akteure der Litigation-PR sind normalerweise keine Journalisten oder Gerichtsreporter. Sie schreiben nicht selbst über das Geschehen im Saal. Stattdessen versuchen sie, die Berichterstattung über die Massenmedien in ihrem Sinne günstig zu beeinflussen. Ihnen steht das gesamte Repertoire an PR-Instrumenten zur Verfügung. Sie können ihr Netzwerk von Journalisten gezielt mit Informationen versorgen, etwa durch Pressemitteilungen, Dossiers, Interviews, Hintergrundgespräche, Veranstaltungen und dergleichen und dadurch den Blickwinkel der Berichterstattung vorgeben. Die Erläuterung eines (oftmals komplizierten) Sachverhaltes in einem Einzelgespräch mit dem Journalisten kann dessen Recherche – sofern sie dann überhaupt noch stattfindet – entscheidend in eine gewünschte Richtung lenken. Dies gilt umso mehr, als Medien zunehmend unter dem kommerziellen Druck stehen, kostengünstig an Informationen zu gelangen (Jahn 2010: 13). Vorgefertigte Informationshäppchen oder -mäppchen werden gern und oft einfach nur übernommen. Anwälte oder PR-Spezialisten können aber auch selbst kommunizieren, etwa durch die Teilnahme in Talkshows, in Blogs oder gar durch offene oder anonyme Kampagnen im Internet.

Ziel dieses Beitrages ist es, die rechtlichen Rahmenbedingungen für Litigation-PR, die Spielräume und Grenzen auszuloten. Um sich diesem Thema zu nähern, muss man zunächst die allgemeinen Regeln für journalistische Berichterstattung aus Gerichtsverfahren betrachten. Diese Regeln definieren zugleich auch den Horizont für Litigation-PR. PR-Maßnahmen können, jedenfalls wenn alles rechtmäßig abläuft, nämlich nur das beeinflussen, was Journalisten überhaupt berichten dürfen. In der folgenden Betrachtung wird sich zeigen, dass die journalistischen Regeln für die Gerichtsberichterstattung einerseits die Litigation-PR überhaupt erst ermöglichen, andererseits der zentrale Hebel sind, schädlicher Litigation-PR entgegenwirken zu können. In einem zweiten Schritt ist dann zu fragen, welche rechtlichen Vorgaben in diesem Kontinuum gesetzt sind, um die Gerichtsberichterstattung gezielt zu beeinflussen. Für diese Analyse ist es zweckmäßig, das weite Feld der Litigation-PR nach der Zielrichtung der beabsichtigten Meinungsbeeinflussung in zwei Fallgruppen zu unterteilen:

(1) Maßnahmen der Litigation-PR können als Mittel zur außergerichtlichen Meinungsbildung durchgeführt werden. Ziel ist es hier, eine bestimmte Wahrnehmung über einen Verfahrensbeteiligten oder die streitgegenständliche Handlung zu erzeugen. Womöglich dient das ganze Verfahren überhaupt nur diesem Zweck. Ein gutes Beispiel sind die gerichtlichen Abmahnverfahren, welche die Musikbranche gegen einzelne Filesharer durchführt, die Raubkopien im Internet zugänglich machen. Das jeweilige konkrete Verfahren ist kommerziell irrelevant, auch die durch das Raubkopieren im Internet entstandenen Schäden lassen sich aufgrund der Massenhaftigkeit der Vorgänge niemals im Wege des eingeklagten Schadenersatzes kompensieren. Der Wert solcher Verfahren liegt vielmehr darin, dass eine möglichst reichweitenstarke mediale Berichterstattung einen hohen Verfolgungsdruck suggeriert und damit abschreckende Wirkung entfaltet. In diese Fallgruppe gehören aber auch alle Maßnahmen des Reputationsmanagements. Gemeint sind dabei alle strategischen PR-Maßnahmen, die darauf abzielen, Beeinträchtigung an Image und Reputation infolge einer Verfahrensbeteiligung abzuschwächen oder positiv eine bestimmte Reputation in der Öffentlichkeit zu erzeugen. Nur eine Variante ist das Selbst-Marketing eines Prozessbeteiligten, etwa wenn ein Anwalt sich durch Pressearbeit als besonders „harter Hund" präsentiert und so weitere Mandate zu akquirieren hofft. Schließlich gehört in diese Kategorie aber auch die Justizkommunikation, die durch Transparenz und Normvermittlung der demokratischen Willensbildung dienen soll.

(2) Litigation-PR tritt daneben aber auch mit dem Anspruch auf, über die Medien Einfluss auf die Verfahrensentscheider und damit auf den Ausgang des Verfahrens nehmen zu können (Haggerty 2003: 2). Mit

Litigation-PR sei es möglich, „über die Bande zu spielen", wie es PR-Strategen so gern ausdrücken, und über die Medien durch Druck Imagebildung oder durch subtile Einwirkung auf Entscheidungsfaktoren die Entscheidung der Richter so zu beeinflussen, dass sich die Chancen auf ein Obsiegen erhöhen. In dieser Fallgruppe sind im besonderen Maße rechtsstaatliche Garantien für ein faires Verfahren betroffen.

2. Der Rahmen: Gerichtsberichterstattung

Berichtet ein Journalist über ein Verfahren, gelten zunächst einmal die allgemeinen Grundsätze für journalistisches Arbeiten: Ein Journalist muss mit journalistischer Sorgfalt und rechtmäßig recherchieren. Die in der Berichterstattung genannten Tatsachen müssen wahr sein. Meinungsäußerungen dürfen nicht ehrverletzend sein. Rechte der durch die Berichterstattung Betroffenen, vor allem die Persönlichkeitsrechte, dürfen nicht verletzt werden. Die Einzelfall-Rechtsprechung ist bereits zu diesen Anforderungen immens.

Darüber hinaus gibt es für die Gerichtsberichterstattung aber auch ganz spezifische Regelungen. Sie stellen immer einen Kompromiss zwischen dem Informationsinteresse der Öffentlichkeit und der Pressefreiheit bzw. Freiheit der Berichterstattung, die in Art. 5 GG grundrechtlich und institutionell verbürgt sind, einerseits und den Rechten der Verfahrensbeteiligter andererseits dar, die durch eine Berichterstattung betroffen sein könnten. In diesen Abwägungsfragen übernimmt die Berichterstattung eine wichtige Funktion. Sie dient der Information der Bürger über rechtsstaatliche relevante Belange. Sie ermöglicht die Kontrolle der Justiz. Sie vermittelt den Inhalt von Normen und unterstützt präventive Effekte der Strafjustiz.

2.1 Schutz des rechtsstaatlichen Verfahrens

Eine Kategorie von Regeln über die Gerichtsberichterstattung bezweckt, ein rechtsstaatlich geordnetes Verfahren gegen Störungen abzusichern.

Gerichtsverhandlungen sind im Regelfall öffentlich (§ 169 Satz 1 GVG). In Ausnahmefällen sind sie nicht öffentlich (z.B. in Familien-und Jugendsachen, § 170 GVG, § 48 Abs. 1 JGG) oder die Öffentlichkeit kann ausgeschlossen werden, wenn ein überwiegendes Schutzinteresse festgestellt werden kann (§ 171a-174 GVG). Der Grundsatz der Öffentlichkeit dient im Rechtsstaat der

Kontrolle gegenüber richterlicher Willkür in einer unabhängigen Justiz (Art. 97 GG; Trüg 2011: 1040; Scherer 1979: 5, 69ff.). Die Medien können diesen Kontrolleffekt verstärken. Nach Ansicht mancher machen sie die Kontrolle über ihre Reichweite überhaupt erst effektiv, da wenige Zuschauer im Saal nicht geeignet sind, eine relevante Kontrollfunktion auszuüben (Boehme-Neßler 2009: 228, 231; Hassemer 1990: 66).[1] Ob ein Verfahren öffentlich ist oder nicht, sagt jedoch nichts darüber aus, ob über das Verfahren berichtet werden darf oder nicht. Auch über ein nicht-öffentliches Verfahren kann berichtet werden, nur kann ein Medienvertreter eben nicht bei der Verhandlung anwesend sein und die Recherche der Fakten ist dadurch erschwert. Gibt eine Verfahrenspartei eines nichtöffentlichen Verfahrens etwa außerhalb des Gerichts ein Interview, ist dies rechtlich im Kern nicht zu beanstanden.[2]

Ist ein Verfahren öffentlich, kann ein Medienvertreter bei dem Verfahren selbst anwesend sein und auf der Zuschauerbank zuhören. Dem rechtsstaatlich gebotenen ordnungsgemäßen Ablauf eines Gerichtsverfahrens ist es aber geschuldet, dass ein Verfahren nicht durch die Arbeit von Medienvertretern gestört wird. Aus diesem Grunde gibt es ein abgestuftes System von Beschränkungen für die Berichterstattung aus dem Gerichtssaal.[3] Ton- und Filmaufnahmen bzw. TV-Übertragungen sind während einer Hauptverhandlung nach § 169 S. 2 GVG gesetzlich untersagt. Diese Regelung ist von der Medienwirtschaft immer wieder kritisiert worden, insbesondere als sich der Boom von Gerichtsshows (Ernst 1010: 744f.) und im Besonderen die Vermarktbarkeit des O.J. Simpson-Prozesses in den USA abzeichnete. Das BVerfG hat die Verfassungsmäßigkeit dieser Regelung jedoch bestätigt (BVerfGE 103, 44). Außerhalb der Hauptverhandlung entscheidet der Vorsitzende nach pflichtgemäßem Ermessen darüber, ob er Ton- oder Filmaufnahmen vor Beginn oder im unmittelbaren Anschluss an die Verhandlung zulässt (§ 176 GVG). Er entscheidet in räumlicher Hinsicht für den Sitzungssaal sowie die Räumlichkeiten, die mit der Hauptverhandlung in unmittelbarem Zusammenhang stehen, also etwa auch die Sitzbänke der Zeugen vor dem Sitzungssaal, und in zeitlicher Hinsicht für den Zeitraum zwischen Beginn und Ende des Verfahrens, wie in der jeweiligen Verfahrensordnung definiert. Seine Entscheidung hat auf einer Güterabwägung zwischen der Presse- und Rundfunkfreiheit einerseits und dem Persönlichkeitsschutz und den verfassungsrechtlichen Verfahrensgarantien andererseits zu beruhen (vgl. Widmaier-Lehr, § 20 Rn. 55). Das Bundesverfassungsgericht hat klargestellt, dass

---

[1] Allerdings sieht Hassemer auch die Kontrolle durch die Medienöffentlichkeit kritisch.
[2] Zur Sonderrolle der Staatsanwaltschaften siehe unter 3.3
[3] Hierzu und auch zu der Frage der Presseplätze im Saal: Von Coelln 2006: 804ff.

TV-Aufnahmen nicht vollständig verboten werden können, sondern normalerweise ein Zeitraum für solche Aufnahmen außerhalb der Hauptverhandlung definiert werden kann und muss (BVerfG NJW 2002, 2021; vgl. auch Pruggmayer/Möller 2011: 234, 238f.). Außerhalb der Verfügungsgewalt des Vorsitzenden wiederum, aber gleichwohl im Gerichtsgebäude, kann der Gerichtspräsident aufgrund seines Hausrechtes Aufnahmen untersagen. In der Praxis erteilt die Pressestelle Genehmigungen.

Wie lässt sich dann positiv formuliert überhaupt aus dem Gerichtssaal berichten? In öffentlichen Verhandlungen kann ein Journalist als Zuhörer anwesend sein, sich Notizen anfertigen, und später einen Bericht schreiben. Bildaufnahmen müssen in den gewährten Slots stattfinden. Während der Verhandlung sind Gerichtszeichnungen gebräuchlich. Aufnahmen können überdies vor und nach der Verhandlung mit Genehmigung im Gericht gemacht werden. Außerhalb des Gerichtsgebäudes gelten dann keine spezifischen Beschränkungen mehr, insbesondere bei den klischeehaften Interviews auf der Treppe bei Verlassen des Gerichtsgebäudes.

Dieser ausdifferenzierte normative Rahmen stellt die Instrumente bereit, mit denen man nach geltendem Recht dem Problem der „medialen Befangenheit" der Prozessbeteiligten (mehr schlecht als recht) begegnen kann. Mit „medialer Befangenheit" ist ein Kritikpunkt gemeint, der oftmals der eigentlichen Litigation-PR angelastet wird, aber ganz allgemein ein Problem jeglicher Verfahrensberichterstattung ist. Er lautet: Allein durch die Anwesenheit von Medienvertretern änderten die Verfahrensbeteiligten ihr Verhalten in einer Weise, die die Rechte der Beteiligten beeinträchtigen könnte. Angeklagte oder Zeugen könnten prozessrelevante Informationen verschweigen, deren breite Veröffentlichung sie befürchten. Die Angst, etwas zu sagen – oder zu versagen, stiege. Beteiligte verfielen in Rollenbilder, die die Öffentlichkeit oder Vorgesetzte von ihnen erwarteten. Optionen zur Prozessbeendigung durch informale Absprachen entfielen, wenn die Öffentlichkeit ein Urteil zu fordern scheine. Die Handlungsspielräume der Beteiligten reduzierten sich. Richter gerieten ins Rampenlicht und müssten neben der Verfahrensführung jetzt auch noch die Ablenkung durch den Mediendruck bewältigen (Boehme-Neßler 2010b: 539, 541). Eine vorgefasste Meinung der Medien und Öffentlichkeit könnte unterschwellig die neutrale Betrachtung durch die Richter beeinflussen, ein Meinungsklima schaffen, dem man folgt (Boehme-Neßler 2010b: 539, 541), und in Strafprozessen schleichend die Unschuldsvermutung (Art. 6 Abs. 2 EMRK) entwerten (Boehme-Neßler 2010a: 26). Es fällt auf: Derartige Vorwürfe unterstellen, der Einfluss der Medien sei stets schädlich. Dies mag bezweifelt werden. Ist es nicht hilfreich, wenn sich alle Beteiligten durch mediale Kontrolle verstärkt bemühen?[4]

Einige empirische Studien belegen, dass die Anwesenheit von Medienvertretern einen Effekt auf das Verhalten der Prozessbeteiligten hat (Gerhardt 2009: 247, 249; Kepplinger 2010: 154ff.; Danzinger 2009: 265ff.; Schulz 2002: 9ff.).[5] Das ist für jeden unmittelbar plausibel, der sich selbst schon einmal nachteilig in den Medien wiedergefunden hat. Auch die Sozialpsychologie hält Erklärungsansätze bereit, die solche Befunde untermauern können (Boehme-Neßler 2010b: 539f.). In welchem Umfang sich dies nachteilig auf die Wahrnehmung garantierter Rechte auswirken kann, ist indes nicht geklärt.[6] Die Studien von Kepplinger/Zerback/Griesenbeck legen nahe, Vertreter der Justiz ließen sich von Medienberichterstattung kaum in Beweis- oder Schuldfragen beeinflussen, sehr wohl aber in der Frage des Strafmaßes (Kepplinger/Zerback 2009: 234; Gerhardt 2009: 171ff., 247, 249f.; vgl. auch BT-Drs. 10/4608 vom 27.12.1985). Demgegenüber seien juristische Laien wie Zeugen, Opfer oder Angeklagte wesentlich empfänglicher für eine Beeinflussung. Der Grund könnte darin liegen, dass die anerzogenen Methoden juristischen Arbeitens und die organisatorischen Vorkehrungen der Justiz, etwa das gelebte Selbstverständnis der Richter, einer medialen Beeinflussung zu einem gewissen Grade entgegenwirken. Solche Studien sehen sich allerdings mit dem methodischen Problem konfrontiert, keine Vergleichsfälle betrachten zu können. Wie sähe ein und derselbe Prozess einmal mit und einmal ohne Berichterstattung unter ansonsten identischen Bedingungen aus? Eine solche Versuchsanordnung kann es nicht geben. Daher beruhen die empirischen Erkenntnisse im Wesentlichen auf bloßen (gleichwohl sehr plausiblen) Selbsteinschätzungen der Beteiligten.

Sind solche psychologischen Effekte rechtlich zu berücksichtigen? Dieser Frage wird auf normativer Ebene ausgewichen, wenn über die geltenden Regelungen im Rahmen eines verfassungsmäßigen Spielraums ein Ausgleich zwischen dem verfassungsrechtlichen Optimierungsgebot für ein rechtsstaatliches Verfahren einerseits und dem in Art. 5 Abs. 1 GG geschützten öffentlichen Informationsinteresse andererseits angestrebt wird. Die geltenden Normen sind damit aber auch als Ausdruck einer Wertentscheidung zu verstehen, Rechtssuchende hätten mögliche Beeinträchtigungen der Verfahrensabläufe durch die Anwesenheit von Medienvertretern und durch spätere (rechtmäßige) Berichterstattung hinzunehmen. Auf rechtspolitischer Ebene ist die Wirkungsforschung

---

[4] Eine solche Situation schildert ausdrücklich Becker-Toussaint (2009: 49).
[5] Es gibt aber auch Studien, die das Gegenteil belegen, siehe hierzu Boehme-Neßler (2010: 34ff.).
[6] Kritisch insgesamt zur Wirkungsforschung von Gerichtsberichterstattung: Scherer (1979: 47ff).

einen Beweis einer so klaren Benachteiligung der Prozessbeteiligten durch mediale Beeinflussung schuldig geblieben, der den Gesetzgeber dazu veranlasst hätte, die Berichterstattung zulasten des öffentlichen Informationsinteresses einzuschränken. In der Praxis ist es daher für die betroffenen Verfahrensbeteiligten im Wesentlichen der Vorsitzende, der über die Stellschraube des Ausschlusses der Öffentlichkeit gegensteuern könnte, jedoch die verfassungsrechtliche Präponderanz der Öffentlichkeit von Verfahren zu berücksichtigen hat.[7]

2.2 Schutz der Persönlichkeitsrechte der Verfahrensbeteiligten

Die zweite Kategorie von bereichsspezifischen Regeln über die Gerichtsberichterstattung ist von großer forensischer Bedeutung: die Wahrung der Persönlichkeitsrechte der Verfahrensbeteiligten. Das allgemeine Persönlichkeitsrecht (Art. 2 Abs. 1 GG) umfasst den Schutz der Selbstdarstellung in den Medien und das Recht, über die Darstellung des persönlichen Lebens- und Charakterbildes selbst zu bestimmen (Trüg 2011: 1040f.). Hierzu gehört es im Prinzip auch, selbst darüber zu entscheiden, wann und in welchem Umfang man an einem Gerichtsverfahren beteiligt ist. Mit diesem grundrechtlich geschützten Recht kommen die Medien in Konflikt, wenn sie über laufende Gerichtsverfahren berichten. Dies gilt besonders bei Verdachtsberichterstattung in Strafverfahren, also der medialen Verbreitung des Umstandes, dass jemand in einem Ermittlungsverfahren verdächtig oder im Strafverfahren angeklagt ist, ohne dass dessen Schuld bereits rechtskräftig festgestellt wurde. Ein Verdächtiger hat stets ein Interesse daran, seine mögliche Verfehlung geheim zu halten. Und darin ist er auch schutzwürdig, da es nur um einen Verdacht geht und überhaupt seine Privatsphäre betroffen ist. Dennoch hat die Rechtsprechung für die Medien ein Privileg aus Art. 5 Abs. 1 GG abgeleitet, unter strengen Voraussetzungen auch über den per se persönlichkeitsrechtsrelevanten Umstand berichten zu können, dass jemand einer Straftat verdächtig ist. Das BVerfG hat eine klare Aussage getroffen: Es gibt keinen grundsätzlichen Anspruch für Täter oder Verdächtige, nicht in der Öffentlichkeit mit dem Vorwurf eigener Taten konfrontiert zu werden. Als Ausgleich für das Risiko einer damit verbundene Stigmatisierung sind die Anforderungen an journalistische Sorgfalt bei der Verdachtsberichterstattung drastisch erhöht.

---

[7] Einen Überblick über weitere mögliche Ansätze, einer übermäßigen Mediatisierung des Strafverfahrens durch einfachgesetzliche Maßnahmen zu begegnen, findet sich bei Danzinger (2009: 399ff.).

Der Rechtsprechung zufolge muss der Journalist für eine Verdachtsberichterstattung über einen sorgfältig recherchierten Mindestbestand von Beweistatsachen verfügen, den Sachstand des Verfahrens wahr, unverfälscht und ausgewogen darstellen und vor allem keine eine Vorverurteilung enthaltenden Aussagen treffen, die einen Verstoß gegen die verfassungsrechtlich garantierte Unschuldsvermutung (Art. 6 Abs. 2 EMRK) darstellen könnten (HKZGM–Kröner, § 33 Rn. 44).[8] Jedem Journalisten wird eingebläut: Bei Verdachtsberichterstattung muss man Begriffe wie „Täter" oder „Betrüger" vermeiden, stattdessen von „Verdächtigem" oder „mutmaßlichem Täter" reden. Vor allem aber wird dem Journalisten abverlangt, selbst zwischen dem öffentlichen Interesse an der Nachricht und der Schwere des Eingriffs für den Betroffenen abzuwägen (BGHZ 143, 199 – Verdachtsberichterstattung) und diesen nur soweit zu belasten, wie es nach dieser Abwägung gerechtfertigt erscheint. Die verdächtigte Tat selbst muss sich dabei aus dem Kreis leichter oder mittlerer Kriminalität herausheben und von besonderer Bedeutung sein (BVerfG NJW 1973, 1226 – Lebach; BGH NJW 2000, 1036.). Auch Tatsachen, die den Verdächtigen entlasten, müssen mitgeteilt werden (BVerfG 35, 202, 232; BGHZ 143, 199, 203). Ist ein Urteil nicht rechtskräftig, soll der Bericht diesen Umstand erwähnen (BGHZ 57, 325). Wenn möglich, soll dem Verdächtigen vorab die Möglichkeit zur Stellungnahme gegeben werden (HKZGM-Breutz, § 39 Rn. 84). Die Anforderungen an die Sorgfaltspflicht sind um so höher, je schwerer und nachhaltiger das Ansehen des Verdächtigen in der Öffentlichkeit beeinträchtigt wird (BGHZ 132, 13, 26; BGH NJW 1997, 1148; Müller 2007: 1617). Und noch weitergehende Anforderungen gelten, wenn in der Berichterstattung über das Verfahren die Identität des Beschuldigten durch Namensnennung und/oder Bebilderung offengelegt werden soll. Der Journalist hat dann zu prüfen, ob ein gesondertes öffentliches Informationsinteresse besteht, das sich gerade auf die Identität des Beschuldigten bezieht, anderenfalls muss der Journalist alle möglichen und zumutbaren Maßnahmen ergreifen, um eine Identifizierung durch die Öffentlichkeit auszuschließen (BVerfGE 35, 202, 230ff.; BGH NJW 2000, 1036, 1038; Hamburger Kommentar zum gesamten Medienrecht – Breutz, § 39 Rn. 79; Löffler, Presserecht, 16. Kap.) und unter Umständen eine Resozialisierung des Täters zu gefährden (BVerfGE 35, 202 – Lebach I). Ähnliche Grundsätze gelten für die Namensnennung von Tatopfern (Müller 2007: 1617f.).

---

[8] Zur Unschuldsvermutung siehe auch Ziffer 13 des Pressekodex (http://www.presserat.info/inhalt/der-pressekodex/pressekodex/richtlinien-zu-ziffer-13.html; zuletzt aufgerufen am 13.09.2011). Boehme-Neßler (2010: 26) weist zu Recht darauf hin, dass die Medien nicht direkt an die Unschuldsvermutung gebunden sind, diese aber in der Folgenabschätzung mittelbar zu berücksichtigen haben.

All diesen „Auflagen" für Journalisten wird dann aber wiederum entgegengestellt, die Anforderung an die pressemäßige Sorgfalt und Wahrheitspflicht sollten nicht überspannt werden, so dass darunter die Funktion der Meinungsfreiheit leide (Müller 2007: 1617f.). Ein berechtigtes Interesse der Öffentlichkeit wird dabei großzügig angenommen (Hohmann 2009: 881, 883). Die Presse könne ihre Aufgabe zur aktuellen Berichterstattung nicht erfüllen, wenn sie nur über vom Gericht festgestellte Tatsachen berichten dürfe. Solange – und dies ist der Kern der Rechtsprechung zur Verdachtsberichterstattung – die Berichterstattung die erhöhten Sorgfaltsmaßstäbe beachtet, ist eine Verdachtsberichterstattung zulässig, auch wenn sich später die Unwahrheit der Äußerungen herausstellt (Hohmann 2009: 881, 883). Ob eine derart komplexe und dem Journalisten zahlreiche Wertungen abverlangende Rechtslage realistisch in der Durchführung ist, sei dahingestellt. Auch eröffnet sie in der Praxis erhebliche Einschätzungsspielräume. Praktikabler ist vielleicht der folgende Rat für Journalisten: Jegliche Verdachtsberichterstattung muss vor Veröffentlichung zur Prüfung in die Rechtsabteilung.

Verletzt ein Journalist diese Standards, haftet er bzw. der Verlag auf Unterlassung, Berichtigung, Schadensersatz und Geldentschädigung (§§ 823, 824, 826 1004 BGB). Auch Gegendarstellungsansprüche kommen in Betracht. Damit besteht ein kommerzieller Anreiz, sich über diese Grenzen nicht hinwegzusetzen. Zwar kann es sich für Medien zuweilen lohnen, einen „kalkulierten Verstoß" zu begehen. Jedoch stellen die Gerichte sich darauf zunehmend ein. Auch kann sich ein Journalist der Haftung nicht dadurch entziehen, dass er die Aussagen von Prozessbeteiligten einfach nur zitiert und als Aussagen Dritter verbreitet (sog. Verbreiterhaftung).

Ungelöst, bzw. im gegenwärtigen rechtlichen Rahmen als allgemeines Lebensrisiko hingenommen (Müller 2007: 1617f.), ist das Problem, dass die Reputation des Angeklagten auch nach einem Freispruch dennoch dauerhaft beschädigt sein kann. Je spektakulärer der Fall, je größer die Prangerwirkung in der Vorberichterstattung, desto eher mag die Öffentlichkeit geneigt sein, sich zu fragen, ob an der Sache nicht doch „ein Körnchen Wahrheit war". Die Stigmatisierung bleibt. Dies gilt besonders, wenn die Unschuld nicht eindeutig bewiesen, sondern ein Freispruch aus Mangel an Beweisen aufgrund der Unschuldsvermutung erfolgt war („Freispruch zweiter Klasse"). Diesem Effekt entgegenzuwirken, ist ein sinnvoller und nützlicher Anwendungsbereich der Litigation-PR, der im Kern schon durch das Bundesverfassungsgericht gebilligt wurde: Es sei mit der Pressefreiheit zu vereinbaren, dass ein Verdächtiger nach Freispruch eine Meldung über den für ihn günstigen Verfahrensausgang in den Medien verlangen könne (BVerfG NJW 1997, 2589).

Spektakuläre Prozesse gegen Personen, die in erheblichem öffentlichen Interesse stehen, etwa Fernsehmoderatoren oder hochrangige Politiker, haben die Frage aufkommen lassen, ob die Folgen einer Berichterstattung Prominente nicht härter treffen als solche Bürger, die nicht im Rampenlicht stehen. Trotz eines Freispruches verliert ein Politiker gleich seine Ämter und der Moderator wird trotzdem nicht mehr vor der Kamera eingesetzt. Im Ergebnis werde, so die Kritik, bei Prominenten durch eine identifizierende Verdachtsberichterstattung viel wahrscheinlicher die gesamte berufliche Existenz zerstört. Hinzu kommt der bereits geschilderte Effekt, dass sich Richter nach eigener Einschätzung durch Medien bei der Festlegung des Strafmaßes beeinflussen lassen könnten, was wiederum Prominente härter als andere treffen und die Ungleichbehandlung verstärken würde.

Gegenüber einer solchen Argumentation ist Skepsis geboten. Richtig ist zwar, dass die Berichterstattung bei Prominenten eine größere Reichweite hat. Nicht erwiesen ist jedoch, dass die Folgen einschneidender sind. Der Vorwurf einer versuchten Vergewaltigung kann nicht nur einen Politiker erledigen, sondern auch „den kleinen Mann" in seinem Betrieb und seinem Umfeld. Auch ist nicht klar, ob es wirklich die Berichterstattung ist, oder nicht vielmehr der Tatvorwurf oder gar der Widerspruch zu einem selbst erzeugten öffentlichen Bild, das letztlich der entscheidende Faktor für die sozialen Folgen ist.

Wenn eine solche strukturelle Ungleichbehandlung allerdings gegeben sein sollte, dann bestehen Zweifel, ob die geltenden Regeln eine solche zu kompensieren vermögen. Zwar muss ein Journalist vor allem bei einer identifizierenden Verdachtsberichterstattung die Folgen für den Beschuldigten in seiner Abwägung berücksichtigen. Sind solche Folgen signifikant, steigen die Anforderungen an einen zulässigen Bericht. Jedoch ist auch immer das öffentliche Informationsinteresse in die Waagschale zu werfen, und je prominenter ein Beschuldigter ist, desto größer ist automatisch auch das öffentliche Informationsinteresse. Im Ergebnis ist es dann wahrscheinlich, dass der Promi-Status Schutzgesichtspunkte zurücktreten lässt.

3. Verfahren als Mittel zur außergerichtlichen Meinungsbildung

Betrachten wir nun, nachdem der Rahmen für die Gerichtsberichterstattung insgesamt abgesteckt wurde, die Rechtslage für Maßnahmen der Litigation-PR, und zwar zunächst in der hier vorgeschlagenen Unterscheidung für solche Maßnahmen, die darauf abzielen, außerhalb des Verfahrens, gewissermaßen in der Lebenswelt, Meinungen bei Dritten zu bilden oder zu beeinflussen.

Für diese Konstellationen wurde das Beispiel der Prozesse der Musik- und Filmbranche gegen Raubkopien im Internet bereits genannt. Ein weiteres Beispiel sind Tarifauseinandersetzungen, in denen die Verhandlungspartner parallel zur Verhandlung oder zum Schlichtungsverfahren um die Akzeptanz der eigenen und die Diskreditierung der Gegenposition in der Öffentlichkeit bemüht sind. Etwa wenn im Tarifkampf im öffentlichen Dienst ein Szenario gezeichnet wird, wie es aussieht, wenn der Müll nicht mehr abgeholt wird. Eine bestimmte öffentliche Meinung kann den Rückhalt eines Verhandlungspartners in der eigenen Organisation schwächen. Ein drittes Beispiel dieser Kategorie sind (Patent-)Klagen, die einen Börsengang eines Wettbewerbers stören sollen, weil sie unabhängig von den konkreten Erfolgsaussichten in die Börsenprospekte mit aufgenommen werden müssen.

3.1 Verfahren nur als Mittel zum Zweck

In solchen Fällen geht es dem Kläger häufig nicht primär darum, einen Rechtsanspruch gerichtlich durchzusetzen. Oft ist das Verfahren nur Mittel zu einem anderen, außergerichtlichen Zweck. Dem Kläger kommt es nämlich darauf an, eine bestimmte öffentliche Wahrnehmung, Meinung oder Reputation zu erzeugen.

In der rechtlichen Bewertung ist es im Grundsatz zulässig, dass der Verfahrenszweck nicht der vom Kläger verfolgte Hauptzweck ist. Das ist sogar häufig nicht der Fall. Die Klage ist eines von vielen Mitteln zur Konfliktbewältigung. Man mag vielleicht darüber nachdenken, ob im konkreten Fall ein Rechtsschutzbedürfnis gegeben ist. Jedoch entfällt dieses nicht allein deswegen, weil das Interesse an dem Verfahrensgegenstand gegenüber der eigentlichen Motivation des Klägers kommerziell weniger relevant ist. Aspekte des Rechtsmissbrauchs und des Schikaneverbots könnten im Einzelfall zu prüfen sein.

Ebenfalls ist es im Grundsatz zulässig, einen Streit nicht (nur) im Gerichtssaal, sondern auch auf anderen Ebenen oder Schlachtfeldern, wenn man so will, auszutragen. Es ist nicht untersagt, einen Streit öffentlich auszutragen, solange man Rechte Dritter dabei nicht verletzt.

3.2 Reputationsmanagement

Einer der wichtigsten Anwendungsfälle für Litigation-PR ist vermutlich das Reputationsmanagement der Verfahrensbeteiligten. Ein Verfahren (auch schon ein Ermittlungsverfahren, siehe Widmaier-Lehr, § 20 Rn. 73) kann sich negativ auf die Reputation und öffentliche Darstellung eines Beteiligten auswirken. Dies gilt im Prinzip für jede Rolle. Die Praxis kennt unzählige Beispiele für die öffentliche Anprangerung von Klägern („Abzocker"), Beklagten („Horrormutter") und Richtern („Richter Gnadenlos"). Solche Betitelungen mögen berechtigt sein oder nicht; mit ihnen wird eine Wahrnehmung in der Öffentlichkeit erzeugt, ohne dass diese hinreichend Zugang zu dem Sachverhalt hat, um sich ein eigenes fundiertes Bild zu machen. Ein Reputationsmanagement stellt positive Aspekte gegenüber den Medien heraus und geht mit negativen Aspekten, etwa durch aktives Ansprechen oder durch die Präsentation von Gegenargumenten, um. Reputationsmanagement kann auch darin liegen, den Vorgang möglichst ganz aus den Medien herauszuhalten und nicht zu kommentieren, damit das Medienecho nicht noch verstärkt und die Gegenseite frühzeitig über Angriffspunkte in Kenntnis gesetzt wird.

In welchem Umfang darf man als Verfahrensbeteiligter durch PR-Maßnahmen die Medien beeinflussen, so dass die Berichterstattung in die gewünschte Richtung läuft und eine bestimmte Wahrnehmung erzeugt wird? Hier wird man unterscheiden müssen, ob man die eigene Reputation günstig unterstützen oder die Reputation des Gegners beschädigen möchte.

3.2.1 Eigenwerbung eines Verfahrensbeteiligten

Möchte man die Eigendarstellung beeinflussen, so ist ein solches Bestreben zunächst über die Meinungsäußerungsfreiheit nach Art. 5 Abs. 1 GG und das allgemeine Persönlichkeitsrecht nach Art. 2 Abs. 1 GG i.V.m. Art. 1 Abs. 1 GG geschützt. Letzteres beinhaltet die Schutzdimension der informationellen Selbstbestimmungen und damit das Recht, selbst über die Darstellung der eigenen Person in der Öffentlichkeit entscheiden zu können. Jedenfalls in den grundrechtlichen Schutzbereich fällt es daher, wenn man nur positive Informationen über sich verbreitet (und nachteilige verschweigt), oder wenn man eine gute Meinung über sich selbst äußert. Im Ergebnis nicht geschützt ist hingegen die bewusste Verbreitung von falschen Tatsachen über sich selbst, etwa die häufigen Fälle des gefälschten Lebenslaufes (vgl. BVerfG NJW 1980, 2072). Es wäre völlig überspannt, jedem Bürger aufzuerlegen, nur ein ausgewogenes und belegbar wahres Bild von sich zu zeichnen. Jeder möchte ein möglichst positives Bild von sich erzeugen, sei es im privaten Umfeld, sei es in unternehmerischer Perspektive im Markt, und das Recht erkennt dies an. Die Lüge über sich selbst ist zwar im Ergebnis nicht verfassungsrechtlich geschützt, jedoch auch nicht so stark sanktioniert wie die Lüge über andere. Verleumdung nach § 187 StGB ist nur die Verbreitung von unwahren Tatsachen in Beziehung auf einen anderen. Strafrechtlich relevant kann die Lüge über sich selbst werden in Bereichen, in denen Wahrheitspflicht besteht, etwa in Zeugenaussagen (§§ 153ff. StGB), bei Amtspflichten oder wenn Dritten durch eine Täuschung ein Schaden entsteht, insbesondere in den Fällen des Betruges (§ 263 StGB).

Auch in der Prozesssituation können zahlreiche Gründe bestehen, sich selbst positiv in den Medien darzustellen und einer Beeinträchtigung der eigenen Reputation durch das Verfahren entgegenzuwirken: Man klage als Robin Hood für die gute Sache. Man sei doch nur ein Opfer und habe keine andere Wahl als zu klagen. Der Unternehmenserfolg werde durch das vorliegende Verfahren in keiner Weise gefährdet. Die verfahrensgegenständliche Verfehlung habe nichts mit der ansonsten hervorragenden Arbeit zu tun, die der Beschuldigte für die Allgemeinheit leiste.

Gemäß § 138 Abs. 1 ZPO unterliegen die Parteien der prozessualen Wahrheitspflicht. Sie haben ihre Erklärungen über tatsächliche Umstände wahrheitsgemäß und vollständig abzugeben. Diese Wahrheitspflicht besteht im Interesse einer fairen Verfahrensführung gegenüber Gericht und Gegner (Musielak, § 138 ZPO Rn. 1 m.w.N.). Die Wahrheitspflicht erstreckt sich auf die Erklärungen im Prozess, nicht jedoch auf Erklärungen außerhalb des Prozesses, die definitionsgemäß keine Prozesshandlungen sind, auch wenn sie sich auf Sachverhalte beziehen, die auch im Prozess eine Rolle spielen. Die prozessuale Wahrheitspflicht bezieht sich weiter nur auf vorgebrachte Tatsachen, nicht auf Meinungen, und sie verbietet nur das Lügen, nicht das Schweigen. Strenggenommen ist es daher kein Verstoß gegen die prozessuale Wahrheitspflicht, wenn ein Verfahrensbeteiligter gegenüber den Medien seine Version „verdreht", solange er nur im Prozess die Wahrheit sagt (oder mittelbar auf eine Beeinflussung der Richter abzielt[9]). Dass dies in der Sache eine riskante Strategie wäre, liegt auf der Hand.

Anwälte, Staatsanwälte, Behördenvertreter oder auch Richter können überdies aus unterschiedlichen Gründen zum Selbstmarketing motiviert sein, damit aber mit den Regeln für ihre professionelle Rolle im Prozess in Konflikt geraten. Ein Verteidiger mag seine Bekanntheit zu Akquisezwecken steigern wollen und sich in harter Anwaltspose zeigen. Ein Staatsanwalt mag sich mit öffentlichem Profil Beförderungschancen ausrechnen oder seine Behörde in einem zunehmend „politisierten" Klima als federführend in einem bestimmten Bereich positionieren wollen. Solche Eigendarstellung erfolgt freilich nicht unmittelbar als (bezahlte) Werbung. Vielmehr wird darauf abgezielt, Berichterstattung in Bah-

---

[9] Siehe hierzu 4.2.1.

nen zu lenken, die ein gewünschtes Bild zeichnen. Dies mag man für unethisch halten; juristisch zu beanstanden ist es nicht. Die Grenze für derartige Aktivitäten ist erst dann erreicht, wenn das Verfahren durch sie beeinträchtigt wird oder wenn Berufs- oder Amtspflichten verletzt werden. Wählt ein Anwalt eine Medienstrategie aus Eigennutz, obwohl es für den Mandanten besser gewesen wäre, dies nicht zu tun, liegt eine Pflichtverletzung aus dem Mandatsvertrag vor (auch wenn diese kaum nachzuweisen wäre). Ist das Mandat hingegen optimal betreut, und wird auch das Verfahren nicht beeinträchtigt, ist eigene Pressearbeit zulässig. Auch ein Verstoß gegen das berufsrechtliche Verbot unsachlicher Werbung (§ 43b BRAO) dürfte nur in Ausnahmefällen anzunehmen sein. Ähnliches gilt für Richter und Staatsanwälte. Sie handeln aufgrund staatlicher Aufgabenzuweisungen mit der Amtspflicht zur rechtskonformen Verfahrensführung. Solange das Verfahren einwandfrei geführt wird, insbesondere auch der Eindruck der Befangenheit vermieden wird, gibt es keine Bedenken. Allerdings sind die Staatsanwälte an kommunikative Vorgaben der Behördenleitung gebunden und zur Zurückhaltung und Einhaltung der Verfahrensgrundsätze verpflichtet.

3.2.2 Öffentliche Abwertung des Gegners

Eine ganz andere Frage ist jedoch, in welchem Umfang man den Verfahrensgegner öffentlich über die Medien abwerten darf. Sie stellt sich in der Praxis eigentlich nur für die Parteien des Verfahrens. Zur Erinnerung: Betrachtet wird hier noch nicht die Situation, in der Verfahrensentscheider beeinflusst werden sollen, etwa indem man die Gegenpartei gegenüber dem Gericht als Schwerkriminellen zu brandmarken sucht. Vielmehr geht es um die Beeinflussungen von Meinungen außerhalb des Verfahrens, und daran haben normalerweise nur die Parteien in ihrer Lebenswelt, nicht jedoch die professionellen Justizvertreter ein Interesse.

In der Sache gelten die allgemeinen Regeln. Wahre Tatsachen dürfen genannt werden, unwahre Tatsachen zu verbreiten ist als Verleumdung (§ 187 StGB) strafbar. Auch die eigene Meinung über die Gegenpartei darf öffentlich gesagt werden. Tadel und Abwertung kann als berechtigtes Interesse gerechtfertigt sein (§ 193 StGB). Die Grenze der zulässigen Meinungsäußerung wird aber überschritten bei Schmähkritik und Ehrverletzung (§ 185 StGB), Boykottaufruf (§ 826 BGB) oder Kreditgefährdung (§ 824 BGB). Hingegen gibt es keinen Rechtfertigungsgrund „sich im Verfahren verteidigen zu müssen", der es erlaubte, aus der Konflikt- und Prozesssituation heraus aggressiver als sonst gegen Dritte vorgehen zu dürfen.

Bis zu welchem Grade diese Normen denjenigen von rechtswidrigen Äußerungen abhalten können, der sich bis auf das Messer verteidigen muss oder um jeden Preis gewinnen will, sei dahingestellt. Der möglicherweise viel stärker wirkende Mechanismus zum Schutz der Rechte von Betroffenen sind die journalistischen Regeln für die Gerichtsberichterstattung.[10] Müssen die Medien damit rechnen, selbst für Verletzungen der Regeln über die Verdachtsberichterstattung, die Identifizierbarkeit von Prozessbeteiligten und die Verletzung von Persönlichkeitsrechten zu haften, sinkt die Bereitschaft Schmähungen einer Partei zu transportieren. Jedenfalls dann, wenn sich auch ein kalkulierter Verstoß für die Medien nicht lohnt.

3.2.3 Öffentlichkeitsarbeit der Justiz

Eine Sonderrolle nimmt die Öffentlichkeitsarbeit der Gerichte und Staatsanwaltschaften ein, die zunehmend von eigenen Sprechern und Pressestellen wahrgenommen wird[11]. Das Bundesverfassungsgericht hat jedenfalls eine Pflicht zur Veröffentlichung von Gerichtsentscheidungen gesehen und dies mit dem Rechtsstaatlichkeitsgebot einschließlich der Justizgewährungspflicht, dem Demokratiegebot und mit der Gewaltenteilung begründet (BVerfG NJW 1997, 2694). Ob daraus generell eine Pflicht zur Öffentlichkeitsarbeit der Justiz abzulesen ist, ist unter Juristen umstritten[12]. Justizpressearbeit dient dem Normverständnis der Bürger, indem sie den Inhalt von Normen und deren Anwendung aufzeigt. Dies mag man als eine Art Reputationsmanagement für das staatliche Normgefüge sehen, jedenfalls aber ist die Justizpressearbeit eine Maßnahme, die Transparenz staatlicher Vorgänge ermöglicht.

In ihrer Kommunikation ist die Justiz unmittelbar an die Grundrechte gebunden und hat überdies die für die Justiz geltenden Strukturprinzipien zu beachten, vor allem die Gebote der Unparteilichkeit und der Verfahrensfairness sowie das Verbot der Vorverurteilung (in Strafverfahren). Die Justizberichterstattung muss Sorge dafür tragen, die jeweiligen Verfahren nicht zu stören oder zu beeinträchtigen (Pruggmayer/Möller 2011: 234f.). In der verfassungsrechtlichen Dimension hat sie einerseits die (grundgesetzlichen) Persönlichkeitsrechte der Betroffenen zu achten, andererseits das in Art. 5 Abs. 1 GG geschützte öffentliche Informationsinteresse (Lorz 2005: 2657, 2659) angemessen zu bedie-

---

[10] Siehe oben unter 2.
[11] Konkret zur Organisation und Ausgestaltung von Justizpressestellen Huff (2004: 403f.). Aus der Praxis der Pressestelle der Staatsanwaltschaften auch Becker-Toussaint (2009: 43f.).
[12] Dafür ist Huff (2004: 403). Dagegen sind Pruggmayer/Möller (2011: 234f.).

nen, welches einfachgesetzlich auch in Auskunftsansprüchen der Landespressegesetze zum Ausdruck kommt[13]. In Kommunikationsmaßnahmen muss die Justiz Zurückhaltung wahren, also nicht sensationslüstern formulieren, und den juristischen Gehalt korrekt wiedergeben, was die Verwendung von umgangssprachlichen Beschreibungen juristischer Sachverhalte erschwert (vgl. Lorz 2005: 2657, 2659).

Einige wenige ausdrücklich geregelte Einschränkungen existieren, nämlich für die Kommunikation amtlicher Schriftstücke vor Erörterung in der Hauptverhandlung oder aus nicht-öffentlichen Verhandlungen (§ 353 b StGB), von Informationen aus Steuerstrafverfahren (§ 30 AO) sowie von Informationen, die in der Systematik des allgemeinen Persönlichkeitsrechts der Intimsphäre zugeordnet sind.[14] Für Geheimnisse gilt ohnehin die Verschwiegenheitspflicht für Amtsträger (§ 203 Abs. 2 StGB). Wichtig sind überdies datenschutzrechtliche Einschränkungen über die Weitergabe von personenbezogenen Daten, die oftmals eine Anonymisierung erforderlich machen (Pruggmayer/Möller 2011: 234, 238). Allerdings lassen sich Grenzen aus Gesetzeszweck und Strukturprinzipien ableiten. So kann es zulässig sein, wenn etwa die Staatsanwaltschaft über die Einleitung eines Ermittlungsverfahrens informiert (OLG Düsseldorf, NJW 2005, 1791; mit Anm. Lorz 2005: 2657ff.), allerdings sollte eine solche Meldung angesichts der Unschuldsvermutung der Ausnahmefall mit besonderer Rechtfertigung bleiben (Pruggmayer/Möller 2011: 234, 236). Einleuchtend ist das Argument von Pruggmayer und Möller, für Justizpressesprecher gelten bei der Kommunikation über laufende Verfahren Maßstäbe, die die Anforderungen an die Verdachtsberichterstattung noch übertreffen, da die Kommunikation von staatlicher Stelle eine gewisse Richtigkeitsgewähr suggeriere, auf die Rezipienten mit größerem Vertrauen reagierten (Pruggmayer/Möller 2011: 234, 237). Das Gebot des fairen Verfahrens ist betroffen, wenn der Justizpressesprecher die Ermittlungsergebnisse in den Medien veröffentlicht, bevor sie dem Verteidiger zur Kenntnis gegeben wurden (Pruggmayer/Möller 2011: 234, 236), oder wenn einem Urteil vorgegriffen wird (Boehme-Neßler 2010a: 27f.). Und schließlich lässt sich auch aus den Regeln über die Öffentlichkeit von Verhandlungen eine Wertung entnehmen, wann der Gesetzgeber eine öffentliche Diskussion über Vorgänge nicht zulassen wolle. Auch wenn diese Regeln eine Berichterstattung nicht verbieten, so hat sich die Kommunikation der Justiz an diesem Grundmodell zu orientieren (Pruggmayer/Möller 2011: 234, 237).

---

[13] Beispielsweise § 4 des Hamburgischen Pressegesetzes.
[14] Vgl. Pruggmayer/Möller (2011: 234, 236), die überdies auch die Veröffentlichung von Geheimnissen i.S.v. § 353b Abs. 1, 203 Abs. 2 StGB und § 17 UWG als verboten ansehen.

In der konkreten Pressearbeit bleibt in dieser unklaren und viele Spielräume eröffnenden Lage den Sprechern nicht viel übrig, als sich einerseits immer wieder auf die Strukturprinzipien der Justiz rückzuversichern, und sich andererseits an den untergesetzlichen Richtlinien für die Zusammenarbeit mit den Medien zu orientieren, die zunehmend Verbreitung finden.[15] Trüg (2011: 1040ff.) hat vorgeschlagen, die Pressearbeit der Justiz einerseits anhand des Schutzgrades der Persönlichkeitsrechte und andererseits des konkreten Verfahrensstands abgestuft zu kategorisieren. Im Ergebnis wäre dann bei Verfahrensbeginn kaum etwas zu kommunizieren, schon gar nicht personenbezogene Daten. Bei Verdichtung des Verdachts im Verfahrensverlauf und abhängig von der persönlichkeitsrechtlichen Stellung des Betroffenen (absolute/relative/keine Person des Zeitgeschehens) könnten dann weitere Informationen herausgegeben werden. Ob die Gerichte diesen Vorschlag übernehmen, bleibt abzuwarten und zu hoffen.

4. Gezielte Beeinflussung der Gerichte über die Medien

Litigation-PR tritt nicht nur mit dem Anspruch auf, auf die Wahrnehmung der Verfahrensbeteiligten in der Öffentlichkeit Einfluss nehmen zu können. Vielmehr zielt sie darauf ab, über den Umweg der medialen Öffentlichkeit mittelbar auch Einfluss auf die Entscheidung der Richter und damit auf den Ausgang des Verfahrens nehmen zu können.[16]

Auch in diesem Beitrag zu Litigation-PR darf das stets in diesem Zusammenhang zitierte Schlagwort von Haggerty nicht fehlen, Litigation-PR sei die Interessenvertretung im „Gerichtshof der Meinungen" (Court of public opinion) (Haggerty 2003: 2). Dieses Schlagwort ist in sich widersprüchlich. Einen Gerichtshof der Meinungen gibt es nicht. Es gibt Gerichte, die nach rechtsstaatlichen Verfahren Recht sprechen. Und es gibt Foren, in denen öffentlich eine Meinung geäußert werden kann. Die Kombination von beidem existiert per definitionem nicht. So suggeriert die Vorstellung eines „Gerichtshof der Meinungen" eine Schattenwelt neben der Justiz, die man sich als Klient zu Nutze machen, sich von den Zwängen der Verfahrensordnung zu einem gewissen Grade lösen und die eigene Überlegenheit in der Meinungsmache gegenüber dem Verfahrensgegner ausspielen könne (vgl. Streeck 2010: 132ff.).

---

[15] In Sachsen-Anhalt JMBl. LSA Nr.13/2006 v. 27.3.2006, S.43ff. Ähnliche Richtlinien für NRW sind online abrufbar unter http://www.datenbanken.justiz.nrw.de/pls/jmi/jvv_proc_bestand?v_bes_id=1495; zuletzt aufgerufen am 13.09.2011.

[16] Aus Sicht eines Strafverteidigers siehe Hohmann (2009: 881ff.); vgl. auch Ernst (2010: 744, 745).

Litigation-PR in diesem Sinne verfügt über ein nicht zu unterschätzendes Instrumentarium. Entscheidungsrelevante Tatsachen können medial unterstrichen und der eigene Standpunkt bekannt gemacht werden: Dies sowohl in der aktiven Rolle, als auch in der Situation, eine ungünstige Darstellung abwehren zu müssen. Die Parteien können sich selbst schön zeichnen und die Gegenpartei abwerten – ein häufiges Spiel in Strafprozessen, das mit Reputationsmanagement ineinandergreift. Es kann eine Wahrnehmung aufgebaut werden, die Öffentlichkeit verlange einen bestimmten Verfahrensausgang. Kommt es auf Indizien an, kann die Wirkung von Zweifeln medial verstärkt werden. Auch Druck, etwa auf eine (vor-)schnelle Entscheidung kann aufgebaut werden. Zeugen können beeinflusst und damit mittelbar auch die Tatsachengrundlage im Prozess gestaltet werden, etwa in dem man ein Interview mit den Kernzeugen vor der Vernehmung durchführt und öffentlich verreißt. Schließlich kann auch auf die Fachöffentlichkeit gezielt werden, in dem strategisch juristische Fachbeiträge in Fachzeitschriften und Journalen platziert werden – dies in der Hoffnung, die Gerichte würden sich eher einer „herrschenden Lehre" anschließen und eine durch Literaturzitate belegbare Rechtsmeinung bevorzugen.[17] Allgemein finden sich für beeinflussende Kommunikationsmaßnahmen Ansätze über die Medien an der Tatsachenwahrnehmung der Verfahrensentscheider, an deren unbewussten Entscheidungsfaktoren und an deren emotionaler Lage.

Die der Litigation-PR zugrundeliegende fundamentale Annahme ist es dabei, Richter seien gegen die (wahrgenommene) öffentliche Meinung eben nicht immun. Durch Druck oder subtile Beeinflussung, durch Schaffung einer Situation, auf die Richter reagierten (Boehme-Neßler 2010b: 539f.), sei es möglich, den Entscheidungsprozess in den Köpfen der Verfahrensentscheider zu Gunsten des Klienten zu beeinflussen. Wie bereits in der Frage der Auswirkungen der Medien allgemein auf Gerichtsverfahren erörtert[18], gibt es in der Wirkungsforschung bislang keinen für Gesetzesänderungen ausreichend empörenden empirischen Beweis einer solchen Beeinflussbarkeit. Allerdings ist eine Beeinflussbarkeit in hohem Maße plausibel und wahrscheinlich. In welchem Maße sich Richter hingegen beeinflussen lassen, ist wiederum nicht erforscht und wahrscheinlich auch recht einzelfallabhängig. Das Beratungsprodukt der Litigation-PR, verstanden als eine indirekte Beeinflussung der Verfahrensentscheider, ist in seinen Erfolgschancen daher Spekulation und ein Stück weit auch Geschäft mit der Angst oder Aggression betuchter Klienten.

---

[17] Zur Rechtsanwaltsvergütung für einen „bestellten Fachaufsatz": OLG Naumburg, NJW 2009, 1679.
[18] Siehe unter 2.1.

4.1 Die rechtliche Relevanz indirekter Beeinflussung

Nehmen wir an, es sei in der Tat möglich, über die Medien indirekt die Verfahrensentscheider zu eigenen Gunsten zu beeinflussen. Welche rechtlichen Folgerungen wären daraus zu ziehen?

Boehme-Neßler hat verfassungsrechtliche Grenzen aufgezeigt, bei deren Überschreitung aus Sicht des Rechtsstaates Litigation-PR nicht mehr tolerabel wäre und Maßnahmen getroffen werden müssten. Als solche Grenzen sieht er die Unschuldsvermutung und die Persönlichkeitsrechte der Betroffenen. Als weitere verfassungsrechtliche Grenze sieht Boehme-Neßler das Gebot der prozessualen Waffengleichheit als Ausprägung der Garantie rechtlichen Gehörs nach Art. 103 Abs. 1 GG. Dieses sei verletzt, wenn eine Partei sich in einem Maße über die Medien Gehör verschaffe, dass die Äußerungen der Gegenpartei in dem Verfahren auch in der Wahrnehmung der Richter nur noch eine untergeordnete Rolle spielten. Schließlich seien von Litigation-PR auch das Recht auf den gesetzlichen Richter (Art. 101 GG) und die Unabhängigkeit des Richters (Art. 97 Abs. 1 GG) tangiert (Papier 2001: 1089), wenn der öffentliche Druck auf den Richter das übliche Maß qualitativ oder quantitativ überschreite und ein nachweisbarer Einfluss auf den Richter nicht auszuschließen sei (Boehme-Neßler 2009: 228, 230).[19]

Diese Ausführungen überzeugen. Gestützt werden sie jedenfalls für den Strafprozess durch § 261 StPO: Über das Ergebnis der Beweisaufnahme entscheidet das Gericht nach seiner freien, aus dem Inbegriff der Hauptverhandlung geschöpften Überzeugung. Allerdings zeichnen sie die äußersten Grenzen für Litigation-PR. Gegenüber diesen Ausnahmen lautet die Regel jedoch: Kommunikation zu Zwecken der Litigation-PR ist ein grundrechtlich über die Meinungsfreiheit nach Art. 5 Abs. 1 GG geschütztes Verhalten. Litigation-PR auch in dieser Extremform ist zulässig, sofern nicht ausnahmsweise allgemeine Gesetze i.S.v. Art. 5 Abs. 2 GG oder sonstige Werte mit Verfassungsrang die betreffenden Handlungen in verfassungsmäßiger Weise einschränken. Und explizit einschränkende gesetzliche Verbote gibt es bislang nicht.

Hinzu kommt: Berücksichtigt das Recht die psychologischen Effekte einer indirekten, wenig sichtbaren Beeinflussung, kann dies zu Wertungswidersprüchen führen. So fällt es schwer, Litigation-PR zur Beeinflussung der Richter zu verbieten, wenn man zugleich Parlaments-Lobbyismus erlaubt. Strukturell ist

---

[19] Kritisch zu der Frage, ob Berichterstattung die Unabhängigkeit von Richtern beeinträchtigen könnte: Scherer 1979: 162ff.

Lobbyismus der Litigation-PR ähnlich, hat jedoch nicht Einzelfallcharakter, sondern eine erhebliche Breitenwirkung. Die Gefahr von Wertungswidersprüchen besteht auch dann, wenn man einige psychologische Effekte berücksichtigt, andere aber nicht. Nach bisherigem Recht wäre ein Befangenheitsantrag der benachteiligten Partei gegen die medial beeinflussten Richter nicht erfolgversprechend. Das Gesetz sieht eine Befangenheit nur in bestimmten gesetzlich definierten Gründen an, etwa die persönliche Beziehung zu einer Partei (§ 42 ZPO, § 24 StPO, § 43a BRAO). Hingegen wird nicht an jede mögliche Form der psychischen Beeinflussung des Entscheidungsprozesses angeknüpft. Wäre eine verfassungskonforme Auslegung dieser Vorschriften geboten, die eine Befangenheit auch bei handgreiflicher möglicher Beeinflussung durch die Medien annimmt? Würde man dann Richter nicht auch als beeinflusst und damit befangen ansehen müssen, wenn der Richter infolge einer Diät oder der eigenen Scheidung besonders übelgelaunt wäre? Wenn er Kopfschmerzen hat und im Saal lange nicht gelüftet wurde? Wenn er die Anwältin einer Partei attraktiv findet? Wenn er vor Geschäftsschluss noch ein Geschenk für seine Frau besorgen muss und deshalb hofft, die Verhandlung werde schnell zum Ende kommen? Es wäre abwegig, in solchen Situationen von Befangenheit zu sprechen. Umgekehrt verlangt man von jedem Strafrichter, das Dauerfeuer persönlicher Angriffe von Konfliktverteidigern („seit langem in der Justiz das Erbärmlichste...") auszuhalten. Aber es könnte doch sein, dass solche Faktoren die Entscheidung auf psychologischer Ebene unbewusst sogar noch mehr beeinflussen als indirekte Beeinflussung über die Medien. Dann aber müsste man sie ebenfalls berücksichtigen.

Letztlich gibt es bislang keine Theorie der Entscheidungsprozesse, die aufzeigen könnte, wie und in welchem Maße Faktoren bei einer Entscheidung mitwirken. Auch der kommunikationstheoretische Aspekt, ein massenmedialer Stimulus führe zu einer bestimmten inneren Reaktion der Richter, wird von beachtlichen Stimmen als zu simplifiziert verworfen (Scherer 1979: 130ff.). Strenggenommen wissen wir ja noch nicht einmal, ob wir überhaupt einen freien Willen haben. Aus diesem Grund ist Vorsicht geboten, das Recht auf einen vermeintlichen und zufällig gerade im Rampenlicht stehenden psychologischen Effekt hin anzupassen[20], solange der Gesetzgeber nicht politischen Handlungsbedarf sieht.

---

[20] Kritisch auch Roxin (1991: 153, 157).

4.2 Die Rollen der Verfahrensbeteiligten im Prozess

Auch wenn es keine einfachgesetzliche Regelung der Zulässigkeit und der Grenzen von Litigation-PR gibt, so lassen sich doch einige Aussagen aus den professionellen Rollen der Verfahrensbeteiligten ableiten.

4.2.1 Angeklagter/Partei

Ein Angeklagter im Strafverfahren darf sich im Prinzip mit allen Mitteln der Äußerung verteidigen. Sogar die Lüge bleibt straflos, da niemand verpflichtet sein kann, sich selbst zu beschuldigen.[21] Will er versuchen, sich über die Medien zu verteidigen, ist er darin nicht beschränkt, solange er Rechte Dritter nicht verletzt.

Etwas anderes gilt im Zivilprozess. § 138 ZPO erlegt den Parteien eines Zivilprozesses eine prozessuale Wahrheitspflicht zur wahren und vollständigen Erklärung auf. Mit dem Gebot der Vollständigkeit gerät man leicht in Konflikt, wenn man mit subtilen Tatsachenausschnitten eine bestimmte Wahrnehmung erzeugen möchte. Bislang nicht gerichtlich geklärt ist die Frage, ob eine Partei die Wahrheitspflicht verletzt, wenn sie über unwahre oder unvollständige Äußerung im Wege der Litigation-PR den Richter zu manipulieren versucht, auch wenn sie sich im Prozess ansonsten rechtmäßig erklärt. Dagegen spricht, dass Äußerungen in der Presse keine Prozesshandlungen im Sinne der ZPO sind. Allerdings sprechen gute Gründe für eine Analogie: Normzweck des § 138 ZPO ist es, eine faire Verfahrensführung sicherzustellen (Musielak-Stadler, § 138 ZPO Rn. 1). Aber genau darum geht es auch bei Litigation-PR. § 138 ZPO wird allgemein subjektiv verstanden (Musielak-Stadler, § 138 ZPO Rn. 2). Das bedeutet, niemand haftet für einen Verstoß, wenn er glaubt, die Wahrheit gesagt zu haben, auch wenn dies objektiv nicht der Fall war. Dann aber muss man umgekehrt sagen, dass jemand gegen die Wahrheitspflicht nach § 138 ZPO verstößt, wenn er subjektiv mit einer unwahren Aussage darauf abzielt, über die Medien das Gericht und den Prozess zu beeinflussen.

Allgemein sollte eine Verfahrenspartei jedoch stets mit einkalkulieren, dass sie insoweit den Schutz der Privatsphäre verlieren kann, als sie oder ihr Prozessvertreter öffentlich Stellung zum Prozessgeschehen nehmen (LG Berlin NJR-RR 2003, 552; Löffler, Kap. 16 Rn. 10).

---

[21] Die Straftat der Falschaussage kommt nur für Zeugen und Sachverständige in Betracht, § 153 StGB.

4.2.2 Anwalt/Verteidiger

Litigation-PR zur Beeinflussung des Gerichts ist bei Anwälten nicht wirklich beliebt (Gerhardt 2009: 247, 249). Sie ist weder Rechtsberatung noch Prozessführung, und kann daher nur schwerlich zum anwaltlichen Aufgabenbereich gezählt werden.[22] Sie kann nicht über RVG abgerechnet oder über Prozesskostenhilfe finanziert werden. Gibt ein Anwalt Informationen heraus, können diese im Prozess allerdings gegen ihn verwendet werden. Das aber könnte die Anwaltshaftung auslösen. Der im Normalfall verständliche Reflex eines Rechtsanwaltes ist es daher, zu laufenden Verfahren nichts zu sagen.

Demgegenüber positionieren sich zunehmend Rechtsanwälte als Dienstleister und umfassende Interessenvertreter mit einem breiten Portfolio (oder besser: Arsenal) von möglichen Maßnahmen, weil ein Markt dafür besteht. Bereits aus der Diskussion über das Selbstverständnis der Strafverteidiger kennt man das gesetzliche Spannungsverhältnis zwischen der Stellung des Rechtsanwalts als unabhängiges Organ der Rechtspflege einerseits (§ 1 BRAO) und seiner Funktion zur umfassenden Verteidigung und Interessenvertretung andererseits. Die Freiheit der Verteidigung geht in diesem Konflikt sehr weit. Ähnlich verhält es sich mit Litigation-PR. Ist ein Rechtsanwalt an der Durchführung von medialen Kampagnen zur Prozessführung gehindert, weil er gesetzlich als Organ der Rechtspflege zählt? Litigation-PR stört die Verhandlung nicht, aber kann in Konflikt mit rechtsstaatlichen Verfahrensgrundsätzen geraten, deren Beachtung man von allen Organen der Rechtspflege erwarten kann. Aber ähnlich wie in der Strafverteidigung ist die Verteidigung und Interessenvertretung der Kern der anwaltlichen Rolle, nicht die objektive Wahrung der Verfahrensgrundsätze. Daher wird man sagen müssen, solange die PR-Maßnahmen die Verhandlung nicht stören oder in unvertretbarer Weise mit rechtsstaatlichen Grundsätzen in Konflikt geraten, setzt die Rolle des Rechtsanwalts im Prozess einer Medienarbeit außerhalb der Verhandlung kaum Schranken. Im Gegenteil: Als Maßnahme, den eigenen Mandanten vor den Nachteilen der Verdachtsberichterstattung zu schützen, kann sie legitim sein (Hohmann 2009: 881ff.). Die zivilprozessuale Wahrheitspflicht nach § 138 ZPO gilt allerdings auch für Prozessvertreter. Und überhaupt gilt: Öffentlichkeitsarbeit ist aufgrund der Verschwiegenheitspflicht nur mit Einwilligung des Mandanten möglich (§ 203 StGB).

---

[22] Anderer Ansicht ist Hohmann (2009: 881ff.).

4.2.3 Staatsanwälte

Anders als Verteidiger sind Staatsanwälte kraft ihrer Rolle auf Unparteilichkeit, Objektivität, Neutralität, das Legalitätsprinzip und die Grundrechte der Betroffenen verpflichtet. Überdies sind Staatsanwälte auch in ihrer Kommunikation weisungsgebunden (§ 147 Nr. 2 GVG). Auf dem Papier sollten sie kein Interesse daran haben, im Wege der Litigation-PR das Gericht zu beeinflussen. Ihr Interesse soll allein darin liegen, das Gericht bei der Wahrheitsfindung zu unterstützen und auch zugunsten des Verdächtigen zu ermitteln. Dieses Verständnis wird seit je her in einem kontradiktorischen Verfahren als illusorisch und wenig sachgerecht kritisiert (Boehme-Neßler 2010a: 32). Auch der Staatsanwalt im Prozess will gewinnen und das Prestige für sich und seine Behörde verbuchen. Er ist in der Versuchung, alles zu tun, um den Prozess zu gewinnen, insbesondere wenn er fest von der Schuld des Täters überzeugt ist. Deshalb besteht ein Anreiz, ein mediales Schreckensbild des Verdächtigen zu zeichnen, das das Gericht beeindruckt („Einem solchen Menschen sei eine solche Tat ja ohne weiteres zuzutrauen..."). Zielt ein Staatsanwalt darauf ab, verletzt er die bereits dargestellten Grundsätze der Öffentlichkeitsarbeit der Justiz.[23]

Bei alledem wird man jedoch zugeben müssen: Der Teufel steckt im Detail. Es gibt eine Grauzone, in der man nicht genau bestimmen oder nachweisen kann, ob eine Justizkommunikation die Grenzen ihrer Legitimation überschritten hat. Das eröffnet Spielräume. Ein Beispiel: Die Staatsanwaltschaft gibt bekannt, sie werde Anklage gegen einen Verdächtigen erheben. Dessen Verteidiger rollt eine Kampagne über alle Medien, die Vorwürfe seien ganz und gar haltlos. Die Staatsanwaltschaft wartet ab. Nach zwei Wochen lanciert sie ein pikantes Detail als Ermittlungsergebnis aus Durchsuchungsmaßnahmen. Die öffentliche Wahrnehmung kippt daraufhin in die Richtung, offenbar sei ja doch etwas an der Sache dran. Der Verteidiger kann dem wenig entgegensetzen, da sein mediales Pulver schon verschossen ist. Rechtlich betrachtet würde die Staatsanwaltschaft ihre Objektivitätspflicht verletzen, wenn sie gezielt versuchen würde den Verdächtigen zu diskreditieren (vgl. Ziffern 4a, 23 I S. 4 RiStBV). Sehr wohl aber darf sie mit Fakten einem falschen Eindruck in der Öffentlichkeit entgegentreten, jedenfalls solange ein Bezug zum Verfahren besteht. In diesem Beispiel ist es aber das Timing der Erklärungen, das den Unterschied ausmacht und die öffentliche Wahrnehmung maßgeblich bestimmt. Würde man sagen, die Staatsanwaltschaft habe rechtswidrig gehandelt, wenn sie sich taktisch den Zeitfaktor bei der Veröffentlichung zunutze gemacht habe?

---

[23] Siehe unter 2.3.

Würde man ihr automatisch unterstellen können, sie habe ein Bild des Verdächtigen zeichnen wollen, das später im Prozess den Vorwurf untermauern könnte? Oder habe sie nur den falschen Eindruck der Öffentlichkeit möglichst effektiv bekämpfen wollen? Oder hat die zweiwöchige Verzögerung sogar nur an den behördeninternen Abläufen gelegen? Ein anderes Beispiel wäre das Lancieren von Fakten, aus denen die Medien die gewünschten Schlüsse selbst ziehen können, ohne dass ein Staatsanwalt damit seine berufliche Verschwiegenheitspflicht (nachweisbar) verletzt.

4.2.4 PR-Berater

PR-Berater, die einem Rechtsanwalt bei der Prozessführung zur Seite stehen, sind keine Verfahrensbeteiligten, da sie in den maßgeblichen Prozessordnungen nicht aufgeführt sind (z.B. § 79 ZPO). Damit aber gelten für sie auch keine Einschränkungen aus prozessualen Regeln. Sie sind auch nicht aufgrund ihrer Funktion in der Justiz zur Verschwiegenheit verpflichtet. Allerdings ist ihre Aktivität mittelbar eingeschränkt, wenn sinnvollerweise vereinbart wurde, dass der Prozessvertreter die Letztentscheidung über sämtliche Kommunikation behält.

4.3 Die Regeln der Gerichtsberichterstattung

Betrachtet man insgesamt die Schranken, die die professionellen Rollen der Verfahrensbeteiligten einer Litigation-PR-Maßnahme zur Beeinflussung des Verfahrensausgangs setzen, so wird man sagen müssen, dass diese Schranken von nur geringem Ausmaß sind. Die Verfahrensordnungen setzen einem medialen Über-die-Bande-Spielen wenig entgegen.

Von erheblicher Bedeutung zum Schutze der möglichst unbeeinflussten Entscheidung des Gerichts sind demgegenüber die Regelungen über die Gerichtsberichterstattung. Je mehr die Medien gezwungen werden, objektiv und ausgewogen zu berichten, mittelbar die Unschuldsvermutung zu beachten, laufend ein „mutmaßlich", „nicht rechtskräftig" und dergleichen zu kommunizieren, desto mehr verliert PR-Arbeit der Prozessbeteiligten ihre Suggestivkraft, weil auch den Richtern damit die Vorläufigkeit und mögliche Fehleranfälligkeit der Äußerungen kommuniziert wird. Sicherlich funktioniert auch das nur in Maßen. Aber es lässt sich aus normativer Perspektive doch sagen, dass der Schutz vor indirekter Beeinflussung der Gerichte weniger durch eine Reglementierung der Prozessbeteiligten als vielmehr über eine Reglementierung der Medien bewerkstelligt werde.

4.4 Soziale Normen und Gerichtskultur

Soweit Litigation-PR zur Beeinflussung der Verfahrensentscheider rechtsstaatliche Verfahrensgarantien beeinträchtigt, ist die Lösung dieses juristischen Problems möglicherweise nicht-juristischer Natur.

Möchte man die Unabhängigkeit der richterlichen Entscheidung vor einer indirekten medialen Beeinflussung schützen, so kann man mit Rechtsnormen wenig auf das Verhalten der Richter einwirken. Man kann höchstens Verhalten Dritter verbieten, welches zu einer Beeinflussung führen könnte. Sehr wohl aber sind Verhalten und Entscheidung der Richter von anderen Faktoren geprägt, an denen man ansetzen kann. Dazu gehört selbstverständlich die juristische Ausbildung zur Berufsrichterschaft, die auf die Betrachtung von zwei Seiten ohne Ansehung der Personen trainiert. Boehme-Neßler schlägt vor, die professionelle Ausbildung zu erweitern und der medialen Beeinflussung der Verfahrensentscheider Maßnahmen zur Verbesserung der Mediensouveränität und Medienkompetenz entgegenzusetzen (Boehme-Neßler 2010b: 539, 542). Die Reflektion über die eigene Anfälligkeit gegenüber Aussagen in Medien könne helfen, eben diese zu reduzieren. Das überzeugt. Aber auch das Gefüge an sozialen Normen und an Gerichtskultur stützt die Unabhängigkeit der Richter in der eigenen Entscheidungsfindung. Die Richterschaft ist stolz auf die Unabhängigkeit und lebt diese als Ideal. Richter schwören auf die unabhängige Entscheidung (§2 BRichterG) und tragen Robe. Sie achten auf die Würde des Gerichts. Der Vorsitzende, die Gerichtsleitung und das Kollegium können sich darin unterstützen, medialen Druck zu ignorieren und eine Kultur zu fördern, in der sich das Gericht der Aufgabe der Unabhängigkeit stets gewahr ist. Und insgesamt kann die Justiz darauf hinwirken, rechtsstaatliche Verfahrensgrundsätze auch in soziale Normen umzusetzen. Auch und gerade mit Mitteln der Kommunikation. Die Medien demgegenüber können helfen, das Kontinuum für die schädliche Seite von Litigation-PR zu schmälern, und der wünschenswerten Seite neue Räume zu eröffnen, insbesondere auch über Aspekte der Medienselbstregulierung. Nichts anderes ist es, was der Vorsitzende des Deutschen Richterbundes Frank kürzlich forderte: Die jüngsten Exzesse in der Berichterstattung sollten eine untypische Ausnahme bleiben. Dies liege in der Verantwortung aller Akteure, innerhalb und außerhalb der Gerichtssäle (Frank 2011: 6).

5. Fazit

Litigation-PR hat erhebliche rechtliche und faktische Spielräume. In Formen der Justizkommunikation und des Reputationsmanagements erfüllt sie wichtige Aufgaben in der Mediengesellschaft. Zielt Litigation-PR hingegen auf eine mittelbare Beeinflussung der Verfahrensentscheider und damit auf den Ausgang des Verfahrens, gerät sie leicht in Konflikt mit rechtsstaatlichen Verfahrensgrundsätzen. Regulatorisch finden sich nur wenig Vorgaben im Prozessrecht und im Berufsrecht der Justiz. Wesentliche Stellschraube ist die Reglementierung der Medien über spezifische und höchst komplexe Regeln zur Gerichtsberichterstattung. Boehme-Neßler hat zu Recht darauf aufmerksam gemacht, ein solcher Mechanismus versage zunehmend in der Welt des Internet, der Blogger, Profile und Foren, weil Laienautoren im Internet mit dem komplexen Medienrecht nicht vertraut sind bzw. sein können (Boehme-Neßler 2010a: 35; Hohmann 2009: 881f.). Dann aber gibt es Anlass, den regulatorischen Rahmen für Litigiation-PR mit einem prozessrechtlichen Fokus zu überdenken.

Literatur

Becker-Toussaint, Hildergard (2009): Die Bedeutung der Medien für die Staatsanwaltschaft, in: Rode, Irmgard/Leipert, Matthias (Hrsg.): Das moderne Strafrecht in der Mediengesellschaft.
Boehme-Neßler, Volker (2009): Die Öffentlichkeit als Richter? – Litigation-PR als Herausforderung für das Recht, in: ZRP 2009, S. 228-231.
Boehme-Neßler, Volker (2010a): Die Öffentlichkeit als Richter? Chancen und Risiken von Litigation-PR aus verfassungsrechtlicher und rechtssoziologischer Sicht, in: Ders. (Hrsg.): Die Öffentlichkeit als Richter? Litigation-PR als neue Methode der Rechtsfindung, Baden-Baden: Nomos, S. 20-51.
Boehme-Neßler, Volker (2010b): Unabhängige Richter in der Mediengesellschaft?, in: AfP Zeitschrift für Medien- und Kommunikationsrecht 6/2010: 539-420.
Von Coelln, Christian (2006): Der Zutritt von Journalisten zu öffentlichen Gerichtsverhandlungen, In: DÖV 2006, 804-811.
Danzinger, Christine (2009): Die Medialisierung des Strafprozesses – Eine Untersuchung zum Verhältnis von Medien und Strafprozess, Berlin: BWV.
Ernst, Stefan (2010): Medien, Justiz und Rechtswirklichkeit, in: NJW 2010, 744-746.
Frank, Christoph (2011): Ein zynisches Spiel, FAZ vom 28. Juli 2011, S. 6.
Friedrichsen, Gisela (2010): Zwischenruf – „Litigation-PR" – Prozessführung über die Medien?, In: ZRP 2010, S. 263-265.
Gerhardt, Rudolf (2009): Die Richter und das Medienklima – Welchen Einfluss hat die Gerichtsberichterstattung in den Medien auf das Strafverfahren und das Urteil?, in: ZRP 2009, 247-250.
Gerhard, Rudolf (1990): Der Einfluss der Medien auf das Strafverfahren aus medialer Sicht, In: Oehler et al. (Hrsg.): Der Einfluss der Medien auf das Strafverfahren, Baden-Baden, S. 19-45.
Haggerty, James F. (2003): In the Court of Public Opinion. Winning your Case with Public Relations, Hoboken, NJ.

Hassemer, Winfried (1990): Der Einfluss auf das Strafverfahren aus strafrechtlicher Sicht, in: Oehler et al. (Hrsg.): Der Einfluss der Medien auf das Strafverfahren, Baden-Baden, S. 60-74.

Hohmann, Olaf (2009): Verdachtsberichterstattung und Strafverteidigung – Anwaltsstrategien im Umgang mit den Medien, in: NJW, S. 881-885.

Huff, Martin (2004): Notwendige Öffentlichkeitsarbeit der Justiz, in: NJW 7, S. 403-406.

Jahn, Joachim (2010): Zwischen Erpressung und Dienst an der Gerechtigkeit, In: Boehme-Neßler (Hrsg.): Die Öffentlichkeit als Richter? Litigation-PR als neue Methode der Rechtsfindung, Baden-Baden: Nomos, S. 11-19.

Kepplinger, Hans Mathias/Zerback, Axel (2009): Der Einfluss der Medien auf Richter und Staatsanwälte. Art, Ausmaß und Entstehung reziproker Effekte, in: Publizistik, Vol. 54, Nr. 2, S. 216-239.

Kepplinger, Hans Matthias (2010): Die Öffentlichkeit als Richter? Empirische Erkenntnisse zu einer brisanten Frage, in Boehme-Neßler (Hrsg.): Die Öffentlichkeit als Richter? Litigation-PR als neue Methode der Rechtsfindung, Baden-Baden: Nomos, S. 154-168.

Lorz, Alexander (2005): Neue Vorgaben für die Öffentlichkeitsarbeit der Justiz?, In: NJW 2005, S. 2657-2660.

Müller, Gerda (2007): Probleme der Gerichtsberichterstattung, in: NJW 2007, S. 1617-1619.

Papier, Hans-Jürgen (2001): Die richterliche Unabhängigkeit und ihre Schranken, in: NJW 2001, S. 1089-1094.

Pruggmayer, Steffen/Möller, Simon (2011): Befugnisse und Verpflichtungen von Justizpressesprechern, in: K&R 2011, S. 2234-240.

Roxin, Claus (1991): Strafrechtliche und strafprozessuale Probleme der Vorverurteilung, in: NSTZ 1991, S. 153-160.

Scherer, Joachim (1979): Gerichtsöffentlichkeit als Medienöffentlichkeit, Bodenheim: Athenaeum.

Schulz, Uwe (2002): Die rechtlichen Auswirkungen von Medienberichterstattung auf Strafverfahren, Frankfurt: Lang.

Streeck, Klaus (2010): Litigation-PR als beauftragte Beeinflussungsdienstleistung, in: Boehme-Neßler, Volker (Hrsg.): Die Öffentlichkeit als Richter? Litigation-PR als neue Methode der Rechtsfindung, S. 129-138.

Trüg, Gerson (2011): Medienarbeit der Strafjustiz – Möglichkeiten und Grenzen, in: NJW 2011, 1040-1045.

Zur Öffentlichkeitsverantwortung der (Straf-) Gerichte und Staatsanwaltschaften in der Mediengesellschaft

Gerson Trüg & Marco Mansdörfer

Abstract

The article focuses on the specific public responsibility of courts and public prosecutors in today's media society. Courts and public prosecutors are required to protect the general right of personal freedom of the people subjected to it and to play an active role in the public perception of the judicial process. The article describes what to do and which fundamental principles must be followed.

1. Ein Fußballprofi in Untersuchungshaft

Noch kein besonderes Ereignis ist es, wenn gegen eine Person wegen des Verdachts der schweren Brandstiftung Untersuchungshaft angeordnet wird. Wenn diese Person, wie „Breno", als Fußballprofi beim FC Bayern München unter Vertrag steht, ist dies aus strafrechtlicher Sicht zwar noch immer nichts Besonderes, für die Medien wird der Fall aufgrund seiner Begleitumstände dann jedoch zur Story. Wie konkret ist der Verdacht? Was hat den Fußballspieler zu der vermeintlichen Tat veranlasst? Gibt es Schattenseiten des Lebens als Fußballprofi? Wie reagiert der Verein?

Wie aber sollen Staatsanwaltschaften und Gerichte in diesem und in vergleichbaren Fällen mit der Öffentlichkeit und den Medien umgehen? Wie viel Öffentlichkeit ist angemessen? Inwieweit tragen Gerichte und Staatsanwaltschaften in derartigen Konstellationen eine Öffentlichkeitsverantwortung?

2. Bedeutung und Mediatisierung der Gerichtsöffentlichkeit

Die damit angeschnittenen Fragen nach Möglichkeit und Grenzen der Verfahrensöffentlichkeit, insbesondere von (in diesem Beitrag schwerpunktmäßig) Strafverfahren[1], sind kein originäres Phänomen des heutigen, von Print-, Rundfunk- und Fernsehmedien sowie der explodierenden Bedeutung des Internets dominierten Zeitalters. Die eigentlichen Facetten der Thematik und ihre tiefe Verwurzelung in den Grundstrukturen einer offenen und modernen westlichen Gesellschaft macht ein kursorischer Blick auf die besondere historische Bedeutung der Öffentlichkeit im Gerichtsverfahren deutlich.

Der Schwerpunkt unseres heutigen rechtlichen Grundverständnisses wurzelt in den Erfahrungen des ausgehenden 18. und namentlich in den Erkenntnissen der ersten Hälfte des 19. Jahrhunderts. Eines der strukturellen rechtlichen Probleme noch Ende des 18. Jahrhunderts war ein fundamentaler *Mangel an Öffentlichkeit*. Das überwiegend schriftliche und geheime Verfahren des sog. Inquisitionsprozesses war mit dem aufkommenden modernen Staatsverständnis Ende des 18. und in der ersten Hälfte des 19. Jahrhunderts nicht mehr vereinbar (Trüg 2011: 1040). Im Strafprozess wurde daher zunächst die das gerichtliche Verfahren vorbereitende Staatsanwaltschaft etabliert, sodass Strafgerichte unvoreingenommen über den durch die Staatsanwaltschaft angeklagten Sachverhalt entscheiden konnten.

Die neutrale rechtsprechende Gewalt sollte sich ferner nicht mehr allein gegenüber dem Monarchen, sondern in erster Linie gegenüber dem Volk verantworten. Kristallisationspunkt dieser Verantwortung war die „Öffentlichkeit des Verfahrens". Diese Öffentlichkeit wurde in der Folgezeit zu einer zentralen Verfahrensmaxime entwickelt[2], sodass ihr im Jahr 1848 in Art. 178 Abs. 1 der Frankfurter Paulskirchenverfassung Verfassungsrang eingeräumt wurde. Unser heutiges formal-juristisches Verständnis von (Gerichts-) Öffentlichkeit beruht in seiner Grundstruktur auf dem, beseelt durch diesen Zeitgeist, erlassenen Gerichtsverfassungsgesetz vom 27. Januar 1877 (vgl. RGBl 41; III 300-2) und damit auf der eben skizzierten liberalstaatlichen Fundierung.

Heute hat es allen Anschein, als ob diese demokratische Kontrollfunktion in den Hintergrund getreten wäre. Die seltsam beschleunigte Medienöffentlichkeit ist an vermarktbaren Schlagzeilen interessiert; demgegenüber bildet die am Verfahren und am mitunter zähen „Kampf ums Recht" interessierte Öffentlich-

---

[1] Die Wortwahl ist angelehnt an den Titel der Monographie Schmidthals' „Wert und Grenzen der Verfahrensöffentlichkeit im Strafprozess" aus dem Jahre 1977.
[2] Beispielhaft sei auf die Werke von Feuerbach (1821) oder Mittermaier (1845) verwiesen.

keit die Ausnahme. Breite Teile der Öffentlichkeit werden heute durch (unterhaltsame und in simplifizierter Form aufbereitete) mediale Schauverhandlungen – paradigmatisch die Sendungen „Barbara Salesch" und „Richter Alexander Hold" – bedient. Allgemein interessierende Rechtsentwicklungen im Sinne echter Problemdarstellung werden eher in Printkolumnen wie „Ihr Recht" oder „Recht & Steuern" nachgezeichnet.

3. Die Öffentlichkeitsverantwortung von (Straf-) Gerichten und Staatsanwaltschaften als direkte Medienakteure

3.1 Gerichte und Staatsanwaltschaften als mediale Akteure

Während Gerichte in ihrer realen Erscheinung in den vorstehend angesprochenen TV-Medienformaten allenfalls als vages Vorbild für das mediale Abbild dienen, werden Staatsanwaltschaften und Gerichte in spektakulären Verfahren – gewollt oder ungewollt – direkt zum medialen Akteur. Die beim Gericht verankerte Leitungsbefugnis des Verfahrens rückt Richter nahezu zwangsläufig in die Rolle eines Hauptdarstellers. Die Verkündung des Tenors der Bundesverfassungsgerichtsentscheidung zum „Euro-Rettungsschirm" oder die staatsanwaltschaftliche Stellungnahme zur Festnahme von Terrorverdächtigen oder Fußballspielern etwa wird als Videoclip direkt in die Online-Medien der Verlage integriert.

Nicht selten werden die Verhandlungsführung des Vorsitzenden oder einzelne Äußerungen von Richtern und Staatsanwälten während der Verhandlung selbst zum Gegenstand der wertenden Berichterstattung (vgl. Gerhardt 2009: 247). Insbesondere die Pressemitteilungen von Staatsanwaltschaften und Gerichten erlangen bereits während des Ermittlungsverfahrens, also zum Zeitpunkt der Prüfung und Überprüfung eines bloßen Anfangsverdachts (d.h. die einfache Möglichkeit des Vorliegens einer Straftat), bzw. im Vorfeld und während einer Hauptverhandlung, also zum Zeitpunkt richterlicher Erkenntnisfindung, große Bedeutung. Dabei erwecken mitunter staatsanwaltliche Presseerklärungen bzw. Äußerungen gegenüber Medienvertretern durchaus den Anschein aktiver Verfahrensführung via Medien.

3.2 Der gesetzliche Handlungsrahmen

Der gesetzliche Rahmen, welcher den Umgang von Gerichten mit der Öffentlichkeit konturieren könnte, ist, auch im Gerichtsverfassungsgesetz (GVG), nur fragmentarisch geregelt. Einige Vorgaben sind einfachgesetzlich in den §§ 169ff. GVG zu finden; darüber hinaus sind die Gerichte an die abstrakteren Vorgaben der Grundrechte (insbesondere Art. 2 Abs. 1 GG), des Demokratieprinzips (Art. 20 Abs. 1 GG), des allgemeinen Rechtsstaatsprinzips (Art. 20 Abs. 3 GG) und an die allgemeinen Vorgaben der Europäischen Menschenrechtskonvention, namentlich an Art. 6, 10 EMRK, gebunden (vgl. Zimmermann 2008: Rn. 3ff.):

§ 169 S. 1 GVG bestimmt zunächst, dass die Verhandlung vor dem erkennenden Gericht und insbesondere die Urteilsverkündung (§ 173 GVG) öffentlich sind. Freilich wird in § 169 S. 2 GVG betont, dass Ton- und Filmaufnahmen zum Zwecke der Veröffentlichung unzulässig sind (vgl. BVerfG StV 2001, 661). Art. 6 Abs. 1 EMRK legt weiter fest, dass „die Presse und die Öffentlichkeit während der gesamten Verhandlung oder eines Teils derselben im Interesse der Sittlichkeit, der öffentlichen Ordnung oder der nationalen Sicherheit (…), oder wenn die Interessen von Jugendlichen oder der Schutz des Privatlebens der Prozessparteien es verlangen", ausgeschlossen werden kann. Der besondere Schutz von Jugendlichen wird gesondert in den §§ 48, 109 Abs. 1 S. 4 JGG hervorgehoben; Entsprechendes gilt für Familien- (§ 170 GVG) oder Unterbringungssachen (§ 171a GVG).

Der einfachgesetzliche Rahmen beschränkt die Partizipation der Öffentlichkeit auf die gerichtliche Verhandlung und dabei auf Bereiche, in denen die Öffentlichkeit den Verfahrensbeteiligten nicht unzumutbar ist. Typische Fälle, in denen die Beteiligten vor der Öffentlichkeit geschützt werden sollen, beschreibt § 172 GVG: Es steht danach etwa im Ermessen des Gerichts, die Öffentlichkeit auszuschließen, wenn das Wohl eines Zeugen oder einer anderen Person zu besorgen ist (§ 172 Nr. 1a GVG, Nr. 131a Richtlinien für das Straf- und Bußgeldverfahren - RiStBV) oder wenn wichtige Geschäfts-, Betriebs-, Steuergeheimnisse (§ 172 Nr. 2 GVG) bzw. sonstige private Geheimnisse (§ 172 Nr. 3 GVG, Nr. 131 RiStBV) zur Sprache kommen. Der Gesetzgeber nimmt in diesen Konstellationen in Kauf, dass (weite) Teile des Verfahrens gerade nicht öffentlich stattfinden und auch nicht öffentlich werden. Aus gutem Grund hat der Gesetzgeber auch kein allgemeines Recht der Öffentlichkeit auf Akteneinsicht geschaffen (Zimmermann 2008: Rn. 11).

Soweit die Öffentlichkeitsverantwortung von Gerichten und Staatsanwaltschaften durch die Grundrechte geleitet wird, ist insbesondere ein Ausgleich zwischen dem allgemeinen Persönlichkeitsrecht der Betroffenen aus Art. 2 Abs. 1 GG[3] und dem Recht auf Pressefreiheit aus Art. 5 GG[4] (bzw. Art. 10 EMRK) zu schaffen. Im Falle des Widerstreits unterschiedlicher Rechtssphären, ist ein Ausgleich im Sinne einer „praktischen Konkordanz" zwischen dem Recht des Einzelnen auf Selbstdarstellung[5] und dem Informations- und Berichterstattungsrecht der Presse zu suchen. Verfassungsmäßige Rechte und Grundsätze dürfen dabei nur soweit eingeschränkt werden, wie dies durch einen verfassungslegitimen Zweck gefordert und insgesamt verhältnismäßig ist. Als positive Handlungsleitlinie lässt sich aus Nr. 129 RiStBV folgender Hinweis entnehmen:[6] „Presse, Hörfunk und Fernsehen dürfen in der Berichterstattung nicht mehr beschränkt werden, als das Gesetz und der Zweck der Hauptverhandlung es gebieten. Die Aufgabe des Gerichts, die Wahrheit zu erforschen, darf nicht vereitelt oder erschwert, das Recht des Angeklagten, sich zu verteidigen, nicht beeinträchtigt werden; auch sind die Persönlichkeitsrechte des Angeklagten und anderer Beteiligter, insbesondere auch des Verletzten zu berücksichtigen." Darüber hinaus ist an landespressegesetzliche Regelungen zu denken, die freilich ihrerseits – was teilweise nicht hinreichend bedacht wird – an den oben aufgeführten Grundrechten, insbesondere dem allgemeinen Persönlichkeitsrecht (Art. 2 Abs. 1 GG), zu messen sind (vgl. dazu auch unten 3. 6).

3.3 Normativer Gehalt der Öffentlichkeitsverantwortung

Die Art. 92, 97 GG verpflichten die hoheitlichen Akteure zu Neutralität. Im Strafverfahren besteht insbesondere aufgrund des Rechtsstaatsprinzips und der in Art. 6 Abs. 2 EMRK verankerten Unschuldsvermutung die Pflicht, den Beschuldigten bis zur Rechtskraft des Urteils als unschuldig zu behandeln (vgl. Stuckenberg 1997; Marxen 1980: 372f.). Die hoheitlichen Akteure sind dadurch in ihrer Rolle als mediale Akteure hinsichtlich ihrer Handlungs- und Äußerungsmöglichkeiten eingeschränkt. Sie müssen sich bereits im Vorfeld einer

---

[3] Grundlegend dazu BGHZ 31, 308ff. (sog. Herrenreiter-Urteil); speziell zum Strafverfahren vgl. Riepl (1998).
[4] Zu den in Art. 5 GG enthaltenen Privilegien der Presse gegenüber Staatsorganen vgl. Herzog (2011: Art. 5 Abs. 1 S. 2 Rn. 122).
[5] Zum Recht auf Selbstdarstellung mit besonderem Bezug auf die Position des Beschuldigten im Ermittlungsverfahren vgl. Mansdörfer (2011).
[6] Die Richtlinien für das Strafverfahren und das Bußgeldverfahren sind für Gerichte – anders als für die Staatsanwaltschaften – gerade nicht verbindlich, sondern dienen nur als im Einzelfall helfende Hinweise. Erst recht gelten die Richtlinien nicht für andere zivilrechtliche oder öffentlich-rechtliche Verfahren.

Verhandlung jeder Mutmaßung oder gar Ankündigung über den Ausgang eines Verfahrens enthalten.

Gerichte würden ihre Rolle freilich verkürzt verstehen, wenn sie sich von der Medienöffentlichkeit eines Verfahrens völlig unberührt zeigen bzw. sich insoweit vollständig verschließen würden. Wechselwirkungen zwischen Medienöffentlichkeit und dem Ablauf und ggf. auch dem Ausgang des Verfahrens bestehen. Gerichte und Staatsanwaltschaften müssen sich dessen bewusst sein. Gerade dies soll im Folgenden unter dem Begriff der *Öffentlichkeitsverantwortung* thematisiert werden.

In der Sache beschreibt der Begriff der Öffentlichkeitsverantwortung von Gerichten und Staatsanwaltschaften die Aufgabe, den berechtigten Informationsanspruch der (insbesondere medial geprägten) Öffentlichkeit und der Medien selbst in Ansehung der Rechte der am Prozess Beteiligten in einer vom Zweck des Verfahrens geprägten Weise vor, während und nach dem Verfahren zu erfüllen.[7] Das Postulat der Öffentlichkeitsverantwortung fordert dabei nicht etwa bloße Zurückhaltung, sondern in Teilbereichen auch verantwortungsvolles, aktives Agieren. Die aus der Öffentlichkeitsverantwortung abzuleitenden Handlungsmaximen unterscheiden sich im Detail je nach der Art des konkret geführten Verfahrens.

Ganz grundlegend stellt sich insoweit für Akteure von Gerichten und Staatsanwaltschaften das Problem sachgerechter Wahrnehmung der eigenen Rolle im medialen Kommunikationsprozess. Dieser öffentliche Kommunikationsprozess wird in puncto Adressat, Geschwindigkeit und grundsätzlich vermittelbarer Komplexität von wesentlich anderen Kommunikationsparametern geprägt als der förmliche Rechtsstreit. Gericht und Staatsanwaltschaft stehen hier a priori in der Verantwortung einer maßvollen Verkürzung und Vereinfachung. Sie dürfen und sollen sich hier einer zwar gehobenen, aber doch auch medientauglichen Sprache bedienen.

3.4 Inhalt der Öffentlichkeitsverantwortung

Im Kern geht es darum, etwa im Strafverfahren der Medienöffentlichkeit den durch das Verfahren festzustellenden öffentlichen Strafanspruch knapp darzulegen, ohne zu übertreiben oder vorzuverurteilen. In einer zivilen oder öffentlich-rechtlichen Streitigkeit ist entsprechend das Sachproblem darzustellen, ohne

---

[7] Zweifelhaft ist freilich die Berechtigung von Parallelen mit der mittelalterlichen Einrichtung des Prangers. Vgl. etwa Zabel (2011: 347ff.).

dass sich das Gericht vorschnell in der Sachentscheidung festlegt. In allen Fällen gilt es, durch eine *klassische Sachinformation* die Kontrollfunktion der Öffentlichkeit zu gewährleisten und den Informationsanspruch der Medien zu befriedigen. Dieses Gebot der sachlichen Information wird im Einzelfall durch widerstreitende Interessen etwa der Vermeidung der Gefahr von Nachahmungstaten oder dem Gesichtspunkt der Prävention (vgl. § 172 GVG) und wegen des Persönlichkeitsrechts von Beteiligten modifiziert. So ist es bspw. hinreichend, wenn die Staatsanwaltschaft von sexuellem Missbrauch spricht; Einzelheiten zur Art des sexuellen Missbrauchs oder zu bestimmten Sexualpraktiken sind der Erörterung in öffentlicher und ggf. nichtöffentlicher (Gerichts-) Verhandlung vorbehalten.[8]

Die Forderung an die Gerichte, das aufgezeigte Spannungsfeld so zu gestalten, dass der Spruchkörper seine Funktion, den Rechtsstreit zu entscheiden und Rechtsfrieden zu schaffen, effektiv erfüllen kann, wird durch die widerstreitenden Interessen der (weiteren) medialen Akteure erschwert. Bei den direkt am Prozess Beteiligten, bei Parteien im Zivilprozess, dominiert das Ziel, das Verfahren selbst im eigenen Interesse zu prägen. Dazu kommen weniger offensichtliche Interessen, wie das Ausnützen der Möglichkeiten, die das Verfahren als Plattform zur Präsentation der eigenen Partei (z. B. eines Unternehmens) in der Öffentlichkeit bietet, kurz: das Interesse der Partei, den Prozess in die allgemeine Public-Relations-Gestaltung einzubinden (Einbindung der Litigation-PR in die allgemeine PR) (vgl. Boehme-Neßler 2009: 228; Friedrichsen 2010: 263).[9]

Die Wahrnehmung der Öffentlichkeitsverantwortung der Richter und Amtspersonen vollzieht sich in vielfältiger Form: Von besonderer Bedeutung ist aber die inhaltliche Kommunikation der Gerichte über Presseerklärungen, die Kommunikation im Gerichtssaal bei der Prozessführung und auch die sachgerechte Ausübung des Hausrechts. Das Gericht ist hier in der Wahl seiner *Mittel* grundsätzlich frei. Ein Anspruch etwa auf eine medienwirksame Stellungnahme in Form eines Bildinterviews des Gerichts besteht nicht. Im Gegenteil sollte das Gericht – und im Strafverfahren die Staatsanwaltschaft – solche Ausdrucksformen wählen, die der besonderen Verfahrensrolle und der Neutralitätspflicht entsprechen. Dem Gericht und der Staatsanwaltschaft obliegenn daher eine im

---

[8] So war etwa die Erörterung masochistischer Sexualpraktiken oder der Einsatz von Messern etc. in staatsanwaltlichen Presserklärungen anlässlich des Strafprozesses gegen den öffentlich bekannten Wettermoderator Kachelmann unverhältnismäßig.
[9] Jüngstes Beispiel ist etwa das Versicherungsunternehmen „ERGO", das die mediale Präsenz des Unternehmensnamens durch negative Berichte über verschwenderische Lustreisen für Vertreter dazu nutzte, eine umfangreiche Werbekampagne zu starten.

Vergleich zu den Parteivertretern weitaus zurückhaltendere Öffentlichkeitsarbeit.[10]

3.5 Zentrale Einzelgebote sachangemessener Öffentlichkeitsarbeit

Neben dem allgemeinen Klugheitsgebot zurückhaltender Öffentlichkeitsarbeit wird das Verhalten des Gerichts unabhängig vom konkreten Rechtszweig durch eine Reihe weiterer rechtlicher Determinanten geprägt:

3.5.1 Gebot der organisatorischen Berücksichtigung von Öffentlichkeitsarbeit

Die geforderte Unparteilichkeit des Gerichts (Art. 92, 97 GG) birgt überall dort Gefahren, wo das Gericht vor einem abschließenden Urteil Stellungnahmen zum Verfahren abgeben soll. Öffentliche Äußerungen zum Sach- und Streitstand sollte das urteilende Gericht daher grundsätzlich ganz vermeiden. Soweit dies nicht möglich ist, dürfte selbstverständlich sein, dass Öffentlichkeitsarbeit in erster Linie in den Zuständigkeitsbereich einer entsprechend ausgestatteten und ausgebildeten Pressestelle fällt (*Gebot der organisatorischen Berücksichtigung von Öffentlichkeitsarbeit*). Presseerklärungen des Spruchkörpers selbst – auch in Form von in den Urteilsgründen enthaltenen pressetauglichen Abstracts – sind entgegen einer vereinzelt geübten Praxis nicht tolerabel.

3.5.2 Gebot medienpolitischer Neutralität

Die Rolle des Gerichts und der Staatsanwaltschaften als hoheitliche Akteure erfordert weiter eine Haltung medienpolitischer Neutralität. Daraus folgt das *zentrale Verbot jeglicher Diskriminierung bestimmter Medien* oder positiv das Gebot der allgemeinen Gleichbehandlung unterschiedlicher Medien. Der Teilhabeanspruch der Medien aus Art. 5 Abs. 1 S. 2 GG[11] bzw. aus den Landespressegesetzen (z.B. § 4 BadWürttPresseG.) und deren staatstheoretische Aufgabe als so apostrophierte vierte Gewalt gebietet es, allen Medien ohne Ansehung der Form des Mediums, der allgemeinen politischen Richtung und erst recht der

---

[10] Vgl. auch Nr.4a RiStBV. Dieses Gebot wird in jüngerer Zeit zunehmend missachtet. Eine wachsende Medienpräsenz der Justiz registrieren etwa Huff (2004: 403) und Jahn (2010: 15).
[11] Grundsätzlich insoweit zuletzt BVerfGE 117, 244 – Cicero.

Tendenz im konkret zu entscheidenden Fall gleichermaßen Zugang zu den verfahrensrelevanten Informationen zu gewähren. Dies bedeutet nicht, dass jedem Medienvertreter gleichermaßen und uneingeschränkt Zugang zum Verfahren oder konkret etwa zum Gerichtssaal verschafft werden müsste. Die allfälligen Einschränkungen müssen lediglich in einem transparenten und diskriminierungsfreien Verfahren erfolgen, wobei es in der Sache zulässig ist, wenn das Gericht ein ausgewogenes Verhältnis von Medienart und -richtung anstrebt.

3.5.3 Gebot der Berücksichtigung der berechtigten Beteiligteninteressen

Nach der damit im Wesentlichen abgehandelten Frage, welche Medien Gerichte im Rahmen ihrer Öffentlichkeitsverantwortung zu berücksichtigen haben, gilt es, die weitaus schwierigere und im Einzelnen umstrittene Frage zu beantworten, in welchem *Umfang* den Gerichten die Aufgabe zukommt, (Medien-) Öffentlichkeit zu schaffen.[12] Das bereits erwähnte Klugheitsgebot allgemeiner Zurückhaltung und die Sorge vor einer nicht mehr kontrollierbaren Breitenwirkung darf das Gericht nicht zu einer zu restriktiven Haltung bewegen. Auch hier gilt es, die vorhandenen Spielräume auszunutzen und die Interessen derjenigen zu berücksichtigen, die von der Medienberichterstattung in erster Linie betroffen sind: die Naturparteien im Zivilprozess, der betroffene Bürger in einem Verwaltungsrechtsstreit und der Beschuldigte im Strafverfahren. Das Gericht greift durch seine Ausgestaltung des Verfahrens zentral in die durch die Berichterstattung betroffenen allgemeinen Persönlichkeitsrechte von Kläger, Beklagtem und Angeklagtem ein. Eine Verfügungsgewalt über diese Rechte mit Blick auf die Einwirkungen durch Öffentlichkeit steht dem Gericht nur in dem engen, insbesondere durch die Gerichtsverfassung vorgegebenen Rahmen zu. Jenseits dieses Rahmens hat das Gericht über diese Rechte im Wesentlichen treuhänderisch im Sinne der Betroffenen zu verfügen. Dieses Interesse veranlasst das Gericht im Zweifelsfall zu einem *Schutz vor Öffentlichkeit* (Trüg, 2011: 1040f.). Konkret wird das Gericht eine Presserklärung seitens der Presse-

---

[12] Das Meinungsspektrum zu dieser Frage geht hier weit auseinander. So fordert Larenz (Referat auf dem 42. DJT Verhandlungen Bd. 2, S. D 25 (31) einen Anspruch der Öffentlichkeit auf Darstellung der „Gesamtpersönlichkeit" des Täters. Eine restriktive Gegenposition reduziert den Anspruch auf die Darstellung von Informationen in unmittelbarem Zusammenhang mit der Tat (vgl. Neumann-Duisberg 1960: 114f.) Andere differenzieren und machen den Umfang der veröffentlichungsfähigen Informationen vom Einzelfall abhängig, wobei jedenfalls „letztpersönliche Informationen" wie Intelligenz, Gefühlsfähigkeit, Freundschaften, Liebschaften und sexuelle Neigungen ausgeklammert sein sollen (vgl. Lampe 1973: 217, 219).

stelle einem Pressegespräch oder einer Pressekonferenz vorziehen. In gleicher Weise wird das Gericht die Medienvertreter veranlassen, dass Bildaufnahmen von Betroffenen in Strafverfahren o.ä. gepixelt werden. Gerade in Zivilverfahren kann eine mediale Berichterstattung Eingriffe in Persönlichkeitsrechte der Betroffenen nur in absoluten Ausnahmefällen rechtfertigen.[13] Jede unnötige Bloßstellung eines Beteiligten ist zu vermeiden.[14] Sollte sich der Betroffene gegenüber der Anklage oder der Gegenpartei offensiv positionieren wollen, so ist einem solchen ausdrücklichen Wunsch nach Öffentlichkeit zu entsprechen (etwa durch Aufhebung eines Pixelgebots). In der Summe folgt hieraus das *Gebot der Berücksichtigung der berechtigten Beteiligteninteressen.* Die Grenze ist freilich dort erreicht, wo die Verfahrensbeteiligten das Gericht in einer seiner Funktion unangemessenen Art und Weise instrumentalisieren wollen. Sachinformationen muss das Gericht allen Medienvertretern in gleicher Weise zur Verfügung stellen. Insoweit sollte es keiner besonderen Betonung bedürfen, dass das „Durchstechen" von Details an einzelne Medien schlicht rechtswidrig ist.

3.5.4 Gebot der Waffengleichheit

Ebenfalls diffizil gestaltet sich die Beantwortung der Frage, ob das Gericht über die Berücksichtigung der berechtigten Beteiligteninteressen hinaus zur Schaffung von Öffentlichkeit verpflichtet sein kann. Die Grenzen eines solchen Postulats werden schnell deutlich, wenn man sich die Gefahren einer Instrumentalisierung des Gerichts zur Bühne persönlicher Selbstdarstellung oder zum Marktplatz politischen Meinungskampfs vorstellt. Eine solche Form medialer Selbstpräsentation ist mit der institutionellen Würde des Gerichts grundsätzlich nicht zu vereinbaren. Das Gericht kann Medienarbeit der Parteien insoweit zwar nicht gänzlich verhindern (und es darf dies aufgrund seiner Neutralitätspflicht auch nicht); mediale Inszenierungen haben ihren Platz aber vor den Toren des Gerichts, allenfalls noch auf den Eingangsstufen zum Gerichtsgebäude oder zum Gerichtssaal. Anderes gilt dort, wo einer der Beteiligten – zum Beispiel der in Untersuchungshaft befindliche Angeklagte – ohne das Eingreifen des Gerichts an einer hinreichenden Wahrnehmung der ihm zustehenden Äußerungsrechte

---

[13] Zur grundsätzlichen Interpretation des allgemeinen Persönlichkeitsrechts BVerfGE 35, 202, 220ff.; NJW 2000, 1859.
[14] Vgl. Nr. 4a RiStBV: „Der Staatsanwalt vermeidet alles, was zu einer nicht durch den Zweck des Strafverfahrens bedingten Bloßstellung des Beschuldigten führen kann."

gehindert ist. Insoweit kann im Einzelfall das *Gebot der Waffengleichheit* ein Eingreifen des Gerichts erfordern.[15]

3.5.5 Gebot der aktiven Gestaltung der Gerichtsöffentlichkeit

Insgesamt können diese Einzeldeterminanten zu einem *Gebot der aktiven Gestaltung der Gerichtsöffentlichkeit* zusammengeführt werden. Normativ spiegelt dieses Gebot die oben[16] bereits dargestellte besondere Rolle des Gerichts als zentralem Akteur wider. Das Gericht hat seine Öffentlichkeitsverantwortung in Absprache mit den Verfahrensbeteiligten ausgehend von dem Gebot richterlicher Neutralität in einer Weise wahrzunehmen, die auch die berechtigten Informationsinteressen der Öffentlichkeit wahrt.

3.6 Besonderheiten der Öffentlichkeitsarbeit in Strafverfahren

In besonderer Weise virulent wird die Öffentlichkeitsverantwortung von Gerichten und Staatsanwaltschaften kraft Natur der Sache in Strafverfahren.[17] Das gesteigerte mediale Interesse an spektakulären Straftaten oder an Strafverfahren gegen Personen des öffentlichen Lebens hat zur Folge, dass die unberechtigte Weitergabe von Informationen hier zum einen besonders tief in das allgemeine Persönlichkeitsrecht der Betroffenen eingreift.[18] Zum anderen widerspricht selbst eine im Ergebnis zutreffende, „verurteilende" Berichterstattung der normativ zu Gunsten des Beschuldigten streitenden Unschuldsvermutung aus Art. 1 Abs. 1 GG; 6 Abs. 2 EMRK (vgl. Safferling 2004: 181f.; Kühl 2001: 401, 413; Nehm 1997: 305, 311). Da auch im Strafrecht trotz der besonderen Virulenz der Problematik, einfachgesetzliche Regelungen – über die vorstehend gezeigten Normierungen hinaus – fehlen, gilt es wiederum, die einzelnen Verhaltensdeterminanten gerade aus diesen allgemeinen Rechtsprinzipien heraus zu konkretisieren und einen angemessenen Ausgleich zwischen den berechtigten Informationsinteressen der Öffentlichkeit und dem Recht des Beschuldigten auf Selbstdarstellung und Selbstverfügung über sein Persönlichkeitsrecht zu finden.

---

[15] Vgl. etwa ein Recht zu einem Fernseh-Interview aus der U-Haft heraus: BVerfG NStZ 1995, 566, 567. Dazu kritisch aus staatsanwaltschaftlicher Perspektive: Nehm (1997: 305, 310ff.); BGH NStZ 1998, 205; Marxen (2000: 294).
[16] Siehe dazu bereits oben 3.1.
[17] Siehe dagegen speziell zum verwaltungsgerichtlichen Verfahren Endemann (1987: 410).
[18] Marxen (2000: 294f.) spricht insoweit drastisch von „veröffentlichten Strafverfahren".

3.6.1 Unterscheidung nach der Art der Persönlichkeitssphäre und dem Stadium des Verfahrens

Die Interpretation des aus Art. 2 Abs. 1 GG abgeleiteten allgemeinen Persönlichkeitsrechts wurde insbesondere durch die in der Rechtsprechung des Bundesverfassungsgericht entwickelte sog. *Sphärentheorie* geprägt. Danach kann der Einzelne aufgrund seiner grundrechtlich geschützten Rechtsposition selbst entscheiden, wann und in welchem Umfang er persönliche Umstände gegenüber dem Staat und – wegen der sog. Drittwirkung der Grundrechte – auch gegenüber der Öffentlichkeit offenbaren möchte.[19] Dieses *Recht auf Selbstdarstellung* gilt auch für denjenigen, der sich mit dem Vorwurf konfrontiert sieht, eine Straftat begangen zu haben. Grundrechte sind insoweit gerade nicht „verwirkbar".

Insbesondere der *Kernbereich privater Lebensgestaltung* wird hier absolut geschützt. Eingriffe in diesen Kernbereich sind unter keinen Umständen gerechtfertigt.[20] Beispiele für solche Kernbereichsfälle können namentlich Strafverfahren mit Bezug zum Intim- und Sexualbereich darstellen. Medienauskünfte sind insoweit strikt zu beschränken und so zu gestalten, dass sie sich auf den im Strafgesetz zum Ausdruck gebrachten Tatbestand, die Tatzeit und anonymisierte Beteiligte beschränken.

Anderes gilt, wenn Informationen (lediglich) die *Privat- und Geheimsphäre* betreffen. Hier ist aufgrund des bereits bestehenden Sozialbezugs eine Publikation betreffender Informationen eher zu rechtfertigen. Voraussetzung ist, dass sog. überwiegende Belange des Gemeinwohls die Publikation der Informationen rechtfertigen. Ein allgemeines Informationsinteresse über Straftaten bewirkt keine solche Rechtfertigung. Nach Auffassung der Rechtsprechung kann selbst das (im hoheitlichen Strafanspruch gründende) öffentliche Aufklärungsinteresse an einer Straftat entsprechende Eingriffe nur legitimieren, wenn die begangene Straftat schwer wiegt und ein hinreichender Verdachtsgrad besteht.[21] Für das Strafverfahren mahnt hier vor allem die Unschuldsvermutung dazu, dass sich die Öffentlichkeit gerade auf die dafür öffentlichen Verfahrensabschnitte, die gerichtliche Verhandlung, zu konzentrieren hat. Da das Verfahren außerhalb der Hauptverhandlung strukturell gerade nicht öffentlich ist, haben Staatsanwaltschaft und Gericht deutliche Zurückhaltung zu üben und insbesondere eine identifizierende Medienauskunft zu unterlassen.[22] Auch die Information der

---

[19] Grundlegend insoweit BVerfGE 35, 202, 219ff.; 56, 37, 41ff., 96, 171, 181.
[20] BVerfGE 69, 83.
[21] BVerfGE 80, 367, 379f., vgl. auch die einfachgesetzliche Regelung der §§ 131ff. StPO.
[22] In diesem Sinne bereits Trüg (2011: 1040), dort auch weiterführend zum Rechtsschutz gegen rechtswidrige Medienauskünfte (a.a.O. S. 1044 f.).

Medien, ob gegen eine bestimmte Person ein Strafverfahren läuft, ist danach bei einem bloßen Anfangsverdacht[23] unzulässig. Anderes gilt bei einem sog. hinreichenden Tatverdacht (Anklagereife) oder dringenden Tatverdacht (Voraussetzung für strafprozessuale Eingriffsbefugnisse, etwa Anordnung der Untersuchungshaft) gegenüber absoluten (nicht: relativen) Personen der Zeitgeschichte.

Deutlich reduziert ist der mit dem allgemeinen Persönlichkeitsrecht verbundene Schutz dagegen im sog. *Öffentlichkeits- und Geschäftsbereich*, da dieser ohnehin einen unmittelbaren Sozialbezug aufweist und der Einzelne insoweit als öffentliche Person agiert. Bedeutung hat dies insbesondere für das zunehmend bedeutsamere Feld der Unternehmenskriminalität. Straftaten liegen hier regelmäßig im Geschäftsbereich einer Person, sodass eine Berichterstattung über Missstände in einem Unternehmen in weiterem Umfang zulässig ist.

Wichtig ist zuletzt, dass das allgemeine Persönlichkeitsrecht des Beschuldigten am Ende des Strafverfahrens nach einer öffentlichen Hauptverhandlung und erst recht ab Rechtskraft der Entscheidung wieder erstarkt, um dem Betroffenen eine Resozialisierung in der Gesellschaft zu ermöglichen.[24]

3.6.2 Fürsorgepflichten in Bezug auf die qualitative Berichterstattung

Inhaltlich ist der Betroffene jedenfalls vor herabsetzenden, verfälschenden und entstellenden Darstellungen geschützt (vgl. bereits Nr. 4a RiStBV). Auch insoweit liegt es in der Öffentlichkeitsverantwortung von Gericht und Staatsanwaltschaft, dass der – verbleibende – Achtungsanspruch des Betroffenen gewahrt wird. Auch der verurteilte Straftäter kann sich auf das ihm zustehende allgemeine Persönlichkeitsrecht berufen. Er muss zwar dulden, dass in der Öffentlichkeit in einer der Tat angemessenen Art und Weise berichtet wird. Die Sanktionierung der Tat erfolgt aber durch die im Urteil ausgesprochene Strafe. Eine sekundäre Sanktionierung qua diffamierender Berichterstattung ist zu vermeiden.

Das Gericht hat hier zwar keinen unmittelbaren Einfluss auf die in den Medien verbreiteten Inhalte; gleichwohl muss das Gericht im Rahmen seiner prozessualen Fürsorgepflicht darauf achten, dass einer diffamierenden und sanktionierenden Berichterstattung nicht durch die Art und Weise seiner Verhandlungsführung Vorschub geleistet wird. In besonderem Maß wird das Gericht die Möglichkeiten einer Beschränkung der Öffentlichkeit der Hauptverhandlung zu

---

[23] Ein solcher liegt bereits dann vor, wenn aufgrund einzelner Tatsachen die Begehung einer Straftat auch nur möglich erscheint (§ 152 Abs. 2 StPO).
[24] Grundlegend BVerfGE 35, 202, 219ff. – Resozialisierung.

berücksichtigen haben. Erst recht gilt dies, wenn eine besondere Belastung des Angeklagten – und insbesondere eines unbeteiligten Dritten – in der Hauptverhandlung erkennbar ist.[25]

In noch stärkerem Maße besteht dieser Schutz vor einer herabsetzenden Darstellung im staatsanwaltlichen Ermittlungsverfahren. In der Sache gilt folgender Grundsatz: Je geringer der Verdachtsgrad, umso zurückhaltender muss die Staatsanwaltschaft über die Person des Verdächtigen und die Tat unterrichten. Vor der Unterrichtung der Öffentlichkeit sollten die anwaltlichen Vertreter des Beschuldigten informiert werden, im Einzelfall sollte die Presseerklärung mit den anwaltlichen Vertretern abgestimmt werden (sog. *Abstimmungsgebot*), damit der Beschuldigte zumindest die Möglichkeit hat, aus seiner Sicht zu den gegenüber seiner Person erhobenen Vorwürfe Stellung zu nehmen. Eine Sensationsberichterstattung – wie einst im Fall der Verhaftung von *Peter Zumwinkel* – ist dem Gegenstand des Ermittlungsverfahrens auch bei Personen der Zeitgeschichte gerade nicht angemessen.[26]

Das Recht am eigenen Bild gewährt dem Beschuldigten schlussendlich die Befugnis, selbst darüber zu entscheiden, ob und unter welchen Umständen Fotografien und Aufzeichnungen seiner Person verwendet werden dürfen. In jedem Fall sollte dem Beschuldigten ermöglicht werden, eine verzerrende und entstellende Bildberichterstattung zu vermeiden. Ein eigenständiges Akteneinsichtsrecht steht der (Medien-) Öffentlichkeit nicht zu.

4. Zusammenfassung und Schlussbemerkung

Die Öffentlichkeitsverantwortung der Gerichte und der Staatsanwaltschaften hat sich grundlegend gewandelt. Im 19. Jahrhundert stand unter dem Gesichtspunkt der Öffentlichkeit von Verfahren noch die Verantwortung des Gerichts vor der Öffentlichkeit im Vordergrund (*Verantwortung gegenüber der Öffentlichkeit*). Diese Verantwortung besteht zwar nach wie vor fort, daneben tritt indessen eine andere, zunehmend gewichtigere Form der Öffentlichkeitsverantwortung. Das Gericht ist heute als direkter medialer Akteur gehalten, den berechtigten Informationsanspruch der medialen Öffentlichkeit in einer rechtsstaatlichen und dem

---

[25] Ein Paradebeispiel für eine insoweit verfehlte Prozessführung ergibt sich aus den Schilderungen in BGH vom 25. Juli 2011 Az.: 1 StR 631/10 (mehr dazu am Ende des Beitrages).
[26] Einschränkungen des Rechts auf Presseberichterstattung billigt insoweit insbesondere auch der Straßburger Menschenrechtsgerichtshof, vgl. EGMR NJW 2004, 2647, 2649 – Caroline von Hannover mit zustimmender Anmerkung von Stürner (2004: 1018f.) bzw. EGMR NJW 2006, 591, 592 – Karhuvaara.

Zweck des Verfahrens, der Schaffung von Rechtsfrieden, entsprechenden Weise zu befriedigen und dabei zugleich in gebotenem Maß die Persönlichkeitsrechte der betroffenen Akteure zu schützen (*Schutz vor Öffentlichkeit*).

Das Zusammenspiel von Gericht und Öffentlichkeit ist einfachgesetzlich – auch in Ansehung der §§ 169ff. GVG – nur fragmentarisch geregelt. Der genaue Gehalt der Öffentlichkeitsverantwortung muss daher im Wege einer Konkretisierung vornehmlich verfassungsrechtlich verankerter Prinzipien entwickelt werden. Dabei hat das Gericht einerseits auf seine eigene Neutralität zu achten und andererseits den Öffentlichkeitsbezug in einer Weise zu gestalten, dass die widerstreitenden Interessen der Beteiligten und der Öffentlichkeit im Sinne einer praktischen Konkordanz ausgeglichen werden. Da Gerichte in das grundrechtlich geschützte allgemeine Persönlichkeitsrecht der Beteiligten eingreifen (können), kommt ihnen die Rolle als Sachwalter der Verfahrensbeteiligten zu (Fürsorgepflicht).

Konkret hat das Gericht jede Diskriminierung einzelner Medien zu vermeiden und dabei unter der Wahrung des Gebots klassischer Sachinformation den Medien zunächst diejenigen Informationen zu gewähren, die diese für eine seriöse Sachberichterstattung benötigen. Eine identifizierende Berichterstattung ist grundsätzlich bis zur Hauptverhandlung zu vermeiden. Soweit dies nicht möglich ist, muss das Gericht dem Gebot der Waffengleichheit entsprechend sämtlichen Verfahrensbeteiligten die Darstellung ihrer Position ermöglichen und die eigene Neutralität wahren. In Konstellationen wie dem eingangs angesprochenen Fall der Inhaftierung des Fußballprofis *Breno* ist zu überlegen, ob es das Gebot der Waffengleichheit erfordert, dem Beschuldigten vor der Pressemitteilung der Staatsanwaltschaft mindestens zwei Tage Zeit zu gewähren, um seinerseits eine öffentliche Stellungnahme vorzubereiten (vgl. VG Kassel NJW 2001, 3802). Den besonderen Schutz des Gerichts dürfen am Verfahren nur mittelbar beteiligte Dritte wie z. B. Geschädigte oder (weitere) Zeugen beanspruchen.

Welches Ausmaß die Medienverantwortung eines Gerichts und welche Folgen die Wirkung von (Medien-) Öffentlichkeit heute haben kann, zeigt ein jüngst ergangene Entscheidung des Bundesgerichtshofs (BGH vom 25. Juli 2011 Az.: 1 StR 631/10): „Der Angeklagte W. beging in der Nacht vor dem vierten Verhandlungstag einen Selbstmordversuch, um zu verhindern, dass Zeugen über intime Details über das Verhältnis des Angeklagten W. zu Margit C. würden berichten können und hieraus folgernd über das mögliche Motiv für die nicht versteuerten Zahlungen von Margit C. an den Angeklagten beleuchtende Angaben machen würden. Diese Angaben wären für den Angeklagten W. deswegen besonders unangenehm, weil der Prozess intensiv durch die Medien verfolgt wird und entsprechende Angaben aufgrund der Berichterstattung der

Medien große Verbreitung finden würden." Gegenstand der Entscheidung des BGH war die Frage, ob sich der Angeklagte, der aufgrund seines Suizidversuchs verhandlungsunfähig war, eigenmächtig i.S.v. § 231 Abs. 2 StPO von der Hauptverhandlung entfernt hatte. Die Frage der Öffentlichkeitsverantwortung des verurteilenden Landgerichts, dabei auch die Frage des Ausschlusses der Öffentlichkeit von Amts wegen sowie weitere Fragen richterlicher Fürsorgepflicht, blieben unberücksichtigt.

Literatur

Boehme-Neßler, Volker (2009): Die Öffentlichkeit als Richter? – Litigation-PR als Herausforderung für das Recht, in: ZRP 8/2009, S. 228-229.
Endemann, Wolfgang (1987): Im Spannungsfeld – Persönlichkeitsrecht und Öffentlichkeit des verwaltungsgerichtlichen Verfahrens, in: Fürst, Walther (Hrsg.): Festschrift für Wolfgang Zeidler, Bd. 2, Berlin: de Gruyter, S. 409-428.
Feuerbach, Paul J. A. (1821): Betrachtungen über die Öffentlichkeit und Mündlichkeit der Gerechtigkeitspflege, Gießen: Hener.
Friedrichsen, Gisela (2010): Zwischenruf - „Litigation-PR" – Prozessführung über Medien?, in: ZRP 8/2010, S. 263-264.
Gerhardt, Rudolf (2009): Die Richter und das Medienklima - Welchen Einfluss hat die Gerichtsberichterstattung in den Medien auf das Strafverfahren und das Urteil?, in: ZRP 8/2009, S. 247-249.
Herzog, Roman (2011): o.T., in: Maunz, Theodor/Dürig, Günther (Hrsg.): Grundgesetz. Loseblatt-Kommentar, 62. Aufl., Art. 5 Abs. 1 S. 2 Rn. 122.
Huff, Martin W. (2004): Notwendige Öffentlichkeitsarbeit der Justiz, in: NJW 7/2004, S. 403-407.
Jahn, Joachim (2010): Zwischen Erpressung und Dienst an der Gerechtigkeit, in: Boehme-Neßler (Hrsg.): Die Öffentlichkeit als Richter? Litigation-PR als neue Methode der Rechtsfindung, S. 11-19.
Kühl, Kristian (2001): Unschuldsvermutung und Resozialisierungsinteresse als Grenzen der Kriminalberichterstattung. Festschrift für Heinz Müller-Dietz, München.
Mansdörfer, Marco (2011): Das Recht des Beschuldigten auf Selbstdarstellung im Ermittlungsverfahren, in: ZStW 3/2011.
Marxen, Klaus (1980): o.T., in: GA S. 365-373.
Marxen, Klaus (2000): Strafrecht im Medienzeitalter, in: JZ 2000, S. 294.
Mittermaier, Carl J. A. (1845): Die Mündlichkeit, das Anklageprinzip, die Öffentlichkeit und das Geschworenengericht in ihrer Durchführung in den verschiedenen Gesetzgebungen, Stuttgart/Tübingen: o.V.
Nehm, Kai (1997): Der Untersuchungshäftling als Interviewpartner, in: NStZ 7/1997, S. 305-311.
Neumann-Duesberg, Horst (1960): o.T., in: JZ 1960, S. 114-115.
Riepl, Frank (1998): Informationelle Selbstbestimmung im Strafverfahren, Tübingen: Mohr Siebeck.
Safferling, Christoph J.M. (2004): Audiatur et altera pars - die prozessuale Waffengleichheit als Prozessprinzip? - Qui statuit aliquid parte inaudita altera, Aequm liquet statuerit haud aequs fuit, in: NStZ 4/2004, S. 181-187.
Stuckenberg, Carl-Friedrich (1997): Untersuchungen zur Unschuldsvermutung, Berlin: de Gruyter.

Stürner, Rolf (2004): Bildnisschutz und Meinungsfreiheit - Caroline von Hannover. Anmerkung zu EuGHMR Urteil vom 24.06.2004. in: JZ 2004, S. 1015-1021.

Trüg, Gerson (2011): Medienarbeit der Strafjustiz - Möglichkeiten und Grenzen, in: NJW 15/201, S.1040-1045.

Zabel, Benno (2011): "Öffentliche Pranger" und reformierter Strafprozess. Aktuelle Tendenzen der Medialisierung vor und während des Ermittlungsverfahrens, in: GA 2011, S. 347.

Zimmermann, Walter (2008): Münchener Kommentar zur ZPO, 3. Aufl, München: Beck.

Justizberichterstattung als öffentliche Aufgabe

Nadine Remus

Abstract

The German constitution grants participation as a basic democratic right. But the complexity of modern society makes it hard for citizens to select the relevant information to make an individual judgment. Journalism is supporting the process of public deliberation. But is this actually possible when it comes to courtroom journalism in Germany? The paper suggests a typology of courtroom journalism and discusses its status as a public institution between justice, the media and public relations. The author argues that due to its specific nature and due to the self-perception of journalists courtroom journalism is easy to influence.

Als parlamentarische Demokratie verleiht Deutschland per Verfassung seinen Bürgern ein demokratisches Mitsprache- und Gestaltungsrecht, garantiert ihnen Meinungsfreiheit und gewährt ihnen den uneingeschränkten Zugang zu Informationen. Denn: „Nachdenken kann man nur, wenn man Informationen hat" (Capus 2011: 174). Und: Nachdenken muss man, um im Sinne der Demokratie gesellschaftliche, politische, wirtschaftliche und rechtliche Vorgänge beurteilen, entscheiden und entsprechend handeln zu können. Alle Macht geht nun mal vom Volke aus, der Bürger ist der Souverän.

Doch die zunehmende Komplexität unserer Gesellschaft überfordert die Bürger oft bei der eigenen, aktiven Informationsbeschaffung. Nur Wenige sind angesichts der täglichen Informationsflut in der Lage, die für sie wichtigen Informationen herauszufiltern. Die politische Willensbildung, Kritikfähigkeit und Mündigkeit als Staatsbürger setzen eine urteilsbefähigende Informiertheit voraus (vgl. Aufermann 1977: 16). Das erfordert einerseits die Transparenz staatlichen Handelns, andererseits können realisierbare Auskunftsansprüche von Journalisten gegenüber staatlichen Behörden staatsbürgerliche Grundrechte sichern und umsetzen helfen. Das gilt insbesondere auch für Gerichtsverfahren, weshalb es einer vermittelnden und zugleich übersetzenden Instanz, die den Informationsaustausch bzw. die Informationsweitergabe zwischen Staat und Bevölkerung übernimmt, bedarf.

> „Ob und inwieweit diese Forderungen überhaupt erfüllt werden können, hängt nicht zuletzt auch ab von den konkreten Arbeitsbedingungen der Gerichtsberichterstatter und von ihrem journalistischen Selbstverständnis. [...] Sie, die Gerichtsberichterstatter, sollen als Bindeglied zwischen Justiz und Publikum die Aufgabe übernehmen, Öffentlichkeit im Bereich der dritten staatlichen Gewalt, der Judikative, herzustellen." (Lippe 1980: 127).

Der vorliegende Beitrag behandelt die Frage, inwieweit in der deutschen Justizberichterstattung Verhältnisse anzutreffen sind, die Justizberichterstattung in die Rolle des Bindegliedes zwischen Justiz und Publikum bringen. Es werden daher zunächst unterschiedliche Typen der Justizberichterstattung behandelt und ihr Status wird verfassungsgemäß als „öffentliche Aufgabe der Massenmedien" diskutiert. Anschließend werden Informationen als deutungsoffene und damit umstrittene Substanz im Interessendreieck von Justiz, Medien und Public Relations vorgestellt. Das journalistische Selbstverständnis und dessen Auswirkungen auf den Rechercheprozess sowie die Berichterstattung werden diskutiert. Journalistische Recherche in der prozessbegleitenden Berichterstattung erweist sich dabei als besonders anfällig für die Einflussnahme durch Litigation-PR.

1. Facetten der Justizberichterstattung

Denkt man an oder liest man über Justizberichterstattung, verengt sich der Blick meist auf die Berichterstattung über Strafprozesse. Strafprozesse, bei denen entweder ein prominenter Akteur beteiligt ist oder, denen ein Sachverhalt zugrunde liegt, der der Nachrichtenregel „Mann beißt Hund" entspricht. Lippe (1980: 130) stellt bereits vor dreißig Jahren fest, dass in den Medien Rechtssachen dominieren, die keinesfalls repräsentativ für das Agieren der Justiz sind, wohl aber in ihrer öffentlichen Wirkung bzw. ihrer Wirkung auf die Öffentlichkeit mitunter verheerend sind. Justizberichterstattung bezieht sich aber auf zivilrechtliche, strafrechtliche und staatsrechtliche Prozesse:

> „Obwohl zum Beispiel die Entscheidungen der Arbeits- und Sozialgerichte oder der Verwaltungsgerichte in ihren Auswirkungen viel mehr Menschen betreffen als die Urteile einer Strafkammer, die nur auf die Betroffenen der Verhandlung bezogen sind, werden diese Entscheidungen im Vergleich zu ihrer tatsächlichen Bedeutung bisher jedenfalls noch völlig unangemessen berücksichtigt" (Lippe 1980: 132f.).

Umso wichtiger ist es, die Facetten und die daraus resultierenden Aufgaben der Justizberichterstattung aufzuzeigen. Denn wenn sich der (journalistische) Blick nicht weitet, bleibt „die Justiz als staatliche Gewalt [...] undurchsichtig und damit auch für die Öffentlichkeit unkontrollierbar" (Lippe 1980: 133).

Grundsätzlich betrifft Justizberichterstattung die journalistische Begleitung juristischer Prozesse. Journalisten übernehmen also die Informationsvermittlung durch Recherche, Selektion, Aufbereitung und Verbreitung der für das öffentliche Verständnis einer juristischen Auseinandersetzung relevanten Informationen: „Im Kern hat die Justizberichterstattung die Aufgabe, Informationen über die Tätigkeit der Gerichte zu sammeln, zu sichten und so auszuwählen und aufzubereiten, dass das Publikum sich ein zutreffendes Bild von dieser Arbeit machen kann" (Branahl 2005: 80).

Justizberichterstattung informiert über anstehende Prozesse. Oftmals vergehen viele Monate, zum Teil Jahre, bis eine Straftat, eine zivilgesetzliche Streitigkeit oder eine staatsrechtliche Frage vor Gericht verhandelt wird. Da ist es notwendig, die Begebenheiten des Tathergangs bzw. Streit- oder Verhandlungsgegenstands wieder in das Gedächtnis der Öffentlichkeit zu rufen, um einen Anknüpfungspunkt für das Verfolgen der gerichtlichen Auseinandersetzung und somit die eigene Berichterstattung zu schaffen.

Gerade das rezipientengerechte Aufbereiten von Hintergrundinformationen stellt eine wesentliche Leistung der Justizberichterstattung dar. Nur so können die juristischen Vorgänge in den gesellschaftlichen bzw. rechtstaatlichen Kontext eingeordnet, verstanden und beurteilt werden. Dabei geht es um den Gegenstand der Verhandlung/des Verfahrens selbst, aber auch um die beteiligten Personen, deren Angehörige und strukturelle sowie funktionelle Rahmenbedingungen. Welches Wesen hat der/die Angeklagte? Was bedeutet die Verurteilung für die Familie des Angeklagten? Welchen Ruf, welche Expertise hat die Verteidigung? Wie geht es dem Opfer? Gibt es vergleichbare Fälle aus der Vergangenheit? Welche Umstände machen die aktuelle Auseinandersetzung so besonders? Welche Hindernisse oder Grenzen erschweren den Prozess? Welche Bedeutung hat das Urteil für den einzelnen Bürger?

Es ist unabdingbar, dass die Justizberichterstattung die juristischen Vorgänge in aktuelle gesellschaftliche, politische und wirtschaftliche und vor allem rechtsstaatliche Rahmenbedingungen (kritisch) einbettet und das Geschehen mit sozialen Werten und ethischen Normen spiegelt. Somit können vorherrschende Wertmaßstäbe aufgezeigt und das (Un-)Rechtsbewusstsein des Bürgers geschult werden.

Darüber hinaus zeigt die Justizberichterstattung die mannigfaltigen Verbindungen von politischen und wirtschaftlichen Vorgängen auf, die in gerichtlichen

Auseinandersetzungen resultieren können und kontrolliert somit (auch) die Mächtigen der Gesellschaft (Stichwort Wirtschaftskriminalität, Korruption, politisch motivierte Rechtsbrüche). Im Idealfall zeigt Justizberichterstattung das Zusammenwirken von Gesetzgebung und Rechtsprechung auf, macht die Methodik juristischer Entscheidungsfindung nachvollziehbar und thematisiert treffsicher die Aspekte, die dem einzelnen Staatsbürger eine Beurteilung der Leistungsfähigkeit der Judikative ermöglichen (vgl. Branahl 2005: 119).

Eine wesentliche Rolle spielt in diesem Kontext die Übersetzerfunktion der Justizberichterstattung. Die trockene und abstrakte juristische Fachsprache muss für den juristischen Laien in verständliche Erklärungen übersetzt werden, ohne dabei ihren wahrheitsgemäßen Inhalt einzubüßen. So ist es Aufgabe des Justizberichterstatters, Verfahrensergebnisse so aufzubereiten, dass sie von der Öffentlichkeit verstanden werden, gegebenenfalls sogar eine Appell- oder Präventionswirkung entfalten können:

> „Denn das Ziel, das Rechtsbewusstsein der Allgemeinheit dadurch zu stärken, dass die Gerichte verbindlich feststellen, was Recht und was Unrecht ist, kann nur erreicht werden, soweit ihre Feststellungen öffentlich kommuniziert werden – was nach Lage der Dinge nur mit Hilfe der Medien möglich ist" (Branahl 2005: 100).

2. Justizberichterstattung als öffentliche Aufgabe

Art. 20 Abs. 1 GG erklärt die BRD zu einem demokratischen und sozialen Bundesstaat, dessen Volk frei von staatlichem Einfluss agieren und entscheiden können muss. Die Handlungs- und Willensfreiheit gelten als für die Demokratie konstituierend. Zur Sicherung der individuellen Freiheit dient die demokratische Freiheit. Diese besteht „in dem Recht jedes Staatsbürgers, am Zustandekommen der Gesetze und [...] durch Kontrolle der Regierung durch geeignete Mittel zu partizipieren" (Fetscher 1998: 171). Geeignete Mittel in diesem Sinne sind die jedem Bürger zustehenden Informations- und Auskunftsrechte, die im Umkehrschluss den staatlichen Instanzen eine Verpflichtung zur Publizität und Transparenz der Vorgänge, Entscheidungen und Verwaltungshandeln auferlegen. Das Publizitätsgebot des staatlichen Handelns leitet sich ebenso aus dem Demokratieprinzip und dem Rechtsstaatsgebot ab wie die „Neutralitätspflicht des Staates gegenüber den Herausgebern von Presseerzeugnissen, die untereinander im publizistischen Wettbewerb stehen, einschließlich der Verpflichtung, diese strikt gleich zu behandeln" (BVerwGE 104, 105f.).

Über die bürgerrechtliche Informationsfreiheit und die staatliche Informationspflicht hinaus nehmen die Massenmedien eine Schlüsselrolle für die Funktionsfähigkeit der Demokratie ein. Ihr herausragender Stellenwert findet in den sog. Kommunikationsfreiheiten des Art. 5 GG Ausdruck: Meinungsfreiheit (Art. 5 Abs. 1 Satz 1 GG), Informationsfreiheit (Art. 5 Abs. 1 Satz 1 GG), Medienfreiheit (Art. 5 Abs. 1 Satz 2 GG). Die Medienfreiheit umfasst die Presse-, Rundfunk- und Filmfreiheit. Die Informationsfreiheit schließt die Rezipientenfreiheit und Informationstransparenz mit ein. Art. 5 GG bildet damit das verfassungsrechtliche Fundament für die Tätigkeit der Journalisten, welches von Recherche bis zur Verbreitung der Nachricht greift. Einschränkungen dieses Grundrechts finden sich in den Vorschriften der allgemeinen Gesetze, den gesetzlichen Bestimmungen zum Schutze der Jugend und in dem Recht der persönlichen Ehre (Art. 5 Abs. 2 GG)

Die Informationsfreiheit der Massenmedien dient der Informationsfreiheit des einzelnen Bürgers und dem Freiheitsgedanken des demokratischen Systems. Die Gewährleistung eines entsprechenden Zugangs zu Informationen für den Journalisten als Informationsvermittler ist damit grundlegend und für eine funktionierende Demokratie unverzichtbar. Die Bedeutung der Massenmedien für die Demokratie betont auch das Bundesverfassungsgericht in seinen einschlägigen Urteilen, so etwa: „Für eine freiheitlich-demokratische Staatsordnung ist es [*das Grundrecht aus Art. 5 Abs. 1 Satz 1 GG*] schlechthin konstituierend, denn es ermöglicht erst die ständige geistige Auseinandersetzung, den Kampf der Meinungen, der ihr Lebenselement ist. Es ist in gewissem Sinne die Grundlage jeder Freiheit überhaupt" (BVerfGE 28, 208). Und: „Eine freie, nicht von der öffentlichen Gewalt gelenkte, keiner Zensur unterworfene Presse ist ein Wesenselement des freiheitlichen Staates; insbesondere ist eine freie, regelmäßig erscheinende Presse für die moderne Demokratie unentbehrlich" (BVerfGE 20, 162, 174).

Aus den verfassungsrechtlichen Kommunikationsfreiheiten ergibt sich die sog. „öffentliche Aufgabe der Massenmedien". Das heißt, sie erfüllen im Zusammenspiel zwischen Staat und Gesellschaft eine öffentliche Aufgabe, indem sie ihre Informationsfunktion wahrnehmen, die politisch Handelnden kontrollieren und kritisieren und einen Beitrag zur Meinungs- und Willensbildung des Bürgers leisten. Mit der Erfüllung dieser öffentlichen Aufgabe durch die Medien „wird der normative Anspruch verbunden, dass die Massenmedien Transparenz im politischen System schaffen und einen offenen, freien Diskurs über die wesentlichen politischen Probleme ermöglichen" (Strohmeier 2004: 84).

Das System der Gewaltenteilung dient u.a. dazu, wechselseitige Kontrolle der Instanzen der Legislative, Exekutive und Judikative zu ermöglichen. Darüber hinaus müssen diese Instanzen durch die Träger der Demokratie „überwacht", also kontrolliert, beurteilt und bestätigt werden. Der Einzelne wäre damit überfordert, angesichts der mitunter komplizierten und undurchsichtigen systemimmanenten Gesetzlichkeiten von Politik, Justiz und Verwaltung. Daher ist auch die Justizberichterstattung zwingend als Teil der öffentlichen Aufgabe der Massenmedien zu begreifen. Gerade im Hinblick auf die Judikative stellen fachsprachliche Unsicherheiten sowie fehlende Rechtskenntnis des Laien zusätzliche Barrieren[1] dar. Die Massenmedien müssen dementsprechend die oben angesprochene Übersetzer- und Vermittlungsfunktion für die dritte Staatsgewalt übernehmen: „Erörterungswürdig sind zum einen die Leistungen der Justiz [...]. Zum anderen erfüllen die Massenmedien ihre öffentliche Aufgabe dadurch, dass sie über Prozesse berichten, in denen es um ein Fehlverhalten von politischen Organisationen oder Personen des öffentlichen Lebens geht", so Branahl (2005: 17f.) und weiter: „Als Beitrag zur öffentlichen Meinungsbildung dienen Berichte, die Angelegenheiten betreffen, über die der Einzelne informiert sein muss, um sich *als Staatsbürger* eine eigene Meinung zu bilden, um in wichtigen Angelegenheiten ‚mitreden' zu können. In diesem Sinne kann sich die allgemeine Bedeutung eines Gerichtsverfahrens ergeben aus der Bedeutsamkeit der Sache, die verhandelt wird, der Stellung der Prozessbeteiligten [...] oder der Art und Weise, wie die Justiz mit dem Problem umgeht, das sie in dem Verfahren zu bearbeiten hat" (ebd.: 119, Hervorhebung im Original).

3. Information als Bindeglied zwischen Journalismus und Staatskommunikation

Im Verhältnis zwischen Bürger und Staat bestehen vielfältige Informationsbeziehungen. Windsheimer (1968: 21) bezeichnet Information als „staatliches Grundnahrungsmittel", denn der Umgang mit Informationen und ihr Einsatz zählen zu den traditionellen Erscheinungsformen von demokratischen Staatssystemen (vgl. Kloepfer 2002: 428). Gleiches gilt in Bezug auf die Massenmedien und ihre Rolle im Vermittlungsprozess von (staatsbezogenen) Informationen: „Information ist wohl die älteste und wichtigste Funktion der Medien, ja vermutlich wurden Medien wegen dieser und für diese Funktion erst geschaffen" (Früh 1989: 490).

Informationen können wie Waren zu ökonomischen Zwecken auf einem relevanten Markt angeboten werden (vgl. Hubmann 2002: 30f.). Folglich kann die Information zu einem entscheidenden Faktor im Wettbewerb der Medienland-

---

[1] Weitere Barrieren bzw. Einflussgrößen der Rechtskommunikation sind Rechtsakzeptanz, Rechtsvertrauen und Institutionenvertrauen (vgl. Gostomzyk 2005: 150f.).

schaft werden, und ist dies oft auch. Gerade im Hinblick auf die Berichterstattung rund um juristische Auseinandersetzungen wird „die" Information manches Mal zu einem hart umkämpften Gut, welches ausschlaggebend für die Quote oder Auflage am nächsten Tag ist.

Information dient aber auch ganz subjektiv der Reduktion von Ungewissheit (vgl. Wersig 1974: 73f.), durch Aufbau und Veränderung von Wissen beim Rezipienten (vgl. Ott 2004: 49). „Information erhöht unseren Kenntnisstand, indem sie unsere Unkenntnis verringert" (Schultz 1989: 17). Das heißt, Informiertheit ist zunächst einmal die Leistung jedes Einzelnen, denn dieser muss den durch Massenmedien und vom Staat angebotenen Informationen eine gewisse Relevanz oder Neuigkeit beimessen. Dass diese entsprechend von den Bürgern auch als relevant oder neu erkannt wird, lässt sich durch die Kommunikationsleistung von Staat und Medien unterstützen. Das kann jedoch auch bewusst von den Kommunikationsinstanzen zu ihren Gunsten ausgenutzt werden.

Die öffentlich, durch Journalisten vermittelten Informationen müssen die Eigenschaften vollständiger, wahrheitsgemäßer und objektiver Berichterstattung erfüllen bzw. staatliche Informationen dem Neutralitäts- und Publizitätsgebot entsprechen:

> „Die Staatsanwaltschaft ist grundsätzlich aufgrund der Landespressegesetze verpflichtet, die Presse und damit die Öffentlichkeit über Einleitung und Fortgang von Ermittlungsverfahren jedenfalls dann zu informieren, wenn daran ein legitimes öffentliches Interesse besteht. Es gehört in einer Demokratie zu den Aufgaben der Regierung, also auch des Justizministeriums, die Öffentlichkeit über wichtige Vorgänge auch außerhalb oder weit im Vorfeld ihrer eigenen gestaltenden politischen Tätigkeit zu unterrichten" (Unverzagt/Gips 2010: 83).

4. Die journalistische Recherche als Element der Justizberichterstattung

Tatsächlich hängt die Gestaltung der Beziehungen zwischen den Kommunikationsmitteln und der Justiz ganz erheblich davon ab, ob und welche Hilfen den Medien bei ihrer Arbeit zuteilwerden (Wassermann 1980: 26), was in folgenden Abschnitten näher beleuchtet werden soll.

4.1 Recherchieren

Die Suche nach Informationen, deren Auswahl, Bewertung und rezipientengerechte Aufbereitung sind die wesentliche Grundlage für die Wahrnehmung und Erfüllung der öffentlichen Aufgabe durch die Massenmedien. Die Recherchetätigkeit der Journalisten gilt dabei als grundlegende Voraussetzung für die journalistische Informationsvermittlung und ist ein „niveaubestimmender Faktor" (Wente 1987: 19). Sie sollte im Prozess der journalistischen Informationsvermittlung den höchsten Stellenwert einnehmen. Das Recherchevorgehen der Journalisten bestimmt zugleich die Qualität der an die Bürger übermittelten Informationen. Gerade in einer pluralistischen Demokratie muss auch ein Pluralismus der Medieninhalte gegeben sein, der nur durch die Einbeziehung mehrerer und unterschiedlicher Sichtweisen erfolgen kann. Nach Weischenberg (1983: 350) setzt der Recherchierende im Sinne des demokratiepolitischen Verständnisses seiner journalistischen Tätigkeit „intensive, kritische Methoden ein, um Verborgenes ans Tageslicht zu bringen, um politische oder gesellschaftliche Mißstände aufzudecken".

Entsprechend der Anforderungen an die Funktionsfähigkeit der Massenmedien in der Demokratie sowie der an die Qualität der Recherche gestellten Ansprüche, muss den Journalisten der freie Zugang zu staatlichen Informationen gewährleistet werden. Denn oftmals werden Informationen von den Behörden unter Verschluss gehalten, so dass der Journalist vom Wohlwollen der Behörden abhängig ist. Um dieser Willkür entgegenzuwirken, stehen den Journalisten verschiedene Auskunftsrechte zu, die zum Teil über die Informations- und Auskunftsansprüche des Bürgers hinausgehen.

4.2 Informationsfreiheit im Grundgesetz

Damit den Bürgern die eigene Meinungsbildung sowie die eigenverantwortliche Teilnahme am Prozess der politischen Willensbildung gewährleistet werden kann, müssen sie umfassend informiert sein. Dem trägt die in Art. 5 Abs. 1 Satz 1 GG verbriefte Informationsfreiheit Rechnung: „Jeder hat das Recht, sich jederzeit aus allgemein zugänglichen Quellen ungehindert unterrichten zu können." Dieses Jedermannrecht, das gleichermaßen an den Journalisten adressiert ist, gewährleistet die Informationsfreiheit auf zweierlei Art: die passive Aufnahme von Informationen und ihre aktive Beschaffung (vgl. Fricke 1997: 18). Eine Informationsquelle gilt als allgemein zugänglich, „wenn sie technisch geeignet und dazu bestimmt ist, der Allgemeinheit, d.h. einem individuell nicht bestimmbaren Personenkreis, Informationen zu gewähren" (BVerfGE 27, 71, 83). Informationsquellen in diesem Sinne sind unter anderem die Massenkommunikationsmittel wie Presse, Rundfunk, Fernsehen. Darüber hinaus können behördliche Einrichtungen und Vorgänge, die dem Einfluss des Staates unterliegen, als allgemein zugänglich gelten, wenn sie von staatlicher Seite dazu bestimmt werden (vgl. Schröer-Schallenberg 1987: 24).

4.3 Informationsanspruch in den Landespressegesetzen

„Die Behörden sind verpflichtet, den Vertretern der Presse die der Erfüllung ihrer öffentlichen Aufgabe dienenden Auskünfte zu erteilen" (exemplarisch für die LPG: § 4 Abs. 1 Nds. Pressegesetz). Mit dem presserechtlichen Auskunftsanspruch sollen die Massenmedien zuverlässig über die Vorgänge in Staat und Verwaltung informieren. Gegenüber privaten Personen besteht jedoch kein Anspruch. Der von den Pressevertretern geltend zu machende Informationsanspruch bezieht sich auf einen bestimmten Tatsachenkomplex, zu dem die betreffende Behörde die zur Information erforderlichen Tatsachen herausgeben muss (vgl. Burkhardt 2006: 179). Die Behörde muss über sämtliche Vorgänge, für die sie zuständig ist oder mit denen sie sich von Amts wegen befasst, Auskünfte geben. Dazu berechtigt sind der Behördenleiter oder sein Pressesprecher (vgl. Fricke 1997: 63). Da es sich um Auskünfte handelt, die der Presse zur Erfüllung ihrer öffentlichen Aufgabe dienen, können solche Auskünfte verlangt werden, „an deren Veröffentlichung ein allgemeines Informationsinteresse besteht und solche Auskünfte, die die Arbeit der Massenmedien selbst betreffen" (Branahl 1992: 31). Die Auskunft ist wahrheitsgemäß, vollständig und unverzüglich zu erteilen. Kosten entstehen dem Informationsbegehrenden grundsätzlich nicht, allenfalls für das Anfertigen von Abschriften (ebd.: 31). Anders als in Art. 5 Abs. 1 Satz 1 GG erteilen die Landespressegesetze die Berechtigung zum Informationsanspruch nur der „Presse" bzw. den „Vertretern der Presse".

Dass es im Ermessen der Behörde liegt, wann sie einem Informationsbegehren nachkommt, zeigt bereits, wie wenig an dieser Stelle dem Journalisten mit dem Landespressegesetz gedient ist. Die Beweislast liegt bei ihm. Angesichts des in Redaktionen herrschenden Zeitdrucks wird es wohl kaum möglich sein, diese zu erbringen. Zwar kann der Journalist bei Verweigerung der Herausgabe von Informationen oder Herausgabe falscher Informationen durch die Behörde Klage erheben, doch wird auch dies in den seltensten Fällen dazu führen, dass die zu einem bestimmten Zeitpunkt benötigte Information ihm rechtzeitig zugeht. Des Weiteren trifft die Behörden keine Pflicht, die Informationen in einer bestimmten Form heraus zu geben. Der Journalist kann also durchaus mit einer (unzureichenden) mündlichen Antwort „abgespeist" werden. Einzig die Forderung, dass der Journalist mit der Information noch was anfangen können muss (vgl. Fricke 1997: 60), soll die Behörde zur unverzüglichen Informationserteilung veranlassen. Dass dies gerade angesichts heikler Themen zum Nachteil des Journalisten ausgenutzt wird, liegt auf der Hand.

4.4 Informationsfreiheitsgesetz des Bundes

Mit dem Informationsfreiheitsgesetz (IFG) wurde 2006 ein Auskunftsrecht verabschiedet, dass Jedermann ohne Darlegung eines berechtigten oder rechtlichen Interesses und außerhalb laufender Verwaltungsverfahren den Zugang zu Informationen gegenüber Bundesbehörden/Bundesministerien und ihrem Verwaltungsunterbau gewährt. Das wesentliche Ziel des Gesetzes ist die Transparenz des staatlichen Verwaltungshandelns. Damit leistet das IFG einen Beitrag zur Stärkung der demokratischen Beteiligungsrechte der Bürger und zur Kontrolle staatlicher Handlungen. Angesichts dieser verbesserten Kontrollmöglichkeiten und der damit wachsenden Transparenz entfaltet das IFG auch eine präventive Wirkung: Die Behörden müssen von vornherein verstärkt darauf achten, dass ihre Entscheidungen für Außenstehende nachvollziehbar sind. Das IFG kann „dazu dienen, den ‚Schatz' der amtlichen Informationen zu heben und ihn auch für die Volkswirtschaft zu nutzen" (Kloepfer/von Lewinski 2005: 1279).

Für Journalisten ergibt sich jedoch kein gesonderter Auskunftsanspruch. Mit Blick auf die hier behandelte Fragestellung muss erwähnt werden, dass sich ein Auskunftsanspruch gegenüber Gerichten und Staatsanwaltschaften aus dem IFG nur insofern ergibt, wie die Verwaltungstätigkeit dieser Institutionen betroffen ist.

Dennoch profitieren die Journalisten an einigen Stellen vom IFG. Weil der Journalist sich als solcher bei seiner Antragsstellung nicht zu erkennen geben muss, hat er faktisch die Möglichkeit, verdeckt bei den staatlichen Einrichtungen zu recherchieren. Der entscheidende Vorteil gegenüber den Landespressegesetzen liegt darin, dass nun der Journalist festlegt, in welcher Form er Information erhält. Nach dem Auskunftsrecht der LPG muss er sich mit der von der Behörde gewählten Art der Information zufrieden geben. Mit dem IFG wird dem Journalisten ein Wahlrecht an die Seite gestellt. Statt bloßer Auskunft kann er Einsicht in Akten und Dokumente nehmen. Der Journalist muss also nicht mehr nur der Aussage des Pressesprechers oder Behördenleiters vertrauen, sondern kann die Informationen selbst auf ihre Richtigkeit prüfen. Ein weiterer wichtiger Aspekt des IFG ist, dass die begehrten Informationen nicht zwingend dem öffentlichen Interesse dienen müssen, wie es in den LPG der Fall ist.

Ein „bitterer" Beigeschmack des IFG sind jedoch die hohen Kosten, die im Rahmen eines Antrags auf Informationszugang entstehen können sowie die lange Bearbeitungszeit des Antrags. Die Bearbeitungsfrist von „binnen eines Monats" stellt den Journalisten vor Probleme: Was für den Gesetzgeber unverzüglich sein mag, ist für ihn mitunter unmöglich. Ebenso hemmend wirkt sich die große Anzahl von im IFG definierten Ausnahmeregelungen aus, welche Kloepfer und von Lewinski (2005: 1280) treffend als „Verlustliste der Informationsfreiheit" bezeichnen. In den Ablehnungsgründen sieht Lüke zudem einen deutlichen Erfolg der Gegner des Gesetzes: „Zahlreiche Ausnahmeregelungen hat der Gesetzgeber in das Paragraphenwerk eingefügt. [...] Deutschlands Verwaltung muss sich auch mit dem neuen Gesetz nicht in die Karten schauen lassen" (Lüke 2006).

4.5 Recherche beim Staat

„Der presserechtliche Informationsanspruch soll die Visibilität der Justiz auch für den Fall garantieren, daß diese nicht von sich aus zur Kommunikation mit der Presse bereit ist" (Wassermann 1980: 26). Staatliche Einrichtungen sind oftmals gleichzeitig Quelle und Objekt der journalistischen Recherche. So sind auch die Recht sprechenden Instanzen ebenso Gegenstand der Berichterstattung und Quelle für die Berichterstattung. Das heißt in der Konsequenz für die Justiz, dass sie sich „als ein offenes, einsichtbares System definieren muß" (Wassermann 1980: 25), in dem die Zugänglichkeit zu Informationen transparent gemacht wird, und welches sich zugleich als System für die Öffentlichkeit nachvollziehbar und verstehbar präsentiert.

Auf staatlicher Seite existieren Informationsquellen, die erste Anlaufstellen für den recherchierenden Journalisten sind. So ist die Veröffentlichung von Gerichtentscheidungen öffentliche Aufgabe der Justiz (BVerwGE 104, 105f.). Dem entspricht auch das Informationsfreiheitsgesetz: Die Behörden müssen von sich aus Dokumente wie Protokolle und Gerichtsurteile in elektronischer Form allgemein zugänglich machen. Folglich sind solche Dokumente allgemein zugängliche Quellen im Sinne des Art. 5 Abs. 1 Satz 1 GG.

Die Presseämter der Bundes-, Landes- und Gemeindebehörden, öffentliche Register (z.B. Einwohnermelde-, Grundbuchregister) sowie die von den Bundesländern oder dem Parlament unterhaltenden Archive sind weitere Anlaufpunkte für Journalisten.

Seit den 1980er Jahren ist eine „Professionalisierung" der Öffentlichkeitsarbeit des Staates zu verzeichnen. Durch erhöhte Investitionen in die Öffentlichkeitsarbeit und den Ausbau der Pressestellen soll vor allem vermieden werden, dass die Recherchen der Journalisten „unbequeme Nachrichten" ans Tageslicht bringen (vgl. Haller 2000: 33). Pressesprecher von Behörden gelten zwar als verlässliche, aber oftmals zugeknöpfte Informanten: „Sie sagen so viel wie nötig, kaum je so viel wie möglich" (Haller 2000: 206). Die Pressestellen von Behörden verfolgen jedoch noch einen anderen Zweck: Indem meist nur eine Person die Berechtigung zur Erteilung von Auskunft über staatliche Belange hat, soll der Gefahr entgegengetreten werden, „dass ein unmittelbar mit der Sache befasster Referent aus Objektivität, Naivität oder Ehrgeiz Dinge ausplaudert, die nicht (oder noch nicht oder so nicht) an die Öffentlichkeit gelangen sollen" (La Roche 2006: 55).[2]

Werden Behörden von sich aus im Sinne von Öffentlichkeitsarbeit informierend tätig, müssen sie das Gleichheitsprinzip aus Art. 3 GG befolgen. Danach sind grundsätzlich alle Journalisten gleich zu behandeln. Das bedeutet, dass bestimmte Journalisten nicht auf Grund (politisch) divergierender Interessen ausgeschlossen werden dürfen. Ferner resultiert das Gleichbehandlungsgebot aus der Neutralitätspflicht des Staates, die eine gezielte Einflussnahme auf Inhalt und Gestaltung der journalistischen Tätigkeit untersagt. „Ihre [*die Pressestellen*] Aufgabe ist auch die einer aktiven Öffentlichkeitsarbeit, worunter nicht etwa Manipulation, sonder eine kritische Aufklärung durch die Vermehrung des Informationsangebots der Justiz zu verstehen ist" (Wassermann 1980: 27). Zu beachten ist, dass die Justizbehörden eine andere Art von Öffentlichkeitsarbeit betreiben (sollten) als die klassische Unternehmens-PR:

> „Die Öffentlichkeitsarbeit der Justizbehörden vollzieht sich auf einem schmalen Grat und in einem hoch sensiblen Bereich. Auf der einen Seite verlangt die Öffentlichkeit nach Informationen […]; auf der anderen Seite muss die Justiz speziell darauf achten, dass ihre Unparteilichkeit und die Fairness des Verfahrens gewahrt bleiben und dass sie jedenfalls nicht zu einer Vorverurteilung beiträgt." (Unverzagt/Gips 2011: 83).

An dieser Stelle sei auf die Präambel der DPRG-Richtlinie für den Umgang mit Journalisten verwiesen: „Journalismus und PR-Arbeit sind unterscheidbare, eigenständige Kommunikationsaufgaben. Sie müssen auch für Öffentlichkeiten unterscheidbar bleiben. Nur dann sind in der Gesellschaft selbständige Urteilsbildungen möglich." Darüber hinaus haben die einzelnen Justizbehörden Richtlinien für die Zusammenarbeit mit den Medienvertretern definiert: „Die Justizbehörden sind verpflichtet, den Medien Auskunft zu erteilen. Vertreterinnen und Vertreter der Medien […] sind auch Personen, die in einem freien Mitarbeitsverhältnis bei Publikationsorganen stehen. Die Journalisteneigenschaft muss

---

[2] In diesem Sinne verweist das Bayerische Landespressegesetz die Journalisten darauf, dass sie ihren Auskunftsanspruch ausschließlich gegenüber dem Behördenleiter oder einer von ihm beauftragten Person geltend machen (Art. 4 Abs. 2 Bay.LPG v. 3.10.1949).

glaubhaft sein" (§ 6 Abs. 1 Richtlinien der Landes NRW für die Zusammenarbeit mit Medien).

4.6 Die Rolle der Recherchierenden

Qualität und Erfolg einer Recherche hängen hauptsächlich von der Zugänglichkeit der Quellen ab. Darüber hinaus haben das in der jeweiligen Redaktion vorherrschende Berichterstattungsmuster (z.B. Informationsjournalismus, investigativer Journalismus, Boulevard-Journalismus), institutionellen Rahmenbedingungen, die redaktionelle Linie sowie das Nachfrageverhalten des Publikums einen intervenierenden Einfluss auf den Entstehungsprozess des „Medienprodukts". Während diese Faktoren exogener Natur sind, spielt auch das subjektive (berufliche) Selbstverständnis des einzelnen Journalisten im Rahmen seiner Tätigkeit als Berichterstatter eine nicht unerhebliche Rolle. Sein sog. Rollenselbstverständnis, ist prägend für die Informationsvermittlung. Je nachdem, ob sich der Journalist als Schleusenwärter (gatekeeper), als Wächter der Demokratie (watchdog) oder als Anwalt der Schwachen (advocate) sieht, beeinflusst dies sein Recherche- und Selektionsverhalten, nicht zuletzt seine „journalistische Schreibe". Erwähnenswert seien hier zwei Studien, die erstmals repräsentative Ergebnisse zum Rollenselbstverständnis von Journalisten in Deutschland lieferten: „Journalismus in Deutschland" (Weischenberg/Löffelholz/Scholl 1993) und die Folgestudie „Die Souffleure der Mediengesellschaft" (Weischenberg/Malik/ Scholl 2005).[3]

Beide Studien gehen davon aus, „daß das Rollenselbstbild handlungsleitend bei der und handlungswirksam für die Medienberichterstattung sei" (Weischenberg 1989: 234). Weischenberg et al. haben auf Basis ihrer Erhebung drei Rollenbilder von Journalisten definiert: (1) der Journalist als neutraler Vermittler von Informationen, (2) der Journalist als Kritiker und Kontrolleur und (3) der Journalist als Unterhalter und Ratgeber.

4.6.1 Der neutraler Vermittler von Informationen

Drei Viertel der Journalisten verstehen sich als „objektive Berichterstatter", die den Anspruch haben, die Realität so abzubilden wie sie ist. Mehr als die Hälfte

---

[3] Seit 1980 beschäftigen sich unterschiedliche Wissenschaftler mit dem journalistischen Selbstverständnis, etwa Köcher (1985), Schneider/Schönbach/ Stürzebecher (1993) und Mahle (1993).

von ihnen glaubt, diese Rolle auch umsetzen zu können (Weischenberg et al. 1993/2005). Diese Absicht entspricht dem in westlichen Mediensystemen vorherrschenden Informationsjournalismus. Die deutliche Mehrheit will ihr Publikum neutral und präzise informieren, komplexe Sachverhalte erklären und möglichst schnell Informationen vermitteln. Mit der zweiten Studie 2005 verzeichnen Weischenberg et al. einen Trend weg von der „klassischen" Recherche hin zum „Newsmanagement". Die Journalisten verfolgen dabei vorwiegend das Ziel, Nachrichten zu veröffentlichen, deren Inhalt sich faktisch bestätigen lässt. Schulz (1997:41) schränkt dies jedoch ein, wenn er konstatiert, dass der Journalist als neutraler Vermittler nicht bedeute, „dass das Massenmedium, in dem er arbeitet, dies auch ist". Ein Massenmedium sei „keineswegs neutraler Vermittler der Botschaft, es prägt vielmehr die Bedeutung der Mitteilung nach Maßgabe medienspezifischer Codes und Darstellungsmittel, zwingt die Botschaft jeweils in ein besonderes ‚Medienformat' und in eine spezifische ‚Medienlogik'", so Schulz (1997: 41f.) weiter.

4.6.2 Der Kontrolleur und Kritiker[4]

Die Bedeutung der Kritik- und Kontrollfunktion der Massenmedien wurde an anderer Stelle bereits herausgearbeitet. Weniger als die Hälfte der Befragten Journalisten will Kritik an Missständen üben (1993: 63 Prozent; 2005: 58 Prozent) und noch weniger wollen die Bereiche Politik, Wirtschaft und Gesellschaft kontrollieren (1993: 37 Prozent; 2005: 24 Prozent). Zum einen liegt dies am „Facettenreichtum des Journalismus", zum anderen spricht „Gegen die Vorwürfe eines publikumsverachtenden, missionarischen, die Fakten den eigenen ideologischen Vorstellungen untergeordneten Journalismus [spricht] [...] das positive Bild vom eigenen Publikum als Staatsbürger" (Weischenberg/ Scholl 2002: 514). Im Vergleich der Studien lässt sich ein Wandel von 1993 zu 2005 erkennen, „der die gesellschaftlich aktive Rolle von Journalisten zunehmend in den Hintergrund rückt" (Weischenberg/Malik/Scholl 2006: 106).

---

[4] Die Rolle des Kritikers und Kontrolleurs gliedert sich in zwei funktionale Perspektiven. Der anwaltschaftliche Kritiker versteht sich eher als Sprachrohr und setzt sich für die Belange von Benachteiligten ein. Der Journalist, der die Kritik- und Kontrollfunktion aktiv zum Betreiben von (politischem) Journalismus gebraucht, betreibt investigativen Journalismus. Letztere verstehen sich als Missionare und wollen durch Präsentation der eigenen Ansichten die politische Tagesordnung beeinflussen (vgl. Weischenberg/Malik/Scholl 2006a: 279).

4.6.3 Der Ratgeber und Unterhalter

Das dritte Rollenbild setzt sich aus Ratgeber-, Service- und Unterhaltungsjournalismus zusammen. Zunehmend ist auch von „Lifestyle-Journalismus" und „Nutzwert-Journalismus" die Rede. Die diesbezüglichen Kommunikationsabsichten bewegen sich in beiden Studien überwiegend zwischen dreißig und vierzig Prozent der Befragten. Zugenommen hat im Vergleich zu 1993 die Bedeutung des Ratgeber- und Orientierungsjournalismus' (1993: 36 Prozent; 2005: 44 Prozent). Die Journalisten wollen ihrem Publikum eher positive Ideen vermitteln und dem Publikum Lebenshilfe geben als neue Trends aufzeigen. Obwohl nur wenige Journalisten das Ziel haben, zur Unterhaltung und Entspannung des Publikums beizutragen, ist auch im Unterhaltungsressort und in den Unterhaltungsmedien das Vermitteln von Informationen die zentrale Aufgabe der Journalisten (vgl. Weischenberg/Scholl 2002: 515). Sicherlich sind in diesem Bereich die Journalisten nicht so sehr auf staatliche Informationen bzw. auf einen freien Zugang zu diesen Informationen angewiesen, wie diejenigen, die sich als neutrale Vermittler von Informationen oder als Kritiker von (politischen) Missständen verstehen.

5. Fazit: Die Suche nach Informationen – Gefahr für die Justizberichterstattung oder Chance für die Litigation-PR?

Abschließend lässt sich fragen, ob die Eigenheiten des Systems „Journalismus" (die hier nur an vielen Stellen angedeutet werden konnten) eine willkommene Chance für die Litigation-PR sind?

Journalismus ist Ergebnis komplexer Handlungsabläufe durchorganisierter Redaktionssysteme, die aus der marktwirtschaftlichen Orientierung vieler Medienanstalten resultieren (vgl. Weischenberg 1995: 112f.): Es muss mit knappen Ressourcen - wie Zeit, Geld und Personal - ein möglichst großes und disperses Publikum bedient werden. Es wird somit bewusst in Kauf genommen, dass Journalisten in wesentlichen Bereichen ein unzureichendes Wissen besitzen und dass sie für die meisten Probleme keine Erklärungen liefern müssen, so Schmidt und Weischenberg (1994: 232). Der Gerichtsreporter von einst gehört einer aussterbenden Gattung an.

Wie sich in den von Weischenberg et al. durchgeführten Journalismus-Studien zeigt, verstehen sich die Journalisten überwiegend als neutrale Vermittler von Informationen. Geht man davon aus, dass die Journalisten unter der Prämisse der öffentlichen Aufgabe und mit dem Wissen um ihre Bedeutung für eine funktionierende Demokratie tätig sind, so kann man darauf schließen, dass sie eine qualitativ hochwertige Recherche betreiben, um die Rezipienten, also die Bürger, bestmöglich mit adäquaten Informationen zu versorgen.

Anknüpfungspunkte für die Litigation-PR bieten sich hier viele. Junge Journalisten wollen schnell „nach oben" und sind dankbar (und naiv) in Bezug auf „vertrauliche" Informationen. Andere wiederum haben Angst, ihren Arbeitsplatz zu verlieren, stehen unter Zeitdruck oder sind sogar als „Freie" für unterschiedliche Medien tätig. Auch hier ist die Versuchung gegeben, aufbereitete Informationen ungeprüft in das journalistische Produkt einfließen zu lassen.

„Aus Zeitmangel bleibt der konkrete Prozeßablauf oft die einzige Informationsquelle. Zeit für weitergehende Recherchen oder Hintergrundgespräche mit dem Prozeßbeteiligten bleibt selten, besonders wenn die Berichterstattung von Pauschalisten oder freien Mitarbeitern wahrgenommen wird, deren Honorar von der abgelieferten Menge abhängt." (Lippe 1980: 131).

Über den Wettbewerb in den eigenen Reihen hinaus verdichten sich die Konkurrenzverhältnisse zu anderen Informationssystemen, wie die Public Relations oder die Wissenschaft. Die Wahrung der Autonomie gegenüber diesen Informationssystemen stellt ein wichtiges Kriterium einer unabhängigen journalistischen Recherche dar (vgl. Haas 2002: 284f., 570). Spätestens hier muss ein moralischer Ankerpunkt gesetzt werden. Denn es gibt so etwas wie eine handwerkliche Moral des Journalismus, eine „Moral der Sachlichkeit, Gründlichkeit und Sorgfalt. Beim besonders sperrigen Gegenstand des Rechts wird sie oft besonders vernachlässigt. Wird ihr aber genügt und verbindet sich mit der Sachlichkeit, Gründlichkeit und Sorgfalt überdies Sensibilität für die Schicksale der Menschen und die Aufgabe des Rechts, dann ist Gerichtsjournalismus ein Glück für das Gemeinwesen" (Schlink 2004: 10f.).

In den vergangenen Jahren hat die geschilderte Wettbewerbssituation im Journalismus erstaunliche Blüten getrieben. Hier wird bewusst Voyeurismus unter dem Deckmantel der Aufklärung getrieben, mit der Behauptung, dies habe Entlastungsfunktion für das Publikum:

> „Man kann sich von dem Bösen deutlich abgrenzen, die Position des Guten für sich reklamieren. Gegen solche Schwarz-Weiß-Bilder und einen Voyeurismus zweiter Ordnung anzuschreiben sieht [Giesela] Friedrichsen als ihre Aufgabe an. Doch die fällt ihr zunehmend schwer, weil nicht nur ihre Berufskollegen, sondern auch die Justiz auf die Prangerwirkung setze. Angeklagte werden den Medien regelrecht vorgeführt und selbst von eigentlich seriösen Blättern als Monster dargestellt, auf dass sich das Publikum am Dargebotenen weide" (Bergmann/Pörksen 2009: 24f.).

Die Logik öffentlicher Empörung ist kalkulierbar und kann somit zuverlässig abgerufen werden. Gerade der Fall Wulff kann hier als Beispiel einer sich selbst antreibenden medialen Logik herhalten. Wenn schon die Frage, auf wessen Kosten ein Telefonat geführt wurde, zum Diskussionsgegenstand wird, lässt sich konstatieren, dass Medien nur noch einer Eigendynamik gehorchen und Maßstäbe sich aufzulösen begonnen haben. Wenn Litigation-PR im Korridor dieser Empörungslogik operiert, kann sie journalistische Recherche zuverlässig irritieren. Das dient sicher nicht der Justizberichterstattung als öffentlicher Aufgabe, aber unter Umständen den Binnenzielen der Litigation-PR.

Literatur

Aufermann, Jörg (1977): Funktionen der Massenmedien, in: Aufermann, Jörg/Darkow, Michael: Einführung in die Publizistik- und Kommunikationswissenschaft (I). Strukturbedingungen und Funktionen der Massenmedien in der Bundesrepublik Deutschland. Materialen zur Übung für Anfänger. Göttingen 1977: o.V, S. 15-21.

Bergmann, Jens/Pörksen, Bernhard (2009): Einleitung: Die Macht der öffentlichen Empörung, in: Dies. (Hrsg.): Skandal. Die Macht der öffentlichen Empörung. Köln: Halem, S. 13-33.

Branahl, Udo (1992): Medienrecht. Eine Einführung. Opladen: Westdeutscher Verlag.

Branahl, Udo (2005): Justizberichterstattung. Eine Einführung. Wiesbaden: VS.

Burkhardt, Emanuel H. (2006): § 4 LPG. Informationsanspruch, in: Löffler, Martin (Hrsg.): Presserecht. Kommentar. 5. neubearb. u. erw. Aufl., München: Beck, S. 171-227.

Capus, Alex (2011): Léon und Louise, München: Carl Hanser Verlag.

Fetscher, Iring (1998): Freiheit, in: Nohlen, Dieter (Hrsg.): Wörterbuch Staat und Politik. 5. Aufl. München: Piper, S. 170-172.

Fricke, Ernst (1997): Recht für Journalisten. Grundbegriffe und Fallbeispiele. Konstanz: UVK.

Früh, Werner (1989): Semantische Struktur- und Inhaltsanalyse (SSI). Eine Methode zur Analyse von Textinhalten und Textstrukturen und ihre Anwendung in der Rezeptionsanalyse, in: Kaase, Max/Schulz, Winfried (Hrsg.): Massenkommunikation. Theorien, Methoden, Befunde. Opladen: Westdeutscher Verlag, S. 490-507.

Gostomzyk, Tobias (2005): Die Öffentlichkeitsverantwortung der Gerichte in der Mediengesellschaft, Baden-Baden: Nomos.

Haas, Hannes (2002): Die Recherche, in: Neverla, Irene/Grittmann, Elke/Pater, Monika (Hrsg.): Grundlagentexte zur Journalistik. Konstanz: UVK, S. 567-575.

Haller, Michael (2000): Recherchieren. Ein Handbuch für Journalisten. 5. völlig überarb. Aufl. Konstanz: UVK.

Hubmann, Manfred (2002): Urheberrecht. 12. neubearb. Aufl. München: Beck.

Kloepfer, Michael (2002): Informationsrecht. München: Beck.

Kloepfer, Michael/von Lewinski, Kai (2005): Das Informationsfreiheitsgesetz des Bundes (IFG), in: Deutsches Verwaltungsblatt. Köln, Berlin: Heymann, S. 1277-1288.

La Roche, Walther von (2006): Einführung in den praktischen Journalismus. Mit genauer Beschreibung aller Ausbildungswege Deutschland, Österreich, Schweiz, 17. akt. Aufl., Berlin: Econ.

Lippe, Bernd (1980): Aufgaben und Arbeitsweisen des Gerichtsberichterstatters, in: Wassermann, Rudolf (Hrsg.): Justiz und Medien, Neuwied & Darmstadt: Luchterhand, S. 127-133.

Lüke, Falk (2006): Was hat der Staat zu verbergen?, in: http://www.zeit.de/online/2006/02/informationsfreiheit, eingesehen am 01.02.2012.

Ott, Sascha (2004): Information. Zur Genese und Anwendung eines Begriffs. Konstanz: UVK.

Schlink, Bernhard (2004): Vorwort, in: Friedrichsen, Gisela: Ich bin doch kein Mörder. Gerichtsreportagen 1989-2004, München: Deutsche Verlags-Anstalt, 9-11.
Schröer-Schallenberg, Bongartz (1987): Informationsansprüche der Presse gegenüber Behörden.
Schultz, Hans Jürgen (1989): Warum wir schreiben. Über den Sinn der Information, in: Schriften zu Kommunikationsfragen. Band 7. Berlin: Duncker & Humblot.
Schulz, Winfried (1997): Politische Kommunikation. Theoretische Ansätze und Ergebnisse empirischer Forschung zur Rolle der Massenmedien in der Politik. Opladen, Wiesbaden: Westdeutscher Verlag.
Strohmeier, Gerd (2004): Politik und Massenmedien. Eine Einführung. Baden-Baden: Nomos.
Unverzagt, Alexander/Gips, Claudia (2010): Handbuch PR-Recht, Berlin: Helios-Media
Wassermann, Rudolf 1980: Justiz und Öffentlichkeit, in: Ders. (Hrsg.): Justiz und Medien, Neuwied/Darmstadt: Luchterhand, 17-29.
Weischenberg, Siegfried (1983): Investigativer Journalismus und Kapitalismus, in: Rundfunk und Fernsehen. Forum der Medienwissenschaft und Medienpraxis. Baden-Baden: Nomos, S. 349-369.
Weischenberg, Siegfried (1989): Der enttarnte Elefant. Journalismus in der Bundesrepublik – und die Forschung, die sich ihm widmet, in: Media Perspektiven, S. 227-239.
Weischenberg, Siegfried (1995): Journalistik. Medienkommunikation: Theorie und Praxis. Band 1. Mediensysteme, Medienethik, Medieninstitutionen. Opladen, Wiesbaden: Westdeutscher Verlag.
Weischenberg, Siegfried/Malik, Maja/Scholl, Armin (2006): Die Souffleure der Mediengesellschaft. Report über die Journalisten in Deutschland. Konstanz: UVK.
Wente, Jürgen K. (1987): Das Recht der journalistischen Recherche. Ein Beitrag zum Konflikt zwischen Medienfreiheiten und der informationellen Selbstbestimmung. Baden-Baden: Nomos.
Wersig, Gernot (1974): Information, Kommunikation, Dokumentation. Ein Beitrag zur Orientierung der Informations- und Dokumentationswissenschaft, 2. Aufl., Pullach b. München: Verlag Dokumentation.
Windsheimer, Hans (1968): Die „Information" als Interpretationsgrundlage für die subjektiven öffentlichen Rechte des Art. 5 Abs. 1 GG. Berlin: Duncker & Humbolt.
Wunden, Wolfgang (Hrsg.): Medien zwischen Markt und Moral. Beiträge zur Medienethik. Stuttgart: J.F. Steinkopf Verlag, S. 17-38.

Der Fall Kachelmann zwischen öffentlicher und veröffentlichter Meinung: In dubio contra reo?

Andreas Köhler & Patricia Langen

Abstract

The German meteorologist Jörg Kachelmann was taken into investigative custody on March 19th 2010 after being accused of rape. Due to Kachelmann's high degree of popularity the case lacked objective reporting. In the course of the analysis of this case a model was developed that compared the four factors which coined the legal suit: media reporting, public relations of the public prosecutor's department, pubic relations with regard to the image of Jörg Kachelmann and the public opinion.

As shown by the survey results, Kachelmann conveyed credibility and convinced the pubic of his innocence. Despite pre-conviction, the recipients in the Kachelmann-case built their own opinion.

1. Einleitung: Kein Fall wie jeder andere

Der Fall Jörg Kachelmann ist einer der wohl spektakulärsten Strafprozesse der vergangenen Jahre. „Freispruch aus Mangel an Beweisen" lautete das Urteil, das am 31. Mai 2011 im Prozess um den Wettermoderator gefällt wurde. Die Staatsanwaltschaft Mannheim hatte am 19. Mai 2010 Anklage gegen Kachelmann erhoben und warf ihm Vergewaltigung in Tateinheit mit gefährlicher Körperverletzung vor. Kachelmann soll seine damalige Lebensgefährtin Sabine W., die sich der Staatsanwaltschaft zufolge von ihm trennen wollte, in deren Wohnung unter Vorhalt eines Küchenmessers zum Geschlechtsverkehr gezwungen haben. Jörg Kachelmann hatte den Vergewaltigungsvorwurf stets bestritten. Neun Monate lang hatte das Mannheimer Gericht versucht, die Nacht vom 8. auf den 9. Februar 2010 zu rekonstruieren, um seine Schuld bzw. Unschuld zu klären. Am Dienstag, den 31. Mai, wurde Jörg Kachelmann aus Mangel an Beweisen freigesprochen. Ein Urteil, das auch als „Freispruch zweiter

Klasse" bezeichnet wird und gegen das die Staatsanwaltschaft Mannheim am 13. September 2011 Revision einlegte.

Der Fall ist beispiellos in der Geschichte der deutschen Rechtsberichterstattung – auch und insbesondere durch eine extrem hohe öffentliche Aufmerksamkeit. Der Prozess wurde zu einer seriellen Medienstory, deren Ausmaß zu kontroversen Auseinandersetzungen über die Objektivitätspflicht und das Gebot der Unschuldsvermutung zwischen den beteiligten Akteuren führte. Aber wurde der Fall Jörg Kachelmann tatsächlich im Sinne von „in dubio contra reo" von den beteiligten Akteuren öffentlich „verhandelt"? In diesem Aufsatz sollen die prägenden Faktoren dieses Medienfalls untersucht werden. Ein „Vier-Faktoren-Modell" erlaubt die Ursachenforschung in Bezug auf Vorverurteilungen des Angeklagten in den Medien: Findet sich das Objektivitätsgebot der Staatsanwaltschaft auch in ihrer Pressearbeit wieder? Trug die staatsanwaltliche Kommunikation zu einer publizistischen Vorverurteilung bei?

In Deutschland ist es fast alltäglich, dass eine Person wegen des Verdachts auf Vergewaltigung festgenommen wird, ohne dass die Medien davon Notiz nehmen. Im Hinblick auf die Nachrichtenwertfaktoren nach Galtung und Ruge (1965: 262ff.) bzw. Staab (1988: 59ff.) steckte im Fall Kachelmann jedoch deutlich höheres Potenzial zur medialen Vermarktung.

Dabei stehen in Zusammenhang mit der Causa Kachelmann in erster Linie kulturabhängige Nachrichtenwertfaktoren im Mittelpunkt wie der Bezug zu Elitepersonen (insb. der Zusammenhang einer Nachricht mit prominenten Persönlichkeiten), Personalisierung und Negativität (wozu auch Verbrechen zählt). Auch im Fall der No-Angels-Sängerin Nadja Benaissa oder bei der Verhaftung von Dominique Strauss-Kahn haben diese Nachrichtenwertaktoren mediale Sprengkraft bewiesen. Hinzu kommen Kontinuität, Kuriosität bzw. Überraschung. Wohl niemand hätte sich vorstellen können, dass der Sympathieträger Jörg Kachelmann solcher Taten beschuldigt wird.

Ganz gleich ob Rundfunk, Fernsehen oder Presse, jeder schickte Vertreter nach Mannheim, um den Prozess zu beobachten und so viel wie möglich über die Hintergründe zu erfahren. Am Tag der Urteilsverkündung erreichte das mediale Interesse seinen Höhepunkt. Waren am ersten Verhandlungstag rund 25 Journalisten anwesend, stieg die Zahl der Akkreditierten am 31. Mai 2011 auf rund 50 an. Wider Erwarten endete die mediale Beobachtung nicht mit dem Freispruch Kachelmanns. Durch den nicht eindeutigen Nachweis seiner Unschuld wurde neuer Spielraum für Verdächtigungen, Meinungen und Zweifel geschaffen, der vielfach in den Medien für neue Stories genutzt wurden.

Das 4-Faktoren-Modell der Berichterstattung im Fall Kachelmann

Nicht nur die Medien sorgten als Akteur im Fall Kachelmann immer wieder für Aufmerksamkeit. Auch die Justiz, insbesondere die Staatsanwaltschaft, agierte gegenüber den Berichterstattern außergewöhnlich aktiv und zeigte sich fortwährend präsent. Die Zeiten, in denen nur die Verteidigung die Medien mit Informationen versorgte, scheinen dabei längst vergangen (vgl. Rademacher/Bühl 2011).

Vielmehr wurde durch eine rege Öffentlichkeitsarbeit versucht, das große mediale und öffentliche Interesse zu befriedigen, oftmals jedoch auf Kosten des Angeklagten, von Persönlichkeitsrechten und der Objektivitätspflicht. Öffentlichkeitsarbeit und Veröffentlichung werden hierbei als zentrale Elemente zur Produktion öffentlicher Meinung verstanden, dominiert durch Medien als Kanal der staatsanwaltschaftlichen Öffentlichkeitsarbeit und der Image-PR Kachelmanns (vgl. Theis-Berglmair 2008; Neidhardt 1989; Habermas 1990). Kachelmann selbst sowie die durch Öffentlichkeitsarbeit und Veröffentlichungen entstandene öffentliche Meinung können als weitere zwei Faktoren der Causa Kachelmann bezeichnet werden, die eine mediale Diskussion mit prägen. Im vorliegenden Beitrag wird das Zusammenspiel überprüft. Im Zuge dessen wurde ein Modell entwickelt, welches die vier Faktoren

(1) staatsanwaltschaftliche Öffentlichkeitsarbeit
(2) mediale Berichterstattung
(3) Image-PR Kachelmanns und
(4) öffentliches Meinungsbild

einander gegenübergestellt. Untersucht werden soll dabei im Wesentlichen, inwieweit durch die Öffentlichkeitsarbeit der Staatsanwaltschaft eine Vorverurteilung Kachelmanns stattfand, welcher Kommunikationsstrategie Jörg Kachelmann folgte, wie diese in den Medien widergespiegelt wurde und ob das öffentliche Meinungsbild von den oben genannten Faktoren beeinflusst wurde.

2. Untersuchungsdesign

Zur Beantwortung der Fragestellung wurden Inhaltsanalysen und Befragungen miteinander verknüpft. Die Methodenauswahl unterscheidet sich in Bezug auf die zu untersuchenden Faktoren (vgl. *Abbildung 1*). Inhaltsanalytisch untersucht wurden Beiträge der Online-Ausgaben der „Süddeutschen Zeitung", sowie der

Magazine „Spiegel", Fokus" und „Bunte", welche Aussagen der Staatsanwaltschaften dokumentieren, im Zeitraum von vier Wochen nach der Verhaftung Jörg Kachelmanns am 20. März 2010. Dies sollte Rückschlüsse auf die Öffentlichkeitsarbeit der Staatsanwaltschaft (Pressestatements, Interviews, etc.) erlauben.

Faktoren	Methoden	Untersuchungsobjekte
staatsanwaltschaftliche Öffentlichkeitsarbeit	Qualitative Inhaltsanalyse	Online-Beiträge „Spiegel", „Süddeutsche Zeitung", „Fokus" und „Bunte"
mediale Berichterstattung	Befragung (voll-strukturierte Online-Befragung)	Journalisten
Image-PR Kachelmanns	Qualitative Inhaltsanalyse	Print- (BILD, Stern) und Online-Beiträge (Newsportale)
öffentliches Meinungsbild	Befragung (voll-strukturierte Online-Befragung)	Medienrezipienten

Abb. 1: Untersuchungsdesign. Faktoren, Methoden, Untersuchungsobjekte (Eigene Darstellung).

Darüber hinaus fand eine Befragung von Journalisten unterschiedlicher Ressorts zu Erfahrungen und Meinungen zur staatsanwaltlichen Öffentlichkeitsarbeit in diesem Fall statt. Insbesondere im Zusammenhang mit dem zweiten Faktor ist diese Befragung von zentralem Interesse. Sie erfolgte in Form einer Online-Umfrage, erstellt mithilfe des Tools „EFS Survey" und verfügbar im Zeitraum von 9 Tagen (vom 21.07.2011 bis zum 29.07.2011). Am 21.07.2011 wurden 1.652 Journalisten per E-Mail zur Teilnahme aufgefordert. 205 Journalisten nahmen an der Befragung teil, 134 Journalisten beendeten den Fragebogen, was eine Quote von 8,1 Prozent entspricht.

In einem dritten Schritt wurde das öffentliche Meinungsbild abgefragt. Auch in Zusammenhang mit diesem Faktor erfolgte eine Online-Umfrage mithilfe des bereits genannten Erhebungstools, abrufbar vom 18.05.2011 bis zum 30.05.2011.

3. Ergebnisse der Untersuchung

3.1 Staatsanwälte kamen aus kommunikationswissenschaftlicher Perspektive der Objektivitätspflicht nach dem Gebot der Unschuldsvermutung nur eingeschränkt nach

Bei der Inhaltsanalyse von publizierter staatsanwaltschaftlicher Öffentlichkeitsarbeit – der erste Faktor, welcher hier untersucht werden soll –, konnte festgestellt werden, dass durch die explizite Nennung des Verhaftungsortes und des Berufs auch ohne Nennung des Namens für die Presse eine eindeutige Identifizierung Jörg Kachelmanns aus der ersten Pressemeldung der Staatsanwaltschaft zur Festnahme deutlich wurde.[1] Somit wurden Grenzen, die im Landespressegesetz zur allgemeinen Auskunftspflicht der Staatsanwaltschaften gezogen werden, überschritten. Eine Nennung des Namens im Verdachtsfall ist nur in absoluten Ausnahmefällen zugelassen (vgl. den Beitrag von Huff zu „Staatsanwaltschaften in der Zwickmühle" in diesem Band). Damit konnte die Staatsanwaltschaft auch Einfluss auf die Ausübung einer sach- und rechtmäßigen Berichterstattung in den Medien nehmen, da sie von diesen als privilegierte Quelle nicht hinterfragt wurde.

Der Pressesprecher der Staatsanwaltschaft Mannheim, Staatsanwalt Andreas Großmann, gab gegenüber der Presse am 23.03.2011 eine Stellungnahme ab und sagte: „Wir haben mehr als eine bloße Anzeige" (Janisch 2010). In den nächsten Tagen folgten diverse Statements gegenüber der Presse zum dringenden Tatverdacht und der hohen Glaubwürdigkeit des Opfers. Die Staatsanwaltschaft trat seit der Verhaftung nahezu täglich mit neuen Mitteilungen an die Presse heran, betont durchweg die Schuld des Angeklagten (am 30.03.2010 sprach Großmann von „einer steigenden Verurteilungswahrscheinlichkeit") und gab detaillierte Informationen bzw. Mutmaßungen über das Tatmotiv preis (N.N. 2010a). Diese frühe Herausgabe von Informationen kann als substantielle und subjektive Beeinflussung des Meinungsklimas und der Berichterstattung gewertet werden. Eine Unschuldsvermutung wurde zu keiner Zeit geäußert. Dies deutet auf eine Voreingenommenheit gegenüber dem Angeklagten hin. Das wiederum hat Einfluss auf das öffentliche Meinungsbild, da die Öffentlichkeit der Meinung der Behörde großes Vertrauen schenkt. Eine Vorverurteilung des

---

[1] Die Rede ist hier von einem „51-jährigen Journalisten und Moderator" (Staatsanwaltschaft Mannheim 2010).

Angeklagten durch die Öffentlichkeit wird von Seiten der Staatsanwaltschaft also substantiell vorangetrieben.

Bei der Analyse der publizierten Aussagen der Staatsanwaltschaft konnte hier festgestellt werden, dass diese aus kommunikationswissenschaftlicher Perspektive einer Objektivitätspflicht nach dem Gebot der Unschuldsvermutung nur eingeschränkt nachgekommen ist.

3.2 Journalisten beurteilen die Arbeit ihrer Kollegen im Kachelmann-Fall kritisch

Als zweiter Faktor der Berichterstattung im Fall Kachelmann wurde die Arbeit der Medien untersucht. Zunächst werden publizierte Positionen dargestellt und anschließend auf Basis einer Journalistenbefragung die eigene Rolle der Medienvertreter hinterfragt.

Nicht nur die Öffentlichkeitsarbeit der Staatsanwaltschaft musste sich sowohl während als auch nach dem Prozess um den Wettermoderator Jörg Kachelmann harter Kritik stellen. Auch Medienvertretern wurde vorgeworfen, eine unsachgemäße und parteiliche Berichterstattung ausgeübt zu haben. Vor allem das deutsche Nachrichtenmagazin „Der Spiegel" und die überregionale Wochenzeitung „Die Zeit" machten mit einer Berichterstattung auf sich aufmerksam, die auf die Unschuld Kachelmanns abzielte (Rückert 2011).

An der „Contra-Kachelmann-Front" erschienen dagegen die Boulevardzeitung „Bild", für die die Frauenrechtlerin Alice Schwarzer berichtete und die Illustrierte „Bunte". Der Blogeintrag mit dem Titel „Droht Kachelmann ein weiterer Rückschlag?" ist dabei nur ein Beispiel, wie Schwarzer das Medienbild zu Gunsten des mutmaßlichen Opfers prägte (Schwarzer 2010). Die „Bunte" stand dagegen wegen der Veröffentlichung von erkauften Interviews mit den Ex-Geliebten Kachelmanns in der Kritik, betitelt wurden sie alle als „Opfer" des Wettermoderators. Beträge von bis zu 50.000 Euro sollen dabei gezahlt worden sein (N.N. 2011).

Medien haben also Positionen eingenommen und diese auch vehement vertreten – Kritiker sprechen in diesem Zusammenhang von Parteilichkeit und fehlender Distanzlosigkeit der Medien. 48,6 Prozent der befragten Journalisten erkennen die geäußerte Kritik an der Berichterstattung der Medien im Fall Kachelmann als durchaus gerechtfertigt an. Die professionelle Distanz sei im Fall Kachelmann oftmals abhanden gekommen – auch in der Qualitätspresse. Für 37,8 Prozent der Befragten muss die Kritik vorrangig auf die Boulevardmedien bezogen werden. Nur für 2 Prozent der Befragten ist die Kritik nicht nachvollziehbar (vgl. *Abbildung 2*).

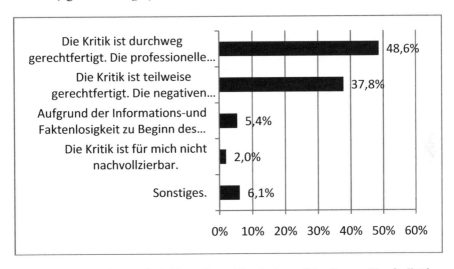

Abb. 2:   Gerechtfertigte Medienkritik aus Perspektive der Journalisten. Frage: *„War die Kritik an den Medien im Fall Kachelmann gerechtfertigt?"*
n=134 (Eigene Erhebung und Darstellung).

Nach Meinung der befragten Journalisten, hätte es gar nicht erst zu diesem Ausmaß der Berichterstattung kommen dürfen. 33,1 Prozent stimmten der Aussage zu, dass die Medien nur überleben werden, wenn sie nicht auf jedes Thema aufspringen. Dass sich Gerüchte und „Klatsch" besser verkaufen, sei ein gesellschaftliches Problem, das nicht noch von Akteuren der Presse gefördert werden dürfe. 31,1 Prozent gaben zudem an, sie würden Material, das sie über einen zweifelhaften Weg erhalten haben, nicht nutzen. 14,9 Prozent verwerten Informationen für die Berichterstattung nur dann, wenn diese ihrer Meinung nach keinen Einfluss auf einen Prozess haben kann.

Anders fällt die Beurteilung der „Kachelmann-Story" als solcher aus. Die befragten Journalisten halten die „Causa Kachelmann" aus mehreren Gründen für eine interessante serielle Story. 41,7 Prozent stimmten der Aussage zu, dass die Polarisierung der Öffentlichkeit die Diskussion fortwährend antrieb. Für 37,5 Prozent machte in diesem Fall die Diskrepanz zwischen dem vorherigen, durchweg positiven Image des freundlichen Wettermoderators und dem jetzigen Bild eines potentiellen Vergewaltigers den Fall für die Medien so interessant. 36

Prozent sahen in den Details aus seinem umstrittenen Doppelleben geeignetes Material für eine mediale Aufbereitung (Mehrfachantworten waren möglich).

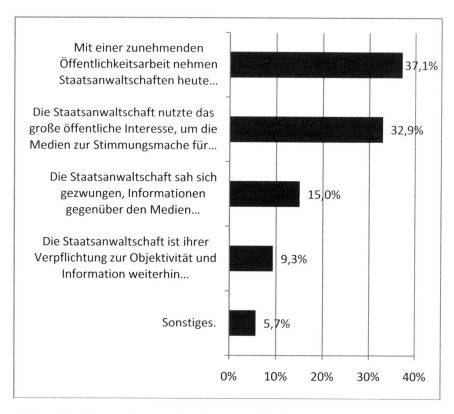

Abb. 3: Der Einfluss der Staatsanwaltschaft aus Perspektive der Journalisten. n=134 (Eigene Erhebung und Darstellung).

Auch die Rolle der Staatsanwaltschaft wird kritisch beurteilt. Die befragten Journalisten konstatieren, dass Staatsanwaltschaften heute bewusster als früher Einfluss auf die öffentliche Meinungsbildung nehmen (37,1 Prozent) und das große öffentliche Interesse nutzen, um die Medien zur Stimmungsmache für die eigene Sache zu nutzen. Ihrer Verpflichtung zur Objektivität sei die Staatsanwaltschaft im Fall Kachelmann kaum nachgekommen, ohne Rechte von Personen zu verletzen. Nur 9,3 Prozent der befragten Journalisten stellen der Staatsanwaltschaft hier ein positives Zeugnis aus (vgl. *Abbildung 3*).

Die Folgen für Kachelmanns berufliche Zukunft schätzten die Befragten als gravierend ein. Von den 83,6 Prozent, die ein „TV-Comeback" für unrealistisch einschätzten, hielten es jedoch 54,6 Prozent für möglich, dass die Chancen für Kachelmann auf eine Rückkehr in die deutsche Medienlandschaft in einigen Jahren wieder steigen könnten. Um Sympathiepunkte zurückzugewinnen, dürfe der Fall in den Medien nicht weiter behandelt werden.

3.3 Kachelmann selbst ließ Chancen zur Imagestärkung ungenutzt

Schon vor dem eigentlichen Prozess traten Medien und Staatsanwaltschaft als Gegner Kachelmanns auf. Dies hatte natürlich auch Auswirkungen auf die PR-Arbeit des Wettermoderators – der dritte Faktor, der hier auf Basis einer qualitativen Analyse von Print- und Online-Beiträgen untersucht wird. Kachelmann sah sich nicht nur gezwungen, gerichtlich gegen Staatsanwaltschaft und Medien vorzugehen, sondern versuchte gleichzeitig, Schadensbegrenzung zu betreiben.

Er selbst setzte bei seinen wenigen öffentlichen Auftritten auf die Wirkung der Bilder. So gab er sich stets bedacht und auffällig ruhig und stand dem Prozess schon fast gelassen gegenüber, was er auch durch sein äußeres Erscheinungsbild unterstrich. Fotos zeigten Kachelmann, wie er mit einem Lächeln und abrasiertem Bart das Gerichtsgebäude verlässt und sich händeschüttelnd bei seinem Anwalt zum Abschied bedankt.

Er verstand es, gezielte Kernbotschaften zu platzieren, wie beispielsweise: „Ich bin unschuldig, das ist alles, was ich im Moment sagen kann", die daraufhin vielfach zitiert und publiziert wurden (vgl. N.N. 2010b).

Auch bei seiner Entlassung aus der Untersuchungshaft setzt Kachelmann auf Bilder: In einem weißen Shirt umarmt er einen Aufsichtsbeamten der Justizvollzugsanstalt. Darüber hinaus äußerte er sich nicht mehr. Doch bei dieser subtilen Strategie blieb der bekannte Wettermoderator nicht. Statt zu schweigen trieb er mit vereinzelten Interviews (u.a. zu den hygienischen Zuständen in der Haftanstalt) und Klagen (u.a. gegen „Bild") die Berichterstattung weiter an. Dadurch ließ er einige Chancen, die ihm eine positivere mediale Berichterstattung hätten ermöglichen können, nach seiner Entlassung aus der Untersuchungshaft ungenutzt. Statt dieses für ihn positive Ereignis zu nutzen, um einen „Vorfreispruch" in den Medien zu platzieren, bescherten ihm seine Kommentare und Klagen weitere negative Schlagzeilen.

Eine Auswertung von Schlagzeilen in Print- und Onlinenews durch Binz (2010) belegt, dass auch nach Kachelmanns Haftentlassung die Berichterstattung tendenziell stark negativ ist. Es erschienen demnach am 2. und 3. August 2010 weniger als 20 positive Meldungen und über 120 negative.

Ungeachtet der veröffentlichten Meinung kann Kachelmanns Image-PR erfolgreich die öffentliche Meinung beeinflussen, denn die Mehrheit der Deutschen konnte er von seiner Unschuld überzeugen (vgl. Ergebnisse der Rezipientenbefragung im nächsten Abschnitt). Nordlohne (2010) zufolge hat dies daran gelegen, dass eine Entlassung aus der U-Haft und der nicht mehr vorhandene dringende Tatverdacht fälschlicherweise als vorzeitiger Freispruch interpretiert wurden. Die im folgenden Abschnitt dargestellten Ergebnisse einer eigenen Befragung untermauern Nordlohnes Position.

3.4 Die Mehrheit der Befragten schließt Rückkehr auf den Bildschirm aus

Die gewonnenen Ergebnisse einer eigenen Befragung von Medienrezipienten dokumentieren ein Abbild des öffentlichen Meinungsbildes über Jörg Kachelmann kurz vor seinem Freispruch im Mai 2011. Die Teilnehmer wurden u.a. zur möglichen Schuld bzw. Unschuld des Wettermoderators befragt. Dabei gaben 71,4 Prozent der Teilnehmer an, dass sie dem Wettermoderator eine Vergewaltigung nicht zutrauen und ihn demnach für unschuldig halten – er wird als Opfer von Medien und Staatsanwaltschaft betrachtet.

Ausgehend von einem Freispruch würden 45,1 Prozent der Befragten einer Rückkehr Kachelmanns ins Fernsehen zustimmen, 30,8 Prozent mit der Bedingung, dass er in diesem Fall weniger Präsenz zeigen solle. 3 Prozent der Befragten dagegen sehen ihn dagegen zukünftig nur noch in seiner Position als Gründer seines Wetterdienstes „meteomedia" und als Meteorologe.

Lediglich 19 Teilnehmer (20,9 Prozent) schlossen eine Rückkehr Kachelmanns gänzlich aus und gaben dabei ähnliche Begründungen an. Es wurde an seiner Glaubwürdigkeit und seiner tatsächlichen Unschuld gezweifelt, ihm ein dauerhaft geschädigtes Image nachgesagt, das ihm Chancen auf eine Betätigung in der Öffentlichkeit unmöglich macht.

Der Öffentlichkeit war es kaum möglich, sich den Informationen im Fall Kachelmann zu entziehen. Demnach verfolgten lediglich 16,3 Prozent der Befragten die Berichterstattung aus privatem Interesse, wohingegen 65,2 Prozent der Meinung waren, dass es aufgrund der Vielzahl an Berichten in den Medien gar nicht möglich war, Informationen und Neuigkeiten im Fall Kachelmann nicht zu rezipieren. Insgesamt 18,5 Prozent der Befragten gaben an, die mediale

Berichterstattung während des Prozessverlaufs nicht regelmäßig verfolgt zu haben, 2 Prozent nahmen den Fall nach eigenen Angaben in den Medien kaum wahr. Dabei gab die Mehrheit (65,5 Prozent) an, dass der Wettermoderator auch im Falle eines Freispruchs aufgrund seines polygamen Lebensstils an Sympathie verloren habe. 28,6 Prozent der Teilnehmer sprechen ihm diesbezüglich keine Sympathiepunkte ab, 5,9 Prozent argumentierten u.a., dass Kachelmanns Privatleben nicht in die Öffentlichkeit hätte getragen werden dürfen und dass niemandem eine Wertung darüber zustehe. Die Befragten bezogen ihre Informationen laut eigenen Angaben zu 34,5 Prozent aus der „Bild-Zeitung" und von „Bild.de", 42,9 Prozent über das Magazin „Der Spiegel" bzw. „Spiegel-Online" sowie 53,6 Prozent durch private Fernsehsender und das Öffentlich-Rechtliche Fernsehen (52,4 Prozent). Weitere 13,1 Prozent der Befragten informierten sich in der „FAZ", „Express" sowie weiteren regionalen und lokalen Tageszeitungen. Auch hier waren mehrere Antworten möglich.

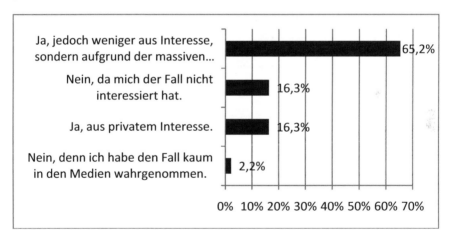

Abb.4: Interesse an der Medienberichterstattung. Frage: *„Haben Sie die Medienberichterstattung während des gesamten Prozessverlaufs regelmäßig verfolgt?"* n=84 (Eigene Erhebung und Darstellung).

Zusammenfassend lässt sich feststellen, dass sowohl vor als auch nach der Entlassung Kachelmanns aus der U-Haft die Mehrheit aller Teilnehmer der eigenen Befragung Jörg Kachelmann für unschuldig halten. Zudem wünschte sich die Mehrheit eine Wiederkehr Kachelmanns als Wettermoderator – sowohl zum

Zeitpunkt vor als auch nach seinem Freispruch. Gleichzeitig verdeutlichen die Ergebnisse, dass Kachelmanns Glaubwürdigkeit trotz des Freispruchs nicht gelitten, er jedoch an Sympathie verloren hat. Ein Grund ist sicherlich in der medialen Verbreitung von Details aus seinem polygamen Lebensstil zu sehen. Kachelmanns Image-PR konnte zwar bei den Teilnehmern der Befragungen keine Reputationsstärkung bewirken, jedoch schien die PR zumindest in Bezug auf die Verbreitung des Bilds eines „medialen Opfers" zu wirken.

4. Fazit: Beeinflussung, Verstärkung und Interaktion zwischen den vier Faktoren der Berichterstattung im Fall Kachelmann

Im Zuge der Ermittlungen gegen Jörg Kachelmann wurden von Seiten der Staatsanwaltschaft Pressemitteilungen verfasst sowie öffentliche Stellungnahmen abgegeben, die bereits vor der eigentlichen Anklageerhebung den Eindruck mangelnde Objektivität erwecken können. Schon mit der Bekanntgabe des Falls ebnete die Staatsanwaltschaft – bewusst oder unbewusst – den Weg für eine bislang beispiellose mediale Vorverurteilung und erteilte den Medien damit die Legitimation für ihre Berichterstattungen.

Journalisten verbreiten behördliche Informationen, weil aus vertrauenswürdiger Quelle, ungeprüft weiter, was der Behörde wiederum die Möglichkeit verschafft, das Informationsmanagement während eines Prozesses zu kontrollieren und gleichzeitig das öffentliche Meinungsbild über die Medien mitzugestalten. Eine Interaktion zwischen Staatsanwaltschaft und Medien kann also auch im Fall Kachelmann vermutet werden. Während die Staatsanwaltschaft den Medien als Informationsquelle diente, erzeugten diese mit ihrer Berichterstattung eine positive Anerkennung ihres Handelns gegenüber dem Angeklagten. Um den Medien eine Berichterstattung zu erleichtern, konnte zudem eine Anpassung der staatsanwaltschaftlichen Kommunikation an die medialen Selektions- und Interpretationslogiken festgestellt werden, die sich durch medienwirksame Inszenierungs- und Darstellungsformen, wie etwa in Interviews oder Auftritten der Behörde, auszeichneten. Grundsätzlich ist also festzustellen, dass es ohne die Öffentlichkeitsarbeit der Staatsanwaltschaft kaum die Möglichkeiten zu einer derart ausgeprägten Berichterstattung im Fall Kachelmann gegeben hätte. Die Grenzen des seriösen Journalismus waren nach Meinung der Befragten Journalisten besonders von den Boulevardmedien überschritten worden, doch auch die Parteinahme seriöser Printmedien hat nach dem Urteil der Befragten eindeutig gegen die Pflicht zur Objektivität verstoßen.

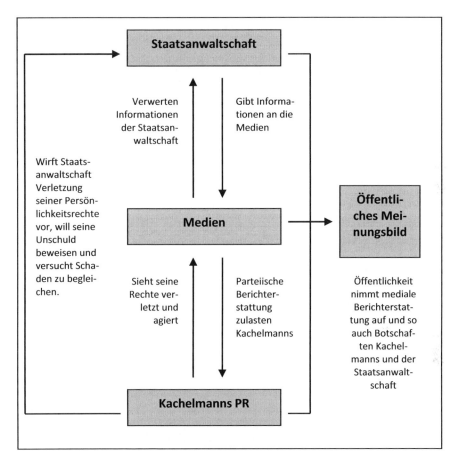

Abb. 5: Interaktion im Vier-Faktoren-Modell der Berichterstattung im Fall Kachelmann (Eigene Darstellung).

Durch die aktive Öffentlichkeitsarbeit der Staatsanwaltschaft und die Herausgabe von Informationen wurde das mediale Interesse ausgelöst und die Berichterstattung vorangetrieben. Die Rolle als Informationsquelle birgt laut den befragten Journalisten auch Risiken. Um sachgemäß zu berichten, müssten zugespielte Informationen geprüft werden, um nicht als Instrument für falsche Behauptungen missbraucht zu werden.

Kachelmann selbst verstand es, gezielte Kernbotschaften zu platzieren, allerdings nur mit geringen Auswirkungen auf die Tonalität in veröffentlichten Meinungen. Die öffentliche Meinung konnte er jedoch für sich gewinnen. Die Ergebnisse einer eigenen Befragung von Medienrezipienten verdeutlichen, dass Kachelmanns Glaubwürdigkeit trotz des Freispruchs nicht gelitten, er jedoch an Sympathie verloren hat.

Festgehalten werden kann also, dass die oben dargestellten zentralen vier Faktoren staatsanwaltschaftliche Öffentlichkeitsarbeit, mediale Berichterstattung, die Image-PR Kachelmanns und das öffentliche Meinungsbild unterschiedlich stark aufeinander einwirkten. In *Abbildung 5* sind diese Interaktionen im Vier-Faktoren-Modell der Berichterstattung im Fall Kachelmann nochmals zusammenfassend dargestellt.

5. Ausblick: Der Fall Kachelmann als Lehrstück für zukünftige Strafprozesse mit prominenten Angeklagten?

Der Fall des wohl bekanntesten deutschen Wettermoderators Jörg Kachelmann hat die mediale Aufmerksamkeit, die einem Strafprozess zuteilwerden kann, gezeigt. Kachelmann wurde dabei selbst zum Medienereignis und beherrschte, wenn auch meist unfreiwillig, über ein Jahr lang fortwährend die Schlagzeilen. Sowohl die Klägerin als auch der Angeklagte haben Schaden genommen, weniger durch das Urteil, vielmehr jedoch durch die Prozessberichterstattung.

Vielerorts wurden neue Regeln für eine staatsanwaltschaftliche Öffentlichkeitsarbeit gefordert, welche einerseits den Angeklagten und andererseits auch die Staatsanwaltschaft selbst schützen sollen, um zukünftige Kritik oder unwissentlich begangene Fehler in der Kommunikation zu vermeiden. Sowohl die Staatsanwaltschaft als auch die Medien können daraus für die Zukunft folgende Lehre ziehen: Je größer das öffentliche Interesse an einem Fall ist, desto überlegter und behutsamer sollten Sprecher der juristischen Behörden Informationen, die das öffentliche Interesse bedienen, bekannt geben. Für die Medizinberichterstattung gibt es erweiterte Regelungen im Pressekodex. Vergleichbares sollte auch für die Justizberichterstattung, über die Regelungen zur Unschuldsvermutung hinaus, erwogen werden. Auch bzw. gerade dann, wenn es sich bei dem Angeklagten um einen Prominenten wie Jörg Kachelmann handelt.

„In dubio pro reo" – lautet der juristische Grundsatz, nach dem Jörg Kachelmann seinen Freispruch vor Gericht erlangte. Von einer objektiven Berichterstattung, die „im Zweifel für den Angeklagten" agierte, war Jörg Kachelmann jedoch weit entfernt.

Der verfassungsrechtliche Grundsatz „gleiches Recht für alle" hat in der Mediendemokratie einen schweren Stand. Allein durch die Prominenz und das damit gesteigerte öffentliche Interesse war es für die Medien im Fall von Jörg Kachelmann schwierig, objektiv die Sachlage zu beleuchten. Während die überwiegende Zahl der Gerichtsprozesse in der westlichen Demokratie ohne mediales Interesse geführt wird, ist ein sogenannter „Prominenten-Fall" nicht nur einer breiten öffentlichen Berichterstattung ausgesetzt, sondern vor allem einer anderen Beurteilung durch die meist umfangreichen Recherchen der Medien. Dies führte am Beispiel des Kachelmann-Prozesses u.a. dazu, dass es im Grundsatz nicht zu einer recht- und sachgemäßen Berichterstattung kam. Gerade dieser Fall zeigt, dass nach dem Grundsatz „in dubio pro reo" vor Gericht das Urteil zwar zugunsten des Angeklagten gefällt werden muss, das mediale Urteil jedoch ein ganz anderes sein kann.

Literatur

Binz, Roland (2010): Wie Wetterexperte Jörg Kachelmann seine eigenen Aussichten verdüstert, in: http://binz-krisenblog.blogspot.com/2010/08/wie-wetterexperte-jorg-kachelmann-seine.html, eingesehen am 03.01.2012.
Galtung, Johan /Ruge, Mari Holmboe (1965): The Structure of Foreign News: The Presentation of the Congo, Cuba and Cyprus Crises in Four Norwegian Newspapers, in: Journal of Peace Research, 2(1): 64-91.
Habermas, Jürgen (1990): Strukturwandel der Öffentlichkeit. Frankfurt a. M.: Suhrkamp.
Janisch, Wolfgang (2010): Kachelmann will aussagen, in: http://www.sueddeutsche.de/panorama/vorwurf-der-vergewaltigung-kachelmann-will-aussagen-1.18476, eingesehen am 12.12.2011.
N.N. (2010a): Die Verurteilungswahrscheinlichkeit im Fall Kachelmann steigt, in: http://www.stern.de/panorama/vorwurf-der-vergewaltigung-die-verurteilungswahrscheinlichkeit-im-fall-kachelmann-steigt-1555150.html, eingesehen am 12.12.2011.
N.N. (2010b): Die Psychologie im Fall Jörg Kachelmann, in: http://www.bild.de/news/2010/joerg-kachelmann/grinse-auftritt-gericht-bart-psychologe-medien-profi-11986408.bild.html, eingesehen am 12.12.2011.
N.N. (2010c): Mehrheit der Deutschen will Kachelmann zurück im TV, in: http://www.bild.de/news/2010/freispruch/mehrheit-will-rueckkehr-ins-tv-freispruch-13554582.bild.html, eingesehen am 12.12.2012.
N.N. (2010d): Fast jeder Zweite glaubt Kachelmann, in: http://www.stern.de/panorama/stern-umfrage-fast-jeder-zweite-glaubt-kachelmann-1587603.html, eingesehen am 12.12.2011.
N.N. (2011): Kachelmanns Ex-Geliebte bekam 50.000 Euro für Interview, in: http://www.faz.net/aktuell/gesellschaft/menschen/zeitschrift-bunte-kachelmanns-ex-geliebte-bekam-50-000-euro-fuer-interview-1606646.html, eingesehen am 12.12.2011.
Neidhardt, Friedhelm (1989): Auf der Suche nach Öffentlichkeit, in: Nutz, Walter (Hrsg.): Kunst, Kommunikation, Kultur, Frankfurt a. M.: Lang, S. 25-35.
Nordlohne, Jens (2010): PR-Schlacht um Kachelmann, in: http://www.litigation-prblog.de/2010/08/03/pr-schlacht-um-kachelmann/, eingesehen am 25.07.2011.

Rademacher, Lars/Bühl, Anton (2011): Die Bedeutung von Litigation-PR im deutschen Rechtssystem, in: Möhrle, Hartwin/Schulte, Knut (Hg.): Zwei für alle Fälle: Handbuch zur optimalen Zusammenarbeit von Juristen und Kommunikatoren, Frankfurt a. M.: Frankfurter Allgemeine Buch, S. 162-174.

Rückert, Sabine (2011): Zwei blaue Flecke und ein Nullbefund, in: http://www.zeit.de/2011/09/ WOS-Kachelmann, eingesehen am 12.12.2011.

Schwarzer, Alice (2010): Droht Kachelmann ein weiterer Rückschlag?, in: http://www.alicesch warzer.de/?id=5901, eingesehen am 12.12.2012.

Staab, Joachim Friedrich (1988): Nachrichtenwert-Theorie: Formale Struktur und empirischer Gehalt. Freiburg & München: Alber.

Staatsanwaltschaft Mannheim (2010): Pressemitteilung vom 23.03.2010, in: http://staatsanwaltscha ft-mannheim.de/servlet/PB/menu/1254443/index.html, eingesehen am 12.12.2011.

Theis-Berglmair, Anna Maria (2008): Öffentlichkeit und öffentliche Meinung, in: Bentele, Günther/Fröhlich, Romy/Szyska, Peter (Hrsg.): Handbuch der Public Relations, 2. Aufl., Wiesbaden: VS Verlag für Sozialwissenschaften, S. 334-345.

Litigation-PR in Verfassungsfragen:
Die Verfassungsklage als oppositionelles PR-Instrument

Andreas Köhler

Abstract

So far, public relations in the triad of government, opposition and judiciary have not been element or focus of scientific research. This article analyses if complains of unconstitutionality are instruments of public relations and if this can be considered Litigation-PR. The analysis constitutes that complains of unconstitutionality generate confidence and sympathy. As shown by three case studies, essential attributes of Litigation-PR are complied by oppositional complaints of unconstitutionality. However an impact on the conviction of the Federal Constitutional Court in Germany is not aspired by opposing parties.

Die Beobachtung des Einflusses der Judikative im Spannungsdreieck von Regierung, Opposition und Rechtsprechung ist keineswegs neu und wurde bereits in zahlreichen Untersuchungen analysiert (vgl. Hönnige 2007). Weniger deutlich setzte man sich bisher mit Öffentlichkeitsarbeit in der politischen Kommunikation innerhalb dieses Spannungsdreiecks auseinander (vgl. Drepper 2005: 11). So hat das Wechselspiel zwischen den beiden Systemen Politik und Öffentlichkeit durch das Hinzuziehen der Judikative einen zusätzlichen und kaum beleuchteten Faktor bekommen. Dem Bundesverfassungsgericht und der Verfassungsklage kommt eine herausragende Stellung zu: Im politischen System, in der öffentlichen Wahrnehmung und in ihrer Auswirkung. Die Rolle des Bundesverfassungsgerichts und der Klagemöglichkeiten an dieser Institution wurde bislang im Kontext oppositioneller Public Relations (PR) kaum beachtet. Dabei drohen Oppositionsparteien regelmäßig, gegen Projekte der Regierungsparteien auf dem Klageweg vorzugehen und beschritten diesen Weg auch zunehmend häufig in den vergangenen Jahren der bundesdeutschen Geschichte.

Insbesondere im Zusammenhang mit dem neuen, aus den Vereinigten Staaten auf Deutschland zugelaufenen, Begriff der Litigation-PR, der für die Öffentlichkeitsarbeit rund um Gerichtsprozesse (häufig jedoch nur auf das Strafrecht bezogen) steht, bedarf es einer Neubewertung oppositioneller Verfassungsklagen vor dem Bundesverfassungsgericht: Wie setzen politische Parteien ihre Ziele in Verfassungsklagen um? Sind Verfassungsklagen ein PR-Instrument und handelt es sich dabei tatsächlich auch um Litigation-PR? Dieser zentralen Fragestellung soll im folgenden Beitrag, anhand der Analyse von drei Einzelfällen, den Klagen und Beschwerden gegen den Tornado-Einsatz der Bundeswehr in Afghanistan, gegen das Gesetz zur Vorratsdatenspeicherung und gegen das Gesetz zur Laufzeitverlängerung von Atomkraftwerken, nachgegangen werden.

1. Zuständig für Verfassungsfragen: Das Bundesverfassungsgericht

Das Bundesverfassungsgericht verfügt im Vergleich mit anderen westeuropäischen Staaten über besonders weitgehende Kompetenzen – seine Entscheidungen sind auch für das Parlament bindend. Es ist als oberstes deutsches Gericht dafür verantwortlich, dass die in Artikel 79 Abs. 3 GG festgelegten Grundzüge der Verfassung durch einfache Gesetze, Behörden und Verfassungsänderungen nicht übergangen werden. Das Verfassungsgericht ist im Unterschied zu anderen Gerichten – auch im internationalen Vergleich – als selbstständiges Verfassungsorgan mit verfassungsrechtlich gesicherten Zuständigkeiten und eigener Verwaltung so konstruiert, dass es seine weitgehenden Kompetenzen unabhängig von anderen Organen und politischen Institutionen ausüben kann (vgl. Rudzio 2006: 283). Eine Einflussnahme über klassische Wege der Politik, auf Basis von Macht, fällt also aus.

Das Bundesverfassungsgericht verfügt über zwei Senate mit jeweils acht Richtern, die bei einem Mindestalter von 40 Jahren einmalig vom Bundesrat und einem Wahlausschuss des Bundestages je zur Hälfte auf 12 Jahre gewählt werden. In sogenannten Findungskommissionen der Parteien wird dabei eine nahezu paritätische Besetzung zwischen Koalitionsparteien und Bundesratsmehrheit ausgehandelt. Das intransparente Berufungsverfahren und die häufige Wahl von Parteipolitikern zu Verfassungsrichtern werden dabei kritisch gesehen. Durch den Ausschluss einer Wiederwahl können die Richter jedoch weitestgehend parteiunabhängig entscheiden. Zudem müssen die Kandidaten die Befähigung zum Richteramt besitzen und drei Richter jedes Senats müssen aus Bundesgerichten rekrutiert werden (vgl. Sontheimer/Bleek/Gawrich 2007: 147ff.).

Verbindliche Entscheidungen trifft das Bundesverfassungsgericht bei Streitigkeiten zwischen Verfassungsorganen, über die Verfassungskonformität von

Gesetzen und sonstigen Rechtsnormen und Einzelentscheidungen, sowie über Maßnahmen zur Sicherung der Demokratie und Rechtsstaatlichkeit. Seine Kompetenzen gelten damit im internationalen Vergleich als die umfassendsten. Insbesondere bei einer Normenkontrolle, also der Prüfung der Vereinbarkeit von Rechtsnormen mit dem Grundgesetz, nach Art. 93 Abs. 1 GG können mit Bundesregierung, Landesregierungen und einem Drittel des Bundestages als Antragsberechtigte die zentralen politischen Akteure der Bundesrepublik aktiv und passiv betroffen sein (vgl. Rudzio 2006: 286).

Das Berufungsverfahren der Richter, aber auch die Position des Verfassungsgerichts im politischen System selbst führt also zu weitestgehender Unabhängigkeit. Von einer Beeinflussung des Gerichts oder seiner Entscheidungen durch politische Akteure kann also keine Rede sein.

2. Oppositionelle Klagen und deren Ziele

In der Bundesrepublik werden große politischen Kontroversen meist auch verfassungsgerichtlich ausgetragen. Die seit 1969 zunehmende Praxis der Opposition, Gesetze der Regierung auf Verfassungskonformität durch das Bundesverfassungsgericht überprüfen zu lassen, hat zu einer „Justizialisierung der Politik" beigetragen. So wurden etwa fünf Prozent aller Gesetze durch das Bundesverfassungsgericht ganz oder teilweise als nicht mit dem Grundgesetz vereinbar erklärt. Die zunehmende Zahl der kaum revidierbaren und Verfassungsrang besitzenden Urteile verengen zudem den Gestaltungsspielraum des Gesetzgebers (vgl. Ismayr 2003: 475). Die Opposition neige Rudzio (2006: 289) folgend also dazu, ihren parlamentarisch unterlegenen Auffassungen durch die Anrufung des Bundesverfassungsgerichts doch noch zur Durchsetzung zu verhelfen. Hönnige (2007: 221) nennt eine Quote der durch die Opposition beklagten Gesetze von 10,4 Prozent. Zum Vergleich: In Frankreich liegt diese Quote bei 2,5 Prozent. Etwa zwei Drittel aller abstrakten Normenkontrollklagen gehen auf die politische Opposition zurück. Ein Erfolg ist dabei keineswegs sicher. Unter Berufung auf Lijphart hält Hönnige (2007: 239) fest, dass das Gericht nicht automatisch ein gegenmajoritäres Element im Regierungssystem sein müsse.

Kontrovers wird daher die Rolle des Bundesverfassungsgerichts auch in Bezug zum Vetoplayer-Ansatz von Tsebelis (1995) betrachtet. Strohmeier bezeichnet es als nichtständigen, formal kontrollierenden Vetospieler. Da die Richter in ihrer Funktion keine Parteipolitiker mehr seien, könne es nicht absorbiert werden und müsste je nach Sachlage mitgezählt werden (vgl. Strohmeier 2005: 30).

Das Verfassungsgericht spielt also in diesen Fragen eine zentrale Rolle. Seine Entscheidungen sind aber nicht parteipolitisch begründet. Ob es dabei dennoch eine eigene Policy-Präferenz vertritt, ist umstritten. Schmidt (2003: 199) unterstreicht, dass das Bundesverfassungsgericht keine eigenen Policy-Präferenzen hat und lediglich die Einhaltung von Verfassungsnormen in neuen Gesetzen prüft. Auch Abromeit und Stoiber (2006: 133f.) sehen das Bundesverfassungsgericht als wichtigen Vetospieler, der jedoch nur situativ hinzugezählt werden könne.

Die Policy-Präferenz des Verfassungsgerichts ist also das Grundgesetz. Doch das Bundesverfassungsgericht kann nicht selbstständig einschreiten und politische Entscheidungen verhindern – es muss angerufen werden. Doch auch als situativer Vetospieler kann es eine hervorgehobene Rolle spielen. Insbesondere dadurch, dass es von der Opposition hinzugezogen wird, um deren Policy-Präferenz zur Durchsetzung zu verhelfen.

Doch die Frage, ob das Gericht die Klage der Opposition bestätigt oder nicht, ist zweitrangig. Eine Klage vor dem Verfassungsgericht ist auch ein PR-Instrument. So sollte zwar die Durchsetzung der eigenen Policy durch das Gericht unter machtpolitischen Gesichtspunkten das zentrale Ziel einer klagenden Opposition sein. Parteien zielen jedoch nicht ausschließlich auf die Durchsetzung eigenen Policy-Präferenzen. So stellen Strøm und Müller (1999: 5ff.) heraus, dass (Oppositions-)Parteien neben dem Erreichen der eigenen politischen Inhalte (Policy-Seeking) auch versuchen, Ämter zu erreichen (Office-Seeking) und bei den nächsten Wahlen erfolgreich zu sein (Vote-Seeking). Dazu gehört auch die Darstellung der Tragweite eines politischen Problems und des Unvermögens der Regierung, dieses adäquat zu lösen. Das Herstellen von Öffentlichkeit ist dabei ein wichtiges Mittel einer Oppositionsstrategie, die auf das Verhindern von Regierungsentscheidungen ebenso zielt wie auf Wahlerfolg (vgl. Helms 2010: 242; Voigt 2006: 84f.).

Die positive, glaubwürdige Darstellung der eigenen politischen Ziele in der Öffentlichkeit ist vorrangiges Ziel. Die Verbindung der Gegenseite mit negativen Attributen ist nicht weniger wichtig. Die Verfassungsklage vermag beides, wie im folgenden Abschnitt dargestellt werden soll.

3. Die Verfassungsklage als PR-Instrument

Zunächst soll aufgezeigt werden, warum sich die Verfassungsklage überhaupt als PR-Instrument eignet. Die Beeinflussung der Richter kann in diesem Fall nicht das primäre Ziel sein, sie ist in Verfassungsfragen kaum realistisch. Auch die Durchsetzung der eigenen Policy gegenüber der Regierung stellt nicht die zentrale Zielvorgabe dar, da die Entscheidungen des Verfassungsgerichts keineswegs vorhersehbar sind – unter anderem weil eine Policy-Präferenz des Verfassungsgerichts in einzelnen Politikfeldebenen vor der Urteilsfindung und -verkündung nicht fixiert existiert. Es geht vielmehr um die Herstellung und Beeinflussung der Öffentlichkeit im Sinne der eigenen politischen Ziele und Inhalte.

Das Bundesverfassungsgericht bietet hierfür die besten Voraussetzungen, weshalb es durch die Oppositionsparteien auch bei begrenzter Aussicht auf Erfolg als Vetospieler häufig herangezogen wird. Zentral sind dabei die öffentliche Beachtung des Gerichts und die öffentliche Meinung über das Gericht. So konnten Vorländer und Brodocz (2006: 259ff.) in einer Befragung von 1.835 Personen im Jahr 2004 feststellen, dass das Vertrauen der Bürger in das Bundesverfassungsgericht unter allen politischen Institutionen am größten ist. Der Wert liegt über dem des Bundespräsidenten und deutlich über Bundestag, Bundesregierung und Parteien. Insbesondere das Bemühen des Verfassungsgerichts um Gerechtigkeit und seine Unabhängigkeit von einzelnen Gruppen und Parteiinteressen werden als Ursache für die starken Vertrauenswerte benannt.

In der gleichen Studie wird darüber hinaus festgestellt, dass das Bundesverfassungsgericht in den Medien weniger präsent ist als beispielsweise der Bundestag, die Berichterstattung aber deutlich positiver wahrgenommen wird (Vorländer/Brodocz 2006: 269f.).

Durch eine Verfassungsklage können Parteien also vom positiven Image des Verfassungsgerichts profitieren, vom Vertrauen in die Institution ebenso, wie von der positiven Wahrnehmung der Berichterstattung. Mit einer Verfassungsklage werden die Ziele und politischen Inhalte einer Partei mit den Zielen des Bundesverfassungsgerichts in Verbindung gebracht. Die klagende Partei will durch die Klage zeigen, dass ihre Ziele denen des Verfassungsgerichts gleichen und die Ziele der Regierung den positiven Zielen des Gerichts widersprechen. Die Kläger machen sich mit den Leitideen Karlsruhes gemein und profitieren vom hohen Vertrauen in das Bundesverfassungsgericht und der positiv wahrgenommenen Berichterstattung.

Public Relations verfolgen genau diese Ziele. Ronneberger und Rühl (1992: 32) identifizieren als PR-Ziele unter anderen, das Herbeiführen und die Erhaltung von allgemeinem Verständnis, Vertrauen und Sympathie. Zudem sollen die Interessen der Organisation nach außen hin in der Öffentlichkeit geltend gemacht, vertreten und dargestellt werden. Das Erzeugen von Vertrauen und die Steigerung der Glaubwürdigkeit stehen auch für Kunczik (2002: 34) im Mittelpunkt. Die Gemeinmachung mit den Zielen des Bundesverfassungsgerichts zur

Herstellung von Vertrauen und der Aufbau von Sympathie durch die positive Berichterstattung über das Gericht, sowie die Darstellung und Hervorhebung der eigenen Ziele und Interessen durch einen deutlichen und öffentlichkeitswirksamen Widerspruch gegen die Ziele des politischen Gegners ist also PR. Und die Verfassungsklage ist ein PR-Instrument mit dem Ziel, Zustimmung bei der Bevölkerung zu erreichen und somit Vote-Seeking als Strategie zu verfolgen.

Darüber hinaus nennt Kunczik an dieser Stelle die Zeitperspektive als weiteres Merkmal von PR. Im Gegensatz zur Werbung, versucht PR ihre Maßnahmen statt aufs „hier und jetzt" auf „lange Zeit" anzulegen (Kunczik 2002: 34). Die Verfassungsklage hat das Potenzial für eine langfristige positive Berichterstattung, da sich ihre Bearbeitung über einen langen Zeitraum hinzieht. Jedes dritte Verfahren am Bundesverfassungsgericht dauert länger als ein Jahr (BVerfG 2011). Die durchschnittliche Zeitdauer von der Verabschiedung eines Gesetzes bis zum Urteil des Verfassungsgerichts im Untersuchungszeitraum vom 1974 bis 2002 benennt Hönnige (2005) mit 1.142 Tagen. Der Maximalwert liegt bei 4.226 Tagen. Zum Vergleich: In Frankreich liegt der Mittelwert bei 20 Tagen, das Maximum ist mit 46 Tagen benannt. Eine Verfassungsklage bietet sich also auch deshalb als PR-Instrument an, weil der Aufbau von Vertrauen und Sympathie, mit dem Verfassungsgericht im Rücken, für die Opposition nicht nur kurzfristig, sondern auf einen langen Zeitraum angelegt ist.

4. Litigation-PR in Verfassungsfragen?

Das Zusammenspiel von Medien und Justiz, und damit nicht zuletzt die Rechtskommunikation, wurden durch den Begriff „Litigation-PR" in den vergangenen Jahren neu beschrieben. Litigation-PR selbst ist dabei keineswegs ein neues Phänomen, wurde jedoch in ihrer Funktion und Arbeitsweise in der wissenschaftlichen Literatur erst jetzt erkannt.

Boehme-Neßler (2010a: 20f.) definiert Litigation-PR als Öffentlichkeitsarbeit im Zusammenhang mit rechtlichen Verfahren. Diese strategische Kommunikation zeichne sich durch ihre Zielrichtung aus: Es geht in erster Linie um die Einflussnahme auf die die Öffentlichkeit im Kontext von juristischen Auseinandersetzungen. Haggerty (2003: 2) beschreibt aber auch, dass es darüber hinaus das Ziel gibt, Gerichte und Behörden zu beeinflussen und über den Umweg der Öffentlichkeit den Ausgang eines rechtlichen Verfahrens zu beeinträchtigen.

Im Mittelpunkt steht aber in jedem Fall das Gewinnen der öffentlichen Meinung für den eigenen Standpunkt und die positive Gestaltung des Prozessumfeldes. Der Kampf im Gerichtssaal spielt also bei durch Litigation-PR begleiteten Prozessen nur eine untergeordnete Rolle. Der Kampf um die Öffentlichkeit steht im Vordergrund (Boehme-Neßler 2010b: 9f.). Die Schaffung von Akzeptanz für den eigenen Standpunkt nennen auch Reisewitz und Schmitt-Geiger (2010: VIII) als Primärziel. Dem Sieg im Kampf um die Öffentlichkeit wird hier eine deutlich größere Bedeutung beigemessen als dem Sieg im Gerichtssaal. Es geht also darum, welches Urteil sich die Öffentlichkeit bildet und nicht darum, zu welchem Urteil das Gericht kommt.

Als klassisches Anwendungsfeld für Litigation-PR gilt jedoch das Strafrecht. Anklagevertreter versuchen, ein negatives Bild des Angeklagten in der Öffentlichkeit zu zeichnen, die Verteidigung versucht das Gegenteil. Kepplinger und Zerback (2009: 237f.) stellen auf Grundlage ihrer Richterbefragung heraus, dass durch gezielte Öffentlichkeitsarbeit ein Einfluss auf das Strafmaß möglich ist. Auch Richter nutzen Medien und sind Teil der Öffentlichkeit. Die öffentliche Meinung scheint sie nicht unbeeindruckt zu lassen. Einen Einfluss von Litigation-PR auf die Schuldfrage konnten sie in ihrer Untersuchung jedoch nicht feststellen. Der Kern eines Verfahrens, das grundsätzliche Urteil, bleibt also weitestgehend unangetastet.

Doch auch jenseits von Strafverfahren sieht Boehme-Neßler (2010a: 21) ein Einsatzgebiet von Litigation-PR: „Zwingend beschränkt auf das Strafrecht ist Litigation-PR aber nicht". Ausführungen zu Litigation-PR in Zivilverfahren oder gar im Verfassungsrecht gibt es aber nicht. Dabei steht doch die Frage im Raum, ob sich die dargestellten Attribute von Litigation-PR, also

(1) die gezielte Einflussnahme auf die Öffentlichkeit im Zusammenhang mit juristischen Auseinandersetzungen,
(2) das Schaffen von Akzeptanz und einer positiven öffentlichen Meinung zum eigenen Standpunkt,
(3) der Vorrang des Urteils der Öffentlichkeit vor dem des Gerichts und
(4) der Versuch der Beeinflussung des Urteilsspruchs,

auch in Verfassungsfragen zum Einsatz kommen und Litigation-PR demnach auch am Bundesverfassungsgericht eine Rolle spielt.

Bereits festgestellt wurde, dass es sich bei Verfassungsklagen um ein PR-Instrument handelt. Doch handelt es sich dabei auch um Litigation-PR? Zumindest in der Theorie scheinen die Attribute 1 bis 3 bei Verfassungsklagen durch die Opposition erfüllt zu sein: Wie im vorhergehenden Abschnitt dargestellt wurde, geht es bei Verfassungsklagen als PR-Instrument darum, Vertrauen, Verständnis und Sympathie für die eigene Position herbeizuführen – und zwar gezielt durch die Verbindung der eigenen Position mit dem Image des Bundesverfassungsgerichts durch eine Verfassungsklage. Dass dabei das Urteil der Öffentlichkeit im Vordergrund steht, ergibt sich theoretisch zum einen aus den grundsätzlichen Zielen politischer Parteien – Vote-Seeking als politische Strategie zielt zum Erreichen besserer Wahlergebnisse direkt auf die Wähler – und somit die Öffentlichkeit. Dass Verfassungsklagen der Vote-Seeking-Strategie näher stehen als dem Policy-Seeking, ist dabei nicht zwangsweise gegeben. Bei der Unvorhersehbarkeit der Entscheidungen des Gerichts stehen diese beiden Strategieebenen aber mindestens gleichberechtigt nebeneinander. Zum anderen kann bei der langen Verfahrensdauer am Bundesverfassungsgericht nicht davon ausgegangen werden, dass eine zeitnahe Veränderung der Regierungs-Policy über eine Verfassungsklage erreichbar ist. So liegt der durch Wahlen herbeigeführte politische Machtwechsel nicht unrealistisch näher, als ein zeitnahes Urteil des Bundesverfassungsgerichts, bei dem auch noch den eigenen Policy-Präferenzen Recht zugesprochen wird. Vielmehr geht es also um das Urteil der Öffentlichkeit: Über die Darstellung der Ziele des politischen Gegners auf Seiten des Unrechts und über die Darstellung der eigenen Ziele auf der Seite des Bundesverfassungsgerichts, also bei Glaubwürdigkeit und Gerechtigkeit, durch eine Verfassungsklage.

Für eine Beeinflussung des Urteilsspruchs durch Verfassungsklagen als PR-Instrument spricht theoretisch hingegen nichts, denn das Bundesverfassungsgericht gilt als das am schwersten beeinflussbare Gericht in der Bundesrepublik. Darüber hinaus wurde bereits auch dargestellt, dass Litigation-PR den Kern des Urteilsspruchs (z.B. in Strafverfahren) nicht beeinflussen kann. Übertragen auf Verfassungsfragen heißt dies aber, dass eine Gerichtsentscheidung in ihren Grundzügen nicht beeinflussbar ist. Und da Verfassungsfragen nahezu immer Grundsatzentscheidungen sind, ist ein Einfluss auf den Urteilsspruch kaum anzunehmen.

5. Drei Einzelfälle? – Verfassungsklagen und Litigation-PR

Doch können diese theoretischen Annahmen auch in der Praxis bestätigt werden? Zur Beantwortung dieser Frage sollen im Folgenden drei Fälle des dem Bundesverfassungsgerichts dargestellt und untersucht werden, inwieweit die genannten Kriterien auf die Öffentlichkeitsarbeit der klagenden Parteien in diesen Fällen zutrifft. Gezeichnet werden soll ein Bild von Litigation-PR in Verfassungsfragen. Analysiert werden die populärsten Klagen der letzten Jahre vor dem Verfassungsgericht: Die Beschwerde gegen das Gesetz zur Vorratsdatenspeicherung, die Klage gegen die Verlängerung der Restlaufzeiten für Atomkraftwerke und die Klage gegen den Tornado-Einsatz der Bundeswehr in Afghanistan. Im Fokus stehen das Verhalten und die Ziele der Akteure, ihre Öffentlichkeitsarbeit und in diesem Zusammenhang die genannten Attribute von Litigation-PR.

5.1 Klage gegen die Verlängerung der Restlaufzeiten für Atomkraftwerke

Am 8. Dezember 2010 unterschrieb Bundespräsident Christian Wulff das Gesetzespaket der CDU/CSU-FDP-Regierung zur durchschnittlich 12 Jahre umfassenden Laufzeitverlängerung von Atomkraftwerken. Diese war ein Kernstück des schwarz-gelben Wahlkampfes im Vorjahr und wurde am 28. Oktober 2010 mit den Stimmen der Regierungsfraktionen vom Bundestag beschlossen. Dabei verzichtete die Regierung darauf, das Gesetz auch im Bundesrat abstimmen zu lassen. Die Opposition drängte jedoch auf eine Beteiligung des Bundesrates – schließlich hatte sie hier eine Mehrheit und hätte das Gesetz durch ihr Veto stoppen können. Die Oppositionsparteien, allen voran die SPD, drohten der Regierung daher schon frühzeitig, bereits während der öffentlichen Debatte im Vorfeld der Abstimmung im Bundestag, mit einer Klage und dem Gang vor das Bundesverfassungsgericht, sollte der Bundesrat nicht einbezogen werden. So sagte der SPD-Fraktionsvize im Bundestag, Ulrich Kelber, am 20. Mai 2010 dem „Hamburger Abendblatt": „Wenn die Bundesregierung unter Umgehung des Bundesrats die Laufzeiten ausweiten will, werden wir das nicht nur politisch bekämpfen, sondern auch vom Bundesverfassungsgericht prüfen lassen" (Heflik 2010). Letztlich reichten die Bundesländer Rheinland-Pfalz, Berlin, Brandenburg, Bremen und Nordrhein-Westfalen am 28. Februar 2011 ihre Klageschrift in Karlsruhe ein (vgl. Vorholz 2011: 21). Jedes dieser fünf Bundesländer hat eine SPD-geführte Regierung. Eine zusätzliche Klage erfolgte durch Abgeordnete aller drei Oppositionsfraktionen. Ein Urteil wird frühestens 2013 erwartet (N.N. 2011: 2).

Die Klage der SPD-geführten Bundesländer gegen das Gesetz zur Laufzeitverlängerung von Atomkraftwerken ist ein klassisches Beispiel für das Hinzuziehen eines Vetospielers (in dem Fall das Verfassungsgericht), um die eigene Vetoposition (im Bundesrat) zu stärken. Dabei stehen Policy-Präferenzen klar im Vordergrund. Und dennoch kann diese Klage gleichermaßen auch als ein PR-Instrument bewertet werden. So versuchte die SPD mit dieser Klage, sich als glaubhafte Anti-Atomkraft-Partei neben den Grünen darzustellen, um die Wählerabwanderung von der SPD zu den Grünen in Bezug auf die Energiepolitik zu stoppen. Die Genese von Vertrauen in Energiefragen über die Verfassungsklage beim Bundesverfassungsgericht muss auch im Spiegel einer Vote-Seeking-Strategie der SPD betrachtet und die Klage selbst als PR-Instrument bewertet werden. Hierfür spricht auch die lange Bearbeitungszeit des Gerichts von mindestens zwei Jahren bis zur Urteilsverkündung.

Doch von Litigation-PR kann im Zuge der Klage gegen die Laufzeitverlängerung von Atomkraftwerken gesprochen werden. Dabei sticht weniger die PR rund um die Klageschrift selbst, sondern vielmehr die Öffentlichkeitsarbeit im Vorfeld hervor. Gezielt und strategisch wurde bereits zu Beginn der Debatte um die Laufzeitverlängerung von Seiten der SPD öffentlich mit der Klage gedroht. Allein zwischen der Gesetzesverabschiedung und der Klageeinreichung liegen mehr als fünf Monate. Ziel war es, bereits vor der Verabschiedung des Gesetzes, seine Unrechtmäßigkeit dadurch darzustellen, dass der Klageweg problemlos beschritten werden könne. Die gezielte Einflussnahme auf die Öffentlichkeit im Zusammenhang mit einer juristischen Auseinandersetzung erfolgte in diesem Fall also weit vor der Klageeinreichung. Der Öffentlichkeit sollte so frühzeitig ein unrechtmäßiges Vorgehen der Regierung glaubhaft gemacht werden - insbesondere durch die Umgehung des Bundesrates, welcher das Gesetz hätte stoppen können. Das Erzeugen öffentlicher Akzeptanz für diesen Standpunkt war bei großen Teilen der Bevölkerung kaum nötig – vielmehr die Herstellung einer Verbindung dieses Politikziels mit der SPD stand im Mittelpunkt und wurde mit dieser Klage fokusiert. Dass dabei das öffentliche Urteil Vorrang vor dem des Gerichts hat, zeigt sich nicht zuletzt darin, dass eine Urteilsverkündung erst nach mehrjähriger Verhandlung zu erwarten ist. Das zu erwartende Urteil selbst spielte also vor und während der Klageeinreichung keine zentrale Rolle. Vielmehr ging es um die Erzeugung von öffentlichem Druck auf die Bundesregierung. Da drei von vier Attributen von Litigation-PR in diesem Fall erfüllt sind, ist eine Zuordnung dieser Verfassungsklage zur Litigation-PR in jedem Fall als gerechtfertigt anzusehen. Eine Einflussnahme der Klägerin auf das Urteil ist, auch durch die lange Bearbeitungszeit, durch die bisherigen Litigation-PR-Maßnahmen kaum zu erwarten.

5.2 Beschwerde gegen das Gesetz zur Vorratsdatenspeicherung

Am 9. November 2007 wurde das „Gesetz zur Neuregelung der Telekommunikationsüberwachung und anderer verdeckter Ermittlungsmaßnahmen sowie zur Umsetzung der Richtlinie 2006/24/EG" vom Deutschen Bundestag in namentlicher Abstimmung verabschiedet. Ihre Zustimmung gaben ausschließlich Mitglieder der Regierungsfraktionen CDU/CSU und SPD. Bundespräsident Horst

Köhler unterzeichnete das Gesetz und am 31. Dezember 2007 erfolgte die Verkündigung im Bundesgesetzblatt. Es geht um die Umsetzung einer Europäischen Richtlinie. Telefondaten sollen von den Anbietern zur Terrorismusabwehr sechs Monate lang gespeichert werden. Der „Arbeitskreis Vorratsdatenspeicherung", ein Zusammenschluss von Bürgerrechtlern, Datenschützern und Organisationen bereitete bereits seit September 2006 eine Sammelklage gegen das Gesetz vor und reichte sie am Tag der Verkündung ein. Über 80.000 Menschen hatten sich zur Sammelklage online registriert und mehr als 34.000 Bürger schlossen sich der Verfassungsbeschwerde an (LVZ 2008: 1).

Die Beschwerde fand also eine breite Zustimmung bei den Bürgern der Bundesrepublik. Die Opposition im Bundestag unterstützte die Klage. Insbesondere die FDP, die sich auch als Bürgerrechtspartei definiert, kämpfte an vorderster Front gegen das Gesetz. Die bayerische FDP-Justizministerin Sabine Leutheusser-Schnarrenberger präsentierte sich als „Gesicht der Bürgerrechte" und als Beschwerdeführerin (Lehmann 2009: 6). Auch andere FDP-Politiker stellten sich an die Spitze der Bewegung und gaben den Medien bereitwillig Interviews hierzu, u.a. der damalige Generalsekretär Dirk Niebel oder Ex-Innenminister Gerhard Baum. Die FDP setzte darauf eine Kampagne auf, die im direkten Zusammenhang mit der Verfassungsbeschwerde stand: Unter buergerfreiheit.de werden auf einer eigenen Kampagnen-Website zahlreiche FDP-Politiker als Kämpfer für das Privatleben und gegen den gläsernen Bürger dargestellt, u.a. auch der damalige Bundesvorsitzende Guido Westerwelle. Unter dem Credo „Stärken Sie Ihre Freiheit. Stärken Sie uns" werden die Bürger direkt zur Unterstützung und Wahl der FDP aufgefordert, um ihre Freiheit gegen die Regierungskoalition zu verteidigen. Das Urteil des Bundesverfassungsgerichts zu den Verfassungsbeschwerden wurde am 2. März 2010 verkündet: Das Verfassungsgericht erklärte die konkrete Ausgestaltung der Vorratsdatenspeicherung für verfassungswidrig und die entsprechenden Vorschriften für nichtig (BVerfG 2010).

Mit Blick auf die zu untersuchenden Kriterien kann also festgehalten werden, dass die FDP durch ihre Kampagne gezielt versuchte, die öffentliche Meinung zu ihren Gunsten zu beeinflussen. Durch die Positionierung prominenter Parteivertreter als Beschwerdeführer, aber auch als Interviewpartner in den Medien, sollte die FDP mit den Zielen der Verfassungsbeschwerde verbunden werden. Mit der sehr großen Bürgerbeteiligung bei dieser Klage konnte auch eine hohe öffentliche Akzeptanz für die Positionen der Partei dargestellt werden. Die FDP verfolgte als Oppositionspartei eine Vote-Seeking-Strategie. Dass es ihr primär nicht um eine Gerichtsentscheidung zu ihren Gunsten, also auch nicht um Policy-Seeking ging, zeigt sich daran, dass Sie – nun selbst Regierungspartei

– einen neuen Anlauf zur Verabschiedung des Gesetzes unternimmt und ihre Zustimmung gibt. Das Urteil der Öffentlichkeit in diesem langen Zeitraum von der Einreichung der Beschwerde bis zum Gerichtsurteil war also entscheidend, um die FDP als Bürgerrechtspartei zu definieren. Da alle genannten Kriterien erfüllt sind, kann man bei der Teilnahme an der Beschwerde gegen das Gesetz zur Vorratsdatenspeicherung durch die FDP und der damit verbundenen Kampagne von Litigation-PR sprechen.

5.3 Klage gegen den Tornado-Einsatz der Bundeswehr in Afghanistan

Im März 2007 gab die Bundesregierung einer Anfrage der NATO nach deutschen Tornado-Aufklärungsflügen in Afghanistan nach. Zunächst plante die CDU/CSU-SPD-Regierung nicht, den Bundestag mit dieser Frage zu befassen, da sie einen Tornado-Einsatz durch das bisherige Mandat für den Afghanistan-Einsatz gedeckt sah. Auf den Druck mehrerer Fraktionen hin wurde dann doch das Einverständnis des Parlaments eingeholt, welches mit Mehrheit der Regierungsfraktionen und der FDP einem Tornado-Einsatz zustimmte. Die Linkspartei klagte daraufhin in Form einer Organklage vor dem Verfassungsgericht. Sie sieht die Rechte des Bundestages deshalb verletzt, weil eine Änderung des NATO-Vertrages erforderlich gewesen wäre, um diesen Einsatz zu decken. Einen Eilantrag in dieser Frage lehnte das Verfassungsgericht ab, setzte dann aber dennoch zeitnah die Hauptverhandlung im April 2007 an. Die Verfassungsrichter lehnten die Klage schließlich am 03. Juli 2007 ab – der NATO-Einsatz in Afghanistan widerspreche in keinem Punkt dem Rechtsrahmen der NATO (Rath 2007: 6; Gujer 2007: 2).

Der Gang nach Karlsruhe ist für die Linkspartei (ehem. PDS) Tradition. Sie lehnt sämtliche Auslandseinsätze der Bundeswehr ab und zieht regelmäßig in verteidigungspolitischen Fragen vor das Bundesverfassungsgericht. Ziel sei es, die deutsche Außenpolitik seit der Wiedervereinigung als „völkerrechtswidrig" zu brandmarken (Gujer 2007: 2). Für die Linkspartei als kleinste Oppositionsfraktion ging es also vor allen Dingen um mediale Präsenz für ihre Themen durch die Verfassungsklage und um eine Darstellung des Afghanistaneinsatzes der Regierung als „rechtswidrig". Von einem realen Erfolg der Klage und einer Rückzugsorder an die deutschen Tornados in Afghanistan ging indes kaum jemand aus (Spiegel Online 2007).

Die Selbstdarstellung der Linken als pazifistische Partei wird durch diese Klage gedeckt und das nötige Vertrauen in die Vertretung dieser Themen durch die Klage generiert. Aus realistischer Perspektive geht es um das Schaffen von

Akzeptanz für diesen friedenspolitischen Kurs, indem dieser nicht nur im Bundestag, sondern auch vor dem Verfassungsgericht vehement und ungeachtet der Aussichten auf Erfolg vertreten wird. Die juristische Auseinandersetzung bildet den Hintergrund für das gezielte Setzen von friedenspolitischen Themen auf die Medienagenda und die Darstellung der Regierungspolitik als rechtswidrig. Es handelt sich also um eine gezielte Einflussnahme auf die Öffentlichkeit, für die die Klage den Anlass bildet. Ein positives Urteil des Gerichts wäre für die Linkspartei zwar in jedem Fall ein Ziel. Damit rechnen kann sie aber nicht – und setzt deshalb auf ein positives öffentliches Urteil. Es kann also von Litigation-PR gesprochen werden, da die zentralen Attribute erfüllt sind. Eine Beeinflussung der Gerichtsentscheidung konnte nicht festgestellt werden.

6. Fazit

Nach Untersuchung der Einzelfälle kann festgehalten werden, dass es auch in Verfassungsfragen Litigation-PR gibt. In ihren Zielsetzungen und Schwerpunkten ist sie aber anders definiert, als in klassischen Strafverfahren. Eine Beeinflussung des Urteils des Verfassungsgerichts wird im Gegensatz zu Strafverfahren nicht angestrebt – auch weil es in Verfassungsfragen kaum reelle Chancen gibt. Und weil Litigation-PR im Zusammenhang mit Verfassungsklagen nicht auf das Urteil zielt, u.a. weil Policy-Seeking nur selten Antrieb für eine Verfassungsklage ist. Vielmehr spielen Vote-Seeking-Strategien der Parteien eine Rolle. In diesem Zusammenhang wird die Verfassungsklage zum PR-Instrument der Opposition zur Schaffung von Vertrauen in die eigene Position und zur Schwächung der Position des Gegners. Der Bundesverfassungsgericht bietet sich durch seine Wahrnehmung in der Öffentlichkeit hierfür an und die Verfassungsklage wird instrumentalisiert, um hiervon zu profitieren.

Litigation-PR in Verfassungsfragen will vielmehr gezielt Einfluss auf die Öffentlichkeit nehmen. Dabei soll im Zusammenhang mit der juristischen Auseinandersetzung Akzeptanz und eine positive öffentliche Meinung zum eigenen Standpunkt erzielt werden. Die positive öffentliche Wahrnehmung des Bundesverfassungsgerichts soll durch die Klage mit dem Standpunkt der klagenden Partei in Verbindung gebracht werden. Da das Gericht in der Mehrzahl der Fälle im Sinne der Opposition urteilt, werden die beklagten (Regierungs-) Parteien durch eine oppositionelle Klage unter Druck gesetzt und ihre Vorhaben können in der öffentlichen Wahrnehmung als gegebenenfalls rechtswidrig interpretiert werden. Die lange Verfahrensdauer des Verfassungsgerichts verstärkt diesen Aspekt nur. Dass der Urteilsspruch selbst für die klagenden Parteien nicht im

Vordergrund steht bei einer Verfassungsklage, zeigte sich auch an den gewählten Fallbeispielen. Die Verfassungsklage als PR-Instrument zielt schließlich auf eine Urteilsbildung zugunsten der klagenden Partei in der Öffentlichkeit.

Literatur

Abromeit, Heidrun/Stoiber, Michael (2006): Demokratien im Vergleich, Wiesbaden: VS Verlag für Sozialwissenschaften.
Boehme-Neßler, Volker (2010a): Die Öffentlichkeit als Richter? Chancen und Risiken von Litigation-PR aus verfassungsrechtlicher und rechtssoziologischer Sicht, in: Ders. (Hrsg.): Die Öffentlichkeit als Richter? Litigation-PR als neue Methode der Rechtsfindung, Baden-Baden: Nomos, S. 20-51.
Boehme-Neßler, Volker (2010b): Die Öffentlichkeit als Beobachter – oder als Richter?, in: Ders. (Hrsg.): Die Öffentlichkeit als Richter? Litigation-PR als neue Methode der Rechtsfindung, Baden-Baden: Nomos, S. 9-10.
Bundesverfassungsgericht (BVerfG) (2009): Leitsätze zum Urteil des Ersten Senats vom 2. März 2010 (1 BvR 256/08), in: http://www.bverfg.de/entscheidungen/rs20100302_1bvr025608.html, eingesehen am 18.04.2011.
Bundesverfassungsgericht (BVerfG) (2011): Aufgaben, Verfahren und Organisation - Jahresstatistik 1999 - Vb: Verfahrensdauer, in: http://www.bundesverfassungsgericht.de/organisation/gb1999/A-IV-2.html, eingesehen am 13.04.2011.
Drepper, Christian (2005): Legitimationsprobleme in der Verhandlungsgesellschaft – Das gesellschaftliche Wissen der Öffentlichkeitsarbeit, in: Rademacher, Lars (Hrsg.): Distinktion und Deutungsmacht. Studien zur Theorie und Pragmatik der Public Relations, Wiesbaden: VS Verlag für Sozialwissenschaften, S. 11-32.
Gujer, Eric (2007): Die deutschen Tornados bleiben in Afghanistan, in: Neue Zürcher Zeitung Nr. 152/2007 vom 04.07.2007, S. 2.
Haggerty, James F. (2003): In the Court of Public Opinion. Winning your Case with Public Relations. Hoboken, NJ: Wiley & Sons.
Heflik, Roman (2010): SPD will Laufzeitverlängerung von Verfassungsgericht prüfen lassen, in: http://www.abendblatt.de/politik/deutschland/article1502203/SPD-will-Laufzeitverlaengerung-von-Verfassungsgericht-pruefen-lassen.html, Beitrag vom 20.05.2010, eingesehen am 23.04.2011.
Helms, Ludger (2010): Strategie und politische Opposition, in: Raschke, Joachim/Tils, Ralf (Hrsg): Strategie in der Politikwissenschaft. Konturen eines neuen Forschungsfelds, VS, Wiesbaden 2010.
Hönnige, Christoph (2005): Sind Verfassungsgerichte Vetospieler?, in: www.vergl-polwiss.uni-koeln.de/.../1605_SS05_Folien_Vetospieler.pdf, eingesehen am 13.04.2011.
Hönnige, Christoph (2007): Verfassungsgericht, Regierung und Opposition. Die vergleichende Analyse eines Spannungsdreiecks, Wiesbaden: VS Verlag für Sozialwissenschaften.
Ismayr, Wolfgang (2003): Das politische System Deutschlands, in: Ismayr, Wolfgang (Hrsg.): Die politischen Systeme Westeuropas, 3. aktual. u. überarb. Aufl., Opladen: Leske und Burdrich, S. 445-486.
Kepplinger, Hans Matthias/Zerback, Thomas (2009): Der Einfluss der Medien auf Richter und Staatsanwälte. Art, Ausmaß und Entstehung reziproker Effekte, in: Publizistik 54/2009, S. 216-239.

Kunczik, Michael (2002): Public Relations. Konzepte und Theorien, 4. völl. überarb. Aufl., Köln: Böhlau Verlag.

Lehmann, Armin (2009): Herr Richter, heute bin ich Ministerin, in: Der Tagesspiegel, Nr. 20469 vom 12.12.2009, S. 6.

N.N. (2008): 30 000 Bürger wollen massenhafte Speicherung von Telefon- und Internetdaten kippen, in: LVZ vom 02.01.2008, S. 1.

N.N. (2011): Urteil frühestens in zwei Jahren, in: Aachener Nachrichten vom 01.03.2011, S. 2.

Rath, Chrsitian (2007): Tornados in Karlsruhe gelandet, in: die tageszeitung vom 19.04.2007, S. 6.

Reisewitz, Perry/Schmitt-Geiger, Alexander (2010): Alles was Recht ist: Der Sieg im Gerichtsaal bedeutet noch nicht das Gewinnen der öffentlichen Meinung, in: Kommunikation und Recht 7/8/2010, S. VII-IX.

Ronneberger, Franz/Rühl, Manfred (1992): Theorie der Public Relations. Ein Entwurf, Oplanden: Westdeutscher Verlag.

Rudzio, Wolfgang (2006): Das politische System der Bundesrepublik Deutschland, 7. aktual. u. erw. Aufl., Wiesbaden: VS Verlag für Sozialwissenschaften.

Schmidt, Manfred G. (2003): Kontinuität und Wandel in der Sozialpolitik. Vetospielertheorem und Politik des mittleren Weges, in: Der Bürger im Staat 4/2003, S. 198-202.

Sontheimer, Kurt/Bleek, Wilhelm/Gawrich, Andreas (2007): Grundzüge des politischen Systems Deutschlands, völlig überarb. Neuaufl., München: Piper.

Spiegel Online (2007): Entscheidung über Tornado-Einsatz in Afganistan, in: http://www.wiso-net.de/webcgi?START=A60&DOKV_DB=SPON&DOKV_NO=SPON20070418-477883&DOKV_HS=0&PP=1, Beitrag vom 18.04.2007, eingesehen am 23.04.2011.

Strohmeier, Gerd (2005): Vetospieler - Garanten des Gemeinwohls und Ursachen des Reformstaus. Eine theoretische und empirische Analyse mit Fallstudien zu Deutschland und Großbritannien, Baden-Baden: Nomos.

Strøm, Kaare/Müller, Wolfgang C. (1999): Political Parties and Hard Choices, in: Müller, Wolfgang C./ Strøm, Kaare (Hrsg.): Policy, Office, or Votes? How Political Parties in Western Europe Make Hard Decisions, Cambridge/New York: Cambridge University Press, S. 1-35.

Tsebelis, George (1995): Decision Making in Political Systems: Veto Players in Presidentialism, Parliamentalism, Muliticameralism and Multipartyism, in: British Journal of Political Science 25, S. 289-325.

Voigt, Rüdiger (2006): Das Bundesverfassungsgericht in rechtspolitologischer Sicht, in: van Ooyen, Robert C./Möllers, Martin H. W. (Hrsg.): Das Bundesverfassungsgericht im politischen System, Wiesbaden: VS Verlag für Sozialwissenschaften, S. 65-86.

Vorholz, Fritz (2011): Ab nach Karlsruhe, in: Die ZEIT Nr. 10/2011 vom 03.03.2011, S. 21.

Vorländer, Hans/Brodocz, André, 2006: Das Vertrauen in das Bundesverfassungsgericht. Ergebnisse einer repräsentativen Bevölkerungsumfrage, in: Vorländer, Hans (Hrsg.): Die Deutungsmacht der Judikative, Wiesbaden: VS Verlag für Sozialwissenschaften, S. 259-295.

Der indirekte Einfluss der Medien auf Richter und Staatsanwälte

Hans Mathias Kepplinger

Abstract

Judges, state prosecutors and lawyers use media reports about their lawsuits very intensively and expose themselves to accordant influences. Most important sources are local papers at the seat of the court. Media reports about criminal proceedings with their attendance have a strong influence on themselves and especially on lay judges, the accused, victims, witnesses etc. This influence is reflected in the courtroom atmosphere and the degree of penalty. Prosecutors and lawyers should use this influence and practice an active information policy.

Einen Einfluss von Gerichtsberichten auf Strafverfahren kann man aus zwei Gründen vermuten. Zum einen sind die Prozessbeteiligten direkt oder indirekt Gegenstand der Berichterstattung und deshalb in besonderem Maß dem Druck der öffentlichen Meinung ausgesetzt (vgl. Noelle-Neumann 2002). Zum anderen lässt die Unsicherheit von Strafverfahren als Folge unzureichender Tatsacheninformationen und interpretationsbedürftiger Rechtsnormen einen objektiv vorhandenen und subjektiv legitim erscheinenden Handlungsspielraum, in dem sich Richter und Staatsanwälte dem herrschenden Medientenor anpassen können. Es ist „nicht das Gesetz, das den einen Richter zu milden und den anderen zu strengen Strafen für gleiche Sachverhalte zwingt" (Sarstedt 1971: 146). Zum Einfluss der Medien auf Strafverfahren liegen zahlreiche erfahrungsgesättigte Aussagen von Juristen vor (vgl. Schulz 2002; Neuling 2005), jedoch kaum Studien, die verallgemeinerbare Aussagen über Art und Bedeutung der Problematik erlauben. Eine Mittelstellung nehmen Dokumentationen der Medienberichterstattung und ihrer Folgen im Verlauf von Ermittlungsverfahren ein (vgl. Hamm 1997: 24ff., 53ff.; Schulz 2002: 9ff., 104ff.; Neuling 2005: 169ff.). Weitgehende Einigkeit besteht darin, dass neben den Laien- auch die Berufsrichter und die Staatsanwälte von der Medienberichterstattung beeinflusst werden (vgl. Sarstedt

1971: 146; Stürner 1978: 164; Schulz 2002: 66ff.; Wohlers 1994: 187). Verteidiger erkennen ähnliche Einflüsse auf sich selbst und andere (vgl. Schiller 2005: 177; Wehnert 2005: 178). Unterschiedliche Ansichten gibt es dazu, ob Richter und Staatsanwälte ihre Unabhängigkeit aufgrund ihrer Persönlichkeit durch besondere Schulungen oder durch eine besondere Richterethik bewahren können. Mehrere Autoren bezweifeln oder verneinen dies (vgl. Sarstedt 1971: 146; Stürner 1978: 164; Pfeiffer 1987: 73; Faller 1983: 97).

1. Reziproke Effekte

Die Wirkung der Medien auf die Protagonisten ihrer Berichterstattung muss von der Wirkung der Medien auf die unbeteiligten Beobachter unterschieden werden (vgl. Kepplinger 2007). Als Protagonisten der Berichtersterstattung werden Personen bezeichnet, die in den Berichten direkt genannt oder indirekt angesprochen werden, als Beobachter die Masse der am berichteten Geschehen nicht direkt beteiligten Leser, Hörer und Zuschauer. Zu den Protagonisten der Gerichtsberichterstattung gehören die Richter, Staatsanwälte und Verteidiger, die in den Beiträgen namentlich genannt oder aufgrund ihrer Rollen davon betroffen sind, sowie die Angeklagten, Opfer, Zeugen und Sachverständigen, die sich als Akteure des Geschehens angesprochen fühlen können. Die Einflüsse der Medien auf die Protagonisten der Berichterstattung werden als reziproke Effekte bezeichnet (Kepplinger 2007; 2010). Zu den Beobachtern der Berichterstattung gehört meist (und so auch im vorliegenden Fall) die Masse der Bevölkerung.

Theoretisch kann man vier Arten der Wahrnehmung von Protagonisten unterscheiden: (1) Selbstwahrnehmung: Die Protagonisten bilden sich u.a. anhand der Berichterstattung ein Urteil darüber, wie sie sich selbst verhalten haben, ob sie z.B. besser etwas unternommen oder unterlassen hätten, ob sie sich eindeutig oder missverständlich geäußert haben usw. Hier geht es um das Geschehen selbst, die Gegenstände der Berichterstattung. (2) Berichtswahrnehmung: Die Protagonisten bilden sich anhand der Berichterstattung eine Meinung darüber, wie die Medien das aktuelle Geschehen darstellen und bewerten. Hier geht es weniger um das Geschehen als um die Berichterstattung – die Auswahl und Bewertung der Fakten durch die Medien. (3) Wirkungsvermutungen: Die Protagonisten stellen anhand der Berichte und der Beobachtung ihrer sozialen Umwelt Vermutungen über die Wirkung der Berichte auf andere Menschen an. Hier geht es weniger um die Berichte selbst als um ihre Auswirkungen auf andere, die tatsächlich vorliegen oder irrtümlich angenommen werden. (4) Wirkungserfahrungen: Die Protagonisten nehmen an sich selbst Wirkungen der Medienberichte wahr. Hierbei handelt es sich um Kognitionen wie z. B. Differenzen zwischen Medienberichten und eigenen Erfahrungen, Emotionen wie z. B. Ärger oder Freude und Verhaltensweisen wie z. B. Änderungen des Mediennutzungsverhaltens. Zwischen den Kognitionen und Emotionen bestehen prognostizierbare und empirisch prüfbare Wechselwirkungen (Kepplinger/Glaab 2005).

Die Protagonisten der Berichterstattung unterscheiden sich von der Masse der Beobachter durch ihre Betroffenheit, ihren Informationsstand und ihre spezifische Sichtweise. Diese Besonderheiten sind zugleich wesentliche Ursachen der reziproken Effekte: (1) Weil Protagonisten von den Beiträgen persönlich betroffen sind, verfolgen sie die Berichterstattung wesentlich aufmerksamer als die Masse der Beobachter. (2) Weil Protagonisten die Berichterstattung wesentlich intensiver verfolgen als Beobachter, sind sie wesentlich größeren Mediendosen ausgesetzt.[1] (3) Weil sie wesentlich größeren Mediendosen ausgesetzt sind und die Berichte zudem besonders aufmerksam verfolgen, besitzen sie auf sie relativ starke Wirkungen. (4) Weil Protagonisten über besondere Kenntnisse und Informationen verfügen, vergleichen sie die Berichterstattung damit und erkennen sachliche Fehler, die außenstehende Rezipienten nicht bemerken. (5) Weil Akteure kritikwürdiges Verhalten auf die Umstände ihres Handelns zurückführen, Beobachter dagegen auf ihre Persönlichkeit und weil Journalisten das Verhalten von Akteuren entsprechend darstellen,[2] betrachten die meisten Protagonisten die Vernachlässigung der Umstände ihres Handelns in der Berichterstattung als Hauptursache von Fehldarstellungen. (6) Weil die meisten Menschen vermuten, dass die Medien auf andere Menschen stärkere negative Einflüsse besitzen als auf sie selbst,[3] weil Protagonisten besonders hohen Mediendosen ausgesetzt sind und weil sie an sich starke Effekte wahrnehmen, schreiben Protagonisten den relevanten Medienberichten auf andere Menschen besonders starke Wirkungen zu. Dies betrifft vor allem Menschen, zu denen sie eine relativ große soziale Distanz besitzen. (7) Je intensiver die Protagonisten die Gerichtsberichterstattung über ihre Fälle verfolgen und je stärker sie sich kritisiert fühlen, desto

---

[1] Formal betrachtet müsste es heißen, die Protagonisten setzen sich selbst größeren Mediendosen aus. Dies unterstellt eine völlig freie Zuwendung zu Berichten über die eigene Person oder Tätigkeit. Gegen diese Unterstellung sprechen jedoch zahlreiche Hinweise, wonach sich vor allem die Protagonisten negativer Medienberichte der gegen sie gerichteten Kritik kaum entziehen können (vgl. Kepplinger 2005: 104ff.).

[2] Dies folgt aus der Attributionstheorie von Jones und Nisbett (1972) und ist für den Journalismus empirisch belegt (vgl. Kepplinger 2005: 88ff.)

[3] Für einen Überblick zum Third-Person-Effekt vgl. Perloff (1993, 1999), sowie Huck/Brosius (2007).

stärker sind ihre emotionalen Reaktionen und desto stärkere Effekte auf ihr eigenes Verhalten stellen sie fest.

2. Datengrundlage

Die Grundgesamtheit der vorliegenden Befragung bilden alle Richter und Staatsanwälte in Bayern, Baden-Württemberg, Bremen, Rheinland-Pfalz und Sachsen.[4] Die Befragten erhielten, soweit dies sachlich möglich war, identische Fragebögen, die durch spezifische Fragen für die Angehörigen der beiden Berufsgruppen ergänzt wurden. Die spezifischen Vorgaben an die Richter und Staatsanwälte werden in den Tabellen in eckigen Klammern angezeigt. Die Befragung war anonym und wurde im November 2006 online durchgeführt. Sie wurde von den zuständigen Ministerien durch eine E-Mail angekündigt. Einige Tage darauf erhielten die Richter und Staatsanwälte eine weitere E-Mail mit einem Link zum Fragebogen. Eine erste Erinnerung erfolgte per E-Mail nach etwa zehn Tagen, eine zweite nach etwa drei Wochen. Kontaktiert wurden 1.777 Richter und 1.268 Staatsanwälte, von denen 447, bzw. 271 den Fragebogen ausgefüllt haben. Zusätzlich zu den Richtern und Staatsanwälten wurden zeitgleich mit entsprechend angepassten Fragebögen gezielt 35 Strafverteidiger und 29 Gerichtsreporter ausgesucht. Sie wurden aufgrund ihres bekannten Engagements in Strafprozessen, bzw. der Berichterstattung darüber befragt. Ihre Antworten können wegen des anderen Auswahlverfahrens und der geringen Zahl der Befragten nur mit Vorbehalten mit den Antworten der Richter und Staatsanwälte verglichen werden. Weil sie sich teilweise erheblich von denen der Richter und Staatsanwälte unterscheiden, werden sie hier trotzdem zur Diskussion gestellt. Die Reaktionen auf die Antwortvorgaben wurden in der Regel mit fünfstufigen Skalen ermittelt, deren Enden mit „Trifft voll und ganz zu" (1), bzw. „Trifft überhaupt nicht zu" (5) beschriftet waren. Für die folgende Darstellung werden die beiden zustimmenden Skalenwerte (1 und 2) zusammengefasst und als Prozentanteile ausgewiesen. Trotz der geringen Fallzahlen werden im Interesse einer besseren Vergleichbarkeit auch die Aussagen der Verteidiger und Journalisten prozentuiert. Falls dies nicht in Tabellen geschieht, werden die Prozentwerte immer in folgender Reihenfolge in Klammern genannt: Richter, Staatsanwälte, Verteidiger, Journalisten.

---

[4] Die Befragung wurde vom Autor in Zusammenarbeit mit Thomas Zerback, Rudolf Gerhardt und Katja Griesenbeck durchgeführt.

3. Nutzung der Berichterstattung über das eigene Verfahren

Richter, Staatsanwälte und Verteidiger besitzen aufgrund ihrer Betroffenheit vermutlich ein gesteigertes Interesse an Medienberichten über Verfahren, an denen sie beteiligt sind. Gegen diese Vermutung kann man anführen, dass sie zur Wahrung ihrer Unbefangenheit oder zum Schutz vor Kritik Berichte über „ihr" Verfahren meiden.[5] Die Nutzung von Medienberichten über Verfahren, an denen die Betroffenen mitwirken, wurde mit folgender Frage ermittelt: „Verfolgen Sie Darstellungen in den Medien, die sich mit Fällen befassen, die Sie entscheiden müssen [Staatsanwälte: „in denen Sie Ankläger sind"; Verteidiger: „in den Sie Verteidiger sind"] oder vermeiden Sie diese ganz bewusst"?[6]

Tab. 1: Einfluss der Beteiligung an Verfahren auf das Interesse an der Berichterstattung. Frage: *„Wie nutzen Sie die Medien, wenn über Prozesse berichtet wird, mit denen Sie zu tun haben?"* (Mehrfachangaben).

Ich...	Richter (n=425) %	Staatsanwälte (n=267) %	Verteidiger (n=34) %
„... verhalte mich genauso wie sonst, es ändert sich nichts"	49	43	21
„... lese über ‚meinen' Prozess viel mehr Beiträge als über andere Prozesse"	27	44	53
„... lese Medien, die ich normalerweise nicht beachte"	19	22	48
„... lese einzelne Beiträge immer wieder"	2	4	3

Ein Großteil der Befragten verfolgt die Berichte über Verfahren, an denen sie beteiligt sind. Mehr als zwei Drittel der befragten Verteidiger (77 Prozent), die

---

[5] Diese Annahme folgt aus der Theorie der kognitiven Dissonanz (vgl. Festinger 1957).
[6] Antwortvorgaben: „Ich verfolge sie gezielt", „Ich verfolge sie zwar nicht gezielt, vermeide sie aber auch nicht", „Ich vermeide sie bewusst".

Mehrheit der Staatsanwälte (54 Prozent) und eine bemerkenswerte Minderheit der Richter (37 Prozent) tun dies „gezielt". Etwas mehr als die Hälfte der Richter (58 Prozent), etwas weniger als die Hälfte der Staatsanwälte (45 Prozent) aber nur sehr weniger der Verteidiger (20 Prozent) wendet sich der Berichterstattung zwar nicht gezielt zu. Sie „vermeide[t] sie aber auch nicht".

Diese Ergebnisse deuten darauf hin, dass vor allem die Verteidiger die Berichterstattung über „ihre" Fälle intensiv verfolgen. Genauere Auskunft darüber, wie die Befragten die Berichterstattung über ihre Verfahren verfolgen, gibt eine Nachfrage. Vor allem die befragten Verteidiger – aber nicht nur sie – lesen über Prozesse, an denen sie beteiligt sind, viel mehr Beiträge als über andere Prozesse, und sie verfolgen Medien, die sie normalerweise nicht beachten. Aus den Antworten der Befragten kann man zwei generelle Folgerungen ableiten. Erstens: Die Berichterstattung verändert das Leseverhalten der Protagonisten – hier der Richter, Staatsanwälte und Verteidiger. Zweitens: Die Protagonisten der Medienberichte setzen sich höheren Mediendosen und damit einem größeren Wirkungspotenzial aus als unbeteiligte Beobachter (*Tabelle 1*).

Alle Befragten verfolgen über „ihre" Fälle vor allem die Berichterstattung der Regionalzeitungen am Sitz des Gerichtes. Deutlich seltener nennen sie das Fernsehen, überregionale Abonnementzeitungen und Straßenverkaufszeitungen. Diese Reihung ist vor allem darauf zurückzuführen, dass über die weitaus meisten Strafprozesse nur von Regionalzeitungen berichtet werden. Die Online-Medien dürften inzwischen eine größere Bedeutung besitzen, zumal sie heute ein breites Spektrum der traditionellen Medien verfügbar machen. Bedeutsamer als die erwähnte Reihung ist jedoch, dass die gezielte Frage nach der Nutzung einzelner Mediengattungen den bekannten Befund bestätigt: Die befragten Verteidiger nutzen die Medien erheblich intensiver als Richter und Staatsanwälte (*Tabelle 2*).

4. Kontakte zu Journalisten

Die Kontakte zwischen Staatsanwälten und Verteidigern auf der einen Seite sowie Journalisten auf der anderen Seite bleiben den meisten Lesern, Hörern und Zuschauern von Prozessberichten verborgen. Einen ersten Einblick geben die Antworten auf die Frage an Verteidiger und Staatsanwälte: „Haben Sie im Laufe der Zeit Informationsbeziehungen zu Journalisten aufgebaut?" Dies trifft auf nahezu zwei Drittel der Verteidiger (60 Prozent), jedoch nur auf ein Viertel der Staatsanwälte (27 Prozent) zu. Der Unterschied dürfte z. T. auf die unterschiedlichen Stichproben zurückzuführen sein. Allerdings erklärt das vermutlich nicht den Abstand.

Tab. 2: Häufigkeit der Nutzung der Prozessberichte verschiedener Mediengattungen.
Frage: *„Wie häufig nutzen Sie die folgenden Informationsquellen, um die Berichterstattung über ‚Ihre' Fälle zu beobachten?"* (Auszug aus den Antwortvorgaben Nutzung: „regelmäßig, sehr häufig" bzw. „gelegentlich, häufig").

Ich nutze ...	Richter (n=425) %	Staatsanwälte (n=267) %	Verteidiger (n=34) %
„Regionalzeitungen am Sitz des Gerichts"	87	88	82
„Fernsehnachrichten / Fernsehmagazine"	24	26	56
„Überregionale Zeitungen wie FAZ, Süddeutsche, Die Welt"	18	26	59
„Reichweitenstarke Blätter wie Bild"	7	14	33
„Online-Medien"	19	38	-

Er deutet vielmehr erneut auf eine stärkere Nähe der Verteidiger zu den Medien. Gestützt wird diese Interpretation durch die Antworten der Journalisten auf die Frage: „Geht der Wunsch nach Informationen eher von ihnen aus oder machen die Vertreter der Justiz Sie auch auf einen bestimmten Fall aufmerksam?" Fast alle Journalisten erklären, dass meist sie selbst auf die Vertreter der Justiz zugehen (89 Prozent). Dies gehört zu ihren beruflichen Aufgaben und verlangt keine besondere Erklärung. Bedeutsamer sind die folgenden Aussagen der Journalisten. Die meisten berichten: „Die Verteidiger kommen auf mich zu" (68 Prozent). Deutlich weniger erklären: „Die Staatsanwälte kommen auf mich zu" (46 Prozent). Noch weniger sagen das von den Richtern (18 Prozent).

Tab. 3: Instrumentalisierung der Medien durch Staatsanwälte und Verteidiger.
Frage: „*Nutzen Sie die Medien auch, um eine aktive Informationspolitik zu betreiben oder als Gegenstrategie für Kampagnen von Verteidigern (der Staatsanwaltschaft)?*"

	Staatsanwälte (n=271)		Verteidiger (n=35)	
	„Häufig" %	„Gelegentlich" %	„Häufig" %	„Gelegentlich" %
„Ich nutze die Medien, um aktive Informationspolitik zu betreiben."	7	21	11	57
„Ich nutze die Medien als Gegenstrategie für Kampagnen der Staatsanwaltschaft (von Verteidigern)."	-	10	9	46

Die Initiative sagt noch nichts über die Funktion der Kontakte aus. Der Sache näher kommen die Aussagen der Staatsanwälte und Verteidiger über die Zwecke ihrer Medienkontakte. Die Hälfte der befragten Verteidiger, jedoch nur ein Fünftel der Staatsanwälte, nutzt die Medien zumindest gelegentlich um „aktive Informationspolitik" zu betreiben. Nahezu ebenso viele Verteidiger aber nur eine verschwindende Minderheit der Staatsanwälte nutzt sie auch als strategische Maßnahme gegen tatsächliche oder angebliche Kampagnen der jeweiligen Gegenseite. Dies legt die Folgerung nahe, dass vor allem die Verteidiger versuchen, die Medien im Interesse ihrer Mandanten zu instrumentalisieren (vgl. *Tabelle 3*). Die Journalisten bestätigen diese Vermutung: Die meisten haben schon einmal erlebt, dass jemand auf ihre „Berichterstattung Einfluss nehmen" wollte (72 Prozent). In ihren Antworten auf die Nachfrage, „wer…das war", verweisen die meisten auf „Verteidiger" (86 Prozent). In weitem Abstand folgen

"Opfer/Opfervereinigungen" (38 Prozent), "Staatsanwälte" (24 Prozent), "Chefredakteure" (14 Prozent) und "Richter" (10 Prozent).

Tab. 4: Fehler der Berichterstattung aus Sicht der Richter, Staatsanwälte und Verteidiger. Frage: *"Was wurde aus Ihrer Sicht falsch dargestellt?"*

	Richter (n=295) %	Staatsanwälte (n=210) %	Verteidiger (n=28) %
"Umstände, auf die das Gericht keinen Einfluss hatte, wurden falsch dargestellt oder heruntergespielt."	48	52	50
"Dem Gericht wurden Fehler und Versäumnisse vorgeworfen, die es nicht begangen hatte."*	20	35	14
"Fehler des Gerichts wurden aufgebauscht und dramatisiert."	19	32	18

*Verteidiger: "Fehler der Verteidigung wurden…"

5. Urteile über die Qualität der Berichterstattung

Die sachliche Richtigkeit der Gerichtsberichterstattung aus Sicht der Prozessteilnehmer wurde mit folgender Frage ermittelt: "Wenn Sie einmal an Fälle denken, über die in den Medien berichtet wurde: Wie war die Berichterstattung?" Die Frage wurde bewusst so allgemein gehalten, damit sich jeder Befragte zu Berichten äußern konnte, an die er sich mehr oder weniger spontan erinnert hat. Keiner der Richter, Staatsanwälte und Verteidiger sagte, die Fakten seien "völlig richtig dargestellt" worden. Immerhin ein Drittel der Richter (31 Prozent) und ein Fünftel der Staatsanwälte (21 Prozent) und Verteidiger (18 Prozent) berichtete, sie seien "überwiegend richtig dargestellt worden". Nach dem Urteil der weitaus meisten Richter (63 Prozent), Staatsanwälte (69 Prozent) und Verteidiger (71 Prozent) wurden die Fakten "teils richtig, teils falsch dargestellt". Eine Minderheit der Richter (5 Prozent), Staatsanwälte (9 Prozent) und Verteidiger (12 Prozent) äußerte, sie seien „überwiegend falsch dargestellt" worden. Dass sie „völlig falsch" dargestellt wurden, erklärte keiner.

Die Richter, Staatsanwälte und Verteidiger, die die Faktendarstellung für teilweise oder überwiegend falsch hielten, wurden gefragt, worin die Fehler lagen. Die meisten Richter, Staatsanwälte und Verteidiger erklärten übereinstimmend, Umstände auf die das Gericht bzw. die Staatsanwaltschaft keinen Einfluss hatte, seien „falsch dargestellt oder heruntergespielt worden". Dagegen meinten nur Minderheiten, dem Gericht bzw. der Staatsanwaltschaft seien Fehler und Versäumnisse vorgeworfen worden, die sie nicht begangen hätten bzw. Fehler seien aufgebauscht und dramatisiert worden. Dies bestätigen ähnliche Aussagen von Protagonisten der Berichterstattung aus Wirtschaft und Politik (vgl. Kepplinger 2010). Die wichtigste Ursache von falschen Faktendarstellungen liegt folglich nicht in dem, was berichtet wird, sondern in dem, was nicht berichtet wird. Da es mit guten Gründen keinen Anspruch auf die Berichterstattung von Fakten gibt, existieren gegen die wichtigste Form der faktischen Falschdarstellung keine Rechtsmittel (*Tabelle 4*).

6. Erfahrungen mit kritischen Medienberichten

Die Erfahrungen der Richter und Staatsanwälte mit kritischen Medienberichten über Verfahren, an denen sie beteiligt waren, wurden durch zwei Fragen ermittelt. Die erste Frage lautete: *„Ist ein Fall, den Sie selbst behandelt haben, schon einmal Gegenstand von Medienkritik geworden?"* Die meisten Richter (60 Prozent), Staatsanwälte (54 Prozent) und Verteidiger (66 Prozent) haben dies schon erlebt. Im Anschluss daran wurde sie gefragt, wie sie kritisiert wurden.

Weniger als ein Fünftel aller Richter, Staatsanwälte und Verteidiger wurde namentlich kritisiert. Ein Zehntel der Richter und Staatsanwälte aber deutlich mehr Verteidiger wurden ohne direkte Namensnennung kritisiert. Etwas mehr als ein Drittel der Richter und Staatsanwälte hat erlebt, dass die Arbeit des Gerichts bzw. der Staatsanwaltschaft ohne direkten Bezug zur eigenen Person kritisiert wurde. Die Verteidiger erwähnen das verständlicherweise weniger, weil sie weniger als Amtsträger denn als Individuen wahrgenommen werden. In *Tabelle 5* werden die Antworten auf beide Fragen zusammengefasst. Basis der Prozentuierung sind alle Befragten. Die Summe der Prozente geht über 100 hinaus, weil die Befragten bei der Nachfrage alle drei Vorgaben ankreuzen konnten.[7]

Tab. 5: Intensität der Medienkritik aus Sicht der betroffenen Richter und Staatsanwälte. Frage: *„Ist ein Fall, den Sie selbst behandelt haben, schon einmal Gegenstand von Medienkritik geworden?"* (Antwortvorgaben: „Ja", „Nein") Nachfrage an Personen, die „Ja" geantwortet haben: *„Wie wurde berichtet?"*

	Richter (n=447) %	**Staatsanwälte (n=267)** %	**Verteidiger (n=35)** %
Eigener Fall wurde noch nie kritisiert	37	42	34
„Die Arbeit der Kammer / des Gerichts [der Staatsanwaltschaft, der Verteidigung] wurde kritisiert"	36	39	23
„Ich wurde als Richter [Staatsanwalt] der zuständigen Kammer [Verteidiger] kritisiert, aber nicht namentlich genannt"	12	10	57
„Ich wurde namentlich kritisiert"	18	14	9

---

[7] Weil die Richter und Staatsanwälte z. B. sowohl ohne Namensnennung zitiert als auch namentlich kritisiert worden sein konnten, konnten sie mehrere Möglichkeiten ankreuzen. Darauf aufbauend wurde ein Index berechnet, in den die Häufigkeit und Art der Kritik eingingen. So wurde für eine Kritik an Kammer oder Gericht der Wert 1, für eine Kritik mit Zitat aber ohne Namensnennung der Wert 2 und für eine namentliche Kritik der Wert 3 vergeben. Der Index liegt zwischen 0 (keine Kritik erlebt) und 7 (alle Formen der Kritik erlebt).[7] Dieser Index liegt den folgenden Korrelationen zwischen der Intensität der erlebten Kritik und anderen Sachverhalten zugrunde.

7. Emotionale Reaktionen auf mediale Kritik

Richter, Staatsanwälte und Verteidiger, die an kritisierten Verfahren beteiligt waren, wurden nach ihrer spontanen Reaktion gefragt.[8] Die meisten Richter, Staatsanwälte und Verteidiger haben sich letztlich mit der Kritik „abgefunden". Dies bedeutet nicht, dass die Kritik keine Emotionen hervorgerufen hätte. Etwa die Hälfte hat sich „geärgert", nahezu genauso viele haben sich hilflos gefühlt. Erstaunlich viele haben sich hilflos gefühlt, weil sie sich „nicht richtig wehren" konnten. „Empört" waren dagegen nach eigener Aussage nur wenige.[9] Basis der Prozentuierungen sind hier nur jene, die mit oder ohne Namensnennung kritisiert wurden (*Tabelle 6*).

8. Wahrgenommener Einfluss negativer Medienberichte auf andere Prozessbeteiligte

Negative Medienberichte besitzen nach Aussage von gut vier Fünfteln der Richter, Staatsanwälte, Verteidiger und Journalisten eine „starke" oder sogar „sehr starke" Wirkung auf Laien – vor allem auf die Opfer von Straftaten. Dies kann man als Anzeichen für eine „sekundäre Viktimisierung" (Kunczik/Bleh 1995: 86) der Opfer von Verbrechen durch negative Medienberichte betrachten. Die weit überwiegende Mehrheit erkennt auch eine erhebliche Wirkung auf die Angeklagten und auf die Zeugen. Ein Grund für die beobachteten Wirkungen auf die Angeklagten dürfte darin liegen, dass sie durch negative Berichte über die ihnen zur Last gelegten Straftaten in die Defensive gedrängt oder zu demonstrativen Gegenreaktionen veranlasst werden. Eine Auswirkung von negativen Berichten auf die Zeugen könnte darin bestehen, dass sie sich nicht hinreichend frei fühlen, ihre Sichtweise zu äußern. Diese Vermutungen müssten durch geeignete Untersuchungen überprüft werden.

Nur vergleichsweise wenige Richter und Staatsanwälte erkennen eine starke oder sogar sehr starke Wirkung der Medienberichterstattung auf Juristen und Sachverständige. Eine Ausnahme bilden in zweifacher Hinsicht die Verteidiger.

---

[8] Kritik der Medien löst bei vielen Protagonisten der Beichterstattung auch dann spontan starke emotionale Reaktionen aus, wenn es sich um medienerfahrene Personen des öffentlichen Lebens handelt. Die Erinnerung an diese Emotionen ist zudem erstaunlich langlebig (vgl. Kepplinger/Glaab 2005).

[9] Das Gefühl der Hilflosigkeit und der Empörung könnte jedoch verbreiteter gewesen sein als die Prozentwerte anzeigen, weil relativ viele Befragte (12-17 Prozent) zu diesen Vorgaben nicht Stellung bezogen haben.

Zum einen werden sie nach Ansicht relativ vielen Richter und Staatsanwälte von negativen Medienberichten beeinflusst. Zum anderen sehen die Verteidiger viel eher einen Einfluss der Medien auf Richter, Staatsanwälte und Sachverständige. Die Journalisten teilen die zuletzt genannten Einschätzungen nicht und urteilen eher wie die Richter und Staatsanwälte (*Tabelle 7*).

Tab. 6: Emotionale Reaktionen der Richter, Staatsanwälte und Verteidiger auf Kritik der Medien. Frage: *„Wie war Ihre spontane Reaktion auf die negativen Medienberichte?"*

Ich …	Richter (n=267) %	Staatsanwälte (n=146) %	Verteidiger (n=23) %
„…war empört."	14	18	22
„…hatte das Gefühl, mich nicht richtig wehren zu können."	45	38	30
„…habe mich geärgert."	46	55	57
„…habe mich damit abgefunden."	65	62	52

9. Einfluss von Medienberichten auf den Verlauf von Strafverfahren

Nach Auskunft der weitaus meisten Richter, Staatsanwälte und Verteidiger haben Medienberichte einen Einfluss auf die „Atmosphäre im Gerichtssaal" und auf die „Aussagen von Zeugen". Die weitaus meisten Journalisten schätzen ihren Einfluss auf die Zeugen jedoch geringer ein. Ob es sich hierbei um eine Schutzbehauptung handelt, kann mit den vorliegenden Daten nicht geklärt werden. Etwa die Hälfte aller Befragten erkennt einen Einfluss auf „den Ablauf des gesamten Verfahrens".

Tab. 7: Einfluss negativer Medienberichte auf die Prozessbeteiligten aus Sicht der Richter, Staatsanwälte, Verteidiger und Journalisten.
Frage: „Wenn in den Medien negativ über einen Prozess berichtet wird: Wie schätzen Sie die Wirkung solcher Berichte auf folgende Personen ein?"
(„sehr starke Wirkung" bzw. „starke Wirkung")

	Richter (n=447) %	Staatsanwälte (n=271) %	Verteidiger (n=35) %	Journalisten (n=29) %
Laien:				
„Opfer"	86	89	91	83
„Öffentlichkeit"	85	86	85	76
„Angeklagte"	74	75	94	59
„Zeugen"	64	62	83	59
Professionsangehörige:				
„Verteidiger"	43	34	45	41
„Staatsanwälte"	16	9	48	10
„Richter"	6	9	38	10
„Sachverständige"	5	6	37	3

Die bisher erwähnten Aussagen betreffen die Rahmenbedingungen der Strafverfahren. Die folgenden berühren ihren Kern – die Frage von Schuld und Strafe. Hierbei zeigen sich deutliche Unterschiede zwischen den Sichtweisen der Richter und Staatsanwälte einerseits, sowie den Journalisten und den Verteidigern andererseits: Von den Richtern und Staatsanwälten sehen nur relativ wenige einen Einfluss der Medien auf die Schuldfrage und das Strafmaß – die Höhe der Strafe, die Bewilligung einer Bewährung und die Anordnung einer Sicherungsverwahrung. Die meisten Verteidiger sehen das anders. Sie sind davon überzeugt, dass die Medien auch auf die Schuldfrage und auf das Strafmaß einen Einfluss besitzen. Hier zeigt sich erneut die Bedeutung, die vor allem die Verteidiger den Medien bei Strafverfahren zusprechen.

Tab. 8: Einfluss der Berichterstattung auf verschiedene Aspekte des Verfahrens aus Sicht der Richter, Staatsanwälte, Verteidiger und Journalisten.
Frage: *„Worin besteht dieser Einfluss? Bitte gehen Sie die unten genannten Möglichkeiten durch."* („oft" bzw. „gelegentlich")

Medienberichte haben einen Einfluss auf …	Richter (n=447) %	Staatsanwälte (n=271) %	Verteidiger (n=35) %	Journalisten (n=29) %
Rahmenbedingungen des Verfahrens				
„…die Atmosphäre im Gerichtssaal"	86	90	97	97
„…die Aussagen von Zeugen"	77	74	92	7
„…die Aussagen von Sachverständigen"	11	10	54	90
Schuld und Strafe				
„…die Höhe der Strafe"	25	37	85	31
„… die Bewilligung einer Bewährung"	20	30	83	38
„… die Anordnung einer Sicherungsverwahrung"	10	14	71	35
„…die Schuldfrage"	3	9	54	14

Von besonderem Interesse sind im vorliegenden Zusammenhang die Sichtweisen der Richter und Staatsanwälte. Von ihnen sehen nur sehr wenige einen Einfluss der Medien auf die Schuldfrage. Aus ihrer Sicht ist der Kern des Verfahrens weitgehend resistent gegen Störungen von außen.

Dies dürfte vor allem darauf zurückzuführen sein, dass für die Schuldfrage die Beweislage entscheidend ist. Ganz anders steht es erstaunlicherweise auch aus Sicht der Richter und Staatsanwälte um die Strafhöhe. Nach Aussage eines Viertels der Richter und eines guten Drittels der Staatsanwälte besitzen Medienberichte einen Einfluss auf die Höhe der Strafe. Eine kleine Minderheit erkennt zudem einen Einfluss auf straferleichternde oder strafverschärfende Maßnahmen – die Bewilligung einer Bewährung und die Anordnung einer Sicherungsverwahrung. Der Einfluss der Medienberichte auf die Höhe der Strafe sowie auf die straferleichternden und strafverschärfenden Maßnahmen dürfte mit der eingangs angesprochenen Interpretationsbedürftigkeit der Normen und Tatsachen zusammenhängen, die Medienberichten einen relativ großen Wirkungsspielraum gibt (*Tabelle 8*).

Tab. 9: Einfluss des Echos in der Öffentlichkeit auf das Verfahren aus Sicht der Richter, Staatsanwälte und Verteidiger.
Frage an die Verteidiger: *„Haben Sie bei in den Medien besonders umstrittenen Verfahren bei Ihrer Befragung/Ihrem Plädoyer an das Echo in der Öffentlichkeit gedacht?"*
Frage an die Staatsanwälte: *„Haben Sie bei den in den Medien besonders umstrittenen Verfahren bei Ihrer Befragung/Ihrem Strafantrag an das Echo in der Öffentlichkeit gedacht?"*
Frage an die Richter: *„Haben Sie bei Verfahren, die in den Medien besonders umstritten waren, an die Akzeptanz Ihres Urteils in der Öffentlichkeit gedacht?"*

	Richter (n=447) %	Staatsanwälte (n=271) %	Verteidiger (n=35) %
„Ja, intensiv"	9	3	11
„Ja, ein wenig"	43	33	49
„Nein"	38	50	40
Fehlende Werte	11	15	-

10. Einfluss von Medienberichten auf das eigene Verhalten

Richter, Staatsanwälte und Verteidiger werden eher einen Einfluss der Medienberichte auf andere Verfahrensbeteiligte konstatieren als auf ihr eigenes Verhalten im Gerichtssaal. Sie werden einen derartigen Einfluss auch nur dann einräumen, wenn man sich dem Sachverhalt durch die Art der Fragestellung behutsam nähert. Die entsprechenden Fragen berücksichtigen diese Sachverhalte. Sie zielen allgemein darauf ab, ob sie im Verlauf von öffentlich kontroversen Verfahren bei ihrem Strafantrag (Staatsanwälte), ihrem Plädoyer (Verteidiger) und ihrem Urteil (Richter) an die Reaktionen der Öffentlichkeit gedacht haben, wobei man annehmen kann, dass sich dies in der Art ihrer Argumentation niederschlägt. Überraschenderweise konstatieren mehr als die Hälfte der Verteidiger und der Richter und fast die Hälfte der Staatsanwälte entschieden einen Einfluss der Medienberichterstattung auf ihre Tätigkeit (*Tabelle 9*).

11. Zusammenhänge zwischen Kognitionen, Emotionen und Verhalten

Im Folgenden werden die Einflüsse (a) der Mediennutzung der Richter und Staatsanwälte, der Intensität der erlebten Kritik und der Art der faktischen Fehldarstellungen auf (b) ihre emotionalen Empfindungen, auf (c) die Änderung ihres Verhaltens sowie auf (d) das Strafmaß analysiert. Die Verteidiger und Journalisten werden nicht in die Analyse einbezogen, weil sie anders ausgewählt wurden. Die unter a genannten Sachverhalte werden als unabhängige Variablen betrachtet, die unter b und c genannten Sachverhalte als intervenierende Variablen und die unter d genannte als abhängige Variable. In die Analyse gehen die Antwortvorgaben ein, die sich als besonders aussagekräftig erwiesen haben:

(1) Mediennutzung: „Ich lese Medien, die ich normalerweise nicht beachte"
(2) Art der Falschdarstellung: „Umstände, auf die das Gericht [die Staatsanwaltschaft] keinen Einfluss hatte, wurden falsch dargestellt oder heruntergespielt"
(3) Intensität der Medienkritik: Index der Medienkritik
(4) Spontane Reaktion auf negative Medienberichte = Emotion I: „Ich habe mich geärgert"
(5) Spontane Reaktion auf negative Medienberichte = Emotion II: „Ich hatte das Gefühl, mich nicht richtig wehren zu können"

(6) Verhalten: Hat „… bei Verfahren, die in den Medien besonders umstritten waren, an die Akzeptanz (des) Urteils in der Öffentlichkeit" bzw. bei der „Befragung/ (dem) Strafantrag an das Echo in der Öffentlichkeit" gedacht
(7) Strafmaß: Latente Variable auf der Grundlage einer Faktorenanalyse der Aussagen zur Höhe der Strafe, zur Gewährung von Bewährung und zur Anordnung einer Sicherheitsverwahrung.

Bei der Interpretation der Ergebnisse ist zu berücksichtigen, dass es hier nicht darum geht, ob die Medienberichterstattung z. B. einen Einfluss auf das Verhalten der Richter und Staatsanwälte besitzt. Es geht hier vielmehr darum, ob und wie dieser Einfluss – falls er existiert – von den Medienerfahrungen der Richter und Staatsanwälte abhängt.[10]

Je intensiver die Richter und Staatsanwälte die Medienberichte über ihre Verfahren verfolgen, desto mehr ärgern sie sich. Je intensiver die Medienkritik ist, der sie sich ausgesetzt sehen, desto stärker empfinden sie sich als hilflos, und je mehr sie beobachten, dass die Umstände ihres Handelns nicht richtig dargestellt werden, desto größer sind ihr Ärger und ihr Gefühl der Hilflosigkeit. Der Ärger, den sie empfinden, steigert das Gefühl der Hilflosigkeit zusätzlich. Die erwähnten Einflussfaktoren zusammen sind für 11 Prozent des Ärgers und sogar für 20 Prozent ihres Gefühls der Hilflosigkeit verantwortlich (R^2).

Dagegen sind die Intensität der Mediennutzung der Richter und Staatsanwälte, die Intensität der erlebten Medienkritik und der Grad der Falschdarstellung der Umstände des eigenen Handelns – wenn man alle Beziehungen zusammen betrachtet – weitgehend unabhängig voneinander.

Die Mediennutzung der Richter und Staatsanwälte wirkt sich auch direkt auf ihr Verhalten aus. Bedeutsam ist vor allem ihr Ärger: Je intensiver die Richter und Staatsanwälte die Berichterstattung über ihre Fälle verfolgen, je hilfloser sie sich fühlen und je mehr sie sich ärgern, desto eher denken sie bei ihrem Strafantrag und bei ihrer Urteilsbegründung an die möglichen Reaktionen der Öffentlichkeit. Dagegen führen falsche Darstellungen der Umstände ihres Han-

---

[10] Die Zusammenhänge zwischen der Mediennutzung, der Art der Falschdarstellung, der Intensität der Medienkritik, dem Ärger, der Hilflosigkeit und dem Verhalten der Richter und Staatsanwälte sowie dem Strafmaß – einem Konstrukt aus den Aussagen über die Höhe der Strafe, die Gewährung von Bewährung und der Anordnung einer Sicherheitsverwahrung – wurde auf der Grundlage eines Strukturgleichungsmodells mit einer latenten Variablen analysiert. Vor der Schätzung des Gesamtmodells wurde die Eignung der latenten Variable geprüft. Sie ist gegeben (Cronbachs α = 0,743). Das Strukturgleichungsmodell wurde mit AMOS 7.0 berechnet. Das vorliegende Modell erfüllt für alle Globalmaße die üblichen Anforderungen (χ^2/df = 1.95; RMSEA = .05, CFI = .966).

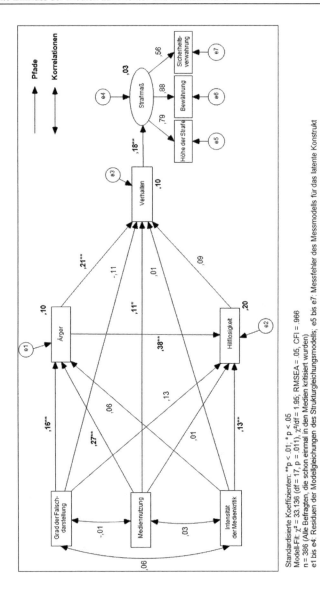

Standardisierte Koeffizienten: **p < .01; * p < .05
Modell-Fit: χ² = 33.136 (df = 17, p = .011), χ²/df = 1.95; RMSEA = .05, CFI = .966
n = 386 (Alle Befragten, die schon einmal in den Medien kritisiert wurden)
e1 bis e4: Residuen der Modellgleichungen des Strukturgleichungsmodells; e5 bis e7: Messfehler des Messmodells für das latente Konstrukt

Abb. 1: Strukturgleichungsmodell des Einflusses der Berichterstattung auf Emotionen und Verhalten der Richter und Staatsanwälte.

delns eher dazu, dass sie die möglichen Reaktionen der Öffentlichkeit nicht beachten. Möglicherweise handelt es sich hierbei um eine Abwehrhaltung, die aus der Überzeugung resultiert, dass die Öffentlichkeit die tatsächlichen Gründe ihres Handelns ohnehin nicht versteht.

Die erwähnten Einflussfaktoren (sowie einige nicht genannte, schwächere) erklären zusammen 10 Prozent des Verhaltens der Richter und Staatsanwälte, ihrer Orientierung an möglichen Reaktionen der Öffentlichkeit auf ihren Strafantrag bzw. ihr Urteil. Das erwähnte Verhalten der Richter und Staatsanwälte besitzt einen signifikanten Einfluss auf das Strafmaß, hier verstanden als die Kombination aus der Höhe der Strafe, der Gewährung einer Bewährung oder der Verhängung einer Sicherheitsverwahrung. Allerdings erklärt das erwähnte Verhalten der Richter und Staatsanwälte nur 3 Prozent des Strafmaßes, das folglich weit überwiegend auf anderen Einflussfaktoren – vermutlich der Gesetzes- und Beweislage – beruht (*Abbildung 1*).

12. Zusammenfassung und Folgerungen

Die meisten Richter, Staatsanwälte und Verteidiger verfolgen die Berichterstattung über „ihre" Verfahren intensiver als die Berichterstattung über andere Prozesse. Dabei informieren sich die meisten aus den Regionalzeitungen am Sitz des Gerichtes. Die Verteidiger nutzen die Medien mehr als die Staatsanwälte, um aktive Informationspolitik zu betreiben, was auch von den befragten Journalisten bestätigt wird. Mehr als zwei Drittel der Richter, Staatsanwälte und Verteidiger sind der Ansicht, dass in den Berichten Fakten mehr oder weniger falsch dargestellt werden. Etwa die Hälfte von ihnen führt dies darauf zurück, dass die Umstände ihres Handelns falsch dargestellt oder heruntergespielt wurden. Die meisten Richter, Staatsanwälte und Verteidiger haben an Verfahren teilgenommen, die von den Medien kritisiert wurden. Allerdings wurden nur wenige namentlich kritisiert. Etwa jeder Zweite, dessen Verfahren in den Medien kritisiert wurde, hat sich darüber geärgert. Fast genauso viele haben sich hilflos gefühlt.

Nach Auskunft der großen Mehrheit der Richter, Staatsanwälte, Verteidiger und Journalisten besitzen negative Medienberichte einen erheblichen Einfluss auf die Laien im Gerichtssaal – die Opfer, die Angeklagten und die Zeugen. Dagegen sehen vergleichsweise wenige Richter, Staatsanwälte und Journalisten einen Einfluss auf die Angehörigen von Professionen – Verteidiger, Staatsanwälte, Richter und Sachverständige. Allerdings sind hier die Verteidiger skeptischer. Etwa ein Drittel der Richter, Staatsanwälte und Journalisten konstatiert einen Einfluss der Medienberichte auf die Höhe der Strafe. Auch hier sind die Verteidiger skeptischer. Etwa ein Viertel der Richter, Staatsanwälte und Journalisten konstatiert einen Einfluss der Medien auf die Bewilligung einer Bewährung. Erneut sind die Verteidiger viel eher dieser Ansicht. Immerhin etwa die Hälfte der Richter, Staatsanwälte und Verteidiger räumt ein, dass sie bei ihrem Strafantrag, ihrem Plädoyer bzw. bei ihrem Urteil an die Reaktion der Öffentlichkeit gedacht haben.

An der Befragung haben nur relativ wenige Verteidiger teilgenommen, so dass keine gesicherten Vergleiche zwischen ihnen, sowie den Richtern und Staatsanwälten möglich sind. Alle vorhandenen Daten deuten jedoch darauf hin, dass die Verteidiger den Medien einen größeren Einfluss auf den Verlauf und den Ausgang von Strafverfahren zuschreiben als die Staatsanwälte und Richter. Dies dürfte ein Grund dafür sein, dass sie einen intensiveren Kontakt zu Journalisten pflegen und eher eine aktive Informationspolitik betreiben.

Die Zusammenhänge zwischen der Mediennutzung, den Urteilen über die Prozessberichterstattung und den Reaktionen der Protagonisten der Berichterstattung kann man auf der Grundlage einer differenzierten statistischen Analyse der Aussagen der Richter und Staatsanwälte folgendermaßen charakterisieren: Die Intensität der Mediennutzung und der erlebten Kritik beeinflussen die Aussagen der Richter und Staatsanwälte über die Wirkung von Medienberichten auf sich und andere: Je intensiver sie die Berichterstattung verfolgen und je direkter sie kritisiert werden, desto eher konstatieren sie Medienwirkungen. Die weitaus meisten Korrelationen zwischen diesen Sachverhalten sind jedoch niedrig und erklären folglich nur einen sehr kleinen Teil ihrer Aussagen über Medienwirkungen. Dies betrifft nicht nur ihre Selbstaussagen, sondern auch ihre Feststellungen über Dritte. Ihre Aussagen über die Wirkung der Medienberichte und die ihnen zugrunde liegenden Beobachtungen sind folglich weitgehend unabhängig von den genannten Faktoren: Auch wer die Berichterstattung nur am Rande oder überhaupt nicht verfolgt, beobachtet in der Regel die genannten Wirkungen. Die Intensität der Mediennutzung, die Intensität der erlebten Medienkritik und der Grad der aus ihrer Sicht falschen Darstellung von Fakten determiniert zwar nicht, modifiziert aber dennoch die Emotionen und das Verhalten der Richter: Je intensiver sie die Berichterstattung verfolgen, je intensiver sie kritisiert werden und je mehr faktische Fehler sie wahrnehmen, desto größer sind ihr Ärger und ihre Hilflosigkeit, wobei ihr Ärger das Gefühl der Hilflosigkeit deutlich vergrößert. Dabei spielt vermutlich eine Rolle, dass die Befragten die Ursachen von falschen Faktendarstellungen weniger in unzutreffenden Behauptungen als in irreführenden Auslassungen sehen, gegen die sie sich nicht effektiv wehren können. Die Intensität der Mediennutzung der Richter und Staatsanwälte und der Grad ihres Ärgers wirken sich auf ihr Verhalten aus, ihren Strafantrag und ihre Urteilsbegründung, was sich wiederum im Strafmaß – der Höhe der Strafe, der Bewilligung einer Bewährung oder der Anordnung einer Sicherheitsverwahrung – niederschlägt.

Die Öffentlichkeit des Strafverfahrens diente ursprünglich dem Schutz der Angeklagten und Zeugen sowie der Wahrheitsfindung. Auf die Wahrheitsfindung besitzt die Medienberichterstattung, wenn man die Aussagen der Richter und Staatsanwälte zur Schuldfrage als Indikator hierfür betrachtet, keinen wesentlichen Einfluss. In die gleiche Richtung weisen ihre Aussagen über den Einfluss der Berichterstattung auf die Sachverständigen. Geht man von diesen Befunden aus, kann man folgern, dass die Medienberichterstattung die Wahrheitsfindung weder fördert, noch behindert. Um den Schutz der Angeklagten und Zeugen steht es ganz anders. Zwar geben die vorliegenden Aussagen keine Hinweise auf die Art der Medieneinflüsse auf die Angeklagten, Zeugen und Opfer. Es ist allerdings unwahrscheinlich, dass die Richter und Staatsanwälte der Ansicht sind, die Medienberichterstattung würde dem Schutz dieser Personen dienen. Eher muss man vermuten, dass nach ihren Beobachtungen die Medienberichterstattung die Angeklagten, Zeugen und Opfer vielfach schutzlos der Öffentlichkeit aussetzt.

Die Befriedungsfunktion des Strafverfahrens verlangt eine Synthese zwischen der Gerechtigkeit entsprechend den geltenden Gesetzen und dem Rechtsempfinden der Bevölkerung. Betrachtet man den herrschenden Medientenor als Ausdruck des Gerechtigkeitsempfindens der Bevölkerung, dann ist der Einfluss der Medien auf die Richter und Staatsanwälte ein Beitrag zur Wahrung des Rechtsfriedens. Ob man aber den Medientenor tatsächlich als Ausdruck des Gerechtigkeitsempfindens der Bevölkerung betrachten kann, ist angesichts der Eigenrationalität der Medien zweifelhaft und müsste im Einzelfall geprüft werden. Nach der Theorie der positiven Generalprävention vermittelt die öffentliche Kommunikation über Strafverfahren grundlegende Einsichten in die Funktionsweise des Rechtssystems. Nach Einschätzung der meisten Richter und Staatsanwälte werden in der Gerichtsberichterstattung die Fakten überwiegend oder zumindest teilweise richtig dargestellt. Dies spricht für die Richtigkeit der Theorie. Dagegen spricht aber, dass die Hälfte der Richter und Staatsanwälte, die die Berichterstattung für mehr oder weniger falsch halten, den entscheidenden Fehler darin sieht, dass die Umstände ihres Handelns – und damit ein wesentliches Element des Verfahren – nicht richtig dargestellt werden.

Die innere Unabhängigkeit der Richter (und Staatsanwälte) ist eine Voraussetzung für ihre Objektivität. Die Aussagen eines erheblichen Teils der befragten Richter und Staatsanwälte über den Einfluss der Medienberichterstattung auf das Strafmaß bestätigt Zweifel an ihrer inneren Unabhängigkeit bei Strafprozessen, die Gegenstand intensiver Medienberichterstattung sind. Für diese Zweifel spricht auch, dass der aus Sicht der Befragten ohnehin vorhandene Einfluss der Medienberichterstattung auf die Höhe der Strafe, auf die Gewährung von Bewährung und die Anordnung einer Sicherheitsverwahrung durch die Art der Berichterstattung und die Intensität ihrer Nutzung noch verstärkt wird. Daraus könnte man die Forderung ableiten, die Richter und Staatsanwälte sollten die Berichterstattung über ihre Verfahren nicht oder nicht aufmerksam verfolgen. Dies wäre jedoch kaum erfolgversprechend und zudem widersinnig, denn warum sollten ausgerechnet die, deren Handeln öffentlich gemacht wird, nicht genau wissen, was die Öffentlichkeit über ihr Handeln erfährt?

Literatur

Faller, Hans Joachim (1987): Die richterliche Unabhängigkeit im Spannungsfeld von Politik, Weltanschauung und öffentlicher Meinung, in: Fürst, Walter/Herzog, Roman/Umbach, Dieter C. (Hrsg.): Festschrift für Wolfgang Zeidler. Berlin, New York, S. 81-100.

Festinger, Leon (1957): A Theory of Cognitive Dissonance. Stanford.

Hamm, Rainer (1997): Große Strafprozesse und die Macht der Medien: Eine Vorlesungsreihe im Wintersemester 1995/96. Baden-Baden.

Huck, Inga/Brosius, Hans-Bernd (2007): Der Third-Person-Effekt: Über den vermuteten Einfluss der Massenmedien, in: Publizistik, 52. Jg., S. 355-374.

Jones, Edward E./Nisbett, Richard E. (1971): The Actor and the Observer: Divergent Perceptions of the Causes of Behaviour, in: Jones et al. (Hrsg.): Attribution: Perceiving the Causes of Behaviour. Morristown, New Jersey, S. 79-94.

Kepplinger, Hans Mathias (2005): Die Mechanismen der Skandalierung: Die Macht der Medien und die Möglichkeiten der Betroffenen. München.

Kepplinger, Hans Mathias (2007): Reciprocal Effects: Towards a Theory of Mass Media Effects on Decision Makers, in: The Harvard International Journal of Press/Politics, 12. Jg., S. 3-12.

Kepplinger, Hans Mathias (2010): Reziproke Effekte, in: Ders. (Hrsg.): Medieneffekte. Wiesbaden, S. 135-153.

Kepplinger, Hans Mathias/Glaab, Sonja (2007): Folgen ungewollter Öffentlichkeit: Abwertende Pressebeiträge aus der Sichtweise der Betroffenen, in: Beater, Axel/Habermeier, Stefan (Hrsg.): Verletzung von Persönlichkeitsrechten durch die Medien. Tübingen, S. 117-137.

Kunczik, Michael/Bleh, Wolfgang (1995): Kriminalitätsopfer in der Zeitungsberichterstattung: Folgen der Berichterstattung aus der Perspektive der Opfer. Mainz: Weißer Ring (= Mainzer Schriften zur Situation von Kriminalitätsopfern, 11. Band).

Neuling, Christian Alexander (2005): Inquisition durch Information: Medienöffentliche Strafrechtspflege im nichtöffentlichen Ermittlungsverfahren. Berlin.

Noelle-Neumann, Elisabeth (2002): Welche Rolle spielt die öffentliche Meinung für die Entscheidung der Richter?, in: Dies. (Hrsg.): Die soziale Natur des Menschen: Beiträge zur empirischen Kommunikationsforschung. Freiburg i. Br., S. 64-79.

Perloff, Richard M. (1993): Third-Person Effect Research 1983-1992: A Review and Synthesis, in: International Journal of Public Opinion Research, 5. Jg., S. 167-184.

Perloff, Richard M. (1999): Third-Person Effect: A Critical Review and Synthesis, in: Media Psychology, Nr.1, S. 353-378.

Pfeiffer, Gerd (1987): Die innere Unabhängigkeit des Richters, in: Fürst, Walter/Herzog, Roman/Umbach, Dieter C. (Hrsg.): Festschrift für Wolfgang Zeidler. Berlin, New York, S. 67-79.

Sarstedt, Werner (1971): Steht der Richter unter dem Druck der öffentlichen Meinung, in: Archiv für Presserecht, 19. Jg., S.146-150.

Schiller, Wolf (2005): Prozessführung der Verteidigung und Medien, in: Strafverteidiger, 25. Jg., Nr. 3, S. 176-178.

Schulz, Uwe (2002): Die rechtlichen Auswirkungen von Medienberichterstattung auf Strafverfahren. Frankfurt am Main, Berlin.

Stürner, Rolf (1978): Schutz des Gerichtsverfahrens vor öffentlicher Einflussnahme, in: Juristenzeitung, 33. Jg., Nr. 5/6, S. 161-169.

Wehnert, Anne (2005): Prozessführung der Verteidigung und Medien, in: Strafverteidiger, 25. Jg., Nr. 3, S. 178-179.

Wohlers, Wolfgang (1994): Entstehung und Funktion der Staatsanwaltschaft. Ein Beitrag zu den rechtshistorischen und strukturellen Grundlagen des reformierten Strafverfahrens. Berlin.

Die Bedeutung von Litigation-PR im deutschen Rechtssystem: Ergebnisse einer Befragung deutscher Gerichte, Anwälte und Staatsanwaltschaften

Lars Rademacher & Anton Bühl

Abstract

The article outlines how intensive the knowledge on Litigation-PR is in German legal authorities, which aims are followed with regards to reporting and which role publicity plays in the German legal authorities. Therefore courts, prosecutors and law offices were asked to participate in a survey.

The participants adjudge Litigation-PR a right to exist. Law firms in particular know the discipline and use it in practice. Courts and prosecutors are still scrupulous for ethical reasons.

Ein hohes Interesse der Medien an gerichtlichen Auseinandersetzungen gab es in Deutschland schon immer. Und viele prominente Journalisten waren irgendwann im Leben mal Gerichtsreporter. Mittlerweile ist die Berichterstattung über Verfahren aber weit mehr als eine biografische Durchgangsstation. Manche Journalisten rücken gerade durch das gestiegene Interesse an Rechtsberichterstattung in den Mittelpunkt der Diskussion. Denn spätestens seit den Vorwürfen gegen den Fernsehmoderator Andreas Türck im Jahr 2004 hat sich das Berichterstattungsinteresse noch einmal verändert. Die Rufschädigung des beliebten Moderators war absolut, die späte Rehabilitierung kaum eine Zeile wert. Es gibt viele Beispiele aus der jüngeren Vergangenheit, die den Umschwung illustrieren und auf einen Nenner bringen: In der Öffentlichkeit gilt längst nicht als gerecht, wer im juristischen Sinne Recht hat, wie der Outdoor-Ausrüster Jack Wolfskin im Oktober 2009 erfahren musste. Mit der Hilfe von Blogs, Twitter & Co hat sich der damalige Abmahnskandal zu einer gewaltigen Krise entwickelt. Auch der Fall Toyota zeigt: Wo juristische Auseinandersetzungen über Monate (und mittlerweile Jahre) hinweg die Reputation eines Unternehmens belasten, entsteht ein Meinungsmarkt aus Gerüchten, Halbwahrheiten und Spekulationen.

In der Praxis entwickelt sich die Prozessführung im „Gerichtssaal Öffentlichkeit" zu einem profitablen Geschäft für Kommunikationsberater und PR-Agenturen. Litigation-PR heißt diese neue Kommunikationsdisziplin, mit der Berater international versuchen, die Reputation ihrer Mandanten während gerichtlicher Auseinandersetzungen zu schützen. Hat sich diese Form der strategischen Öffentlichkeitsarbeit im Umfeld von Prozessen in den USA bereits seit den 1980er Jahren etabliert, kommt sie nun vermehrt auch in Deutschland zum Einsatz.

Ein einprägsames Beispiel aus der jüngsten Zeit liefern auch die deutschen Landesbanken, vor allem HSH Nordbank und Bayern LB. Die Vorstände standen hier seit mehreren Jahren unter Druck wegen der Rolle und Verantwortlichkeit in größeren Finanzskandalen. Immer eindringlicher wurde hier nach Schuldigen gesucht, spitzten sich die öffentlich erhobenen Forderungen nach moralischer oder finanzieller Buße auf einzelne Akteure zu. Diese Fälle sind zudem auch ein Beispiel für den Einsatz von Litigation-PR-Beratung (im Falle HSH Nordbank) und die (soweit bekannt) rein juristische Aufarbeitung (im Falle Bayern LB).

Es ist sicher noch nicht ganz leicht zu entscheiden, ob die Beratung im einen und das Fehlen im anderen Fall bereits einen Unterschied gemacht hat – zu verschieden muten die beiden Fälle an. Dennoch tritt zumindest die Beraterbranche mit dem Versprechen auf, dass eklatante Rufschädigungen durch frühzeitige Kommunikation unter Umständen hätte vermieden werden können – wenn nicht lediglich Anwälte, sondern auch Kommunikationsexperten einbezogen werden.

1. Zum Stand der Forschung

Während das Thema Litigation-PR in der Beratungspraxis also längst angekommen scheint (die wichtigsten Branchenpreise etwa nehmen inzwischen auch Wettbewerbsbeiträge zu „Litigation-PR" an, die meist in einer Rubrik mit „Krisen-PR" zusammengefasst bewertet werden), kommt die wissenschaftliche Betrachtung der strategischen Rechtskommunikation nur schleppend in Gang. Die Zahl der Publikationen steigt erst seit wenigen Jahren an. Der Buchmarkt wird dominiert von Managementbüchern mit Ratgebercharakter – meist aus der

Feder von Beratern.[1] Eigenständige wissenschaftliche Literatur ist hingegen Mangelware. Vor allem empirisch gesicherte Erkenntnisse zum Stand der Rechtskommunikation fehlen aktuell. Zwar existiert – besonders aus systemtheoretischer Provenienz – viel Literatur, die davon ausgeht, dass Recht nicht unabhängig vom Prozesswesen existiert. Was Recht ist, definiert demnach nicht das Gesetz, sondern ist ein Produkt des Richters bzw. seiner Rechtsauslegung. D.h., der Richter „produziert" Recht durch seinen Rechtsspruch, er filtert es nicht heraus, sondern ermittelt es als Prozessprodukt. Und dass kognitive Systeme – wie Richter oder Staatsanwälte – durchaus beeinflussbar sind, dürfte als konstruktivistische Binsenweisheit mittlerweile zum Gemeingut gehören (vgl. Lamprecht 1995). Der Mainzer Kollege Kepplinger hat an dieser Stelle angesetzt[2] und mit mehreren Kollegen die Frage aufgearbeitet, wie stark die Medienberichterstattung Richter und Staatsanwälte beeinflusst (vgl. Kepplinger/Zerback 2009: 216ff.). Teilgenommen hatten 447 Richter und 221 Staatsanwälte. Deutlichstes Ergebnis: Nicht die Urteilsfindung, wohl aber das Strafmaß kann durch die Medienberichterstattung beeinflusst werden. Und wer auf aktuelle Fälle schaut, wie den Prozess um die Attentäter des Dominik Brunner, der 2009 aufgrund seines Einsatzes für bedrängte Schüler von mehreren betrunkenen Jugendlichen geschlagen und getreten wurde und infolge des Angriffs wenig später verstarb, der wird nicht umhin können, den Einfluss medialer Aufmerksamkeit auf Prozesse einzukalkulieren. Denn obwohl Brunner laut Obduktionsbericht nicht an den direkten Einflüssen der Verletzungen verstorben ist, sondern an einem vergrößerten Herzen, wurden die Hauptangeklagten wegen „Mord in Tateinheit mit versuchter räuberischer Erpressung" zu neun Jahren und zehn Monaten und wegen „Körperverletzung mit Todesfolge" zu sieben Jahren Haft verurteilt. Eine Revision ist durch die Verteidigung jedoch angekündigt.

Aktuell befinden wir uns in einer Phase, in der die wichtigsten Erkenntnisse im deutschen Sprachraum auf ersten Tagungen und in ersten Sammelbandpublikationen zusammengetragen werden. Wichtig sind hier die Publikation zum 1. Berliner Tag für Rechtskommunikation (vgl. Boehme-Neßler 2010), zum Deut-

---

[1] Der Band von Stephan Holzinger und Uwe Wolff (2009): Im Namen der Öffentlichkeit. Litigation-PR als strategisches Instrument bei juristischen Auseinandersetzungen, Wiesbaden, kann als exemplarisch für dieses Genres gelten. Die erste und wichtigste internationale Veröffentlichung stammt aus der Feder des Anwalts und Beraters James Haggerty und liegt mittlerweile in überarbeiteter Auflage vor. Vgl. James F. Haggerty (2009): In the Court of Public Opinion. Winning Strategies for Litigation Communications, 2nd Edition, Amercian Bar Association.
[2] Vgl. den Beitrag von Kepplinger im vorliegenden Band.

schen Anwaltstag 2010 (vgl. Anwaltsblatt, Heft 3, 2010) und der aktuelle Sammelband von Möhrle und Schulte (2011).

Bislang hat allerdings keine Studie die aktuelle Situation von Litigation-PR im deutschen Rechtssystem eingehend reflektiert. Die MHMK, Macromedia Hochschule für Medien und Kommunikation hat daher ein Projekt zur „professionellen Rechtskommunikation" aufgesetzt, das sich derzeit der Bestandsaufnahme in Deutschland widmet. In einer ersten Studie unter dem Titel „Professionelle Kommunikation in der Begleitung laufender Gerichtsverfahren" wurden 612 Justizbehörden und 430 Anwaltskanzleien befragt. Geantwortet haben 259. Der Anteil der Justizbehörden – besonders der Gerichte – war dabei mit 187 besonders hoch.

2. Studie zum aktuellen Stand der Litigation-PR

Die Grundgesamtheit für die Umfrage bilden alle deutschen Gerichte, Staatsanwaltschaften und Anwaltskanzleien. Eine Bitte um Teilnahme an der Studie wurde mit dem Link zu einem standardisierten Online-Fragebogen Ende Juni 2010 versendet. Auf diesem Weg erhielten 612 Justizbehörden und 430 Anwaltskanzleien eine Einladung zur Umfrage.

Für die Beantwortung waren jeweils die Pressesprecher oder, falls nicht vorhanden, die Amtsleiter, Senior Partner der Behörden oder Sozietäten vorgesehen. Die zahlreichen Korrespondenzen nach der Einladung zur Teilnahme an der Befragung haben gezeigt, dass die Anfrage in aller Regel intern an den gewünschten Ansprechpartner weitergeleitet wurde. Es kann daher davon ausgegangen werden, dass die Umfrage jeweils durch die richtige, in der Einladung angesprochene Person bearbeitet wurde.

Die Umfragedauer belief sich auf zunächst auf drei Wochen und wurde aufgrund einer bis dahin sehr geringen Beteiligung aus den Reihen der Anwaltskanzleien später um vier Tage verlängert. Eine Erinnerung an die Befragung erfolgte adressiert an die Anwaltssozietäten nach zwei Wochen. 451 der eingeladenen Teilnehmer haben mit der Beantwortung der Fragen begonnen, das heißt mindestens eine Frage beantwortet, das wäre eine Gesamtausschöpfung von 44 Prozent. Leider haben 192 Teilnehmer die Beantwortung der Fragen vorzeitig abgebrochen (19 Prozent), es bleiben also 259 komplett bearbeitete Fragebögen; das sind immer noch 25 Prozent der eingeladenen Teilnehmer, für eine Online-Umfrage eine sehr gute Beteiligung.

Besonders bei den Gerichten und Staatsanwaltschaften stieß die Studie auf großes Interesse, insgesamt kamen aus dieser Gruppe der komplett bearbeitete

Fragebögen (72 Prozent), von 38 Anwaltskanzleien (15 Prozent) wurde der Fragebogen vollständig beantwortet. 34 Teilnehmer (13 Prozent) beantworteten die Frage nach ihrer Arbeitsstätte nicht.

Tab. 1: Die wichtigsten Funktionen der Litigation-PR. n=259 (Quelle: MHMK, Eigene Darstellung).

Wie wichtig sind die folgenden Funktionen von Litigation-PR für Sie?	Gericht	Staatsanwaltschaft	Anwaltskanzlei
Vermeidung negativer Berichterstattung	82,4	97,1	84,2
	8,5	2,9	13,2
	9,2	0	2,6
Richtige Darstellung unserer Position in den Medien	88,2	100	92,1
	1,4	0	2,6
	10,5	0	5,3
Das Erreichen einer ausgewogenen Berichterstattung	86,9	97,1	71
	6,9	2,9	23,7
	5,2	0	5,3
Hilfe für die Öffentlichkeit, die komplexen juristischen Sachverhalte zu verstehen	87,2	97,1	57,9
	5,3	2,9	39,5
	7,2	0	2,6
Hilfe bei der Konfliktlösung	20,3	26,5	34,2
	67,3	67,6	63,2
	12,4	5,9	2,6
Beeinflussung des Prozessausgangs in unserem Sinne	6,5	2,9	47,3
	62,8	85,3	44,7
	30,7	11,8	7,9

Alle Angaben in Prozent

wichtig
nicht wichtig
keine Angabe

2.1 Die Bekanntheit der Litigation-PR

Zunächst ging es in der Studie darum, den Gegenstand Litigation-PR und seine Vertrautheit einzugrenzen. Dass es die spezielle Kommunikationsdisziplin

Litigation-PR gibt, wussten auf Seiten der Justiz jedoch die wenigsten. Über 70 Prozent kannten den Begriff entweder gar nicht oder wussten nicht genau, was er bezeichnet. Unter den Anwaltskanzleien waren dies nur 30 Prozent. Hierdurch bestätigt sich im Wesentlichen eine frühere Studie aus Österreich, die ähnliche Zahlen ermittelt hat (vgl. Autischer/Stierscheider 2009).

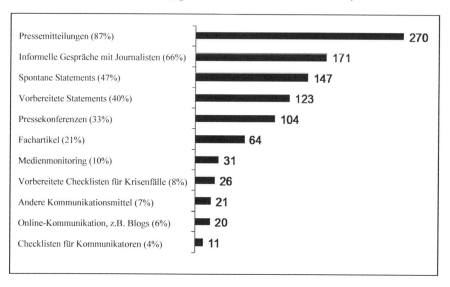

Abb. 1:   Eingesetzte Kommunikationsmittel.
Frage: Welche Kommuikationstools setzen Sie ein?
Mehrfachauswahl möglich, n=311 (Quelle: MHMK, Eigene Darstellung).

Ob sich der Begriff Litigation-PR in Deutschland durchsetzt, ist allerdings ebenso unklar wie die genauen Funktionen innerhalb der strategischen Rechtskommunikation. Die deutsche Diskussion konzentriert sich vor allem auf den Reputationsschutz des Klienten. Der Schutz des guten Namens oder die Unversehrtheit einer Marke als immaterielles Gut stehen im Mittelpunkt entsprechender Beratungsmandate. Anders als in den USA geht es nicht um die direkte Einflussnahme auf die Urteilsfindung. In jedem Fall erwächst für die Gerichte aus der steigenden Aufmerksamkeit die Notwendigkeit, die Öffentlichkeit über die juristischen Vorgänge umfassend zu informieren.

Doch die Befragten unserer Studie bleiben skeptisch, dass der Journalismus in der Lage sei, die hohe Komplexität journalistischer Verfahren angemessen darzustellen. Vor allem die Urteilsbegründung, so der Wunsch vieler Gerichte, solle von der Öffentlichkeit besser verstanden werden.

2.2 Das Ziel der Gerichte: Vermeidung negativer Berichterstattung

Fragt man nach den primären Zielen der Litigation-PR, so halten 85 Prozent der Gerichte es denn auch für die wichtigste Aufgabe, der Öffentlichkeit die juristischen Sachverhalte näher zu erklären. Die „Vermeidung negativer Berichterstattung" wird von über 80 Prozent der Befragten als sehr wichtig oder wichtig empfunden, „Die richtige Darstellung der eigenen Position in den Medien" sogar von über 90 Prozent. Die Beeinflussung des Prozessausgangs hat dem gegenüber eine nachgeordnete Bedeutung. Naturgemäß halten 45 Prozent der befragten Anwälte die „Beeinflussung des Prozessausgangs" jedoch für eine wichtige Funktion der Litigation-PR. Die Haltung zu dieser Frage hängt also eindeutig davon ab, ob man beeinflussen will oder beeinflusst werden soll.

Diese Zahlen machen deutlich, dass die Justizbehörden das gestiegene Informationsinteresse der Bevölkerung spüren und dem durch ihre Öffentlichkeitsarbeit gerecht zu werden versuchen. Für die Erfüllung dieser Aufgabe werden zumeist klassische Kommunikationsinstrumente eingesetzt. Die meisten Befragten (87 Prozent) verwenden Pressemitteilungen, weit über die Hälfte führt Einzelgespräche mit Journalisten oder beantwortet deren Anfragen (66 Prozent), es folgen „Spontane Statements" (47 Prozent), vorbereitete Statements (40 Prozent) und Pressekonferenzen (33 Prozent) als Instrumente.

Ein zunehmend strategischer Einsatz von Kommunikationsmaßnahmen kann hier nur vermutet werden. Wahrscheinlich ist, dass früher spontan abgegebene Statements mittlerweile verstärkt vorbereitet werden.

Obwohl Vergleichswerte fehlen, dürften sich auch die Aufgaben der Presseabteilungen langsam verändern. Das Erstellen von Pressemitteilungen ist zwar immer noch die wichtigste Aufgabe (81 Prozent), doch immer wichtiger werden die Kontaktpflege zu Medien und Bezugsgruppen (71 Prozent) und die gezielte Medienauswahl zur Adressierung der Informationen (27 Prozent). Immerhin 22 Prozent der Befragten gaben an, dass sie den Erfolg ihrer Kommunikationsmaßnahmen regelmäßig evaluieren.

2.3 Pressearbeit ist keine Haupt-, sondern Zusatzaufgabe

Insgesamt fühlen sich viele Presseverantwortliche für ihre Aufgabe schlecht gerüstet. Juristen sind zwar geübt im Umgang mit dem Wort. Doch die meisten erkennen sehr deutlich, dass Presse- und Medienarbeit eine eigene Profession mit klaren Qualitätsmaßstäben ist und wünschen sich verstärkt Weiterbildung (67 Prozent). Das dürfte auch daran liegen, dass die Funktion des Pressesprechers in der Regel einem Richter oder Staatsanwalt als Zusatzaufgabe zufällt. Immerhin bei 90 Prozent der Befragten ist dies der Fall. 62 Prozent der befragten Richter, Anwälte und Staatsanwälte geben an, diese Kommunikationsaufgaben ohne eine zusätzliche Fachausbildung zu bewältigen. Immerhin 28 Prozent der befragten Juristen verfügen nach ihrer Einschätzung über einen zusätzlichen Kommunikationshintergrund. Kommunikations- oder Sozialwissenschaftler mit und ohne zusätzliche juristische Kenntnisse haben hingegen derzeit praktisch keine Chance im deutschen Rechtssystem (zusammen nur 3 Prozent). Mit der Presse sprechen darf in den meisten Fällen nur der Direktor oder Behördenleiter (71 Prozent), der dann oft zugleich die Funktion des Pressesprechers ausübt (63 Prozent). Bei immerhin einem Viertel der befragten Gerichte, Staatsanwaltschaften und Kanzleien darf jeder mit dem Fall vertraute Jurist Auskunft geben.

Wirklich zufrieden mit der eigenen Arbeit sind nur die wenigsten Befragten. 42 Prozent geben der eigenen Rechtskommunikation die Note „befriedigend", weitere 18 Prozent sogar nur die Note „ausreichend".

Der Kontakt zu Medienvertretern wird zwar mit 65 Prozent als gut bezeichnet, doch nur rund 40 Prozent halten das eigene Personal für gut ausgebildet für Aufgaben der Presse- und Medienarbeit. Deshalb wünschen sich rund 67 Prozent der Befragten Weiterbildung. Ferner werden mehr Ressourcen und zusätzliches Personal gefordert. Rund 20 Prozent der Befragten wünschen sich externe Beratung.

2.4 Litigation-PR als umstrittene Disziplin

Wie jede Form von Public Relations unterliegt Litigation-PR potenziell einem Manipulationsvorwurf. Bedenken gegen eine Beeinflussung der Öffentlichkeit im Hinblick auf gerichtliche Verfahren bestehen durchaus, haben sich aber in der Studie nicht so deutlich gezeigt, wie gern vermutet wird. Rund die Hälfte der Befragten sieht in Litigation-PR keine unmoralische Verzerrung der Wirklichkeit. Auch traut man der Litigation-PR zu, in Deutschland in den kommenden Jahren mehr Bedeutung zu erlangen. Davon gehen 55 Prozent der Befragten aus. Dass der Prozessausgang tatsächlich beeinflusst werden kann, glaubt ein Viertel (27,1 Prozent). Über 50 Prozent jedoch halten das für unwahrscheinlich.

Tab. 2: Aussagen über Litigation-PR (Quelle: MHMK, Eigene Darstellung).

Welcher der folgenden Aussagen über Litigation-PR (LPR) würden Sie zustimmen?	Gericht	Staatsanwaltschaft	Anwaltskanzlei
LPR hat in den letzten 3 Jahren an Bedeutung zugenommen	28,8 / 39,9 / 31,4	47,1 / 23,5 / 29,4	55,3 / 39,5 / 5,3
Die Bedeutung der LPR wird in den nächsten Jahren weiter zunehmen	47,7 / 22,2 / 30,1	55,9 / 14,7 / 29,4	84,2 / 10,6 / 5,3
LPR hat im deutschen Rechtssystem keine Chance	19,6 / 56,2 / 24,2	11,8 / 64,7 / 23,5	13,2 / 76,3 / 10,5
LPR kann Waffengleichheit zwischen zwei Prozessparteien herstellen	10,5 / 55,6 / 33,9	23,5 / 47,1 / 29,4	26,3 / 65,7 / 7,9
LPR kann den Ausgang eines Prozesses beeinflussen	8,5 / 53,6 / 37,9	26,5 / 44,1 / 29,4	47,3 / 47,4 / 5,3
LPR stellt eine unmoralische Verzerrung der Wirklichkeit dar	17,6 / 43,8 / 38,6	14,7 / 55,9 / 29,4	21,1 / 76,3 / 2,6
LPR kann dabei helfen, verfahrensrelevante Kenntnisse zu erlangen	25,5 / 42,5 / 32	29,4 / 44,1 / 26,5	47,4 / 47,4 / 5,3
LPR ist nur ein Marketinggebilde, das Kommunikationsberater verkaufen wollen	33,9 / 30,1 / 36	26,5 / 29,4 / 44,1	28,9 / 63,1 / 7,9

Alle Angaben in Prozent

stimme zu
stimme nicht zu
Weiß nicht

Abschließend lässt sich festhalten, dass Litigation-PR vor allem bei den Kanzleien mittlerweile angekommen ist. Bei Gerichten und Staatsanwaltschaften hingegen herrscht noch einiges an Unsicherheit. Hier ist das Potenzial von Litigation-PR bislang nicht erkannt. Wenn der Begriff benutzt wird, meinen die befragten Behördenmitarbeiter nach wie vor klassische Presse- und Medienarbeit, nicht etwa strategisch auf Prozessphasen ausgerichtete Kommunikationsarbeit.

Auch ist festzustellen, dass viele Behörden bislang kaum Bekanntschaft mit entsprechenden Beratern gemacht zu haben scheinen. Das lässt darauf schließen, dass diese sich bislang im Wesentlichen auf die Medienberichterstattung als solche und nicht direkt auf die Beeinflussung von Richtern und Staatsanwälten konzentriert haben.

Eine Daseinsberechtigung wird Litigation-PR nicht abgesprochen, rund 30 Prozent der Befragten gehen sogar davon aus, dass so verfahrensrelevante Kenntnisse erlangt werden können. In Staatsanwaltschaften, Gerichten und Kanzleien wird aber nur in Ausnahmefällen strategische Rechtskommunikation betrieben. Dafür fehlen sowohl Ressourcen als auch Kompetenzen – die Betroffenen selbst konstatierten enormen Weiterbildungsbedarf. Meist wird die Arbeit von Juristen ohne zusätzliche Kommunikationsausbildung geleistet. Bei 20 Prozent der Befragten gibt es nicht einmal einen definierten Ansprechpartner für Kommunikationsaufgaben.

Die Bilanz für die Zukunft der Disziplin zeichnet sich demnach als durchaus positiv ab. Der Bedarf an Litigation-PR-Leistungen wird weiter wachsen, denn die Medialisierung von Gerichtsverfahren wird nicht zuletzt getrieben durch Facebook, Twitter und Co. weiter ansteigen. Im Moment ist noch unklar, welchen Namen die Disziplin einmal tragen wird, welche Funktionen sie in Deutschland dann vornehmlich erfüllt, wie sich die Protagonisten in Zukunft engagieren. Eine gestiegene Bedeutung der Litigation-PR für das deutsche Rechtssystem hat sich indes durch die vorliegende Studie sowie durch die jüngsten Entwicklungen in der deutschen Prozesslandschaft bestätigt.

Literatur

Autischer, Alfred/Stierscheider, Katharina (2009): Litigation Communication in Österreich. Ein Erfahrungsbericht, in: Litigation PR: der Blog vom 29.04.2009. Online unter: http://www.litigation-pr-blog.de/2009/04/29/, eingesehen am 03.07.2010.

Boehme-Neßler, Volker (Hrsg.) (2010): Die Öffentlichkeit als Richter? Litigation-PR als neue Methode der Rechtsfindung, Baden-Baden.

Kepplinger, Hans Mathias/Zerback, Axel (2009): Der Einfluss der Medien auf Richter und Staatsanwälte. Art, Ausmaß und Entstehung reziproker Effekte, in: Publizistik, Vol. 54, Nr. 2, S. 216-239.

Lamprecht, Rolf (1995): Vom Mythos der Unabhängigkeit. Über das Dasein und Sosein der Richter, Baden-Baden.

Möhrle, Hartwin/Schulte, Knut (Hg) (2011): Zwei für alle Fälle. Handbuch zur optimalen Zusammenarbeit von Juristen und Kommunikatoren, Frankfurt am Main.

III. Herausforderungen der Praxis

Litigation-PR als Provokation

Joachim Jahn

Abstract

Litigation-PR has always existed – just the term is new. Subliminally, Litigation-PR providers work with methods of extortion. Fortunately, the influence on justice is overestimated – even by the president of Federal Court of Justice in Germany. However it is not absolutely inefficient. The media report unilaterally and exaggerate. Some editorial departments have a minor expert knowledge on law and are under a strong (internal and external) competition pressure. A consultant could increase the pile of shards.

Litigation-PR – dieser Begriff hat Provokationspotenzial. Und zwar sowohl für den Journalismus wie für die Justiz. Dabei ist Litigation-PR überhaupt nichts Neues. Vielmehr handelt es sich dabei um alten Wein in neuen Schläuchen. (Oder vielmehr andersherum, wie das Sprichwort in der Bibel wohl in Wirklichkeit heißt.)

Litigation-PR ist nicht mehr als ein Werbebegriff, um ein alt bekanntes Produkt besser an den Mann (und die Frau) bringen zu können, indem man es als neu hinstellt – und indem man die Beschränktheiten dessen, was es eigentlich nur ist, in Vergessenheit bringt. Es handelt sich nämlich bloß um eine Spielart der Krisen-PR, trotz aller Definitionsakrobatik in der PR-Forschung. Also etwas, das jede gute PR-Agentur schon immer beherrschte, wenn etwa ein Unternehmen verklagt wurde – oder wenn dessen Manager unter Anklage gerieten. Dass man dabei mit Juristen zusammen arbeitete (extern oder intern), war stets eine Selbstverständlichkeit. Wenn man es nicht tat, war das schlicht ein Kunstfehler und nicht *„lege artis"*. Strukturell ist das Ganze also nichts anderes, als wenn etwa im Einzelhandel vergiftete Babynahrung auftaucht oder verseuchte Sahnetorten – und ein Spin-Doctor dann einem ahnungslosen Mittelständler hilft, den Schaden zu begrenzen, um nicht von Boulevardmedien „geschlachtet" zu werden.

Zugleich ist Litigation-PR ein Kampfbegriff. Einer, mit dem man die Gegenseite einschüchtern will. Und dies ist ein Effekt, mit dem man wiederum Kunden akquirieren will. Es erstaunt, wie viel Schrecken die Verfechter der Litigation-PR tatsächlich schon in Deutschland haben verbreiten können. Der Präsident des Bundesgerichtshofs hat vor zwei Jahren in seiner Jahrespressekonferenz in Karlsruhe gewarnt, die Unabhängigkeit der Justiz gerate dadurch in Gefahr. Auch aus Anwaltskreisen und sogar von Journalisten ist die Besorgnis zu hören, daran komme man ja wohl nicht mehr vorbei. „Die neuen Spin-Doktoren", nannte das *Medium Magazin* dieses Phänomen kürzlich.

Alle Achtung an die Erfinder dieses Marketingcoups: So viel haben sie tatsächlich erreicht! Das Erpressungspotenzial gegenüber der Gegenseite steigt dadurch definitiv. Ob es sich aber wirklich in klingender Münze für PR-Berater auszahlt und in gewonnenen Rechtshändeln für Rechtsberater – das soll nun noch etwas näher aufgeschlüsselt werden.[1]

Aber dennoch: Bald wird die Öffentlichkeit merken, dass der Kaiser nackt ist. Litigation-PR ist genauso ein Modewort wie „Compliance", über die in unseren Branchen ja auch viel gesprochen wird: „Compliance" ist nicht mehr als ein neues Etikett für die banale Selbstverständlichkeit, dass man sich an die geltenden Gesetze halten sollte. Auch die Litigation-PR wird nichts bewirken, was gute PR-Leute – und gute Rechtsanwälte! – nicht immer schon konnten. Aber wenn dieser Begriff dazu führt, dass auch die nachwachsenden Berufsgenerationen die alten Weisheiten neu erlernen, hat das Ganze ja durchaus einen guten Zweck erfüllt. Im Sinne der Waffengleichheit und damit der Gerechtigkeit – ebenso wie im Interesse der Transparenz und damit der Medien.

1. Einsatzfeld: Zivilprozesse

Litigation-PR ist in Zivilstreitigkeiten sowohl auf Kläger-, wie auf Beklagtenseite möglich, ebenso bereits im Vorfeld eines rechtshängigen Gerichtsverfahrens insbesondere auf Seiten eines Anspruchstellers. Die schier unendliche Geschichte in der Musterklage von rund 17.000 Aktionären gegen die Deutsche Telekom ist ein beredtes Beispiel dafür.

Gerade in den USA, von woher die Litigation-PR nach Deutschland herüber geschwappt ist, dürfte die Vorfeldarbeit sogar einen maßgeblichen Teil des

---

[1] Vgl. Jahn, Joachim (2010). Zwischen Erpressung und Dienst an der Gerechtigkeit, in: Boehme-Neßler, Volker (Hrsg.). Die Öffentlichkeit als Richter? Baden-Baden, S. 11-19. Einige der folgenden Ausführungen fußen (nunmehr erweitert und aktualisiert) auf diesem (ansonsten andere Aspekte vertiefenden) Aufsatz.

Betätigungsfeldes ausmachen. Oft geht es in Amerika darum, angeblich bestehende Forderungen mit solchem Trommelwirbel zu begleiten, dass der Gegner unter dem Damoklesschwert einer Sammelklage mit unberechenbarem Ausgang und womöglich astronomischen Schadensersatzsummen einknickt. So ist es bezeichnend, dass sich die Deutsche Telekom dort auf einen Vergleich mit Aktionären wegen angeblich falscher Angaben in ihrem Börsenprospekt eingelassen hat, sich in Deutschland hingegen seit bald zehn Jahren (mit guter Aussicht auf einen Erfolg) gegen das Pilotverfahren nach dem Kapitalanleger-Musterverfahrensgesetz zur Wehr setzt.

In Deutschland sind die Verhältnisse bislang, trotz der Bestrebungen von drei verschiedenen EU-Generaldirektionen in Brüssel zur Schaffung verstärkter Möglichkeiten kollektiver Rechtsverfolgung, anders gelagert. Das Herankarren von Aktenbergen in einem gecharterten Lastwagen durch eine Anlegerschutzkanzlei vor dem Landgericht Frankfurt am Main war zwar fotowirksam, hat die Deutsche Telekom aber eben nicht zum Einlenken bewegt. Anders sieht es beim Blick hinter die Kulissen auf dem Feld der „Schrottimmobilien" aus: Selbsternannte Opferanwälte haben beteiligten Geldinstituten sogar die Schuld an Selbstmorden von Bankkunden zugeschrieben. Die Kreditinstitute zeigten sich nach außen hin auch tatsächlich relativ unnachgiebig, verzichteten jedoch in zahlreichen Fällen diskret auf Forderungen.

Auch haben sich, nach anfänglichem Widerstand, manche Finanzinstitute bereitgefunden, Käufer von wertlos gewordenen Lehman-Zertifikaten (zumindest teilweise) zu entschädigen. Dazu beigetragen hat allerdings weniger eine Litigation-PR im eigentlichen Sinne, sondern eher das klassische, auf Mandantenakquise ausgerichtete Marketing spezialisierter Anlegerkanzleien – in Kombination mit einzelnen, verbraucherfreundlichen Urteilen unterer Instanzen. Der häufig juristisch wenig kenntnisreichen Journaille lässt sich ein Sieg vor einem einzelnen Amtsrichter leider leicht als Grundsatzurteil verkaufen; auch aus der Entscheidung eines Einzelrichters oder einer Zivilkammer am Landgericht werden gewagte Schlussfolgerungen gezogen. Parallelen gibt es diesbezüglich zu den Klagen von Kommunen und Mittelständlern wegen Zinswetten (Spread Ladder Swaps), mit denen sich Städte, Gemeinden, kommunale Betriebe und manche Privatunternehmen ebenso verspekuliert haben wie mit dem Versuch, von früheren Lücken des amerikanischen Steuerrechts zu profitieren (Cross Border Leasing). Auch bei diesen Zinswetten führen die jeweiligen Interessenvertreter gegensätzliche Urteile von Oberlandesgerichten ins Feld, bis der Bundesgerichtshof nun endlich Anfang 2011 sein erstes Grundsatzurteil gesprochen hat (allerdings dessen Verkündung nach einer unerwartet kontroversen Verhandlung entgegen eigenen Plänen noch einmal um rund zwei Monate verschoben hatte).

Die dergestalt angegriffenen Aktiengesellschaften und Finanzdienstleister begegnen solch mitunter robusten Kampagnen mit diskreteren Mitteln. In Hintergrundgesprächen wird Journalisten *face to face* die Rechtslage erläutert; einseitig natürlich, aber durchaus unter Gewährung von Akteneinsicht und der Beiziehung eigener Rechtsanwälte. Die Initiative dazu geht keineswegs immer, aber doch nicht selten von den Firmen und nicht von den Medien aus. Mit Presseerklärungen wird hingegen eher sparsam gekontert, um die leicht erregbare öffentliche Meinung nicht unnötig zu reizen. Angreifer haben da ein leichteres Spiel. Dies beruht zusätzlich darauf, dass viele Medien auf Grund des ökonomischen Konkurrenzdrucks zur Skandalisierung und Personalisierung, zum Aufbauschen und – wenn eine gewisse Portion fachlicher Unkenntnis oder ideologischer Verblendung dazu kommt – zum Verdrehen neigen. Wobei diese Wettbewerbssituation natürlich auch *innerhalb* von Redaktionen besteht, und zwar aus unterschiedlichen Motiven wie persönlichen Karrierebestrebungen, dem Versuch einer Absicherung der eigenen Existenz in Zeiten der Zeitungskrise oder aus bloßer Eitelkeit.

2. Einsatzfeld: Strafverfahren

Parallel zu einer zivilrechtlichen Streitigkeit oder auch eigenständig kann Litigation-PR zum Einsatz kommen, wenn ein Unternehmen ins Visier strafrechtlicher Ermittlungen gerät (Streng genommen: seine Verantwortlichen in der Geschäftsleitung oder auf unterer Ebene, denn ein Unternehmensstrafrecht im eigentlichen Sinn besteht in Deutschland *de lege lata* – wie zuletzt in der Korruptionsaffäre bei Siemens deutlich wurde – lediglich gemäß §§ 30, 130 OWiG.). Überdies gibt es Fälle, in denen Manager wegen mutmaßlicher Verfehlungen negativ in die Schlagzeilen gelangen, die ganz (oder jedenfalls überwiegend) ihrer Privatsphäre zuzuschreiben sind. Für Ersteres mag als Beispiel der ehemalige Post-Chef Klaus Zumwinkel mit seiner erwiesenen Steuerhinterziehung für teilweise ererbtes Vermögen auf Schweizer Tarnkonten gelten, für Zweiteres der frühere EnBW-Vorstandsvorsitzende Utz Claassen mit seiner „Ticketaffäre", der am Ende vom Bundesgerichtshof freigesprochen wurde. Der Fall Zumwinkel ist zudem ein besonders spektakuläres Exempel dafür, dass ein Strafverfahren bereits in einem frühen Stadium in die Berichterstattung der Medien gelangen kann: Nur selten wird die kurzfristige Festnahme einer Verdachtsperson live im öffentlich-rechtlichen Frühstücksfernsehen übertragen.

Während eine Hauptverhandlung im Rechtsstaat unzweifelhaft (prinzipiell) öffentlich stattfinden sollte, wird dies für das vorherige Ermittlungsverfahren von Strafverteidigern gerne in Zweifel gezogen.

Ob Schlecker oder Lidl, Deutsche Telekom oder Deutsche Bahn in ihren (von den Medien vielfach aufgebauschten) „Bespitzelungsaffären"; ob ungezählte Korruptionsskandale; ferner diverse Enthüllungen und Ermittlungen rund um die HSH Nordbank; aber auch Pseudo-Skandale wie manches, was die Deutsche Bank einem (von Unternehmenskritikern und „Scoop"-Autoren verharmlosend so genannten) „kritischen Aktionär" durch immer wieder angeprangerte Privatdetektive angetan haben soll (im Kontext der HSH Nordbank droht daran ein einst als besonders honorig geltendes Sicherheitsunternehmen wie die Prevent AG zugrunde zu gehen): Das Betätigungsfeld für PR-Litigatoren ist riesig, und es wird auch nie austrocknen.

Aber um es noch einmal deutlich zu sagen: Strafverteidiger haben schon immer gewusst, wie man in der Presse gut Wetter macht für den eigenen Mandanten – und für sich selbst. Das habe ich schon vor 20 Jahren als Stellvertreter des Gerichtsreporters in einer großen Regionalredaktion erlebt. Mal steht der Mandant im Vordergrund, mal die eigene Akquise des Anwalts. Dankenswerterweise hat neulich Hans Leyendecker von der Süddeutschen Zeitung ausdrücklich bestätigt, was zutiefst meiner eigenen Erfahrung entspricht: Wenn Auszüge aus Ermittlungsakten in die Presse dringen, werden zwar fast immer die Staatsanwälte an den Pranger gestellt. Mitunter sind sie es ja auch wirklich, die etwas „durchstechen" (Noch häufiger dann allerdings die Kriminalbeamten, die auf ihre Fahndungserfolge stolz sind.). Mit Abstand am häufigsten kommen solche Informationen aber in Wirklichkeit aus Anwaltskreisen. Sei es der Verteidiger eines Angeklagten, der möglichst viel Schuld auf Mitangeklagte oder Vorgesetzte abwälzen will. Oder der Anwalt eines Nebenklagevertreters, also eines Opfers, der schließlich Einsicht in die Akten nehmen kann. Wer dazu mehr lesen will, dem seien die Klassiker von Joachim Wagner und (mit Einschränkungen) Rainer Hamm empfohlen.

Weitere Player in dem Parallel- und Stellvertreterprozess, der häufig in Presse, Funk, Fernsehen und Internet geführt wird, sind Anzeigeerstatter, Nebenkläger sowie Staatsanwaltschaften und Gerichte. Die beiden Letztgenannten bedienen sich hierbei jedoch erfreulicherweise keiner externen Medienberater, Publizitätshelfer oder Spin-Doktoren - im Gegensatz zu zahlreichen Ministerien und Privatunternehmen, bei denen der Steuerzahler bzw. der Aktionär die Zeche zu zahlen hat (So weit ersichtlich, ist noch kaum untersucht, ob der Einsatz von per Werk- oder Dienstvertrag angeheuerten PR-Leuten durch Regierungspolitiker überhaupt mit den Vorgaben des Parteiengesetzes an die Chancengleichheit im demokratischen Stimmenwettbewerb vereinbar ist; oder mit den Vorschriften des Strafgesetzbuchs gegen Haushaltsuntreue). Auch fragt man sich, ob Anteilseigner einer börsennotierten Aktiengesellschaft wirklich in dem üblich gewordenen Umfang die Beauftragung solcher exorbitant teuer bezahlten Hilfstruppen finanzieren müssen oder ob dies nicht mitunter den Verdacht einer Untreue rechtfertigt.

Die durchaus zutreffende Grundregel, die Justiz sei öffentlichkeitsscheu, ist jedenfalls veraltet. Gerichte und Staatsanwaltschaften verfügen mittlerweile flächendeckend über Pressestellen, deren Mitarbeiter mitunter spezielle Fortbildungsveranstaltungen absolviert haben und die gelegentlich so engagiert ihre Aufgabe wahrnehmen, dass sie auch unterwegs und nach Feierabend auf dem Handy zu erreichen sind. Dahinter steckt nicht nur das Bestreben der Behörden, eigene Verdienste und ihre Nützlichkeit zu unterstreichen, bevor womöglich wieder einmal ein Etat gekürzt wird. Auch geht es nicht bloß um individuelle Karrierewünsche oder um exzessiven Verfolgungseifer bzw. Eitelkeit namhafter Staatsanwälte in Aufsehen erregenden Verfahren etwa um VW, die Deutsche Telekom oder um zahlreiche Konzerne, deren Manager und Aufsichtsräte sich vor dem Landgericht Düsseldorf verantworten mussten. Vielmehr steht dahinter auch ein begrüßenswertes Verständnis von einem transparenten Rechtsstaat und einer Strafjustiz, die schließlich auch eine generalpräventive und normenstabilisierende Funktion hat. Niemand hat ein Grundrecht darauf, schwere Straftaten im Geheimen verüben zu können, zumal wenn es sich um Entscheidungsträger im Gemeinwesen oder in einem Großunternehmen, um Sportler und Künstler handelt!

Freilich gerät dies in einen unausweichlichen Konflikt mit der Unschuldsvermutung. Daher tun bekanntere Zeitgenossen und wirtschaftliche Unternehmen, die in die Mühlen eines meist langwierigen Ermittlungsverfahrens geraten, tatsächlich oft gut daran, ein professionelles Sprachrohr anzumieten. Viele Medien müssen mit einem gewissen Nachdruck an den auch für sie geltenden Grundsatz des *audiatur et altera pars* erinnert werden! Da Strafverteidiger im Zweifel für konsequentes Schweigen plädieren, kann eine Arbeitsteilung mit einem Presseanwalt nützlich sein, wie sie etwa der einstige Siemens-Chef Heinrich von Pierer praktiziert hat. Freilich gibt es auch zahlreiche Verteidiger, die im Gerichtsfoyer (ganz im Interesse ihrer Mandanten, aber natürlich auch ihres eigenen Prozess- und Kanzleierfolgs) freigiebig Statements abgeben. Sofern der Angeklagte nicht, wie Klaus Esser im Mannesmann-Prozess, seine im Gericht verlesene Erklärung anschließend gleich selbst an ausgewählte Pressevertreter verteilt.

Eine verschärfte Version vorbeugender Medienbearbeitung war die Einschaltung eines bekannten Presserechtlers durch den einstigen EnBW-Chef Utz Claassen in der „Ticket-Affäre". Dieser stellte sich in Verhandlungspausen am Landgericht stets mit demonstrativ gespitzten Ohren dazu, wenn einzelne Journalisten mit Sitzungsvertretern der Anklagebehörde ins Gespräch kamen. Die eigentliche Medienbetreuung übernahm parallel dazu ein auch nicht ganz namenloser Berater journalistischer Provenienz. Eine wahrlich eigenständige Untersuchung verdienen die Grenzüberschreitungen durch Strafverteidiger und Journalisten – von „Zeit" bis „Bild"- in dem spektakulären Vergewaltigungsprozess gegen den Wettermoderator Kachelmann.

Eine Präventivfunktion erfüllen auch Warnschreiben und Brandbriefe, die im Gerichtssaal auf der Pressebank verteilt oder prophylaktisch an Redaktionen versandt werden, um von einer Berichterstattung (oder zumindest einer Namensnennung) abzuschrecken. Die nach dem „Caroline-Urteil" des Europäischen Gerichtshofs für Menschenrechte strenger gewordene Rechtsprechung deutscher Pressekammern und Pressesenate erhöht hier das Drohpotenzial. Ebenso die Möglichkeit, auf Grund des „fliegenden Gerichtsstands" in der Zivilprozessordnung beliebig an den als klägerfreundlich geltenden Gerichtsstandorten Hamburg und Berlin den Streit aufzunehmen.

Dass ein Berliner „Promi-Anwalt" dagegen den ehrenamtlich und laienhaft im Internet für die Pressefreiheit streitenden Privatmann Rolf Schälike sogar auf Grundlage der Gesetzesbestimmungen gegen Stalking verfolgt, scheint maßlos. Dabei handelt es sich um dieselbe Kanzlei, die auch gegen Weblogs vorgeht, in denen über ihre eigenen offensiven Strategien gegenüber Medien berichtet wird.

Ohnehin ist vor überschießenden Energien bei der Abwehr einer unliebsamen Berichterstattung zu warnen. Fraglich ist etwa, ob es einer namhaften Popsängerin genützt hat, dass ihr Anwalt versuchte, eine Berichterstattung über ihre Verhaftung (wegen des mittlerweile bestätigten Verdachts auf Körperverletzung durch ungeschützten Sexualverkehr trotz einer AIDS-Erkrankung) zu unterdrücken. Die Künstlerin hat dann auch alsbald den Rechtsweg aufgegeben und sich vielmehr proaktiv in Talkshows begeben. Mit zwar umstrittenem Erfolg, aber doch immerhin auf heimischem Medien-Terrain.

Die mit Brachialgewalt vorgetragene Offensivkritik eines „Medienberaters" gegen die Hamburger Justiz im Fall des „Stadtplanerben" Alexander Falk dürfte dem Angeklagten ebenfalls in keiner Weise genutzt haben. Die Verkündung des Urteils gegen ihn dauerte einen vollen Tag; der Vorsitzende Richter ist mittlerweile zum Bundesgerichtshof befördert worden. In welch grenzwertigen Fahrwassern sich diese Branche bewegt, zeigen auch die massiven, wenngleich nachhaltig bestrittenen Anschuldigungen gegen einen außerordentlich einflussreichen Spin-Doktor über unvereinbare Interessenkonflikte und sogar die angebliche Erpressung von Kunden, der von einer Tankstelle aus – im Visier einer Überwachungskamera – verleumderische Faxe verschickt haben soll.

3. Fazit

Sicherlich lässt sich die Meinung von Medien – und damit ihrer Leser, Zuhörer und Zuschauer – beeinflussen. Wenngleich dies schwer kalkulierbar und mit dem steten Risiko unerwarteter Stimmungsumschläge und Gegenreaktionen verbunden ist. Dies hat beispielsweise die geschickte Strategie eines auch als FDP-Politiker bekannten Verteidigers gezeigt, bereits in einer ganz frühen Phase der Ermittlungen seinen Mandanten – eine zentrale Figur der „VW-Affäre" um geschmierte Betriebsräte und weltweite Rotlicht-Vergnügungen – durch gezielte Interviews zum Opfer umzudeuten.

Doch die Eigendynamik, die eine einmal an die Presse gegebene Wortmeldung entwickelt, sollte nicht unterschätzt werden. Zumal sich die dann folgende Berichterstattung nicht kontrollieren oder steuern lässt; außer in besonders krassen Fällen mit den Instrumenten des Presserechts und seiner Möglichkeit, im Eilverfahren eine einstweilige Anordnung zu bewirken. Allenfalls kann, wenn dies vorher vereinbart worden ist, von der Presse eine vorherige Autorisierung von Zitaten verlangt werden (anders als in angelsächsischen Medien, die sich mit der Verweigerung dieses Prozederes vor einem vollständigen Umschreiben eines einmal geführten, womöglich kritischen Interviews in ein artifiziell anmutendes Werbeprodukt des Befragten schützen. Ein neuer „Gegentrick" in Deutschland, der auf der Eitelkeit vieler Befragter aufbaut: Die Redaktion einer ohnehin multimedialen Verlagsgruppe zeichnet das Interview zugleich für eine Ausstrahlung etwa im Internet mit der Kamera auf.). Hingegen gilt es sogar als standeswidrig, wenn Journalisten ihren Gesprächspartnern vorab auch die von ihnen selbst formulierten Teile eines Artikels zur Kenntnis geben.

Deutlich schwerer dürfte es sein, Einfluss auf Entscheidungen der Staatsanwaltschaften zu gewinnen. Für die Frage, ob ein Ermittlungsverfahren aufgenommen oder eingestellt wird, mag sich zwar für Litigation-PR ein gewisser Spielraum ergeben, zumal Strafverfolger weisungsunterworfen sind und es in brisanten Verfahren eine Berichtspflicht bis hin zu den Landesjustizministern gibt. Nicht selten dürfte sich dies allerdings nur dahin gehend auswirken, dass zur Beruhigung der Volksseele ein „Js"-Aktenzeichen vergeben wird und das ultimative Zuklappen der Akten verzögert wird, bis sich die Gemüter abgekühlt haben. Tragischerweise führt dies zu einer langwierigen Belastung Betroffener durch mehr oder weniger passiv geführte Ermittlungen, die zum „bürgerlichen Tod" und dem vorschnellen Ende einer Karriere oder dem wirtschaftlichen Zusammenbruch des Betroffenen und seines Unternehmens führen kann. Das Gedächtnis der Leser ist freilich kurz, das von Zeitungsleuten ebenfalls: Themen wechseln nach den Regeln der „Ökonomie der Aufmerksamkeit" in schneller Folge, weil – so nennt der zynische Journalistenjargon dieses Phänomen – alsbald „eine neue Sau durchs Dorf getrieben" wird.

Richter dürften noch schwerer zu manipulieren sein. Eine unfreiwillig zur Prominenten gewordene Vorsitzende einer Wirtschaftsstrafkammer bringt dies gelegentlich auf den Punkt, sie habe sich zwar bei der Wahl ihres Lippenstifts beeinflussen lassen – aber eben auch nur insofern. Gegenüber Kommunikations- und Rechtswissenschaftlern geben Rechtsprecher bei empirischen Studien zu Protokoll, sie ließen sich von einer Berichterstattung allenfalls beim Strafmaß beeindrucken, keinesfalls aber bei der Schuldfrage (wenn sie nicht sogar leugnen, Zeitungsartikel über ihre Prozesse überhaupt zur Kenntnis zu nehmen).

Die Manipulationsanfälligkeit mancher Laienrichter dürfte hingegen nicht ganz unbedenklich sein. So hält sich bis heute die These, der in der ersten Runde eines Wiederaufnahmeverfahrens ausgesprochene Freispruch für eine Mörderin ihrer eigenen Kinder sei nur durch das Votum der Schöffen zustande gekommen; der Verteidiger war mit Honoraren für Exklusivinterviews in einer Illustrierten finanziert worden. Die Berufsrichter sollen sodann die Urteilsbegründung so abgefasst haben, dass der Bundesgerichtshof anschließend die Entscheidung des Landgerichts aufheben konnte und musste.

Ein Kapitel für sich sind Anzeigeerstatter, die die Presse verständigen, noch bevor ihr Petitum bei der zuständigen Staatsanwaltschaft eingetrudelt ist. Man erlebt als Pressemensch durchaus, dass jemand ganz unverhohlen die Erwartung äußert, man möge über die Strafanzeige berichten, damit die Strafverfolgungsbehörde sie auch wirklich aufgreife. Gern wird in einem zweiten Schritt nachgesetzt und triumphierend mitgeteilt, die Strafverfolger hätten nun ein förmliches Ermittlungsverfahren eingeleitet. Zum Beleg wird dann das „Js"-Aktenzeichen mitgeteilt – als ob dies mehr als eine bloße Formalie wäre (außer in Fällen ganz besonders prominenter Beschuldigter, in denen Staatsanwaltschaften mitunter vorsichtshalber wochen- oder gar monatelang im Modus von „Vorermittlungen" verharren und das Vorliegen eines Anfangsverdachts extensiv überprüfen). Schließlich gilt das Legalitätsprinzip und die Hürde zur Einleitung eines Strafverfahrens ist ausgesprochen niedrig, wenn die vorgebrachten Anschuldigungen (kriminalistisch betrachtet) auch nur halbwegs logisch klingen (und nicht in der berüchtigten „Akte Q" für Querulanten landen).

Die meisten Medien nehmen leider dennoch die Tatsache, dass gegen einen namhaften Mitbürger eine Anzeige erstattet worden ist, viel zu wichtig. Da jedermann einen solchen Schritt unternehmen kann (mehr als eine Briefmarke oder eine E-Mail ist dazu nicht erforderlich), sollte eigentlich hierüber nur dann berichtet werden, wenn entweder der Anzeigeerstatter selbst eine bedeutsame Person ist oder wenn die Vorwürfe ernsthaft begründet erscheinen. Ein Spezialfall sind Anlegeranwälte, die auf diese Weise gern die Staatsanwaltschaft als kostenlose Hilfstruppen mit umfassenden Vollmachten für ihre eigenen zivilistischen Begehren einspannen wollen – in der Hoffnung, auf diesem Weg gratis mit Beweismaterial versorgt zu werden.

Wie kommunikationsfähig müssen Justizbehörden sein? Anforderungen an Fähigkeiten, Fertigkeiten und Ausbildung

Martin W. Huff

Abstract

Only recently judicial authorities are beginning to recognize the importance of communication with media and the public is necessary to fulfill their role in society. At the same time however the case-law of the Federal Constitutional Court advises to inform on court decisions. The article outlines the prerequisites for good public relations and shows the requirements of today's media spokesman.

1. Einleitung

Die Justiz, also Gerichte und Staatsanwaltschaften, sind als dritte Gewalt in unserem Staat eine der wesentlichen Stabilitätsfaktoren des demokratischen Rechtsstaats. Ihr an rechtsstaatlichem Handeln orientiertes Arbeiten gibt den Bürgern Sicherheit und auch großes Vertrauen in den Staat. Doch um dieses Vertrauen zu erhalten, ist es in der heutigen Medienlandschaft erforderlich, dass die Justiz kommuniziert, dass die Justiz in ihrer Gesamtheit bereit ist, das Thema „Justizkommunikation" ernst zu nehmen. Der Bürger muss erfahren, wie Justiz arbeitet, wie Justiz entscheidet und wo auch Probleme in der Justiz liegen. „Kommunikation ist eine Bringschuld" ist einer der Leitsätze der Kommunikation. Es hat lange Jahre gedauert, bis die Justiz, vertreten durch Behördenleiter, Richter und Staatsanwälte, diese Notwendigkeit erkannt und entsprechend gehandelt hat.[1]

Auf der anderen Seite waren die Medien bis vor wenigen Jahren wenig daran interessiert – außer in Strafverfahren – über die Justiz zu berichten. Aber auch dies hat sich geändert. Die Berichterstattung über Rechtsthemen hat deut-

---

[1] Zum Stand im Jahr 1995 vgl. Huff 1996; siehe auch Huff 2004a: 403. Zum aktuellen Stand der Rechtsprechung: vgl. Huff 2011: 539-552.

lich zugenommen und dies betrifft nicht mehr nur spektakuläre Strafverfahren, sondern auch immer mehr „normale" Gerichtsverfahren.

Gerade Gerichtsentscheidungen, die sich mit Alltagsfragen befassen, vom Mietrecht bis hin zum Autokauf, von Leistungen nach dem Sozialgesetzbuch bis hin zu arbeitsrechtlichen Fragen, finden eine große Resonanz in den Medien – und dies zu Recht. Dabei wird nicht mehr immer nur der Skandal gesucht oder das Ungewöhnliche aufgegriffen. Die Journalisten haben gemerkt, dass auch „Alltagsfälle", über die die Gerichte entscheiden, für die Leser, Zuschauer und Zuhörer von großem Interesse sind. Eine Durchsicht größerer Regionalzeitungen zeigt etwa, dass sich dort vielfach bis zu zehn Meldungen am Tag in den verschiedenen Teilen der Zeitungen finden, die sich mit Gerichten und ihren Entscheidungen aber auch mit Ermittlungsverfahren befassen.

Wie kommt es dazu? Eine der wesentlichen Entwicklungen ist, dass die Justiz die Notwendigkeit erkannt hat, eine aktive Öffentlichkeitsarbeit zu betreiben, also nicht mehr nur auf Anfragen – auch im Sinne ihrer gesetzlichen Verpflichtung aufgrund der Landespressegesetze – zu reagieren, sondern sich zu überlegen, wie Rechtsthemen von Seiten der Justiz aus den Medien angeboten werden können. Und die Medien haben erkannt, dass Rechtsthemen wichtige Themen für ihre Leser und Zuhörer sind, dass unser Leben immer stärker von rechtlichen Fragen geprägt wird und der Bürger darauf Antworten sucht und sich informieren will.

Angemahnt hat diese Entwicklung in aller Deutlichkeit vor 15 Jahren das Bundesverwaltungsgericht. In einer Auseinandersetzung – die heute nahezu unvorstellbar wäre – über die Frage, ob die Justiz Verlagen ihre Gerichtsentscheidungen zur Verfügung stellen müssen, haben die Verwaltungsrichter weit über den Tag hinaus Grundsätze aufgestellt, die als Maßstäbe für die Öffentlichkeitsarbeit der Justiz gelten können:

> „Mit der nahezu unumstrittenen Meinung in der Rechtsprechung und in der Literatur geht auch der Senat von einer Rechtspflicht der Gerichtsverwaltung zur Publikation veröffentlichungswürdiger Gerichtsentscheidungen aus. Diese Pflicht folgt aus dem Rechtsstaatsgebot einschließlich der Justizgewährungspflicht, dem Demokratiegebot und auch aus dem Grundsatz der Gewaltenteilung: Gerichtliche Entscheidungen konkretisieren die Regelungen der Gesetze; auch bilden sie das Recht fort (vgl. auch § 132 Abs. 4 GVG). Schon von daher kommt der Veröffentlichung von Gerichtsentscheidungen eine der Verkündung von Rechtsnormen vergleichbare Bedeutung zu. Der Bürger muss zumal in einer zunehmend komplexen Rechtsordnung zuverlässig in Erfahrung bringen können, welche Rechte er hat und welche Pflichten ihm obliegen; die Möglichkeiten und Aussichten eines Individualrechtsschutzes müssen für ihn annähernd vorhersehbar sein. Ohne ausreichende Publizität der Rechtsprechung ist dies nicht möglich. Rechtsprechung im demokratischen Rechtsstaat und zumal in einer Informationsgesellschaft muss sich – wie die anderen Staatsgewalten – darüber hinaus auch der öffentlichen Kritik stellen. Dabei geht es nicht nur darum, dass in der Öffentlichkeit eine bestimmte Ent-

wicklung der Rechtsprechung als Fehlentwicklung in Frage gestellt werden kann. Dem Staatsbürger müssen die maßgeblichen Entscheidungen auch deshalb zugänglich sein, damit er überhaupt in der Lage ist, auf eine nach seiner Auffassung bedenkliche Rechtsentwicklung mit dem Ziel einer (Gesetzes-) Änderung einwirken zu können" (BVerwGE 104, 105; Huff 1997: 2651).

2. Stand der Justizkommunikation im Jahr 2012

Diese Maßstäbe haben die Gerichte und Staatsanwaltschaften – wenn auch regional unterschiedlich – verstanden und in die Praxis umgesetzt. Entscheidend sind dabei zwei Faktoren: die Arbeit des Mediensprechers und ein guter Internetauftritt.

2.1 Die Mediensprecherin/der Mediensprecher

Heute gibt es in nahezu jeder Justizbehörde einen für die Medienarbeit Verantwortlichen (Huff 2009: 279), wobei es bei der Bezeichnung durchaus noch ein Durcheinander gibt, vom Pressereferenten, dem Pressedezernenten, dem Pressesprecher bis zum Mediensprecher finden sich heute alle Bezeichnungen, wobei ich für die allgemeine Bezeichnung „Mediensprecher"[2] plädiere, da der Sprecher nicht mehr nur mit der Presse spricht, sondern mit allen Medien.

Die richtige Auswahl des Sprechers ist in der Medienlandschaft mit entscheidend, für den Auftritt nach außen. Der Sprecher steht als Sprachrohr des Gerichts/der Staatsanwaltschaft oft im Mittelpunkt der Öffentlichkeit, oft sogar mehr als der Behördenleiter selber. Wobei es interessant ist, zu beobachten, wie unterschiedlich Behördenleiter auf diese Tatsache reagieren. Es gibt Chefs, denen dies durchaus recht ist und andere, die sich doch selber gerne in den Mittelpunkt stellen.

Daher sollte die Justiz bei der Auswahl ihrer Sprecher besondere Sorgfalt walten lassen. Notwendig ist dafür insbesondere sich klar zu machen, welches Profil eine Sprecherin/ein Sprecher haben sollte. Der Mediensprecher einer Behörde leitet seine Aufgabe direkt vom Behördenleiter ab, von ihm aus wird die Tätigkeit auf den Sprecher delegiert. Es ist also eine der Positionen, die von

---

[2] Wobei hier die allgemeine Bezeichnung „Mediensprecher" gewählt wird, obwohl es auch – vielleicht sogar in der Mehrheit – Richterinnen und Staatsanwältinnen sind, die diese Aufgabe wahrnehmen.

einem Vertrauen geprägt sein muss. Dabei gibt es durchaus Spielräume, welche Aufgabe der Behördenleiter auf seinen Sprecher überträgt.

Zu beachten ist dabei, dass immer wieder davon abgeraten werden muss, dass der Behördenleiter die Aufgabe des Mediensprechers selber wahrnimmt. Denn nicht immer ist alles sofort aufgeklärt, sind alle Umstände bekannt, so dass der Chef selber guten Gewissens nach außen auftreten kann und sollte. Deutlich wurde dies im Frühjahr 2012, als ein erkennbar ratloser Leiter einer Justizvollzugsanstalt zu erklären versuchte, warum es einem Gefangenen gelungen war, den Rahmen einer Panzerglasscheibe auszuheben und zu fliehen. An so etwas habe man nie gedacht, so etwas habe man nie geprüft, meinte er vor laufender Kamera und war dabei nicht glücklich. Hier wäre besser der Mediensprecher nach außen gegangen. Zudem haben Behördenleiter oft andere Aufgaben, ihre Erreichbarkeit ist nicht so gegeben, wie es bei einem Mediensprecher der Fall sein muss.

2.1.1 Aufgabe

Die Aufgabe eines Mediensprechers in Justizbehörden besteht darin, ein Konzept für eine aktive Medienarbeit zu entwickeln. Denn alleine das Reagieren auf Nachfragen von Journalisten ist nicht mehr ausreichend. So muss etwa bei Gerichten deutlich werden, welche Aufgaben die Richter und alle weiteren Justizangehörigen zu bewältigen haben, wie ein Gericht funktioniert und wie aktuelle Entwicklungen, wie etwa die Neuerungen im Familienrecht etc., sich auf die gerichtliche Praxis und damit auch auf die Bürger auswirken. Zu diesem Konzept gehören etwa das regelmäßige Jahrespressegespräch, die Hintergrundgespräche mit den Journalisten, die regelmäßige Unterrichtung der Öffentlichkeit über neue wichtige Gerichtsentscheidungen aber auch Überlegungen, wie auf den Wunsch immer mehr Bilder von Zeugen und Angeklagten zu erhalten, reagiert wird. Dabei darf nicht nur die Behördenleitung im Mittelpunkt stehen, sondern der Sprecher arbeitet für die ganze Behörde und muss sich auch so verstehen. Dies setzt allerdings zwingend eine Entlastung des Mediensprechers für seine Tätigkeit voraus. Schon bei kleinen Behörden ist es oft nicht leistbar, voll als Richter und Staatsanwalt zu arbeiten und quasi „nebenher" die Medienarbeit zu übernehmen. Dies müssen die Justizverantwortlichen erkennen und endlich klare Vorgaben geben. Die Medienarbeit ist zu wichtig, um hierfür keine Stellen zur Verfügung zu stellen. Ein guter Weg ist es, die Medienarbeit in der Verwaltung anzusiedeln und eventuell mit anderen Aufgaben zu verknüpfen.

2.1.2 Profil

Sehr häufig werden heute noch Richter oder Staatsanwälte aus einer Behörde mit der Medienarbeit betraut. Sie bringen dabei in der Regel gute juristische Kenntnisse mit, wissen zudem wie die Abläufe in ihrer Behörde sind. Meistens müssen sie allerdings die Medienarbeit lernen, wenn sie nicht ausnahmsweise hier Vorkenntnisse haben. Dafür bedarf es einer Offenheit für die Journalisten, eine hohe Belastungsfähigkeit gerade in schwierigen Situationen und auch die Bereitschaft, am Abend und am Wochenende für Auskünfte zur Verfügung zu stehen. Zudem muss sich juristische Genauigkeit mit einer verständlichen Sprache sowohl im schriftlichen als auch im mündlichen Ausdruck verbinden und auch der Mut bestehen, Sachzusammenhänge ohne alle juristischen Bedenken klar und deutlich zu formulieren.

2.1.3 Auswahl

Die Justiz in Deutschland zeichnet eigentlich eine sorgfältige Personalplanung aus. Dies ist jedoch bei den Mediensprechern nicht immer der Fall, wie viele Aussagen von Sprechern etwa bei den Medientagungen in der Deutschen Richterakademie belegen. Hier ist der Appell an die Präsidenten und leitenden Oberstaatsanwälte zu richten, auch bei der Auswahl ihrer Sprecher entsprechend zu planen. Dies ist in Bezug auf die Schulung und Ausbildung der Sprecher wichtig, denn egal ob ein neuer Sprecher aus der Justiz oder von außen kommt, eine gewisse Einarbeitungszeit wird immer benötigt, auch gerade, um die wichtige Kontinuität in der Sprechertätigkeit zu gewährleisten. Die Tätigkeit eines Mediensprechers ist dabei eine Tätigkeit auf Zeit und keine Lebensaufgabe. Nach meinen Erfahrungen ist eine „Amtszeit" von 3 bis 5 Jahren eine gute Zeit. Zuvor sollte aber der Mediensprecher schon einige Zeit in seiner Behörde tätig sein, um sich im Gericht, in der Staatsanwaltschaft auszukennen, ein „Standing" zu haben und auch über ein Netzwerk zu verfügen. Denn die Informationsbeschaffung in der Behörde ist eines der schwierigsten Themen, oftmals wird die Medienrelevanz eines Verfahrens nicht erkannt, der Mediensprecher wird manchmal von einer Entwicklung überrollt, die man hätte vorher sehen können.

Und wesentlich ist dabei, dass die Mediensprecher zur regelmäßigen Fortbildung bereit sind, denn die Entwicklung in der Medienwelt sind so rasant, dass hier ständiger Bedarf nach Information besteht, den die Mediensprecher gerne wahrnehmen, der aber immer noch zu wenig angeboten wird. Der Fortbildungsbedarf geht von juristischen Fragen, über Fragen der Kommunikation (etwa

Gestaltung des Internetauftritts) bis hin zu den ganz praktischen Fragen, wie man Medieninformationen formuliert oder Statements für Hörfunk und Fernsehen abgibt.

Entscheidend für den Journalisten als ersten Ansprechpartner des Mediensprechers ist es dabei, dass der Mediensprecher auch „gefunden" wird. Eigentlich sollte es dabei eine Selbstverständlichkeit sein, dass der Mediensprecher direkt auf der Homepage des Gerichts genannt wird. Doch dies ist leider immer noch nicht selbstverständlich. Oft sind viele „Klicks" notwendig oder aber ein Telefonat, um zu erfahren, wer für die Medienarbeit zuständig ist.

2.1.4 Tätigkeit

Richtig verstanden, besteht die Arbeit des Mediensprechers aus zwei wesentlichen Komponenten, wie in jedem Unternehmen auch: der innerbetrieblichen und der externen Kommunikation. Innerbetrieblich ist es seine Aufgabe, Verständnis zum einen für die Öffentlichkeitsarbeit bei allen Mitarbeitern, vom Richter bis zum Wachtmeister zu schaffen und verständlich zu machen, warum die Medien an bestimmten Themen ein Interesse haben und an manch anderen – etwa juristisch spannenden Diskussionen – eher weniger. Nach außen muss er – wie oben geschildert – die Behörde vertreten und den Medien gegenüber klar machen, dass er seine Aufgabe ernst nimmt, auch wenn der Sprecher manchmal etwas nicht sagen darf.

Denn gerade bei den Auskünften gegenüber den Medien gilt in Bezug auf die Persönlichkeitsrechte und die Verschwiegenheitspflicht besondere Aufmerksamkeit. So gerne es die Medien hätten, „einmal Kläger zu finden, die sich gerade um die Höhe der Miete streiten" oder „mal bei einer Anhörung von Ehegatten bei der Scheidung dabei sein zu dürfen"[3], der Schutz der Parteien geht vor.

2.2 Grundsatz der aktiven Medienarbeit

Entscheidend für eine erfolgreiche Medienarbeit kann heute nicht mehr sein, nicht in den Medien vorzukommen. Denn die Justiz muss in der Öffentlichkeit klar machen, dass sie ein wesentlicher Faktor unseres Rechtsstaats ist, dass für sie staatliche Mittel zur Verfügung gestellt werden müssen. Die deutsche Justiz ist mit Abstand die „günstigste" Staatsgewalt, jeder Bürger gibt für sie gerade

---
[3] Dies sind aktuelle Beispiele aus Anfragen bei Mediensprechern.

einmal rund 100 Euro im Jahr aus, eine sehr geringe Summe. Dies auch deshalb, weil sich die Justiz durch Gebühren etc. in vielen Zweigen, wo sie als Dienstleister in Anspruch genommen wird (Register, Erbscheine etc.) selber trägt, was auch richtig ist.

Aber ohne eine entsprechende Ausstattung ist eine aktive Medienarbeit nicht möglich. Denn heute muss ein Gericht – vielleicht weniger eine Staatsanwaltschaft – von sich aus an die Öffentlichkeit gehen, um über die Arbeit zu informieren. Und alle Erfahrungen zeigen, dass die Medien dies auch zur Kenntnis nehmen, dankbar für solche Informationen sind. Ein Musterbeispiel ist die montägliche Medieninformation des Amtsgerichts München. Jeden Montagmorgen gibt es zu einem interessanten „Alltagsfall" eine Medieninformation, die von sehr vielen Medien – vom Internet bis zur überregionalen Zeitung – gerne aufgenommen wird. Der Mediensprecherin gelingt es immer wieder, Urteile zu finden, die lesenswert und informativ sind. Dieses Beispiel müsste sich eigentlich auch auf viele andere Gerichte übertragen lassen. Liest man nämlich einmal in den juristischen Datenbanken neu eingestellte Entscheidungen, ist dies eine Fundgrube für Artikel und Meldungen.

2.3 Instrumente der Öffentlichkeitsarbeit

Hier seien nur einige der Möglichkeiten angesprochen, die Bausteine für eine aktive Öffentlichkeitsarbeit sein können:

- Regelmäßige Vorschauen auf anstehende Gerichtsverhandlungen
- Medieninformationen über ergangene Gerichtsentscheidungen (zur Formulierung vgl. Huff 2004b: 432)
- Medieninformationen über neue rechtliche Entwicklungen, z. B. Auswirkungen neuer Vorschriften auf die Arbeit der Gerichte
- Bereitschaft zum Statement, zum Interview, zur Abgabe eines O-Tons.
- Jahrespressegespräch zur Kontaktpflege
- Überlegungen zu einem „Tag der offenen Tür" eventuell in Kooperationen mit Anwaltskammern und Anwaltvereinen
- Bereitschaft zur Schulung etc. von (angehenden) Journalisten
- Überlegungen zu einem Newsletter, evtl. gemeinsam für einen Gerichtbezirk.

2.4 Internetauftritt der Justiz

Unverzichtbar für die Justiz ist ein guter Internetauftritt. Auch die Gerichte und Staatsanwaltschaften müssen „auffindbar" sein, dies sowohl gegenüber dem Bürger als auch gegenüber den Medien. Dies bedeutet: Es muss eigentlich für jedes Gericht – vom Amtsgericht bis hin zum Bundesverfassungsgericht – eine eigene Homepage für jede Behörde geben. Haben die obersten Bundesgerichte dies sehr gut umgesetzt, so liegt bei manchen Gerichten hier noch vieles im Argen. So findet man manche Behörden erst über Umwege im Netz, werden nur spärliche Informationen gegeben und eine klare Struktur ist nicht erkennbar. Pflicht aus der Sicht der Justizkommunikation ist ein eigener „Pressebutton", also ein Menüpunkt direkt auf der Startseite des Gerichts, der die wesentlichen Informationen für die Medien enthält. Dies sind:

- Name und Erreichbarkeit des Mediensprechers (und seines Stellvertreters, der Geschäftsstelle)
- Übersicht über die Medieninformationen
- Hinweise auf weiterführende Informationen.

Vielmehr muss es eigentlich nicht sein, doch schon damit tun sich leider manche Behörden noch schwer.

2.5 Änderungen der Medienarbeit durch das Internet

Allerdings bringt das Internet bei den Informationspflichten auch neue Verpflichtungen für die Justiz mit sich. Denn im Internet sind die Informationen auf Dauer vorhanden und sind auch nach langer Zeit noch auffindbar. Für die Justiz ist dies besonders im Fall von Medieninformationen (vgl. Huff 2003: 239ff.), die zunehmend auch im Internet veröffentlicht werden, bedeutsam.

Mittlerweile gibt es eine Pflicht zur Aktualisierung von Medieninformationen[4]. Dies zwar nicht in der Art und Weise, dass die veröffentlichte Information aus dem Netz genommen wird, dies wäre der falsche Weg. Vielmehr muss durch Hinweise zu den Medieninformationen sichergestellt werden, dass ein

---

[4] Vgl. OLG Düsseldorf, GRUR-RR 2011, 21 über die Pflicht der Medien zur Aktualisierung der Verdachtsberichterstattung.

Verfahrensfortgang Berücksichtigung findet[5], gerade auch um die Persönlichkeitsrechte etwa in Ermittlungsverfahren zu wahren. Eine Löschung von Medieninformationen ist auch gerade nach der neuen Rechtsprechung des BGH zu den online-Archiven der Medien nicht erforderlich[6]. Was einmal veröffentlicht worden ist, darf auch in den elektronischen Archiven der Justiz erhalten bleiben[7].

Ein Beispiel: Eine Staatsanwaltschaft berichtet zulässigerweise durch eine Medieninformation über die Einleitung eines Ermittlungsverfahrens unter Namensnennung des Betroffenen. Wird später das Ermittlungsverfahren eingestellt, so ergibt sich die Pflicht, dies in der ursprünglichen Medieninformation durch einen ergänzenden Hinweis zu vermerken, der auch mit dem entsprechenden Datum der Änderung versehen sein sollte. Denn nicht nur in den Medien wird oft nicht über den Fortgang der Angelegenheit berichtet, sondern auch bei Gerichtsverfahren gibt es häufiger Medieninformationen zu einer Instanzentscheidung, die dann aber nicht ihre Fortsetzung etwa durch die Meldung über die Entscheidung der nächsten Instanz findet. Auch in anderen Verfahren – etwa im Zivilrecht – ist diese Vorgehensweise sehr sinnvoll, auch wenn dies nicht unerhebliche Arbeit und Aufmerksamkeit der Justizmitarbeiter erfordert.

2.6 Zusammenarbeit mit Rechtsanwälten

2.6.1 Litigation-PR

Seit gut drei Jahren streben einige Rechtsanwälte und einige PR-Agenturen eine verstärkte Öffentlichkeitsarbeit im Wege der so genannten Litigation-PR – übersetzt „prozessbegleitende Öffentlichkeitsarbeit" – an. Damit soll gerade versucht werden, Einfluss auf die Öffentlichkeit und auch die Gerichte (vgl. Tappert 2009: 46) auszuüben. Zwar sorgt diese neue Form der Öffentlichkeitsarbeit durchaus für Aufmerksamkeit (Gerhardt 2009: 247; Huff 2010: 114; Boehme-Neßler 2009: 228; Albin 2010: 311). Aber ob sich damit tatsächlich an der Ar-

---

[5] So insbesondere OLG Karlsruhe, AfP 2009: 57 für die Justiz und AG München, NJW-RR 2006: 844 allgemein zu einem solchen Anspruch aus dem Wettbewerbsrecht.
[6] Vgl. BGH, AfP 2010: 77; LMK 2010: 300818 und Molle (2010: 331). Vgl. auch weitere Entscheidungen des BGH in der Folge, z.B. BGH, GRUR 2010: 549.
[7] Es sei denn, die Medieninformation war falsch und musste widerrufen werden – zu einem solchen Fall vgl. BVerwG, NJW 1992: 62 (Vorinstanz OLG Koblenz, NJW 1991: 2659).

beit von Journalisten etwas ändert darf bezweifelt werden (vgl. Möller 2010. 184). Richter und Staatsanwälte müssen allerdings damit rechnen, dass hier in vielen Verfahrensarten eine intensivere Öffentlichkeitsarbeit von Seiten verschiedener Verfahrensbeteiligten stattfindet.

2.6.2 Absprachen im Strafverfahren

Mit Spannung darf man darauf warten, wie sich die Neuregelung zu den Absprachen im Strafverfahren (Jahn/Müller 2009: 2625) auf die Zusammenarbeit zwischen Gericht, Staatsanwaltschaft und Rechtsanwälten auswirkt. Denn solche Absprachen sind gem. § 257 c Abs. 3 StPO der Öffentlichkeit in öffentlicher Hauptverhandlung mitzuteilen. Hier müssen von allen Beteiligten Absprachen über den Wortlaut getroffen werden. Es kann also in diesen Verfahren durchaus auch eine gemeinsame Presseerklärung der Verfahrensbeteiligten geben.

Literatur

Albin, Wolf (2010): Litigation-PR wächst – aber langsam, in: AnwBl 2010, S. 311-312.
Boehme-Neßler, Volker (2009): Die Öffentlichkeit als Richter? – Litigation-PR als Herausforderung für das Recht, in: ZRP 8/2009: S. 228-230.
Gerhardt, Rudolf (2009): Die Richter und das Medienklima – Welchen Einfluss hat die Gerichtsberichterstattung in den Medien auf das Strafverfahren und das Urteil?, in: ZRP 8/2009, S. 247-249.
Huff, Martin W. (1996): Justiz und Öffentlichkeit. Schriftenreihe der Juristischen Gesellschaft zu Berlin, Berlin: de Gruyter.
Huff, Martin W. (1997): Die Veröffentlichungspflicht der Gerichte, in: NJW 40/1997, S. 2651-2653.
Huff, Martin W. (2003): o.T., in: Münchbach, W. (Hrsg.): Festschrift 200 Jahre Badisches Oberhofgericht – OLG Karlsruhe, S. 239.
Huff, Martin W. (2004a): Notwendige Öffentlichkeitsarbeit der Justiz, in: NJW 7, S. 403-406.
Huff, Martin W. (2004b): Einige Regeln für eine gute Medieninformation eines Gerichts/einer Staatsanwaltschaft, NJW 7, S. 432-433.
Huff, Martin W. (2009): Der Mediensprecher der Justiz - Eine Funktion, die an Bedeutung gewinnt, in: DRiZ 10, S. 279-280.
Huff, Martin W. (2010): Die Öffentlichkeitsarbeit im Zusammenhang mit Gerichtsverfahren – Litigation-PR als Modewort. Diskussionen um den Umgang mit den Medien in Gerichtsverfahren, in: DRiZ 4, S. 114-116.
Huff, Martin W. (2011): Grundzüge der Justizberichterstattung, in: Schwartmann, Rolf (Hrsg.): Praxishandbuch Medien, IT- und Urheberrecht, 2. Aufl., Heidelberg u.a.: C. F. Müller, S. 539-552.
Jahn, Matthias/Müller, Martin (2009): Das Gesetz zur Regelung der Verständigung im Strafverfahren, in: NJW 36/2009, S. 2625-2631.

Molle, Alexander (2010): Die Verdachtsberichterstattung – Anforderungen und Beweislastverteilung im Spannungsverhältnis zwischen Pressefreiheit und Ehrschutz, in: ZUM 2010, S. 331.

Möller, Karl-Dieter (2010): Nichts ist Unmöglich – Litigation-PR, in: AnwBl 2010, S. 184.

Tappert, Wilhelm (2009): Richterbilder in der Tagespresse, in: DRiZ 2/2009, S. 46-51.

Was darf Justiz? Was macht die Justiz? Welchen Einfluss haben die Medien? Ein Bericht aus der Praxis

Brigitte Koppenhöfer

Abstract

Although cooperation is necessary, the relationship between media and judicial authorities finds itself in a field of conflict. It is not an easy task for media and judicial authorities to create an appropriate balance. Judicial authorities should make their voice heard and need to be understood. Democracy needs an accepted, efficient and a comprehensible judicial system as much as it needs an independent press. But this only works when finding the true middle ground between proximity and distance.

Wenn ich Ihnen folgenden Fall in Stichworten schildere: ein etwa 50-jähriger Mann ist angeklagt der schweren Vergewaltigung seiner früheren Geliebten, die im Verfahren als Nebenklägerin auftritt. Diese hat diverse Verletzungen behauptet, mehrere Gutachter sind unterschiedlicher Ansicht über die Ursache dieser Verletzungen; der Angeklagte bestreitet die Tat und befand sich in U-Haft. Dann werden Sie jetzt vermutlich alle an einen Wettermoderator Schweizer Herkunft und an das zurzeit meistdokumentierte und diskutierte Strafverfahren Deutschlands denken. Ihnen kommt das Verfahren, das ich vor Augen habe und das vor meiner allgemeinen Strafkammer vor etwa einem Jahr lief, nicht in den Sinn. Das sog. Kachelmann-Verfahren wird an allen Stammtischen Deutschlands und in allen Presseorganen entschieden. Warum? Was unterscheidet dieses Verfahren von vielen anderen? Was fasziniert die Medien? Was interessiert den Leser? Verfahren mit sexuellem Hintergrund und von mir aus auch mit Gewalt und Lügen sind Alltag an unseren Gerichten, ohne dass sich mehr als die Lokalpresse dafür interessiert. Allerdings sind die vermeintlichen Täter in den wenigsten Fällen prominent. Prominenz der Täter oder wenigstens der Zeugen sind oft der einzige Anknüpfungspunkt für die Presse, die sich dann gegenseitig zu immer mehr Berichterstattung anstachelt. Wenn *Der Spiegel* und *Die ZEIT* auf Seiten des mutmaßlichen Täters zu stehen scheinen, dann nehmen *Focus* und *BILD* die Position der vermeintlich Geschädigten ein. Dieser Streit kann dann auch noch wunderbar personalisiert werden in Form der Damen Gisela Friedrichsen und Alice Schwarzer. Was bleibt dann noch dem bedauernswerten Gerichtssprecher des Landgerichts Mannheim? Und wie agieren Staatsanwaltschaft, Nebenklage und Verteidiger?

Justiz und Medien sind beide an der Wahrheit interessiert. Das Verhältnis ist jedoch gespannt. Das liegt nicht nur daran, dass die Medien den Unterhaltungswert des dargebotenen Stoffes bemessen. Das geborene Spannungsverhältnis resultiert auch aus der unterschiedlichen Methodik. Die strafrechtliche Hauptverhandlung, aber auch der Zivil- und Verwaltungsprozess sind – anders als die Medien – an die Anwendung formellen Rechts gebunden. Im Saal werden Zeugen belehrt, haben eventuell ein Auskunfts- oder ein Zeugnisverweigerungsrecht. In den Medien wird Schweigen regelmäßig als belastend dargestellt. In der Justiz gibt es einen Instanzenweg; in den Medien allenfalls die presserechtlichen Maßnahmen wie Widerruf, Unterlassungsanspruch usw.

Natürlich hat die Medialisierung des Strafprozesses auch die Gerichte erreicht, ob wir wollen oder nicht. Die Zeiten haben sich geändert, und wir uns (hoffentlich) auch. Bis zum Jahr 2003 war ich an unserem Gericht Pressesprecherin. Den medialen Wandel bis heute habe ich also – wenn auch in anderer Funktion – hautnah miterlebt. Mittlerweile hat ein neues Geschäftsfeld den Markt erobert: Litigation-PR. Es gab den ersten Litigation-PR-Tag in Frankfurt, den ersten in Berlin und den ersten in München. Pressearbeit der Verteidiger und vermehrt auch der Staatsanwaltschaft gab es schon immer. Vielleicht haben sich nur die Dosis und die Protagonisten verändert. Entscheidend ist jedoch: Was wird bewirkt? Was soll bewirkt werden? Wie verhalten sich die dritte und die vierte Gewalt?

Wer heute Zeitungen liest oder fernsieht, kommt nicht umhin, sich mit Berichten über die Justiz zu befassen. Jeder Tag bringt neue Erkenntnisse aus dem Alltag der Gerichte, allerdings unabhängig von der tatsächlichen Relevanz. Zivilverfahren, die den Alltag der ordentlichen Gerichte dominieren, spielen so gut wie keine Rolle – viel zu langweilig. Verwaltungsgerichte scheinen auch nur uninteressante Sachen zu verhandeln. Arbeitsgerichtliche und sozialgerichtliche Verfahren rücken erst dann ins Blickfeld der Medien, wenn Bienenstich, Maultaschen oder Pfandbons zur Kündigung führen oder wenn „Südsee-Harry" oder andere Betroffene durch ihre Klagen zur D-Prominenz aufsteigen. Wir lesen vielmehr über Sex and Crime, über Mord und Totschlag, über verhungerte Kinder, über festgenommene und aus der Untersuchungshaft entlassene Prominente;

Wir sehen das Bundesverfassungsgericht quasi live am Beratungstisch, wir lesen Gutachten über die Glaubwürdigkeit von Opferzeugen und die angeblichen Gegengutachten. Kurzum wir – die Öffentlichkeit – werden umfassend versorgt mit einer gefilterten Wirklichkeit, die uns befähigen soll, unser Urteil selbst zu treffen.

Diese so informierte Öffentlichkeit glaubt trotz sinkender Kriminalitätsraten an eine Steigerung derselben. So gehen viele davon aus, dass die Zahl der Wohnungseinbrüche zunimmt; dabei nimmt sie ab. Noch deutlicher wird es bei Sexualmorden. Während diese um mehr als ein Drittel zurückgingen, glauben die Bürger, sie seien um fast das Dreifache gestiegen. Was die Schwerkriminalität angeht, leben wir in Deutschland im Vergleich zu anderen Ländern wie in einem geschützten Biotop. Die Öffentlichkeit glaubt jedoch von zahllosen Mördern, Räubern und Vergewaltigern umzingelt zu sein.

Gäbe es die Medien nicht, oder hätte die Öffentlichkeit viel Zeit, könnte sich das Publikum in unsere Säle setzen und live dabei sein. Nur, wer macht das schon, außer der wohl in allen Gerichten anzutreffenden Rentnerband, die nicht nur die geheizten Räume, sondern auch die zuweilen aufgeheizte Atmosphäre genießt.

Um zu informieren, muss sich die Justiz Gehör verschaffen, wenn sie es braucht. Sie braucht es grundsätzlich. Wir sollten das Feld nicht den Gerichtsshows im Fernsehen oder amerikanischen Spielfilmen überlassen.

Dass die Justiz die Medien braucht, ist mittlerweile wohl unumstritten. Noch vor wenigen Jahren war das gänzlich anders. Pressesprecher reagierten nur auf Anfragen, und dies mit extremer Zurückhaltung. Heute *agieren* sie; d.h. sie gehen aktiv auf die Presse zu.

Justiz muss sich verständlich machen, nicht nur aus Gründen der Generalprävention oder zur Ausfüllung normativer Rechtsbegriffe. Mir fällt immer wieder auf, wie wenig der durchschnittlich informierte Bürger über unser Rechtssystem weiß. Damit meine ich nicht den Unterschied zwischen Berufung und Revision oder zwischen einem Beschluss und einem Urteil oder gar die tatbestandlichen Voraussetzungen der Untreue. Schon der Unterschied zwischen Zivil- und Strafrecht oder Mord und Totschlag scheint in der Bevölkerung in der Regel unbekannt. Die Besetzung der Gerichte mit und ohne Laien, die Zuständigkeiten – alles unbekannte Größen. Es gibt so gut wie keinen Rechtskundeunterricht in der Schule, und das scheint sich auszuwirken. Die spärlichen Informationen stammen aus dunklen oder ganz bunten Quellen, aus angelsächsischen Krimis und TV-Shows.

Natürlich kann man – wenn man will – darüber streiten, ob die Justiz die Akzeptanz der Öffentlichkeit überhaupt braucht. Man kann darüber rechtspolitisch, philosophisch, soziologisch und rechtsphilosophisch diskutieren. Dazu gibt es seit vielen Jahren zahlreiche Publikationen. Ich als Praktikerin nehme für mich in Anspruch, das ganz praktisch sehen zu dürfen. Aus meiner Sicht braucht die Justiz, brauchen die Richter, die Staatsanwälte und auch die Verteidiger die Akzeptanz der Öffentlichkeit. Wenn die Autorität der Justiz nicht anerkannt wird, wenn Gerichte zwar im Namen des Volkes, aber über das Volk hinweg urteilen, dann steht die Justiz auf verlorenem Posten. Das bedeutet natürlich nicht, dass unsere Entscheidungen immer Volkes Meinung repräsentieren sollten. Dann bräuchten wir keine Rechtsprechung, sondern nur eine ausreichende Zahl von Leserbriefen, TV-Umfragen oder Blog-Beiträgen nach dem Motto: „Ist Kachelmann schuldig?", oder „Soll Ackermann ins Gefängnis?"

Wenn aber auf Dauer in der Bevölkerung der Eindruck entsteht, dass Justiz abgehoben hat, haben wir verloren. Eine Demokratie braucht eine akzeptierte und funktionierende Justiz, genauso wie sie die unabhängige Presse braucht.

Unsere Wirklichkeit wird immer komplexer und deswegen auch undurchschaubarer. Die Justiz beschäftigt sich mit Wirklichkeit und nennt sie bisweilen sogar Wahrheit. Das darf jedoch nicht im luftleeren Raum oder im schlecht gelüfteten Gerichtssaal allein stattfinden. Die Saalöffentlichkeit ist Vergangenheit; wir sind im Zeitalter der Medienöffentlichkeit angekommen. Jeder Bürger darf sich auskennen, er hat ein Recht auf Information. Und jeder Prozessbeteiligte hat das Recht, dass seine Rolle im Verfahren und sein Verhalten „richtig" wiedergegeben werden.

Das funktioniert natürlich nicht ohne die Medien. Das bedeutet, dass wir Gerichte die Medien mit Informationen zu bedienen haben. Dass Staatsanwaltschaft und Verteidiger den medialen Angriff und die mediale Verteidigung beherrschen, kann man bisweilen direkt ablesen. Ich habe es in meiner Praxis bisher zwar erst einmal erlebt, dass ein Plädoyer eines Verteidigers im vollen Wortlaut online zu lesen war, bevor es gehalten wurde. Ich habe aber schon öfter erlebt, dass sowohl Staatsanwaltschaft als auch die Verteidiger ihre Anträge in der Presse vorab ankündigten oder ihre Rechtsmittel begründeten. Inwieweit sich der Presse als Erfüllungsgehilfe bedient wird oder dies zumindest versucht wird, ist ein eigenes Thema.

Zwar sind längstens nicht alle Verfahren derart medienrelevant, dass überregional darüber berichtet wird. In vielen Fällen ist allein die Lokalpresse das Sprachrohr der Beteiligten, in noch mehr Fällen interessiert sich außerhalb des Saales niemand für das Verfahren. Die Lokalpresse ist im Amts- und Landgericht Düsseldorf täglich mit drei bis vier Reportern vertreten, immer auf der Suche nach *der* Story. Das kann auch schon mal die Mäuseplage im neuen Justizgebäude sein oder die Frage, wo denn und ob überhaupt das alte Kreuz im neuen Gebäude seinen Platz findet.

Dass die Justiz auf die Medien angewiesen ist, bedeutet zum einen, dass ihre Sprache verständlicher werden muss und zum anderen, dass sie überhaupt mit der Presse spricht.

Damit will ich nicht andeuten, dass Richter ihre Entscheidungen im Nachhinein öffentlich begründen oder gar rechtfertigen. Es entspricht guter und vernünftiger Tradition, dass dies nicht geschieht. Das Recht wird durch das Urteil gesprochen, und dieses sollte für sich selber sprechen.

Selbstverständlich unterscheiden sich die mündliche und die schriftliche Urteilsbegründung inhaltlich wesentlich, nicht nur in der Länge der Begründung. Die mündliche Urteilsbegründung (das ist die, der die Pressevertreter lauschen, wenn sie es denn überhaupt schaffen, nach dem Tenor der Entscheidung nicht aus dem Saal zu rennen) muss in erster Linie den Prozessbeteiligten und dem Angeklagten gerecht werden. Sie ist aber auch eine Chance. Sie darf sich an die Öffentlichkeit wenden, und nicht nur an das Rechtsmittelgericht. Das hat der damalige Vorsitzende des 3. Senats des BGH im Mannesmann-Verfahren selbst anschaulich verdeutlicht, indem er den Begriff der Gutsherren und der Gutsverwalter im Zusammenhang mit der Untreue gebrauchte. Damit war für die Öffentlichkeit pointiert und bildhaft klar, was gemeint war, ohne dass sich diese Begriffe in der schriftlichen Begründung der Entscheidung wiederfinden.

Die Vereinfachung und Zuspitzung als auch die Übersetzung in Bilder und in Laienbegriffe ist immer eine Gratwanderung. Wenn ein staatsanwaltlicher Behördenleiter im Zusammenhang mit der Untreue den Begriff der Käuflichkeit benutzt, kann das schon als mehr als ein treffliches Bild gedeutet werden, nämlich als eine zum Schadensersatz verpflichtende Handlung.

Die Hauptverhandlung selbst sollte in sich und aus sich heraus verständlich sein. Da sich das wegen der oft komplexen Materie nicht von selbst ergibt, darf ein Vorsitzender oder eine Vorsitzende auch schon mal einen Begriff erklären. Nicht jeder kann allein mit der Nennung von Paragraphen (Beispiel: §§ 154, 153, 249 Abs. 2) etwas anfangen. Auch die Angeklagten sind in den seltensten Fällen Volljuristen oder gar Strafrechtler.

Ganz entscheidend ist für mich auch die Arbeit der Pressesprecher. In der Medienöffentlichkeit muss Justiz aktiv werden. Sie muss auf die Presse zugehen. Sie muss sich verständlich machen, damit sie verstanden wird. Unsere Pressesprecher sind in der Regel tagsüber zu erreichen; sie erstellen Presseerklärungen, sie reden mit den Kollegen, sie sichten Anklagen auf Presserelevanz und sie informieren während laufender Verfahren. Zwar kann ein Pressesprecher nicht beeinflussen, wer wann was wie berichtet. Er kann aber entscheiden, was u.a. die Grundlage der Berichterstattung ist. Er kann Begriffe und Verfahrensabläufe erklären, er kann und muss die Sprache der Justiz verständlich machen, nicht mehr, aber auch nicht weniger. Er muss – als Beispiel – den Strafrahmen nicht unbedingt nur mit „bis zu 15 Jahren" angeben; er sollte das konkretisieren. Er muss den Kern juristischer Normen darstellen können und den Tatsachenstoff auf den Kern reduzieren. Er kann das Drehbuch der Hauptverhandlung erläutern und den Instanzenweg so erklären, dass auch Nichtjuristen, also Journalisten, es verstehen. Das setzt natürlich voraus, dass der Pressesprecher die entsprechende Zeit für Erklärungen dieser Art aufbringen kann. Wenn er – wie beim Landgericht Düsseldorf – dieses Amt quasi ehrenamtlich neben seiner sonstigen richterlichen Tätigkeit zu leisten hat und neidvoll auf die Sprecher der Bundesgerichte schauen mag, ist es schon schwierig.

Das Bundesverwaltungsgericht hat in seiner Entscheidung vom 26. Februar 1997 (NJW, 1997, 2694ff.) entsprechende Leitlinien formuliert. Es leitet aus dem Rechtsstaatlichkeitsgebot einschließlich der Justizgewährungspflicht, dem Demokratiegebot und aus dem Grundsatz der Gewaltenteilung ab, dass seitens der Justiz die Pflicht bestehe, Öffentlichkeitsarbeit zu leisten.

1. Der Öffentlichkeitsauftrag der Staatsanwaltschaften

Staatsanwälte braucht man heute nicht mehr davon zu überzeugen, dass sie ihre Arbeit der Öffentlichkeit präsentieren. Sie tun es, mal mehr, mal weniger. Mal befragt, mal von sich aus, mal in Hintergrundgesprächen, mal in Form von Presseerklärungen. Es hat sich ein neues Selbstbewusstsein in die Behörde der Staatsanwaltschaft eingeschlichen. Sie verteidigt nicht mehr ihre Arbeit; sie prescht vor. Ich muss nur das Stichwort „No Angels" erwähnen, und alle wissen, was ich meine. Gelegentlich werden Ermittlungsergebnisse oder gar Ermittlungshandlungen vorab in der Presse angekündigt, wie man am Beispiel der „Steuer-CD" gut beobachten kann. Ganz offiziell wird der Inhalt von Fragebögen an Zeugen bekannt gegeben. Journalisten müssen nicht mehr ausschließlich ihre guten Kontakte nutzen, um an Akten oder deren Bestandteile zu kommen. Manchmal werden offiziell Interviews zu den interessanten und interessierenden Fragen gegeben. Ich habe es schon erlebt, dass ich aus der Süddeutschen Zeitung erfahren habe, warum bestimmte Delikte nicht verfolgt wurden und andere angeklagt, noch bevor ich die entsprechende Anklage auf dem Tisch hatte.

Auf der anderen Seite sind Staatsanwälte diejenigen, die bis zur Hauptverhandlung „am nächsten dran" sind. Sie kennen die Materie, sie kennen die Problematik eines Falles und sie sind – in Grenzen – zur Information verpflichtet, damit das Informationsinteresse der Öffentlichkeit befriedigt werden kann.

Die Grenzen der sich daraus ergebenden Verdachtsberichterstattung sind bekannt: Es muss sich um einen Gegenstand berechtigten öffentlichen Interesses handeln, ein Mindestbestand an Beweistatsachen muss vorliegen, der Betroffene muss die Möglichkeit zur Stellungnahme haben und die Berichterstattung darf den Verdacht nicht präjudizieren, sondern muss ihn distanziert darstellen. Diese Regeln für die Medien bestimmen auch die Leitlinien der Staatsanwaltschaft. Konkret bedeutet dies, dass zum Beispiel weder über den Inhalt einer Anklage noch über deren Erhebung berichtet werden darf, bevor nicht die Anklage dem Beschuldigten vom zuständigen Gericht zugestellt ist.

Zurzeit ist ja geradezu modern, über verfehlte Medienpolitik der Staatsanwaltschaft zu berichten und sich darüber zu beschweren. Natürlich kann eine öffentliche Hausdurchsuchung den „bürgerlichen Tod" eines Beschuldigten bedeuten, wie ein Strafverteidiger dies einmal formuliert hat. Natürlich kann man diskutieren, ob eine Festnahme veröffentlicht oder gar öffentlich und live übertragen wird. Man sollte sich aber auch immer fragen, wer diese Aktionen veranlasst. Nicht immer ist es die Staatsanwaltschaft.

Zudem ist nicht jedes Medienopfer ausschließlich Opfer, zumal dann nicht, wenn es sich selbst zum Objekt der medialen Begierde gemacht hat und wissentlich und willentlich zur Unterhaltung beiträgt.

2. Die Rolle der Verteidiger

Die meisten Informationen, die der Presse zugespielt werden, stammen ohnehin von den Verteidigern. Für diese Aussage habe ich keine Statistik, kann aber auf langjährige persönliche Erfahrung zurückgreifen. Verteidiger haben ein originäres Bedürfnis, die Position ihres Mandanten aus deren Sicht darzustellen. Sie informieren die Presse und identifizieren sich mit dem Beschuldigten.

Der Verteidiger Eberhardt Kempf hat einmal öffentlich gesagt, natürlich „mache er im Zweifel den Ackermann", wobei er damit nicht das V-Zeichen gemeint hat (N.N., 2010).

Der Verteidiger Rainer Hamm hat erklärt, es habe „ihn neugierig gemacht", welche Kenntnisse ein Journalist, der um Akteneinsicht in einem laufenden Verfahren bat, „über den äußerst komplizierten Fall verraten habe, während er noch mühsam dabei gewesen sei, den Unterschied zwischen Tripel-A-Krediten und Subprime-Risiken sowie die Vorzüge der granulierten Verbriefungen im Rahmen von Conduit Gesellschaften zu lernen" (Hamm 2009: 63). Das Gespräch sei „lehrreich" gewesen bis zu dem Moment, als sein Gegenüber gefragt habe, ob es die Möglichkeit gäbe, ein Gutachten vertraulich einzusehen. Hamm fragt sich weiter, ob er mit seiner Entscheidung, die Einsicht zu verwehren, vielleicht die Chance verpasst habe, „im Interesse des Mandanten das mediale Klima zu seinen Gunsten zu verändern" und die öffentliche Meinung „und vielleicht sogar die Staatsanwaltschaft und die Richter zugunsten des Mandanten zu beeinflussen". Veröffentlicht wurde dieser Beitrag noch während des laufenden Verfahrens.

Nach wie vor gibt es, was die Zusammenarbeit mit den Medien angeht, so viele unterschiedliche Strategien wie es unterschiedliche Verteidiger gibt. Noch vor fünf Jahren äußerte sich die Verteidigerin Anne Wehnert auf dem 4. Strafverteidiger Symposium: „Insgesamt ist bei Medienkontakten des Verteidigers Vorsicht und Skepsis geboten. Dass sie auch bei freundlichen und zugewandten Auftreten der Journalisten selten den erhofften Erfolg haben, zeigt die Erfahrung" (Wehnert 2005: 178f.). Sie rät deswegen dazu, die Kontakte soweit wie möglich zu meiden. Ihr Sozius Sven Thomas hat indes vor einiger Zeit im Nachrichtenmagazin *heute-journal* erklärt, man dürfe das Feld nicht allein den Staatsanwälten überlassen, man müsse es selbst besetzen.

Manche Verteidiger führen die Verhandlung außerhalb des Gerichtsprozesses gelegentlich intensiver als im Saal. Es ist nicht die Ausnahme, dass Plädoyers in Richtung Pressebank gehalten werden und Beweisanträge in ihrer Begründung nochmals für die Öffentlichkeit, und allein für diese, umfangreich die Position der Verteidigung darstellen.

3. Die Rolle der Zeugen und Sachverständigen

Neben Gericht, Verteidigung und Staatsanwaltschaft operieren im Saal noch Zeugen, zuweilen als Nebenkläger, und Sachverständige. Sie alle unterliegen dem besonderen Schutz des Vorsitzenden, aber nicht dem der Presse. Dabei sind die Anknüpfungspunkte für die Berichterstattung nicht unbedingt die Relevanz der Aussagen für das Verfahren, sondern u.a. Aussehen („äußerst attraktive Zeugin"), deren Vergangenheit („hat ihren 40. Geburtstag für mehrere Millionen Mark auf Kosten der Bank in Rom gefeiert"), Prominenz („wird in seinem Geburtsort als Held verehrt" oder „hatte eine Nebenrolle in: Nur die Liebe zählt"), berufliche Verpflichtungen („gründet gerade Zweckgesellschaften für Griechenland") oder Auftreten („diesmal ganz ohne Verteidiger"). Es gibt Zeuginnen, die im Nachhinein für die Presse und sogar für die Filmindustrie zu Heldinnen werden („Frau Böhm sagt Nein.") oder auch Zeugen, bei denen allein die Art, wie sie ihre Füße oder Hände halten, für die Presse Rückschlüsse auf die Glaubhaftigkeit ihrer Aussage zulassen („wippte nervös mit beiden Füßen", oder zum selben Zeugen in derselben Situation in einer anderen Zeitung: „rammte die Füße wie zur Bestätigung in den Boden"). Dass Zeugen, wenn sie nicht Nebenkläger sind, von sich aus auf die Presse zugehen oder auf diese reagieren, habe ich noch nicht oft erlebt. Allerdings erinnere ich mich an einen prominenten Vertreter der Wirtschaft, der in einem Leserbrief nach seiner Vernehmung nicht nur seine Aussage nochmals umfassend klarstellen wollte. Ganz offensichtlich ist das Darstellungsverlangen bei Opferzeugen und deren Vertretern. In diesen Fällen kann es durchaus sein, dass das mediale Interesse immens geschürt wird.

Interviews mit Zeugen und Angeklagten finden sich sowohl im Fernsehen, als auch in Printmedien. Sie beantworten dort nicht nur Fragen zum Prozessgeschehen, sondern auch zu ihrem sonstigen Leben. Ganz private und intime Details werden aus erster Hand wiedergegeben. Das scheint besonders authentisch, ob mit oder ohne Exklusivvertrag. Eine häufige Erscheinung ist auch der Überfall des Angeklagten durch Reporter und Kameras auf dem Gerichtsflur, eine nachgestellte aber quasi reale Verbrecherjagd.

Eine besondere Stellung nehmen Sachverständige ein. Damit meine ich nicht diejenigen, die vom Gericht bestellt werden. Diese halten sich in der Regel völlig zurück und werden von der Presse auch nicht ohne Anlass in den Mittelpunkt gestellt, es sei denn sie lassen sich befragen. Gänzlich anders ist das bei den selbst ernannten Sachverständigen. Es gibt praktisch keinen Strafprozess mit öffentlicher Berichterstattung mehr, bei dem sich nicht selbst ernannte Sachverständige (gerne Hochschullehrer oder Politiker) ohne jede Aktenkenntnis und ohne jemals in der Hauptverhandlung gewesen zu sein, aus allen Ecken der Republik zu Worte melden, um auszuführen, dass die Täter zu verurteilen sind, dass der Tatbestand der Untreue gegeben oder auch nicht gegeben ist, dass Zweifel an der Glaubwürdigkeit der Zeugin bestehen, dass das Gericht kompetent oder inkompetent sei, dass der Verteidiger in dieser Sache überfordert sei und dass der Staatsanwalt zu forsch oder zu lahm agiere.

Bis heute weiß ich nicht, ob diese „Begutachter" von der Presse befragt werden oder sich an diese aktiv wenden. Wahrscheinlich sind beide Modalitäten.

4. Effekte der Berichterstattung

Ich bin davon überzeugt, dass wir den Slalom zwischen Medien und Justiz, zwischen Nähe und Distanz nur dann ohne Blessuren überstehen, wenn wir als

Justiz Kontakt zur Presse halten und gleichzeitig immer wieder auf die notwendige Distanz hinweisen. Das Gleiche gilt umgekehrt.

Das hört sich einfach an, ist aber extrem schwer. Gerade in komplexen Wirtschaftsstrafverfahren – und die sind in der Regel komplex – machen sich die Rezipienten der Medien ein einseitiges und damit falsches Bild vom Verfahren. Es ist ja auch viel einfacher und vor allem langlebiger, sich das Bild des Angeklagten Ackermann mit dem V-Zeichen zu merken, als sich mit der rechtlichen Problematik von Anerkennungsprämien und Alternativpensionen bei Übernahmeverfahren zu beschäftigen. Das vielfach zitierte V-Zeichen war übrigens für die Strafkammer gänzlich irrelevant. Wir haben es überhaupt nicht bemerkt, da es vor Sitzungsbeginn dargestellt wurde.

Oft werden auch die Grenzen zwischen Recht und Moral öffentlich verwischt. Kennen Sie den alten Film „Arsen und Spitzenhäubchen"? Erinnern Sie sich an die Szene, in der eine der beiden alten Damen vor dem geplanten Mord sagt: „So etwas tut man nicht!" und die andere antwortet: „Und außerdem ist es verboten." Wenn man sich lieber mit Moral als mit Recht beschäftigt, entsteht zwangsläufig ein unkorrektes und unbefriedigendes Bild von der Justiz (Stichwort: Die da oben…). Was bleibt, ist Distanz; was fehlt, ist Transparenz. „Man muss nicht nur das Recht auf seiner Seite haben, man muss auch mit der Justiz rechnen." ist nicht nur die Erkenntnis des Kabarettisten Dieter Hildebrand. Deswegen muss die Justiz eine Brücke bauen zwischen sich und den Bürgern, damit derjenige, der Recht hat, auch darauf vertrauen kann, dass er Recht bekommt. Zudem wäre es nicht hinderlich, wenn er darüber hinaus noch wüsste, wo und wie er Recht bekommt. Recht und Medien stützen die Legitimität unserer Entscheidungen. Diese werden nur dann als legitim empfunden, wenn sie zumindest mit guten Gründen nachvollziehbar sind.

Wir Richter, auf die ich mich hier beschränken möchte, sind nicht automatisch unabhängig, nur weil es im Grundgesetz und in den Richtergesetzen so normiert ist. Die Unabhängigkeit gibt es nicht qua Gesetz oder Geburt oder Ernennung. Unter den Roben stecken Menschen mit Mut und Ängsten, schlechter und guter Laune, mit Sympathien und Antipathien, mit Eitelkeiten und Verletzbarkeiten, mit Aggressionen und Ärger, mit Trauer und Freude, mit persönlichen und beruflichen Problemen und vor allem mit ganz eigenen subjektiv gefärbten Vorstellungen von der Welt und ihren Wirklichkeiten. Rechtsfindung ist ein komplexes Unternehmen, bei dem nicht nur der Gesetzeswortlaut und die Rechtsprechung eine Rolle spielen. Das richterliche Vorverständnis wird nicht allein durch die Akten geprägt und auch nicht ausschließlich durch die Hauptverhandlung. Wir haben alle eine unterschiedliche Sozialisation, verschiedene Temperamente, und vor allem unterschiedliche Erfahrungen und Prägungen.

Unsere Interessen sind verschieden, genauso wie unsere Aufmerksamkeit. Unsere Wertvorstellungen weichen voneinander ab.

Wir beschäftigen uns auch mit der Berichterstattung außerhalb der Verhandlung. Für diese Erkenntnis benötige ich keine wissenschaftlichen Forschungen. Jeder Richter interessiert sich für „seinen" Prozess; er liest alles, was es darüber zu lesen gibt. Kollegen, die beteuern, sie würden niemals die Berichterstattung über ihren Prozess verfolgen, glaube ich nicht unbedingt. Ich warte noch darauf, sie beim heimlichen Kauf der entsprechenden Zeitung zu „erwischen".

Allerdings geht fast jeder Richter davon aus, dass er immun ist gegenüber allen Einflussmöglichkeiten von außen, die seine innere Unabhängigkeit beeinträchtigen könnten. Ich habe mal an anderer Stelle ausgeführt, dass ich die Farbe meines Lippenstifts geändert habe, nachdem ich gelesen hatte, er wirke grellorange. Wenn es nur das wäre. Natürlich kann ich mich nicht bewusst erinnern, dass jemals eine Nachricht oder ein Kommentar in der Presse meine Entscheidung beeinflusst hätte. Allein der Umstand jedoch, dass wir in unseren mündlichen Urteilsbegründungen, ob als Amtsrichter oder als Mitglied des Bundesverfassungsgerichts, gelegentlich auf die Presseberichterstattung eingehen, zeigt jedoch, dass sie uns beeinflusst hat. Gerade Eingangsfloskeln in dem Sinne, dass man sich trotz des öffentlichen Drucks so und nicht anders entschieden hat, zeigen, dass eine Beeinflussung stattgefunden hat, selbst wenn sie sich nicht unmittelbar und direkt auf die Urteilsfindung auswirkt.

Ich möchte es gerne so formulieren: Durch die Berichterstattung in den Medien schleicht sich ein weiterer unsichtbarer, unkalkulierbarer und unkontrollierter Schöffe ins Beratungszimmer. Wenn wir ihn als solchen erkennen, können wir unsere Befangenheit überwinden. Nur auf bewusst Wahrgenommenes können wir bewusst reagieren und unabhängig bleiben. Unbewusste und unterbewusste Beeinflussung bleibt tückisch.

Dass Laienrichter deutlich direkter manipulationsanfällig sein können, zeigt die Praxis. Konkrete Beispiele kann ich Ihnen angesichts des Beratungsgeheimnisses natürlich nicht nennen. Ich darf aber ganz allgemein berichten, dass es durchaus Schöffen gibt, die nicht nur mit der Zeitung und dem entsprechenden Artikel in die Beratung kommen, sondern auch darauf bestehen, dass die dort geäußerte Auffassung doch nicht falsch sein kann. Immerhin steht sie „geschrieben".

5. Grenzen der Berichterstattung

Man kann nicht oft genug daran erinnern: Bis zur Verurteilung gilt ein Beschuldigter als unschuldig. Das ist nicht nur in unserem Grundgesetz so normiert, sondern auch in internationalen Konventionen und einigen Landesverfassungen. Ob dies nur für staatliche Organe gilt, oder auch eine Drittwirkung hat, ob also auch Medien daran gebunden sind, ist nicht entscheidend, da die Medien jedenfalls aufgrund des allgemeinen Persönlichkeitsrechts des Beschuldigten gehalten sind, ihre Berichterstattung darauf einzustellen. Es gilt also für die Medien, ständig abzuwägen zwischen der Unschuldsvermutung und der Meinungs- und Pressefreiheit.

Die Justiz, soweit sie als staatliches Organ tätig wird, ist direkt aus dem Grundgesetz verpflichtet. Sie muss abwägen zwischen dem Recht auf Information, also der Verpflichtung, Auskunft zu erteilen, und dem berechtigten Interesse des Beschuldigten oder anderer am Verfahren Beteiligter.

Das bedeutet, dass weder Staatsanwaltschaft noch Gericht öffentlich vorverurteilen dürfen und dass sie von dem Bewusstsein getrieben sein sollten, dass eine Bloßstellung unter allen Umständen zu vermeiden ist.

Nach § 4 Abs. 2 des PresseG NRW besteht der grundsätzliche Anspruch auf Auskunft nicht, soweit

- durch sie die sachgemäße Durchführung eines schwebenden Verfahrens vereitelt, erschwert, verzögert oder gefährdet werden könnte oder
- Vorschriften über die Geheimhaltung entgegenstehen oder
- ein überwiegendes öffentliches oder ein schutzwürdiges privates Interesse verletzt würde oder
- deren Umfang das zumutbare Maß überschreitet.

Alles klar? Wir bewegen uns wieder da, wo sich Justiz gerne hinbegibt: in das weite Terrain weit auslegbarer Formeln und Formulierungen. Da heißt es, auszulegen und abzuwägen.

Bei der Entscheidung, ob und in welchem Umfang Auskunft erteilt wird, sind das Schutzinteresse der Betroffenen, insbesondere ihr im allgemeinen Persönlichkeitsrecht wurzelndes Geheimhaltungsinteresse und das berechtigte Informationsinteresse der Öffentlichkeit in jedem Einzelfall umfassend miteinander abzuwägen. In Verfahren gegen Jugendliche und Heranwachsende gelten dabei andere Maßstäbe als in Verfahren gegen Erwachsene; Steuer- und Sozialgeheimnisse und die Vertraulichkeit in Personal- und Disziplinarsachen sind zu wahren.

Wieweit Medien und Justiz verwoben sind, zeigt die immer wieder neu aufkeimende Debatte über das Fernsehen im Gericht: Court-TV.

Wir haben es vielfach gesehen: Zunächst erfolgt ein Blick auf die Rolle, also den Aushang vor dem Sitzungssaal, und den Gang vor dem Saal, dann ein Rundblick durch den Gerichtssaal. Man erkennt den oder die Staatsanwälte, meistens noch ihre Akten auspackend oder den Schal bindend, dann den oder die Verteidiger, in der Regel stehend noch ohne Robe oder diese gerade in der Hand haltend sowie den oder die Angeklagten. Diese lächeln entweder verkrampft oder sie versuchen, lässig zu wirken. Dann erfolgt regelmäßig ein Schwenk auf die Richterbank, auf der sich schon die üblichen Kommentare befinden. Gelegentlich sind auch Akten oder deren Bestandteile zu erkennen. Dann ziehen die Kammermitglieder auf, in der Regel der Vorsitzende zuerst, bleiben mehr oder weniger lang stehen, und der Film ist beendet. Die Verhandlung beginnt. Nach der Entscheidung des BVerfG vom 19. Dezember 2007 (1BvR 620/07) zum Coesfelder Bundeswehrprozess sind sogar Live-Aufnahmen aus dem Saal in den Verhandlungspausen grundsätzlich erlaubt. Auch die Entscheidung vom 3. April 2009 (1BvR 654/09) bestätigt das Recht der Presse auf Bildaufnahmen während der Verhandlungspausen und nach Ende der Sitzungen.

Ich frage mich und Sie, welchen Informationswert haben derartige Aufnahmen? Wozu brauchen wir bebilderte Informationen darüber, ob die Beteiligten dick oder dünn, männlich oder weiblich, blond oder dunkel, groß oder klein, alt oder jung sind? Welche Rückschlüsse zieht der Fernsehzuschauer aus den auf dem Richtertisch abgelegten Kommentaren? Was bleibt noch filmreif, wenn (wie bei uns in Wirtschaftsstrafverfahren) die Akten digitalisiert sind? Ein Blick auf den schlafenden Bildschirm?

Es gibt genügend juristische, psychologische und sozialpsychologische Stellungnahmen (nicht nur in den USA) dazu, ob eine Liveübertragung aus dem Saal das Verhalten der Akteure beeinflusst oder nicht. Ebenso wird vertreten, dass Kameras im Saal Risiken für das Rechtssystem bergen (vgl. Boehme-Neßler 2010: 36). Wenn zukünftig Liveübertragungen der gesamten Verhandlung oder auch nur von Teilen derselben gestattet werden sollten, dann können wir uns gerne wieder darüber unterhalten, ob die Justiz dazu die Beratung von Litigation-PR-Beratern braucht. Vielleicht sollten wir dann auch vorab ein Casting der handelnden Personen durchführen, natürlich streng nach den Kriterien des gesetzlichen Richters.

Literatur

Boehme-Neßler, Volker (2010): Die Öffentlichkeit als Richter? Chancen und Risiken von Litigation-PR aus verfassungsrechtlicher und rechtssoziologischer Sicht, in: Ders. (Hrsg.): Die Öffentlichkeit als Richter, Baden-Baden: Nomos, S. 20-51.
Hamm, Rainer (2009): Strafverteidigung und die Medien, in: Rode, Irmgard/Leipert, Matthias (Hrsg.): Das moderne Strafrecht in der Mediengesellschaft, Berlin, S. 59-74.
N.N. (2010): Im Namen des Volkes. Gefühlsdramen im Strafprozess, in: http://www.wdr5.de/sendungen/dok-5/s/d/22.08.2010-11.05.html, eingesehen am 03.08.2011.
Wehnert, Anne (2005): o.T., in: Strafverteidiger, 2005, Beilage, S. 178f.

Staatsanwaltschaften in der Zwickmühle: Zwischen Informationsarbeit und Vorverurteilung

Martin W. Huff

Abstract

Public prosecutors find themselves confronted with the challenge of finding the balance between providing information for media and respecting the suspect's presumption of innocence. There are however opposing interests in ongoing investigations. On the one hand, there is an obligation on giving information based on state's press law. On the other hand the personal rights of the people involved are to be respected. The article explains the prerequisites for publications by public prosecutors, in which investigation stages information could be provided and argues why principles for reporting also apply to public prosecutors.

Im Blickpunkt der Öffentlichkeitsarbeit der Justiz stehen heute die Staatsanwaltschaften.[1] Ihre Öffentlichkeitsarbeit wird von allen Seiten besonders kritisch betrachtet. Zum einen von den Medien selber, die zwar auf der einen Seite es wie selbstverständlich hinnehmen, von den Staatsanwaltschaften über Ermittlungsverfahren informiert zu werden, die aber auf der anderen Seite fragen, mit welchem Interesse eine Staatsanwaltschaft an die Öffentlichkeit geht. Und sich aber auf der Medienseite selbst immer wieder fragen lassen müssen, ob es wirklich schon berichtenswert ist, dass eine Strafanzeige bei der Staatsanwaltschaft eingegangen ist, ohne dass die Behörde schon aufgrund des Zeitablaufs irgendetwas unternehmen konnte – geschweige denn schon eine Meinung dazu hat, ob überhaupt ein Anfangsverdacht besteht, der die Aufnahme konkreter Ermittlungen rechtfertigt. Die Betroffenen selber und ihre Verteidiger versuchen oftmals eine Verdachtsberichterstattung zu verhindern, denn sie wissen, dass meist

---

[1] Einen sehr guten Überblick über den aktuellen Stand der Zusammenarbeit geben Wankel (2008: 1331ff.), Lehr (2006: 803ff.) und auch Fricke (2010: 426).

schon alleine die Tatsache der Berichterstattung zu einer erheblichen Beeinträchtigung der Reputation eines Betroffenen führen kann. Dabei ist es egal, ob es sich um einen Prominenten handelt oder nicht; denn oftmals reicht schon eine lokale Bekanntheit aus, um den Betroffenen durch ein Ermittlungsverfahren zu diskreditieren. Und zu guter Letzt: Nicht wenige „interessierte Anzeigeerstatter" verfolgen mit der Strafanzeige – so vage sie auch sein mag – alleine das Ziel, öffentliche Aufmerksamkeit zu erregen. Es ist keine Besonderheit, dass eine Strafanzeige Journalisten zur Verfügung gestellt wird, bevor sie überhaupt bei der Staatsanwaltschaft oder der Polizei eingegangen ist.

Daher sind die Fragen rund um die Öffentlichkeitsarbeit der Staatsanwaltschaften mit besonderer Sorgfalt und Interessenabwägung der betroffenen Rechtsgüter zu beantworten.

1. Aktuelle Beispiele

Für besondere Aufmerksamkeit haben Staatsanwaltschaften in den vergangenen fünf Jahren gesorgt, als sie über mehr oder weniger spektakuläre Ermittlungsverfahren die Öffentlichkeit informiert haben. Dies betraf zum Beispiel

(1) die Sängerin einer Mädchen-Band in Bezug auf den Verdacht und später die mittlerweile rechtskräftige Verurteilung wegen gefährlicher Körperverletzung in Bezug auf den ungeschützten Geschlechtsverkehr trotz bekannter HIV-Infektion und die Infizierung eines Partners[2] von mehreren Partnern;
(2) einen Bundestagsabgeordneten, dem der Vorwurf gemacht wurde, kinderpornografische Bilder gespeichert zu haben[3];
(3) die Berichterstattung über die Verhaftung, das Ermittlungsverfahren[4] und die Hauptverhandlung gegen einen bekannten Wettermoderator.[5]

---

[2] Zu den Auseinandersetzungen rund um die sich aus dem Ermittlungsverfahren und der daraus resultierenden Berichterstattung vgl. die anschauliche und zutreffende Entscheidung des KG, ZUM-RD 2009, 600 und KG, NJW-RR 2010, 522.
[3] Der Abgeordnete wurde in erster Instanz zu einer Freiheitsstrafe von 15 Monaten auf Bewährung verurteilt - LG Karlsruhe Urt. v. 28.5.2010.
[4] Zum Ermittlungsverfahren vgl. Huff (2010).
[5] Vgl. zu den zahlreichen presserechtlichen Auseinandersetzungen die ersten Entscheidungen des OLG Köln, Urt. v. 15.11.2011 – 15 U 60 – 62/11, zu den verschiedenen Aspekten der Berichterstattung sowie über noch ausstehende Urteile des OLG Köln am 14.2.2012 den Bericht über die mündlichen Verhandlungen des OLG Köln Huff (2012).

Die Berichterstattung über diese Strafverfahren hat in Deutschland – zusammen mit einigen wichtigen Wirtschaftsstrafverfahren – zu Überlegungen geführt, ob und wie über Ermittlungsverfahren berichtet werden darf.

2. Auskunftspflichten aus dem Landespressegesetz

Die Grundlage für die Medienarbeit der Staatsanwaltschaften in Ermittlungsverfahren ist die Informationspflicht der Justiz gegenüber den Medien, so etwa in § 4 NRWLPG, der den Auskunftsanspruch der Medien regelt und sehr weitgehend ist. Die Vorschrift lautet:

> § 4 Informationsrecht der Presse
> (1) Die Behörden sind verpflichtet, den Vertretern der Presse die der Erfüllung ihrer öffentlichen Aufgabe dienenden Auskünfte zu erteilen.
> (2) Ein Anspruch auf Auskunft besteht nicht, soweit
> 1. durch sie die sachgemäße Durchführung eines schwebenden Verfahrens vereitelt erschwert, verzögert oder gefährdet werden könnte oder
> 2. Vorschriften über die Geheimhaltung entgegenstehen oder
> 3. ein überwiegendes öffentliches oder ein schutzwürdiges privates Interesse verletzen würde oder
> 4. deren Umfang das zumutbare Maß überschreitet.
> (3) Allgemeine Anordnungen, die einer Behörde Auskünfte an die Presse überhaupt, an diejenige einer bestimmten Richtung oder an ein bestimmtes periodisches Druckwerk verbieten, sind unzulässig.
> (4) Der Verleger einer Zeitung oder Zeitschrift kann von den Behörden verlangen, daß ihm deren amtliche Bekanntmachungen nicht später als seinen Mitbewerbern zur Verwendung zugeleitet werden.

Unbestritten ist, dass diese Vorschrift auch auf die Justizbehörden und damit auch auf Staatsanwaltschaften Anwendung findet (OLG Stuttgart, AfP 1992, 291), so dass sie Auskunft erteilen müssen, wenn nicht eine Ausnahme im Sinne des § 4 Abs. 2 NRWLPG besteht.

Solche Ausnahmen können gerade in Ermittlungsverfahren[6], in Jugendgerichtsverfahren (Huff 2009: 313) oder bei Auskünften rund um das Steuerrecht[7] vorliegen. Liegt eine Ausnahme nicht vor, so hat die Staatsanwaltschaft Auskunft zu erteilen.

Die Erteilung der Auskunft ist eine Verwaltungsaufgabe und geschieht durch den Behördenleiter – meistens delegiert auf den Mediensprecher. Nur

---

[6] Dazu insbesondere Lehr (2009: 409) – allerdings in vielen Fällen zu einschränkend.
[7] Zu zu weitgehenden Auskünften vgl. VG Saarlouis, NJW 2003, 3431.

diese sind berechtigt und verpflichtet die Auskünfte von Medien zu beantworten. Dies ergibt sich aus den Beamtengesetzen – z.b. aus der ausdrücklichen Regelung in § 70 BBG[8] – und insbesondere auch aus den Medienerlassen der Justizministerien.[9] Es gelten nur offizielle Auskünfte des Behördenleiters (Mediensprecher) als Auskünfte der Behörde. Alle anderen Äußerungen stellen keine amtliche Äußerung dar. Medien müssen hier also überprüfen, in welcher Eigenschaft ein Behördenmitarbeiter eine Aussage macht.

Wichtig ist zum Beispiel die Frage der sogenannten „privilegierten Quelle". Die Justiz ist insgesamt eine privilegierte Quelle im Sinne des Presserechts (Vgl. Soehring 2010: § 2 Rdn. 21 c). Das bedeutet, dass sich die Medien in der Regel auf die Verlautbarungen verlassen dürfen und nicht die Äußerungen einer Behörde gesondert überprüfen müssen. Die medienrechtlichen Sorgfaltspflichten sind hier reduziert. Dies hat – wenn auch in etwas anderem Zusammenhang – das Bundesverfassungsgericht in einer sehr lesenswerten Entscheidung noch einmal bestätigt (BVerfG, Beschl. v. 9.3.2010 – 1 BvR 1891/05).

Einige Ausreißer in der Arbeit von Staatsanwaltschaften und Gerichten führen hier nicht zu einer grundsätzlichen Änderung.[10] Denn die Medien können gerade bei staatlichen Äußerungen deren Wahrheitsgehalt oft nicht überprüfen. Daher bleibt es bei dem Grundsatz: Verletzen staatliche Stellen ihre Pflichten bei der Abwägung zwischen Art. 2 GG (Persönlichkeitsrechte) und Art. 5 GG (Auskünfte im Rahmen der Erfüllung der Pressefreiheit), so haften nicht die Medien, sondern die verlautbarenden Behörden nach Amtshaftungsgrundsätzen.[11] Solange es keine flächendeckende Entwicklung hin zu einer parteilichen oder regelmäßig falschen Medienarbeit der Justiz gibt, kann sich daran nichts ändern. Und dafür gibt es bisher keinerlei Anzeichen.

3. Grundsätze der Verdachtsberichterstattung

Die Staatsanwaltschaften müssen sehr streng die Grundsätze für eine Verdachtsberichterstattung einhalten. Diese Grundsätze gelten nicht nur für die

---

[8] § 70 BBG: „Die Leitung der Behörde entscheidet, wer den Medien Auskunft erteilt".
[9] Vgl. z. B. den neuen Medienerlass in Niedersachsen vom 12.8.2011 – veröffentlicht im Niedersächsischen Rechtspfleger 2011, S. 289.
[10] Im Gegensatz zu Äußerungen von Gernot Lehr in verschiedenen Vorträgen.
[11] So zum Beispiel zum Vodafone-Komplex das OLG Düsseldorf, NJW 2005, 604 und dazu die ehemalige Sprecherin der Generalstaatsanwaltschaft Frankfurt am Main, Becker-Toussaint (2004: 414ff.); OLG Karlsruhe, AfP 2006, 264 – keine Amtspflichtverletzung bei wahrheitsgemäßer Presserklärung.

Medien, sondern ganz besonders für die Staatsanwaltschaft als besonderen Pflichten unterliegenden (Singular-) Behörde. Wer das Recht als privilegierte Quelle (Soehring 2010: § 2 Rn. 21 c) für sich in Anspruch nimmt, muss mit besonderer Sorgfalt arbeiten.

Wie Lehr (2009: 409) und Molle (2010: 331) zu Recht feststellen, besteht zurzeit kein Anlass, von den von der Rechtsprechung entwickelten Grundsätzen der Verdachtsberichterstattung abzuweichen. Dies bedeutet, dass Staatsanwaltschaften auch weiterhin über die Einleitung und die Anklageerhebung in öffentlichkeitswirksamen Verfahren berichten dürfen. Dies darf unter bestimmten Voraussetzungen mit der Nennung des Namens (vgl. BGHZ 27, 238) geschehen. Dies ist etwa der Fall, wenn es sich um einen – auch nur regional – bekannten Verdächtigen handelt oder aber der Namen sowieso schon in aller Munde ist und vielfach in den Medien genannt wurde. Wo hier genau die Grenze verläuft ist immer wieder schwierig zu beantworten. Insgesamt ist es ratsam, sehr vorsichtig mit der Nennung von Namen zu sein, auch wenn die Medien – die immer eine eigene Sorgfaltspflicht haben – einen Namen nennen.

Voraussetzungen für eine zulässige Verdachtsberichterstattung sind weiterhin:

(1) ein Vorfall von gravierendem Gewicht,
(2) Mindestbestand an Beweistatsachen,
(3) keine Vorverurteilung des Betroffenen und Aufrechterhaltung der Unschuldsvermutung und
(4) eine möglichst neutrale Darstellung der Vorwürfe.

Diese Grundsätze gelten meines Erachtens auch für die aktive Medienarbeit der Staatsanwaltschaften, wenn es um Ermittlungsverfahren geht. Eine Medieninformation ist nur dann zulässig, wenn die oben geschilderten Voraussetzungen vorliegen. Dabei ist besondere Vorsicht geboten, wenn die Staatsanwaltschaft von sich aus, ohne konkrete Nachfrage, an die Öffentlichkeit geht.

Daraus darf aber auch kein Dogma gemacht werden, denn die Frage, wann ein Ermittlungsverfahren öffentlich wird, ist manchmal eine Angelegenheit von wenigen Stunden. Die Staatsanwaltschaft kann davon ausgehen, dass manche Verfahren sehr rasch öffentlich werden.

Es kann daher – auch aus Gründen der Objektivität und den Grundsätzen der Verdachtsberichterstattung – sinnvoll sein, dass die Staatsanwaltschaft von sich aus über ein eingeleitetes Verfahren berichtet anstatt Spekulationen Raum zu geben. Dabei muss die Staatsanwaltschaft besonders auch darauf achten, dass sich die Polizeibehörden an die genannten Grundsätze halten, besonders dann, wenn ein Ermittlungsverfahren eingeleitet ist. Denn dann liegt die Medienarbeit nicht mehr bei der Polizei, sondern bei der Staatsanwaltschaft. Leider gibt es oft ein Vorpreschen der Polizei, die ihren Ermittlungserfolg „verkaufen" möchte und dabei nicht immer Rücksicht auf die Rechte der Betroffenen nimmt. Die Staatsanwaltschaft muss sich im Klaren darüber sein, dass sie dafür verantwortlich gemacht werden kann, wenn es zu einer „überschießenden" Medienarbeit der Polizei kommt und sie nicht – obwohl sie die Befugnis und damit auch die Pflicht hat – einschreitet, sondern die Angelegenheit laufen lässt.

4. Nichtöffentlichkeit des Ermittlungsverfahrens

Auch wenn es aufgrund von immer neuen Berichterstattungen in den Medien schwer fällt, bleibt das eigentliche Ermittlungsverfahren nicht öffentlich, sind „Wasserstandsmeldungen" durch die Staatsanwaltschaften nicht zulässig. Staatsanwaltschaften dürfen sich nicht daran beteiligen, Berichterstattungen über angeblich neue Ermittlungsergebnisse zu kommentieren. Denn hier dürfen nun einmal Medien,[12] der Betroffene und sein Verteidiger und auch Vertreter der Nebenklage mehr als die Staatsanwaltschaft.

Von sich aus darf die Staatsanwaltschaft nur über wesentliche Ereignisse, wie etwa eine Verhaftung, berichten. Schon bei Durchsuchungen dürfen diese von der Staatsanwaltschaft zwar auf Nachfrage bestätigt werden, aber es erfolgt keine aktive Mitteilung durch die Behörde selber. Denn dafür fehlt es in aller Regel an einem Informationsbedürfnis und einer Informationspflicht der Staatsanwaltschaft. Auch über einzelne Ermittlungsschritte, wie die Vorlage von Sachverständigengutachten, wichtigen Zeugenaussagen etc. hat die Behörde nicht zu berichten. Dies gilt auch dann, wenn die Medien von anderen Verfahrensbeteiligten oder Dritten informiert werden.[13] Man kann verstehen, dass dies manchem Dezernenten, manchem leitenden Oberstaatsanwalt schwer fällt, aber die rechtsstaatlichen Pflichten einer Behörde gebieten dies. Hier zeigt sich die besondere Rolle der Ermittlungsbehörden.

Hieran haben sich einige Staatsanwaltschaften in der Vergangenheit nicht gehalten.[14] So wurde etwa aus beschlagnahmten Akten berichtet, Tagebuchauf-

---

[12] Vgl. anschaulich OLG Köln, Urt. v. 15.11.2011 – 15 U 61/11 zur Frage der Berichterstattung über ein – angeblich – neues Beweismittel im Ermittlungsverfahren.
[13] In der Regel ist hier § 353 d StGB nicht anwendbar, so dass kaum einmal hier gegen die Berichterstattung vorgegangen werden kann.
[14] Vgl. dazu auch die zum Teil berechtigte Kritik von Müller (2009: XII), der aber mit seinen Schlussfolgerungen zu weit geht.

zeichnungen in Pressekonferenzen verlesen etc. Hier muss in Zukunft vorgesorgt werden, dass dies nicht mehr passiert. Und in manchen Verfahren hat man den Verdacht, dass gezielt auch von Seiten der Ermittlungsbehörden Medien Unterlagen erhalten. Die Staatsanwaltschaften aber zu einem rechtmäßigen Verhalten anzuhalten, ist eine Aufgabe der Generalstaatsanwaltschaften, die für eine entsprechende Schulung und Ausbildung sorgen müssen, was immer noch nicht im erforderlichen Umfang geschieht.

Der nächste Schritt nach der Berichterstattung über ein eingeleitetes Ermittlungsverfahren ist dann die Anklageerhebung durch die Staatsanwaltschaft, über die natürlich berichtet werden darf. Dies darf auch in einem Pressegespräch geschehen.

Wichtig ist insgesamt die Zusammenarbeit mit der Verteidigung (vgl. Lehr 2009: 409; Hohmann 2009: 881).[15] Entgegen mancher Auffassung ist es zwar nicht erforderlich, die Verteidigung vor einer Medieninformation oder einer Pressekonferenz zu informieren (Lehr 2009: 409; VG Frankfurt a.M., StV 1997, 240; VG Frankfurt, NJW 2001, 2038; VGH Kassel, NJW 2001, 3802). Allerdings gebietet es das Gebot der Fairness im Umgang mit der Verteidigung, ihr die Medieninformationen der Staatsanwaltschaft zur Verfügung zu stellen. Und selbstverständlich muss die Anklage förmlich dem Gericht zugestellt sein, bevor es zu einer Pressekonferenz über deren Inhalt kommt. Die Information des Verteidigers ist dabei per Fax oder Mail ausreichend, denn gelegentlich versuchen auch Verteidiger, von sich aus rasch die Medien zu unterrichten, etwa mit dem Inhalt, dass man eine völlig unberechtigte und unhaltbare Anklage erhalten habe. Und dass dies nicht erst am Tag der Pressekonferenz oder der Versendung der Medieninformation geschieht, sondern mit mindestens einem Tag Vorlauf, und das ist eigentlich eine Selbstverständlichkeit (VGH Kassel, NJW 2001, 3802).

Fraglich ist, wie weit die Ermittlungsbehörden Auskünfte zu abgeschlossenen Ermittlungsverfahren erteilen müssen, die zu keiner Ermittlung eines Täters geführt haben oder bei denen z.B. die Todesursache ermittelt wurde, wie etwa im Fall einer Berliner Jugendrichterin. Hier hat das OVG Berlin-Brandenburg (OVG Berlin-Brandenburg, Urt. v. 11.11.2010 – 10 S 32/10) einen sehr weiten Auskunftsanspruch der Medien über die Umstände der Selbsttötung bejaht, die über die reine Mitteilung der Tatsache, dass es ein Fall der Selbsttötung war und ein Fremdverschulden ausgeschlossen werden kann, hinausgeht. Die Mitteilung weiterer Umstände geht im Ergebnis zu weit. Hier ist immer eine sehr sorgfältige Abwägung der verschiedenen Interessen erforderlich, die sowohl den post-

---

[15] Vgl. allgemein zum Umgang mit Journalisten Hamm (2009: 139ff.).

mortalen Persönlichkeitsschutz wie auch die Interessen der Hinterbliebenen berücksichtigen muss. Das Argument, dass die Medien die Möglichkeit erhalten, nachprüfen zu können, ob die Behörden ordentlich gearbeitet haben, geht sehr weit, und daher ist meistens ein weiter Auskunftsanspruch abzulehnen.

5. Ausblick

Auch die Staatsanwaltschaften in Deutschland sind berechtigt, bei laufenden Ermittlungsverfahren den Medien Auskünfte zu erteilen. Dabei müssen sie aber insgesamt zurückhaltend sein, gerade was das laufende Ermittlungsverfahren betrifft. In Zukunft wird es wohl notwendig sein, dass sich Staatsanwaltschaften bei bedeutsamen Ermittlungsverfahren ein Konzept für den Umgang mit den Medien zurechtlegen, das in der Vergangenheit gelegentlich gefehlt hat.

Literatur

Becker-Toussaint, Hildegard (2004): Schmerzensgeldansprüche Beschuldigter bei Medieninformationen der Staatsanwaltschaften, in: NJW 7/2004, S. 414-417.
Fricke, Ernst (2010): Recht für Journalisten, 2. Aufl., Konstanz: UVK.
Hamm, Rainer (2009): Vom Umgang der Strafverteidiger mit Journalisten, in: DAV (Hrsg.): Festschrift zum 25jährigen Bestehen der AG Strafrecht im DAV, Baden-Baden: Nomos, S. 139-151.
Hohmann, Olaf (2009): Verdachtsberichterstattung und Strafverteidigung – Anwaltsstrategien im Umgang mit den Medien, in: NJW 13/2009, S. 881-884.
Huff, Martin W. (2012): Kachelmanns langer Kampf gegen die Presse, in:
http://www.lto.de/de/html/nachrichte n/5330/nach-den-berichten-ueber-das-strafverfahren-kachelmanns-langer-kampf-gegen-die-presse/, eingesehen am 18.01.2012.
Huff, Martin W. (2009): Auskünfte der Justiz gegenüber den Medien in Jugendgerichtsverfahren, in: Bub, Wolf-Rüdiger/Mehle, Volkmar/Schumann, Ekkehard (Hrsg): Recht und Politik: Festschrift f. Peter Gauweiler, München: Luchterhand, S. 313-322.
Huff, Martin W. (2010): Ein Zerrbild wird verbreitet, in: http://www.lto.de/de/html/nachrichten/ 1394/Ein-Zerrbild-wird-verbreitet/, eingesehen am 31.1.2012.
Lehr, Gernot (2009): Grenzen für die Öffentlichkeitsarbeit der Ermittlungsbehörden, in: NStZ 8/2009, 409-413.
Lehr, Gernot (2006): Strafverteidigung und Medien, in: Widmaier, Gunter (Hrsg.): Münchener Anwaltshandbuch Strafverteidigung, München: Beck, S. 803-825.
Molle, Alexander (2010): Die Verdachtsberichterstattung, in: ZUM 4/2010, S. 331-336.
Müller, Henning E. (2009): Prävention von Massakern an Schulen – sollte die Berichterstattung gesetzlich beschränkt werden?, in: NJW-aktuell, 43/2009, S. XII-XIII.
Pruggmayer, Steffen/Möller, Simon (2011): Berfugnisse und Verpflichtungen von Justizsprechern, in: K&R 04/2011, 234-240.
Soehring, Jörg (2010): Pressrecht, 4. Aufl., Köln: Verlag Otto Schmidt.

Wankel, Bernhard (2008): o.T., in: Vordermayer, Helmut/von Heintschel-Heinegg, Bernd (Hrsg.): Handbuch für den Staatsanwalt, 3. Aufl., Köln/München: Carl Heymanns Verlag, S. 1331-1359.

Kommunikations- und Rechtsberatung: Kooperation zwischen Agenturen und Kanzleien als richtungweisendes Modell

Dietrich Schulze van Loon, Tom Odebrecht & Ulrike Penz

Abstract

A change of structure in corporate communications causes a consistent development of new fields of competence. In Germany, Litigation-PR is an upcoming area of expertise. Caused by the advancement to an accepted and comparable communications discipline the demand on efficient, feasible and economical attractive company forms for a strategic communications consulting on litigation rises. The authors present the cooperation between communications consulting and law firms as a budding answer on the change of structure.

Die Unternehmenskommunikation hat sich in den letzten Jahren wesentlich, wenn nicht gar radikal verändert. Immer wichtiger wird es, Unternehmens- und Kommunikationspolitik im Sinne von „communication strategy follows business strategy" in Einklang zu bringen. Der Strukturwandel der Kommunikation manifestiert sich deutlich in der längst nicht mehr wegzudenkenden Bedeutung der Onlinekommunikation, sozialen Netzwerke und mobilen Plattformen. Naturgemäß bieten sich hier Chancen, ergeben sich aber auch neue Risiken im Bezug auf nachhaltige Beschädigungen der Reputation. Der Wettbewerb um mediale Aufmerksamkeit verschärft sich zunehmend, und es wird immer wichtiger, wem die Deutungshoheit zugesprochen wird.

In diesem Zusammenhang ergeben sich neue Kompetenzfelder, die erst in den letzten Jahren in Deutschland an Bedeutung gewonnen haben. Dazu zählt auch das Thema „Litigation-PR". Wenn wir Public Relations als das Management von Meinungsbildungsprozessen begreifen, dann konzentriert sich Litigation-PR auf die strategische Kommunikation bei Rechtsstreitigkeiten. Traditionell in den USA aufgrund des Jury-Systems verwurzelt, bedarf diese Disziplin besonderer Kompetenzen – sowohl auf juristischer als auch auf kommunikationsstrategischer Seite. Zwar endet nicht jede Krise im Rechtsstreit, aber jeder Rechtsstreit hat zumindest immer das Potenzial für eine ausgewachsene Krise. Dieser Tatbestand erfordert eine besondere Expertise bei allen eingebundenen Beratern.

Es liegt also auf der Hand, dass sich Kooperationen zwischen Kommunikations- und Rechtsberatung als zukunftsweisendes Modell der Zusammenarbeit im Markt zunehmend etablieren und sich somit auch über Erfolge profilieren. Sie verdeutlichen den Mehrwert einer strategischen Allianz der unterschiedlichen Beratungsdisziplinen. Beispielhaft sei hier die Kooperation zwischen Molthan van Loon Communications und Bird & Bird LLP erwähnt.

1. Die Ausgangslage bei Rechtsstreitigkeiten

Der Einsatz von Litigation-PR als ganzheitliche, strategische Kommunikation bei Rechtsstreitigkeiten basiert auf der immer gleichen, grundsätzlichen Ausgangslage, in der sich die beteiligten Parteien wiederfinden. Für den Beklagten gilt es, möglichst frühzeitig der negativen Vorverurteilung durch die Medien entgegenzuwirken. Obwohl in Deutschland die Mehrzahl aller Ermittlungsverfahren durch die Staatsanwaltschaft eingestellt wird, ist das mediale Interesse an Gerichtsverfahren – vom Mannesmann- bis zum Kachelmann-Prozess – in den letzten Jahren stark gestiegen. Als Folge ist eine klare Tendenz zur medialen Vorverurteilung der Beklagten im Rahmen öffentlichkeitswirksamer Prozesse erkennbar. Diese übt nicht nur Einfluss auf die Meinungsbildung der unmittelbar am Verfahren beteiligten Parteien, sondern insbesondere der breiten Öffentlichkeit aus.

Daher sieht sich der Beklagte heutzutage häufig einer „Umkehrung" der Unschuldsvermutung gegenüber: Er wird als schuldig dargestellt, bis der Beweis seiner Unschuld erbracht ist. Immer häufiger sehen sich vorsitzende Richter genötigt, öffentlich den medialen Druck gegen die Beschuldigten anzuprangern, der als Folge der Medienberichterstattung aufgebaut wird. Es bleibt aber festzuhalten, dass Medien und Staatsanwaltschaft natürlich nicht allein für die voreilige Stigmatisierung von Verdächtigen in Gerichtsverfahren verantwortlich gemacht werden können.

Für Beklagte und Kläger beiderseits bedeutet eine gerichtliche Auseinandersetzung meist das plötzlich auftretende und intensive Interesse der Medien. Die hohe emotionale Auflagung eines Rechtsstreits – beispielsweise im Falle von Tötungsdelikten oder Korruptionsaffären – kann schnell zum Verlust der Objektivität in der öffentlichen Debatte führen. Dadurch ist der eigentliche Prozessgegenstand in der Öffentlichkeit fast nie das alleinige Thema. Spekulationen, Verleumdungen und gezielte Fehlinformation durch Trittbrettfahrer und andere „Saboteure" können die öffentliche Debatte beeinflussen oder sogar maßgeblich bestimmen.

Die übergeordnete Zielsetzung von Litigation-PR kann aufgrund dieser Ausgangslage nur sein, mit der Steuerung von Kommunikation so früh wie möglich die Deutungshoheit über einen Rechtsfall zu erhalten. Da alle Verfahrensbeteiligten – insbesondere auch die Staatsanwaltschaft – ihre eigenen Ziele verfolgen, neigen sie zum gezielten Einsatz von Mutmaßungen, Übertreibungen und Weglassungen in der öffentlichen Debatte. Bei der Vermittlung der eigenen Inhalte muss sich die Litigation-PR an zwei Kriterien ausrichten: Geschwindigkeit und Glaubwürdigkeit. Mit (reaktions-)schnellen und glaubwürdigen Inhalten gilt es für die Litigation-PR, unwiderrufliche Vorverurteilungen durch die Öffentlichkeit zu vermeiden und diesen möglichst frühzeitig entgegenzutreten.

In erster Linie ist Litigation-PR auf den beklagten bzw. klagenden Mandanten ausgerichtet und stiftet ihm Nutzen und Mehrwert. Die Reputationssicherung des Mandanten steht hier im Vordergrund. Sie ist in der deutlichen Mehrheit der Fälle das entscheidende Erfolgskriterium der Kommunikationsberatung und -maßnahmen. Die Vermeidung von Reputations- und Imageschäden ist dabei gänzlich unabhängig vom Ausgang des Verfahrens zu beurteilen: Auch ein letztendlich siegreicher Gerichtsprozess – z.B. durch Abweisung einer Anklage – kann für den Beklagten irreparable und kostspielige Reputationsverluste mit sich führen. In der jüngeren Vergangenheit stechen im deutschen Kontext die beiden Verfahren gegen die ehemaligen Fernsehmoderatoren Andreas Türck und Jörg Kachelmann wegen Vergewaltigung bzw. Missbrauch heraus. Trotz abgewiesener Klage bedeutete die gerichtliche Auseinandersetzung für beide Beklagte das Ende ihrer bisherigen beruflichen Karriere.

Die Reputation des Klägers kann hingegen in Mitleidenschaft gezogen werden, wenn sich die eingereichte Klage als haltlos erweist und vor Gericht abgelehnt wird. Aber auch an einem Verfahren beteiligte Rechtsanwälte sind heute auf professionelle kommunikative und medienrechtliche Beratungsdienstleistungen angewiesen, denn sie stehen ebenso wie andere Verfahrensbeteiligte im Fokus der medialen Öffentlichkeit. Litigation-PR kann nicht nur bei der Durchsetzung der juristischen Ziele vor Gericht helfen, sondern unterstützt auch die eigene Kommunikation der Advokaten, die im Zuge der Medialisierung von Strafprozessen immer höheren Anforderungen genügen muss.

Die beschriebenen Rahmenbedingungen tragen in erheblichem Maße zur wachsenden Bedeutung von kommunikativen Aktivitäten im Rahmen von Rechtsstreitigkeiten bei. Damit einhergehend ist in den letzten Jahren auch die

Nachfrage nach professioneller Kommunikations- und Rechtsberatung aus einer Hand stark gestiegen. Diesen Anforderungen müssen die Beratungs- und Dienstleistungsangebote von Kommunikationsberatungen und Anwaltssozietäten Rechnung tragen. Eine vielversprechende Antwort auf die wachsende Nachfrage ist die enge Kooperation zwischen beiden. Im Folgenden wird auf die Grundlagen dieses Kooperationsmodells eingegangen.

2. Grundlagen der Kooperation zwischen Kommunikationsberatungen und Kanzleien

Die vielfältigen Gründe für Kooperationen zwischen Kommunikationsberatungen und Kanzleien ergeben sich zu einem erheblichen Teil aus der bereits dargelegten Situationsanalyse des Verhältnisses zwischen Medien, Öffentlichkeit und Strafrechts- bzw. Zivilrechtsverfahren. Grundvoraussetzung ist stets die Zusammenarbeit auf Augenhöhe: Anwälte und Kommunikationsexperten müssen als gleichberechtigte Partner agieren, um den Mandanten effektiv und effizient beraten zu können. Aufgrund der nicht immer synchron verlaufenden „Spannungskurven" des juristischen Verfahrens und des medialen und öffentlichen Interesses muss die Vorgehensweise im Rahmen der prozessbegleitenden Litigation-PR-Strategie möglichst früh abgestimmt, von allen Teammitgliedern getragen und regelmäßig überprüft werden. Eine Strategie aus einer Hand ist somit individuellem Vorgehen oder unkoordinierter Beratung überlegen.

2.1 Bündelung von Ressourcen, Expertise und Erfahrung: Was beide Partner in die Kooperation einbringen

Anspruchsvolle Litigation-PR-Strategien können heutzutage meist nur noch mit der Bündelung von Ressourcen und Expertise von Kommunikationsberatungen und Anwaltssozietäten umgesetzt werden. Durch die enge Kooperation zwischen den Partnern stehen dem Litigation-PR-Team weitaus größere finanzielle und personelle Ressourcen zur Verfügung, als dies bei der Einzelberatung durch Juristen bzw. Kommunikationsexperten möglich wäre. Gerade diese können in kritischen Prozessphasen ein entscheidender Vorteil sein, wenn an vielen „Baustellen" gleichzeitig oder unter immensem Zeitdruck gearbeitet werden muss.

Natürlich stellen aber das jeweilige Fachwissen und die professionelle Erfahrung, die beide Partner in die Kooperation einbringen, den größten Mehrwert des Modells dar. Juristische Expertise auf allen relevanten Rechtsgebieten auf der einen und Fachkompetenz in der strategischen Aufsetzung von Kommunikation auf der anderen Seite bilden das Grundgerüst der Zusammenarbeit. Darüber hinaus verfügt die Kanzlei über Erfahrung im Einsatz der juristischen Instrumente im jeweiligen Rechtsgebiet, während die Kommunikationsberatung vertraut ist im Umgang mit der Vielzahl der verfügbaren Kommunikationsinstrumente. Da sich die Kommunikationsstrategie ebenso an der Position des Mandanten – d.h. Kläger oder Beklagter – wie am betroffenen Rechtsbereich ausrichten muss, ist die gebündelte Expertise und Erfahrung des Teams nötig, um das bestmögliche Ergebnis für den Mandanten zu erzielen.

In Bezug auf die bespielbaren Kommunikationskanäle erweitert die Kooperation das Netzwerk an – idealerweise – belastbaren Kontakten zu den unterschiedlichen Stakeholdern. In diesem Zusammenhang sind bestehende Kontakte der Kanzleien zu Fachjournalisten sowie den Rechtsabteilungen der Verlagshäuser, Medienunternehmen und – sofern zutreffend – in das Verfahren involvierten Unternehmen von unschätzbarem Wert für die Litigation-PR. In der Praxis werden die Kontakte zur Fachpresse und in die Rechtsabteilungen der Medienhäuser dazu genutzt, um den Mandanten schädigende Medienberichterstattung im Vorfeld zu unterbinden oder zumindest einzudämmen. Gleiches gilt natürlich auch für die Kommunikationsberatung: Ihr Netz an Medienkontakten kann die Berichterstattung zu einem Rechtsstreit beeinflussen und das Litigation-PR-Team frühzeitig mit Informationen zu bevorstehenden Veröffentlichungen versorgen.

Die Steuerung der Informationen wird von den Kommunikationsexperten stets in Ableitung aus der juristischen Strategie vorgenommen, um diese bestmöglich zu unterstützen. Wann welche Informationen über welche Kanäle an Stakeholder kommuniziert werden sollten, bedarf ihrer ausgewiesen Kompetenz und Erfahrung. Ein wichtiger Aspekt ist hierbei das Erwartungsmanagement der Stakeholder, d.h. die Analyse und gezielte Steuerung der Erwartungshaltungen der unterschiedlichen involvierten Akteure. Erwartungsmanagement kann Missverständnissen bei der Kommunikation mit den Stakeholdern vorbeugen, indem im Vorfeld geklärt wird, welche Erwartungshaltungen diese einnehmen. Dies fällt selbstverständlich in den Kompetenzbereich der Kommunikationsexperten des Teams.

Für die tägliche Arbeit ist zudem nicht zu unterschätzen, dass mit der juristischen Expertise der Anwälte auch umfassende Kenntnisse zum exakten Verfahrensablauf des jeweiligen Rechtsfalls vorhanden sind.

2.2 Exemplarischer Aufbau des Litigation-PR-Teams

Zentrum der Kooperation ist das Kernteam aus Experten der Kommunikationsberatung und Kanzlei. Üblicherweise bilden zwei Führungskräfte auf Partnerebene – jeweils eine aus Kanzlei und Kommunikationsberatung – die Leitung des Teams. Auf Seiten der Kanzlei ist meist ein Fachanwalt für Medienrecht festes Team-Mitglied. Dieser ist in der Lage, die Berichterstattung unter medienrechtlichen Gesichtspunkten zu bewerten und über die Justiziare auf die Verlags- und Medienhäuser einzuwirken – notfalls unter Androhung entsprechender rechtlicher Konsequenzen. Hinzu kommt ein Fachanwalt, welcher im Rechtsgebiet des Verfahrensgegenstands beheimatet ist.

Neben der Leitung und dem juristischen Personal wird das Litigation-PR-Team durch einen erfahrenen Krisenkommunikationsmanager ergänzt. Da ein erheblicher Teil der Litigation-PR-Arbeit in den Bereich der Krisenkommunikation fällt, ist ein krisenerprobter Kommunikationsexperte für die Kooperation von unschätzbarem Wert. Ein weiterer Themen- oder Branchenexperte aus dem Hause der Kommunikationsberatung komplettiert das Kernteam der Litigation-PR. Eine kleine und eingespielte Mannschaft gewährleistet eine effektive Arbeitsweise ohne zeitraubende Abstimmungsschleifen und unnötige Missverständnisse. Bei Bedarf können weitere Kommunikationsexperten, Anwälte und Berater aus dem Ressourcenpool der beiden Kooperationspartner hinzugezogen werden.

2.3 Mehrwert für Kommunikationsberatung und Kanzlei

Von der Kooperation profitieren neben dem Mandanten selbstverständlich auch unmittelbar Kommunikationsberatung und Kanzlei. Die Erweiterung des Beratungsangebots der Kommunikationsagentur erschließt neue Märkte und potenzielle Kunden und stellt das Unternehmen somit auf ein breiteres wirtschaftliches Fundament.

Die Integration juristischer Fachkompetenz in das Unternehmen erhöht dabei die Qualität des Leistungskatalogs im erheblichen Maße, denn wie eingangs beschrieben, müssen Litigation-PR-Strategien heute höchsten Qualitätsansprüchen genügen, um effektiv und erfolgreich umgesetzt werden zu können. Nur so kann sich das Beratungsunternehmen die Reputation als Experte für Litigation-PR aufbauen bzw. wahren.

Die Zusammenarbeit mit Anwälten stellt auch für den klassischen Geschäftsbereich der Krisenkommunikation einen deutlichen Mehrwert dar. Eine

Vielzahl solcher Mandate können nicht ohne das entsprechende juristische Fachwissen erfolgreich bearbeitet werden. Die inhaltlichen Anforderungen an die Krisenkommunikation sowie die enge Verzahnung der kommunikativen Strategien in der Krisen- und Litigation-PR sorgen dafür, dass sich beide Bereiche in der Praxis nicht nur stark überschneiden, sondern in der Umsetzung auch ideal ergänzen. Der Kommunikationsberatung ist es somit möglich, Rechtsexpertise schnell und flexibel für laufende Mandate der Krisenkommunikation einzusetzen.

Für die Kanzlei ergeben sich gleichermaßen positive Effekte in Bezug auf die eigene Geschäftstätigkeit. So können die Anwälte durch die Mitarbeit im Litigation-PR-Team externen Einfluss auf die Rechtfindung und sogar Rechtsprechung im betreuten Fall nehmen. Wird die Kommunikationsstrategie mit dem positiven Ausgang des Rechtsstreits in Verbindung gebracht, kann dies einen immensen Reputationsgewinn für die Sozietät bedeuten. Zudem erhoffen sich insbesondere kleinere Kanzleien durch die Kooperation eine Steigerung des eigenen Bekanntheitsgrads im umkämpften Markt der Rechtsberatung.

Beide Aspekte – Bekanntheit und Reputation – wirken sich im Idealfall positiv auf die Beauftragung der Kanzlei durch in Rechtsstreitigkeiten verwickelte Privatpersonen oder Konzerne aus. Viele Kanzleien generieren heutzutage einen Großteil ihrer Einnahmen nicht mehr mit der klassischen anwaltlichen Vertretung vor Gericht, sondern mit juristischen Beratungsleistungen im Hintergrund. Eben dieser Geschäftsbereich kann daher ungemein von der Zusammenarbeit mit Kommunikationsberatungen profitieren.

3. Arbeitsweise der Kooperation

3.1 Bausteine der Kooperation

Wie vorangehend erläutert, werden in der Kooperation zwischen Anwälten und Kommunikationsexperten die juristische und kommunikative Expertise gebündelt. Die Bildung eines Kernteams aus Kanzlei und Kommunikationsberatung stellt dementsprechend den ersten Baustein der gemeinsamen Arbeit dar. Um im Sinne des Mandanten das volle Potenzial der Zusammenarbeit nutzen zu können, ist eine transparente und vertrauensvolle Beratungsstruktur unerlässlich. In erster Linie bedeutet dies einen permanenten Informationsfluss zwischen Kanzlei und Kommunikationsberatung, dem verfahrensbeteiligten Anwalt und dem Mandanten. Dieser wird gestützt durch regelmäßige Absprachen und persönliche Treffen – je nach Situation und Bedarf in bilateraler oder multilateraler Form.

Erfahrungen aus der Praxis zeigen, dass interne Konflikte zwischen beiden Kooperationspartnern besonders dann auftreten, wenn das juristische Verfahren an Schnelligkeit und Intensität gewinnt – also genau dann, wenn der Abstimmungsbedarf und das Schadenspotenzial am größten sind. Damit aufgrund individueller Einschätzungen und unterschiedlicher Arbeitsweisen nicht bereits innerhalb des Kernteams aus Kanzlei und Beratungsunternehmen Differenzen auftreten, die die gemeinsame Zielverfolgung gefährden können, müssen die Rahmenbedingungen der (operativen) Zusammenarbeit von Beginn an klar festgelegt werden. Hierfür ist es immanent wichtig, ein Treffen des Kernteams mit dem verfahrensbeteiligten Anwalt und dem Mandanten durchzuführen. Im Mittelpunkt der Absprachen stehen die Rollenverteilung sowie die juristische und die kommunikative Strategie, welche von allen Beteiligten gleichermaßen getragen werden müssen. Nur so ist es möglich, während des Verfahrens nach außen Geschlossenheit zu demonstrieren. Neben der grundlegenden Festlegung der Vorgehensweise gilt es, im ersten Abstimmungsgespräch u.a. detailliert zu klären, welche Konflikte zwischen dem Kernteam, dem Anwalt und dem Mandanten entstehen können, wie diese zu lösen sind oder auch wie im Rahmen der Zusammenarbeit mit der Verschwiegenheitspflicht der Anwälte umzugehen ist.

Sind die individuellen Kompetenz- und Aufgabenbereiche der Teammitglieder sowie die Details der Zusammenarbeit abgesteckt, beginnt der umfassendste und gleichzeitig wichtigste Schritt der Litigation-PR: die Situationsanalyse. Das Kernteam sammelt dabei sämtliche Informationen, die für den Prozess (potenziell) von Relevanz sein können. Dabei berücksichtigt es grundlegende Rahmenbedingungen wie die Art des Verfahrens – Straf- oder Zivilrechtsfall – oder die Rolle der verfahrensbeteiligten und ggf. -betroffenen Personen in der Öffentlichkeit. Die gesammelten Informationen der Situationsanalyse verdichtet das Kernteam in einer Chancen-Risiken-Abwägung. Zentrale Aussagen der Anklageschrift und Hintergrundinformationen zu den Beteiligten des Verfahrens können hierbei ebenso von Bedeutung sein wie Analysen zur Entwicklung der Medienberichterstattung im Verlauf ähnlicher Fälle in der Vergangenheit.

Während die Situationsanalyse den inhaltlichen Grundstein für die Litigation-PR legt, ist die Strategie als logische Ableitung aus dem Chancen-Risiken-Profil in Form eines „Fahrplans" für das gemeinsame Vorgehen zu verstehen. Sie bestimmt, welche juristischen und kommunikativen Schritte wann und mit welchem Ziel aufeinander folgen und richtet sich u.a. nach Faktoren wie der Rolle des Mandanten im Verfahren – Kläger oder Beklagter – oder seiner Erfahrung im Umgang mit den Medien und der Öffentlichkeit. Die kontinuierliche Beratung durch das Kernteam legt sich bei der Entwicklung der Strategie wie eine Klammer um alle Bereiche und ermöglicht somit größtmögliche Konsistenz der Handlungen und Aussagen aller Akteure im Team. Auch wenn die Erarbeitung der Situationsanalyse und die Entwicklung der Strategie mit hoher Gründlichkeit und Professionalität vorgenommen werden, bleibt es aufgrund der Dynamik juristischer Verfahren und öffentlicher Berichterstattung/Wahrnehmung nicht aus, dass sich zentrale Rahmenbedingungen im Prozess kurzfristig verändern können. Dies geschieht beispielsweise dann, wenn neue Akteure auftreten und bis dato unbekannte Aspekte und Fakten in den Fall einbringen. Um mit derartigen Gegebenheiten adäquat umgehen zu können, ist es unerlässlich, auch die Situationsanalyse und die darauf aufbauende Strategieentwicklung als dynamische und vor allem zeitlich offene Bausteine der Arbeit zu betrachten. Nur wer in jeder Phase des Verfahrens Augen und Ohren offen hält, hat die Chance, bei wesentlichen Änderungen frühzeitig reagieren und die Strategie den neuen Gegebenheiten anpassen zu können. Darüber hinaus ist bei sämtlichen Bausteinen der Litigation-PR zu bedenken, dass das juristische Verfahren den Ausgangs- und Mittelpunkt der Aktivitäten bildet und die juristische Strategie demnach zu keinem Zeitpunkt gefährdet werden darf.

Die Umsetzung der gemeinsam entwickelten Strategie bildet den letzten Baustein der Litigation-PR. Sie umfasst die kontinuierliche Abstimmung aller Aktionen der Beteiligten sowie den eng verzahnten Einsatz aller notwendigen Instrumente auf juristischer und kommunikativer Seite. Hierbei geht es nicht nur darum, kurzfristige Erfolge während des Verfahrensverlaufs zu erzielen, sondern die Strategie so umzusetzen, dass die positiven Effekte der Litigation-PR auch langfristig, d.h. über die Dauer des Verfahrens hinweg, wirken können. Hierfür stehen den Juristen und Kommunikationsexperten verschiedene Instrumente zur Verfügung.

Auf Seiten kooperativer Instrumente werden für den (aktiven) Stakeholder-Dialog Pressemitteilungen, Pressekonferenzen, Interviews, Hintergrundgespräche mit Journalisten, Dark Sites, Sprachregelungen, Anzeigenschaltungen, Informationsmanagement via Social Media sowie je nach Fall weitere Instrumente der Medienarbeit und Stakeholderkommunikation eingesetzt. Um unnötige Konflikte mit Stakeholdern um das Verfahren herum zu vermeiden, empfiehlt es sich oft – aber bei weitem nicht immer – zunächst Aktionen und Reaktionen auf kooperativer Ebene vorzuziehen.

Gerade aus juristischer Sicht und unter dem Aspekt begrenzt verfügbarer Zeit zur Kommunikation und Konfliktlösung kann je nach Situation aber ebenso der Einsatz (medien-)rechtlicher Instrumente zur Prävention, Reaktion oder Kompensation zielführend sein. Hierzu zählen unter anderem vorbeugende und nachträgliche Unterlassungsansprüche (Prävention), Gegendarstellungen, Widerrufe und Richtigstellungen (Reaktion) sowie Schadensersatz oder Geldentschädigungen (Kompensation).

3.2 Stadien der Litigation-PR

Während die erläuterten Bausteine und Instrumente einen groben Umriss der Kooperation von Juristen und Kommunikationsexperten zeichnen, geben die Stadien der Litigation-PR genaueren Aufschluss über den Ablauf und die Schwerpunkte der operativen Zusammenarbeit. Diese beginnt so früh wie möglich vor dem Verfahren mit der Vorbereitung, Informationssammlung und Schaffung einer einheitlichen Position.

Vor allem tagesaktuelle Boulevardzeitungen wie die *BILD*, die *Hamburger Morgenpost* oder die *Münchner Abendzeitung* tendieren dazu, in ihrer Berichterstattung z.T. vorschnell deutlich Position für oder gegen die einzelnen Verfahrensbeteiligten zu beziehen. Um die Informations- und Kommunikationshoheit unter diesen Bedingungen soweit wie möglich zu behalten und somit – für den Mandanten potenziell negativen – Spekulationen vorzubeugen, müssen Juristen und Kommunikationsexperten bereits im ersten Schritt ihrer Zusammenarbeit auf Anfragen und/oder Darstellungen in den Medien reagieren. Ein gegenseitiges Grundverständnis der Arbeitsweisen innerhalb des Kernteams ist zweifelsohne von Vorteil, um dieser Anforderung schnell und effektiv gerecht zu werden.

Im Laufe des Ermittlungsverfahrens und des anschließenden Zwischenverfahrens verlagert sich der Schwerpunkt der Kommunikation von der reaktiven auf die aktive Ebene, indem die eigene Position sofort eindeutig vermittelt wird. Entlastende Informationen und eine schlüssige Erläuterung hintergründiger Zusammenhänge können an dieser Stelle helfen, das Bild des Mandanten in der Öffentlichkeit frühzeitig möglichst positiv zu beeinflussen. Gerade in Fällen, bei denen der Mandant eine gewisse Prominenz besitzt und/oder die rechtswidrige Tat gleichzeitig ethische und moralische Werte der Gesellschaft verletzt, ist allerdings zu bedenken, dass sich die öffentliche Meinung schnell und sehr drastisch gegen den Beklagten richten kann. Litigation-PR kann in diesem Fall mittels fundierter Informationen zwar zur teilweisen Neutralisierung des Bildes beitragen, die kritische, negative Gesamthaltung der Öffentlichkeit gegenüber dem Mandanten wird sie aber nur in Einzelfällen ins Positive bewegen können. Um in dieser Situation dennoch eine möglichst gute Ausgangsposition für die

Hauptverhandlung zu schaffen, können erste medienrechtliche Reaktionen auf die Berichterstattung sinnvoll sein.

Während der Hauptverhandlung steht die aktive Unterstützung des verfahrensbeteiligten Mandanten und seines Anwalts im Mittelpunkt der Litigation-PR. Durch die fortlaufende Vermittlung der eigenen Position sowie mögliche medienrechtliche Schritte soll ihnen „Rückendeckung" gegeben und somit die volle Konzentration auf die Verhandlung ermöglicht werden.

Das Urteil ist auf juristischer Seite der entscheidende und – in der Regel – abschließende Punkt im Verfahrensverlauf. Für die Litigation-PR ist es zwar ebenfalls von sehr großer Bedeutung, jedoch stellt es alles andere als ein Ende der kommunikativen Aktivitäten dar. Vielmehr entsteht durch das Urteil eine neue Ausgangssituation für die weiterführende Kommunikation, in der es darum geht, Stellung zu beziehen und im Sinne des Mandanten Einfluss auf die öffentliche Interpretation zu nehmen. Im Falle eines positiven Ausgangs für den Mandanten gilt es, das Urteil sachlich zu stützen und mit Zufriedenheit – nicht aber mit Selbstgefälligkeit – zu bewerten. Endet das Verfahren aus Sicht des Mandanten mit einem negativen Urteil, steht im Folgenden die „kommunikative Schadensbegrenzung" im Mittelpunkt. Ein möglichst offener, transparenter Dialog mit den relevanten Stakeholdern kann eine starke Verschlechterung der Beziehung und den damit einhergehenden Entzug der Legitimation verhindern oder zumindest begrenzen. Da sie mitunter direkt vom Ausgang des Verfahrens betroffen sind, ist es besonders wichtig, sich mit internen Stakeholdern – z.B. Mitarbeitern – ebenso zum Urteil auseinanderzusetzen wie mit externen Stakeholdern – z.B. Aktionären, Medien, Kunden.

Generell ist die Nachbereitung des Verfahrens als letztes Stadium der Litigation-PR von essentieller Bedeutung, da die (selbst-)kritische Auseinandersetzung mit dem juristischen und kommunikativen Verfahrensverlauf und -ausgang wertvolle Anhaltspunkte zur künftigen Optimierung der Kooperation von Juristen und Kommunikationsexperten bietet.

4. Fazit

Mit dem Aufstieg der Litigation-PR zur anerkannten und gleichwertigen Kommunikationsdisziplin steigt in Deutschland automatisch der Bedarf an effizienten, praktikablen und vor allem wirtschaftlich sinnvollen Geschäftsformen. Eine vielversprechende Antwort auf diesen Strukturwandel in der Unternehmenskommunikation ist die vorgestellte Kooperation zwischen Kommunikationsberatungen und Anwaltskanzleien. Durch die Verknüpfung der kommunikativen und juristischen Expertise, der Ressourcen und Erfahrungen ist sie in der Lage, der hohen Dynamik von Rechtsstreitigkeiten Rechnung zu tragen und schnell und glaubwürdig im Sinne des Mandanten zu agieren und reagieren.

Um die Professionalität und Effektivität der Zusammenarbeit zu gewährleisten, gilt es in der Praxis für Kommunikationsberatungen und Kanzleien, eine (selbst-)kritische Einschätzung vorzunehmen, ob und inwiefern die unternehmerischen Grundsätze des potentiellen Kooperationspartners mit den eigenen kompatibel sind. Zu große Differenzen im Selbstverständnis, im Leistungsportfolio und hinsichtlich des Erfahrungsschatzes beider Seiten können unnötige Differenzen innerhalb des Kernteams hervorrufen und die gemeinsame Zielverfolgung für den Mandanten behindern.

Da Kooperationen von Kommunikationsberatungen und Anwaltskanzleien in Deutschland bis dato nur vereinzelt bestehen, wird es künftig sowohl in der Wissenschaft als auch in der Praxis erforderlich sein, anhand von Cases Erfahrungswerte zu sammeln und mit Hilfe dieser das Kooperationsmodell an sich – d.h. in der Theorie – ebenso wie individuelle Zusammenschlüsse in der Praxis zu bewerten und, in einem zweiten Schritt, zu optimieren.

Litigation-PR in der Krisenkommunikation: Beratungsstrategie aus der kommunikativen und juristischen Doppelperspektive

Hartwin Möhrle

Abstract

A communicative management of crisis-laden public occurrences is mostly influenced by legal content. Because of this, Litigation-PR starts the moment crisis management begins. Exemplary cases show, how important it is in acute crisis, that jurists, crisis managers and decision makers are cooperating well and professionally. This lays the foundations to perspective views, assessments and a concerted strategic approach to tackle the situation – from a legal and a communicative point of view.

Wenn wir von Litigation-PR in der Kommunikationskrise sprechen, dann heißt das zunächst einmal, die unterschiedlichen Verlaufssituationen einer Kommunikationskrise zu bestimmen: Das sind jene Phasen, in denen eine direkte oder mindestens indirekte Wirkungskorrelation zwischen den juristischen und prozessualen Aktivitäten mit der Reputation der involvierten Unternehmen, Institutionen und Personen besteht oder entstehen könnte. Insofern verfügen Krisenkommunikation und Litigation-PR über viele parallele und ähnliche Mechanismen, Methoden und Instrumente (vgl. Heinrich 2010: 107f.).

Die Intensität dieser Wirkungskorrelation hängt in hohem Maße von der Brisanz der im Laufe des Prozesses und in der Öffentlichkeit verhandelten Sachverhalte und der Popularität der involvierten Personen ab. Aus der kommunikativen Perspektive ist mit dem Prozess jedoch der gesamte Ablauf einer Krise und deren öffentlicher Rezeption gemeint, nicht allein die eigentliche Verhandlung des Falles vor Gericht. Sie ist nur ein Teil der Kommunikationskrise, wenn auch meist ein besonders spektakulärer.

Die schädliche Wirkung einer Kommunikationskrise beginnt sich in der Regel schon viel früher zu entfalten, etwa mit einer Hausdurchsuchung, einem

Unfall, einer Straftat oder einer Enthüllung. Und doch beginnt bei den meisten Krisen im Moment ihres Entstehens selbstverständlich auch die juristische Betrachtung, mit anderen Routinen und öffentlicher Wahrnehmbarkeit. Eine Verhaftung oder eine spektakuläre Hausdurchsuchung generiert je nach Popularität der betroffenen Personen oder dem Skandalgehalt der Sache selbst unmittelbar öffentliche Aufmerksamkeit. In diesem Falle beginnen professionelle Kommunikatoren, gleichzeitig die Kommunikationskrise mit dem Ziel möglichst rascher Entdramatisierung zum Schutz der Reputation zu bearbeiten und im Sinne der Litigation-PR zu behandeln, lange vor dem eigentlichen Prozessbeginn – wenn es überhaupt dazu kommt. Ein laufendes Ermittlungsverfahren muss dabei immer auch mit beiden Blickwinkeln verfolgt und behandelt werden: im Sinne der Krisenkommunikation und der Wechselwirkung zwischen kommunikativem Handeln und juristischem Verfahren.

Litigation-PR ist nicht automatisch eine Spielart der Krisenkommunikation. Es gibt juristische Verfahren, die keine Kommunikationskrisen auslösen, bei denen aber intensiv und mit hohem kommunikativen Einsatz versucht wird, auf Ermittlungsbehörden, Staatsanwälte und Richter Einfluss zu nehmen. Die juristischen Auseinandersetzungen in jüngster Zeit zwischen Unternehmen wie Apple und Samsung zu marken- und patentrechtlichen Fragen werden begleitet von gezielten kommunikativen Aktivitäten und Interventionen, wenn auch vielfach nur verdeckt.

Das besondere in dem Verhältnis von Litigation-PR und Krisenkommunikation ist, dass je nach Verfahrensverlauf und Verhalten der Beteiligten schnell krisenhafte Eskalationen entstehen können und zwar in beide Richtungen. Die potenziell hohe Wechselwirkung macht eine kategorische Abgrenzung beider Anforderungssituationen so schwierig wie fragwürdig. Vielmehr kann es nur darum gehen, beide Perspektiven mit der jeweils durchaus spezifischen kommunikativen Kompetenz permanent mit einander abzugleichen.

Das heißt: Ein guter Krisenkommunikator muss heute zwingend über ein Grundverständnis für die rechtlichen Aspekte und Facetten eine Krise verfügen. Sonst wird es ihm schwerfallen, juristische Inhalte und Verfahrensweisen im Hinblick auf ihre kommunikative Außenwirkung wirklich beurteilen und antizipieren zu können. Das gilt genauso für den Litigation-PR-Berater, der ohne Grundkenntnisse im kommunikativen Krisen- und Issuesmanagement eigentlich nicht denkbar ist. Die Praxis zeigt, dass es bis zur Erfüllung dieses Anspruch bei allen Beteiligten, nicht nur auf Seiten der Krisen- und Litigation-PR, noch ein weiter Weg ist.

Bei der Einordnung der Litigation-PR in den Kontext der Kommunikationsdisziplinen wird immer wieder von einer eigenen Kommunikationsdisziplin gesprochen. Das stimmt hier genauso wenig wie für die Krisenkommunikation. Gleichwohl setzen beide Anforderungsbereiche einschlägige Erfahrungen und originäre Kompetenzen voraus. Um die damit verbundenen professionellen Besonderheiten herauszuarbeiten, bedarf es jedoch keiner der bisweilen arg verkrampften Abgrenzungsversuche gegenüber der „normalen" PR.

Vielmehr geht es um eine durch die besondere Wechselwirkung von juristischer und kommunikativer Sachverhaltsbetrachtungen und Strategien besonders anspruchsvolle Form der professionellen Kommunikation – vor allem dann, wenn durch ein hohes öffentliches Interesse das kommunikative Verhalten aller Beteiligten nicht unerheblichen Einfluss auf deren Reputation und Image hat. Und sie ist auch in Deutschland nicht neu. Öffentlich spektakulär begleitete Prozesse und Verfahren hat es, man ist geneigt zu sagen, schon immer gegeben. Die Älteren unter uns erinnern sich gewiss an den so genannten Staranwalt Rolf Bossi, dem man post mortem getrost und hoffentlich ungestraft unterstellen darf, dass er seine Brillanz als Strafverteidiger mit einer gehörigen Portion Selbstinszenierungsenergie verbunden hat – die ihm auch manche Person des öffentlichen Zeitgeschehens als Mandant zugeführt haben mag.

Doch betrachten wir zunächst einige Beispiele aus der Praxis. Sie sollen helfen, die komplexen Wirkungsmechanismen zwischen Litigation-PR und Krisenkommunikation anschaulich zu machen.

1. "Let's do the right things first"

Im Herbst 2003 hat ein deutscher Säuglingsnahrungshersteller (vgl. Möhrle/Ahrens 2007: 48f.) ein Produkt nach Israel ausgeliefert, dem es an einem wichtigen Vitamin fehlte. Die Folge: Säuglinge erkrankten schwer, einige starben, andere wurden schwer geschädigt, mit lebenslangen Folgen. Der Fall schlug hohe Wellen. Tagelang belagerten deutsche und internationale Journalistenteams das Unternehmen. Wochenlang berichteten israelische Medien seitenweise über das Drama. Länder, in die das Unternehmen exportierte, verfügten Importstopps auf alle Waren, obwohl sehr schnell feststand, dass es nur um ein einziges, noch dazu ausschließlich für ein Vertriebsunternehmen in Israel hergestelltes und geliefertes Produkt ging. Eine Krise mit allen Inkredenzien, deren Zusammentreffen unter normalen Umständen als reichlich unwahrscheinlich gelten – bis die Realität die Katastrophenphantasien professioneller Krisenmanager übersteigt: Koschere, fehlerhaft produzierte Nahrungsmittel aus Deutschland, tote Kinder in Israel, Terrorverdacht, eine schwer vermittelbare Verkettung individueller Fehler, unglücklich agierende Manager des israelischen Importeurs, der einem US-amerikanischen Food-Multi gehört, ein genossenschaftlich organisierter Mittelständler ohne Kommunikationsabteilung und skandalbereite Medien.

Fragt man Kommunikationsprofis, Strafrechtler und Spezialisten im Haftungsrecht, was in solch einem Fall zu tun wäre, könnten die Antworten nicht unterschiedlicher ausfallen. Sie reichen von „Fehler zugeben und um Entschuldigung bitten" bis hin zu „Nichts sagen, mit dem Hinweis auf die laufenden Untersuchungen". Beide Positionen sind problematisch: Sollte man sich tatsächlich für Fehler entschuldigen, bevor zweifelsfrei feststeht, um welche es sich handelt und von wem sie begangen wurden? Neben den kommunikativen Auswirkungen bergen solche Aussagen erhebliche straf- und haftungsrechtliche Risiken. Doch auch der bloße Versuch, jede substanzielle Stellungnahme zu vermeiden, um ja keine rechtlichen Sachverhalte zu präjudizieren, die vielleicht Jahre später in der juristischen Aufbereitung eine negative Rolle spielen könnten, kann die Krise zum vollständigen Desaster werden lassen.

Ein weiteres Beispiel: Im Juli 1984 tötete ein offensichtlich rassistisch motivierter Mann in einem McDonalds-Restaurant im kalifornischen San Ysidro 21 Menschen.[1] Weitere 19 Personen wurden verwundet, der Attentäter selbst durch die Polizei erschossen. Im Firmensitz von McDonald's in Chicago brach die Hölle los. Journalisten aus aller Welt bombardierten das Unternehmen mit Fragen zum Tathergang. Den Leiter der Abteilung Kommunikation von McDonald's erreichte die Nachricht beim Lunch. Er musste noch im Restaurant erste Antworten geben, noch bevor er und seine Leute überhaupt so richtig über Fakten des Tathergangs verfügten, geschweige denn, wie sie überhaupt mit einer derartigen Situation umgehen sollten. Die strategische Marschrichtung kam von Don Horowitz, Executive Vice President und Chefsyndikus von McDonald's. Der Jurist wies die Kommunikationsabteilung an: „Let's do the right things first. We care about the legal issues later". Das gab den Kommunikatoren die Möglichkeit, sich voll auf den Umgang mit der Situation, mit den Opfern der Angehörigen und den Medien zu kümmern.

Ein Horrorsatz für Straf- und Haftungsrechtler. Aus deren Sicht ist es verständlich, in solchen oder vergleichbaren Fällen die Kommunikation möglichst so zu beschränken, dass sie allenfalls den Tatbestand der Nichtkommunikation erfüllt. Nun wissen wir Kommunikatoren spätestens seit Watzlawik, das es nicht möglich ist, nicht zu kommunizieren. Ein Sachverhalt, der vielen Juristen zu-

---

[1] Der Fall wurde 2004 im Rahmen einer Analyse der Bar-Ilan-Universität, Ramat Gan, Israel, zum Thema Krisenkommunikation und Terrorismus untersucht.

mindest in seiner praktischen Konsequenz immer noch schwer vermittelbar ist. Zu deren Verteidigung sei gesagt: Watzlawik ist nicht Bestandteil der juristischen Ausbildung. Kommunikation generell kommt bestenfalls als randständiges Thema bei der Analyse öffentlich besonders prominenter Fälle vor. Was angesichts der zunehmend öffentlichen Rollen, die Juristen zumindest in öffentlichkeitssensiblen Verfahren und Sachverhalten spielen müssen, ein durchaus überdenkenswertes Thema darstellt.

Wie hat nun der Säuglingsnahrungshersteller das Dilemma zwischen rechtlicher und kommunikativer Beurteilung der Situation gelöst? Die Unternehmensführung ist dem Beispiel des McDonalds-Kommunikators gefolgt: Sie hat nahezu vom ersten Moment an, als offenbar wurde, welche akute, existenzgefährdende Qualität die Krise annehmen würde, mit einer offenen und offensiven Kommunikation gearbeitet. Schließlich ging es darum, den vielen Kunden im In- und Ausland, also besorgten Eltern vor allem, so schnell und so glaubwürdig wie möglich zu vermitteln: Ihre Kinder sind nicht in Gefahr. Alle anderen Produkte des Unternehmens sind einwandfrei. Auch wenn im Nachhinein mancher Jurist angesichts der sich jahrelang hinziehenden juristischen Auseinandersetzungen dieses Vorgehen kritisiert hat: Es war existenzentscheidend für das Unternehmen, nicht nur in der akuten Krisensituation. Das entschiedene und mit großer persönlicher Integrität getragene Agieren hat dem Unternehmen die Vertrauensbasis seiner Kunden und Partner erhalten. Qualitative und quantitative Untersuchungen nach der Krise haben eindeutig belegt: Die Kommunikation des Unternehmens war eine zentrale Voraussetzung für die rasche Wiederherstellung des Vertrauens der Öffentlichkeit, gegenüber Kunden und Geschäftspartnern. Bei sensiblen Produkten wie Kindernahrung ist dies das alles entscheidende Kriterium. In diesem Fall war es die eindeutig bessere Lösung, auch wenn die juristische Aufarbeitung das Unternehmen noch jahrelang beschäftigt hat.

Selbstverständlich gehört die Folgenabschätzung von Haftungsrisiken, aber auch straf- und zivilrechtlichen Konsequenzen zum Krisenmanagement dazu, erst recht, wenn zumindest in der ersten Phase die Priorität auf der Bewältigung der kommunikativen Aspekte liegt. Beide Fälle machen deutlich, dass in solch extrem kritischen Situationen die alleinige Verfahrenshoheit nicht per se bei der einen oder der anderen Seite liegt. Egal, wie die Entscheidung der Verantwortungsträger ausfällt, es bedarf immer einer präzisen Abwägung beider Perspektiven. Die Anforderung an Juristen wie Kommunikatoren lautet: den Entscheidern eine möglichst gute und miteinander abgewogene Grundlage für ihre Entscheidungen zu liefern. Die Qualität dieses Dreiecksverhältnisses entscheidet maßgeblich darüber, ob die Grundlagen für eine gestaltbare Litigation-

Kommunikation von Beginn an gelegt werden – oder die Grundlagen für eine potenziell krisenhafte Dynamik im Laufe des Verfahrens.

2. Von der kommunikativen Dynamik überfordert

Noch sprechen die meisten Staatsanwälte und Richter nur im vertrauten Kreis offen aus, was längst offenkundig ist: Der Umgang mit der Öffentlichkeit, oder besser, die eigene Öffentlichkeitsarbeit bei Ermittlungen und Verfahren hält mit den Anforderungen der Kommunikationsgesellschaft nicht mehr mit. Zu sehr ist es abhängig von den kommunikativen Talenten und Kompetenzen einzelner, ob ein Verfahren, das öffentliches Aufmerksamkeitspotenzial in sich birgt, zum medialen Flächenbrand wird oder berechtigtes öffentliches Interesse und den Schutz aller Beteiligten in einem ausgewogenen Verhältnis hält. Hinzu kommt eine mitunter fragwürdige öffentliche Profilierung der Protagonisten auf juristischer Seite. Der Medien- und Politikberater Klaus-Peter Schmidt-Deguelle, früher Journalist und Staatssekretär, formuliert seine Erfahrungen gerade mit Staatsanwaltschaften bei einer Veranstaltung zum Thema Recht und Kommunikation am „Institute for Law and Finance" der Johann-Wolfgang-Goethe-Universität in Frankfurt am Main am 11. August 2011 drastisch: „Die Art und Weise, wie Staatsanwaltschaften besonders strafrechtliche Fälle öffentlich behandeln, hat mit der Aufgabe der Staatsanwaltschaft nach deutschem Recht in vielen Fällen nicht mehr viel zu tun." Nicht nur bei besonders prominenten Beteiligten kommt es zu offensichtlich gewollten und nichtsdestoweniger zweifelhaften Kollaborationen zwischen Ermittlungsbehörden und Medien.

Das gilt ganz besonders, wenn aus einem juristischen Verfahren eine öffentliche Skandalinszenierung wird. Dann sind Ermittler, Staatsanwälte, Richter und Verteidiger, wenn es sich nicht gerade um öffentlichkeitsgestählte Strafrechtler handelt, oftmals überfordert. Ein zunehmend auf Skandal- und Empörungsberichterstattung ausgerichteter Medienboulevard wird dabei ergänzt und befeuert durch individuelle Meinungs- und Stimmungsmacher-Hotspots in den Sphären des Web 2.0.[2] Hier kann und darf jeder nicht nur seine Meinung sagen, diese lässt sich, ob wahr oder unwahr, halb richtig oder völlig daneben, auch blitzschnell mit Gleichgesinnten zu einem Meinungsstrom organisieren, der mindestens den Medien mit dem locker sitzenden Story-Revolver ausreichend Munition liefert. Das mag dem Juristen grausen und so manchem Kommunikationsprofi auch. Sie werden lernen müssen, damit umzugehen.

---

[2] Zum Thema Medienwelt 2.0 vgl. auch Binz/Gullotti (2011: 123f.).

Im kommunikativen Krisenmodus gerät dann so manche, aus juristischer Sicht nachvollziehbare Aussage unfreiwillig zum Treibsatz öffentlicher oder wenigstens medialer Empörung. Als die Anwälte des ehemaligen Postchefs Klaus Zumwinkel nach dessen spektakulärer Verhaftung wegen des Verdachtes der Steuerhinterziehung die Beschaffung der Daten-CD nicht nur aus rechtlicher Sicht als fragwürdig bezeichneten, befeuerte das unfreiwillig die moralische Empörung über das Verhalten des bis dahin als besonders integer geltenden Managers.

Was hat das nun mit Litigation-PR zu tun? Die Spirale öffentlicher Aufmerksamkeit und medialer Inszenierung beginnt meistens bereits lange vor dem Beginn des eigentlichen Prozesses. Folglich beginnt die kommunikationsstrategische Aktivität ebenfalls bereits mit behördlichen Ermittlungen und vorprozessualen Aktivitäten der Beteiligten. Der Prozess markiert in der Regel den Höhepunkt des öffentlichen Interesses. Anders als in den USA, aus denen der Begriff stammt, geht es bei der Litigation-PR hierzulande nicht um die direkte Beeinflussung eines Geschworenengerichts respektive einzelner Geschworener durch gezielte öffentliche und halböffentliche Meinungsmache. Bei aller Unabhängigkeit von Gerichten und Ermittlungsbehörden in Deutschland sollte jedoch niemand so hochnäsig sein, den Einfluss von intensiver Berichterstattung oder intensiver „Beatmung" des unmittelbaren Umfelds durch so genannte Spin-Doktoren völlig von sich zu weisen. Nicht bei der Entscheidung über Schuld- oder Freispruch vielleicht, aber doch beim Strafmaß zum Beispiel. Ganz sicher aber in der kommunikativen Handhabung von Verfahren. Aktuelle Studien unter Richtern, Staatsanwälten und Rechtsberatern belegen das. Und dabei werden den Betroffenen, egal ob schuldig oder nicht, oft genug öffentliche Vorverurteilungen zuteil, die eine reputative Rehabilitierung schwer bis unmöglich machen. Deutlich wird allerdings auch: Die weitreichende Bedeutung, die manche aus der Beraterzunft ihren Künsten in der verfahrensbegleitenden PR zuschreiben wollen, ist sehr differenziert zu betrachten. Mit durchschaubaren PR-Geschichten, werde in Deutschland kein Verfahren zu beeinflussen sein, so der Stuttgarter Oberstaatsanwalt Hans Richter: „So schlau sind wir auch schon".

Als die beiden Automobilkonzerne General Motors und Volkswagen ihren „Krieg" (Ferdinand Piëch) um den umstrittenen Einkäufer und Kostenmanager Ignacio Lopez ausgefochten haben, waren auf beiden Seiten Profi-Kommunikatoren am Werk. Sie haben einerseits versucht, die meinungsbildenden Medien zu füttern. Andererseits waren sie damit befasst, die agierenden Juristen in die PR-Strategie der Unternehmen mit einzubeziehen. Das war kein leichtes Unterfangen. Zu der Zeit waren die involvierten Anwälte hierzulande noch nicht gewohnt, dass ihnen ein PR-Mensch bei der Formulierung ihrer öffentlichen Statements hilft. Auch damals ging es um die Übersetzung der juristischen in eine der eigenen Sache dienenden Kommunikationsstrategie. Schließlich sollte nicht nur das juristisches Verfahren, sondern auch die öffentliche Schlacht gewonnen werden.

Bei jedem größeren Übernahme-Prozess, aber auch bei Restrukturierungen etwa arbeiten Juristen und Kommunikatoren Hand in Hand zusammen, sollten sie jedenfalls. Dort, wo sie eher gegeneinander arbeiten, sind Konflikte vorprogrammiert. Besonders dann, wenn die Vorgänge von einer aufmerksamen medialen Öffentlichkeit begleitet werden. Fehlt die gegenseitige Abstimmung, die gemeinsame Abschätzung von Chancen und Risiken, kann das schnell zum Treiber für krisenhafte Zuspitzungen mit erheblichen Konsequenzen werden. In einigen Phasen der Übernahmen des Reifenherstellers Continental durch die Schaeffler KG konnte man den Eindruck gewinnen, dass vor lauter, noch dazu untereinander konkurrierender Spin-Doktoren auf der Kommunikationsseite und von ihrer eigenen Unfehlbarkeit geleiteten Rechts- und Finanzberater auf der anderen Seite die sowieso schon äußerst kritische Situation eher verstärkt als beruhigt wurde.

3. Der Prozess als Höhepunkt der Krise

Für ein besonders anschauliches Beispiel in der Historie der Litigation-PR in Deutschland hat der Prozess gegen den Wettermoderator Jörg Kachelmann gesorgt. Zu der zum Teil bizarren Kommunikation, angefangen von der Staatsanwaltschaft, der Verteidigung aber auch den involvierten Protagonisten des Verfahrens selbst, wurde in diesem Fall die zweifelhafte Rolle der Medien besonders deutlich. Sie haben durch ihr Eigenverhalten nicht nur für zusätzliches Skandalisierungsmaterial gesorgt, sie haben sich im Laufe des öffentlichen Verfahrens selbst zum Thema, zum Gegenstand der Inszenierung gemacht. Möglicherweise hätte ansonsten der Stoff nicht ausgereicht, um den öffentlichen Spannungsbogen über Monate hinweg aufrecht zu erhalten.

An diesem Fall konnte man sehr gut studieren, wie die Protagonisten aus ihrer jeweiligen Interessenslage heraus mal geschickter, mal weniger geschickt kommuniziert haben. Am Ende bleibt der Eindruck, dass von der bizarren Melange der juristischen und öffentlichen Partialinteressen zumindest in gewissen Phasen alle überfordert waren, jeder auf seine Weise. Wenn auch umstritten, so doch mit hoher Rationalität hat die Verteidigung unter Johann Schwenn den Druck auf Ankläger und Gericht durch gezielte öffentliche Vorführungen – wie mit der Berichterstatterin Alice Schwarzer geschehen – versucht zu erhöhen.

Der Grund ist so einfach wie nachvollziehbar, zumindest aus Sicht des Strafverteidigers: die Gegenseite zu Fehlern nötigen, aus denen im Falle einer Verurteilung Revisionsgründe abzuleiten sind.

Es muss nicht immer gleich ein so dermaßen skandalgeladenes Umfeld wie bei dem Fall Kachelmann sein, der Profis vor Gericht in Fehler treibt. Juristisch folgenlos, für seine Reputation jedoch war das arglose V-Zeichen von Deutsche Bank-Chef Josef Ackermann im so genannten Mannesmann-Prozess. Es hat mittlerweile ikonographischen Status in der Krisenkommunikations-Literatur erlangt. Litigation-PR im krisenhaften Kontext bedeutet auch, die Sensibilität einer öffentlichen Situation vor Gericht zu antizipieren und daraus Schlüsse und Konsequenzen zu ziehen für das kommunikative Verhalten der Beteiligten. Dabei geht es in vielen, möglicherweise sogar in den meisten Fällen eines in der Öffentlichkeit potenziell krisenhaften juristischen Verfahrens gar nicht um aktive Kommunikation. Im Schatten des Verfahrens gegen den betrügerischen Gigolo, dem Susanne Klatten aufgesessen war, gab es noch andere betroffene Frauen. Hier bestand die Aufgabe der verfahrensbegleitenden Kommunikationsberatung darin, in Abstimmung mit den juristischen Beratern alles dafür zu tun, dass die mediale Aufmerksamkeit von der prominente Person des öffentlichen Lebens nicht auf die weniger prominenten Opfer abgelenkt wird. Der Erfolg bestand, wie in vielen Fällen von Krisenkommunikation darin, dass nichts passiert ist.

4. Litigation-PR und Krisenkommunikation – ein besonderes Verhältnis

Litigation-PR zielt über die Mobilisierung öffentlicher und nichtöffentlicher Meinungsbildung im Umfeld eines juristischen Verfahrens darauf ab, dessen Verlauf und Ausgang im Sinne einer Partei zu beeinflussen. Dabei ist sie nicht, wie vielfach gedacht, nur auf die Begleitung des eigentlichen Rechtsprozesses fokussiert. Wie schon beschrieben, beginnt die Entwicklung einer Litigation-PR-Strategie bereits am Entstehungspunkt einer Krise, sobald diese juristische Implikationen aufweist. Strategien und Interventionen in der Litigation-PR werden dabei immer in dem Bewusstsein entwickelt und getätigt, dass in jeder Phase eines schwebenden Verfahrens durch die Beteiligten eine Situation ausgelöst werden kann, die von jetzt auf gleich öffentliche Aufmerksamkeit produziert und krisenhaften Charakter bekommt. Dann tritt das kommunikative Krisenmanagement mit seinen Interventionsstrategien auf den Plan, um zu verhindern, dass eine ungesteuerte meinungs- oder auch gezielt interessensgetriebene öffentliche Eskalation Reputation und Ansehen der Beteiligten Organisationen und Personen schädigt.

Am Ende ist das Verhältnis zwischen Litigation-PR und Krisenkommunikation dann doch ganz einfach zu beschreiben: Litigation-PR muss immer auch die Kommunikationskrise denken und antizipieren. Und kommunikatives Krisenmanagement erfordert zwingend die permanente Reflexion rechtlicher Faktoren.

Deshalb ist es so wichtig, dass bereits zu Beginn eines Verfahrens, wo auch immer es seinen Anfang nimmt, die Beteiligten Kommunikatoren, Juristen und Mandanten/Entscheider aus ihrem professionellen Selbstverständnis heraus zu einer wirklich gesamthaften Betrachtung, Bewertung und Bewältigung der Situation kommen. Sind sie dazu weder willens noch in der Lage, verdeckt der Begriff bestenfalls ein anachronistisches Selbstbild aller beteiligten Professionen, das den kommunikativen Anforderungen der vernetzten Gesellschaft nicht mehr gerecht wird.

„Sprechen Sie mit uns", forderte der ehemalige Sprecher der Münchner Staatsanwaltschaft Anton Winckler bei öffentliche Vorträgen die Unternehmensjuristen auf. Man könne auch mit Staatsanwaltschaften durchaus über die Vermeidung öffentlicher Kollateralschäden sprechen, solange das Ermittlungsverfahren als solches davon nicht tangiert werde. Sinnbildlich könnte man Wincklers Aussage auch auf das Verhältnis von Litigation-PR und Krisenkommunikation anwenden: Beide Begriffe stehen für bestimmte, in der Regel komplizierte, mehr oder minder öffentlichkeitskritische Situationen, deren kommunikatives Management unterschiedliche Erfahrungen und Kompetenzen erfordert, die aber auf einem weitgehend gemeinsamen Kompetenz- und Erfahrungsfundament beruhen. Dessen müssen sich die professionell beteiligten Protagonisten nur bewusst sein.

Literatur

Binz, Roland/Gulotti, Franco (2011): Im Gerichtssaal der Öffentlichkeit, in: Möhrle, Hartwin/Schulte, Knut (Hrsg.): Zwei für alle Fälle. Handbuch zur optimalen Zusammenarbeit von Juristen und Kommunikatoren, Frankfurt a. M.: FAZ-Verlag, S. 123-133.
Heinrich, Ines (2010): Litigation-PR - PR vor, während und nach Prozessen, Burtenbach.
Möhrle, Hartwin/Ahrens, Rupert (2007): Die „Wie ein Blitz aus heiterem Himmel"-Krise, in: Möhrle, Hartwin (Hrsg.): Krisen-PR – Krisen erkennen, meistern und vorbeugen, Frankfurt a. M.: FAZ-Verlag, S. 48-54.

Felder und Strukturen der Kommunikationsberatung in juristischen Auseinandersetzungen

Stephan Holzinger

Abstract

Litigation public relations has turned from a trendy topic into a serious discipline in the legal community, playing a rapidly increasing role on the criminal law side in white-collar proceedings, also due to a greater than ever doubtful handling of media issues by some prosecutors, while continuing to have a harder stand on the capital crime side, likely for practical and also ethical reasons. A much broader range of application can be found on the civil side, either as strategic advice to top executives being in a dispute with their (former) employer, or in B2B disputes, with IP battles and private follow-on lawsuits against cartel members complementing classic areas of Litigation-PR consulting in competition law, securities law, and product liability law, e.g. visual legal communications and public affairs also gain in importance especially in megacases which are highly complex and by definition often also political.

Litigation-PR ist hierzulande in Wirtschaft und Politik inzwischen angekommen. Dabei wird ihr womöglich derzeit mehr Aufmerksamkeit zuteil, als sie verdient hätte. Aber dank des Präsidenten des altehrwürdigen Bundesgerichtshofs („Sturmangriff auf die Rechtsfindung" (N.N. 2009: 21), der Bundesjustizministerin („Litigation-PR gewinnt immer mehr an Bedeutung"[1]) und auch diverser freimütiger Aussagen einer inzwischen pensionierten Richterin („Medien als unsichtbare Schöffen im Beratungszimmer"[2]) hat diese – immer noch vergleichsweise junge – Disziplin eine Aufmerksamkeit erreicht, die älteren Disziplinen in der Kommunikationsberatung bisher verwehrt geblieben ist. „Aus

---

[1] Rede der Bundesjustizministerin auf dem 61. Deutschen Anwaltstag am 14.5.2010.
[2] So gehört und gesehen beim Talk im Hangar 7, Thema: Einfluss auf Justitia - Wer urteilt wirklich?, in: http://www.servustv.com/cs/Satellite/Article/Talk-im-Hangar-7-011259333875994, eingesehen am 2.2.2012.

dem Modethema Litigation-PR ist eine ernsthafte Disziplin geworden" resümierte jüngst das JUVE-Rechtsmagazin (N.N. 2011: 3). Strategische Kommunikationsberatung bei Disputen und juristischen Auseinandersetzungen, so eine der zahlreichen kursierenden Definitionen von Litigation-PR, findet in den deutschsprachigen Ländern tendenziell eher im Zivil- als im Strafrecht statt.

Zunächst aber zum Einsatz der Litigation-PR im Strafrecht: Während Litigation-PR in wirtschaftsstrafrechtlichen Verfahren – also beispielsweise bei Geheimnisverrats-, Untreuevorwürfen, Bilanzfälschung oder Insiderhandel gegen Top-Manager – für Beschuldigte und Angeklagte durchaus Sinn machen kann und mittlerweile bei solchen Anklagen häufig eingesetzt wird, kommt professionelle Litigation-PR bei strafrechtlichen Prozessen, bei denen es um kapitale Delikte wie beispielsweise Tötung oder Vergewaltigung geht, seltener zum Einsatz. Grundsätzlich darf zunächst in Frage gestellt werden, ob der Einsatz von Litigation-PR bei Kapitalverbrechen ethisch überhaupt vertretbar ist – dies gilt besonders dann, wenn Litigation-PR mit dem (aus Sicht des Autors grotesken und wenig realitätsnahen) Anspruch verbunden wird, die Große Strafkammer des Gerichts gezielt und direkt im Sinne des Angeklagten positiv beeinflussen zu wollen, wenngleich manche medienkonsumierende Schöffen dafür vermutlich etwas anfälliger sein dürften als Berufsrichter. Gerade bei brisanten Kapitalverbrechensfällen mit prominenten Angeklagten und einer vor dem Verhandlungssaal aufwartenden, nach tagesaktuellen Einschätzungen und Informationen gierenden Medienmeute dürfte es schwer fallen, eine stringente Kommunikationsstrategie durchzuhalten. Zur häufig vor dem Gerichtssaal geforderten kommunikativen Improvisation kommt hinzu, dass Strafverteidiger eine „besondere Spezies" unter der Anwaltschaft sind, wie das ein inzwischen zum Bestseller-Autor mutierter Strafverteidiger offenherzig einräumte: Es ist schwer vorstellbar, dass sich exponierte Strafverteidiger in Kapitalverbrechensfällen wie beispielsweise vom Schlage eines Rolf Bossi in ein Team einordnen und eine von professionellen Medienberatern entworfene Kommunikationsstrategie für den Mandanten umsetzen.

1. Zeugnisverweigerungsrecht für Litigation-PR-Berater?

Stattdessen unterliegen manche Strafverteidiger der Versuchung, ad-hoc der stets hungrigen Medienmeute in der Arena vor dem Sitzungssaal neue Ermittlungsergebnisse und aktuelle Erkenntnisse zu präsentieren – oder diese von vornherein mit ausgewählten, meinungsführenden Journalisten in einer diskreteren Atmosphäre zu vertiefen. Zumal, wie gerade im Prozess gegen Jörg Kachelmann zu beobachten war, angebliche „Journalisten" inzwischen offenbar als PR-Vertreter eines bestimmten Lagers auftreten und dabei seriöse journalistische Arbeitsweisen und Kodizes größtenteils ignorieren. Es darf dabei durchaus in Frage gestellt werden, inwieweit juristisch-mediale Angriffe auf mutmaßlich kritische Medienvertreter, populistisch anmutende Anträge nach Durchsuchungen missliebiger Redaktionen oder grobe Anflüge von Zensurfantasien dem Mandanten wirklich helfen. Aus Sicht der Strafverteidiger ist die Zusammenarbeit mit einzelnen Journalisten auch nicht ganz uneigennützig: Es ist jedenfalls auffällig, wenn sich Medienvertreter – natürlich mit dem gebotenen zeitlichen Abstand – zu lobenden Porträts ihrer offenkundigen Quellen, sei es auf Anwalts- oder auf Staatsanwaltsseite, hinreißen lassen. Manus manum lavat?

Auch Opfer einer Straftat, denen „ihr" Strafprozess vielleicht zu langwierig und zu unübersichtlich erscheint, fühlen sich ermutigt, den mutmaßlichen Täter wenigstens in der Öffentlichkeit zu richten und greifen dabei an ihrem nichtsahnenden Rechtsanwalt vorbei in das Geschehen ein. Als Nebenkläger erhalten Opfer über ihren Rechtsbeistand bekanntermaßen umfassende Akteneinsicht. Und wer weiß schon, wohin die daraus gewonnenen Erkenntnisse schließlich wandern?

Litigation-PR-Experten, die im Team mit Strafverteidigern arbeiten, haben auch in Deutschland kein Zeugnisverweigerungsrecht – auch das könnte das Zögern mancher Strafverteidiger erklären, in Kapitaldelikts-Verfahren mit Litigation-PR-Beratern zusammenzuarbeiten. Denn diese stehen potenziell ungeschützt im Visier der Staatsanwaltschaft, die auf diesem Wege versuchen könnte, auf Informationen der Gegenseite zuzugreifen. Manche Berater behelfen sich in Strafprozessen daher mit einem Presseausweis und der konkret geäußerten Absicht, beispielsweise ein Buch über den Fall schreiben zu wollen – wobei es weiterhin völlig unklar ist, ob dieser Ansatz tatsächlich effektiv schützen würde. Es wäre zu begrüßen, wenn sich Rechtsexperten – und ultimativ der Gesetzgeber - dieser Fragestellung vermehrt widmen würden.

Andere vertrauen auf den abschreckenden medialen Aufschrei, den eine Staatsanwaltschaft mit einem Angriff auf die Gegenseite gerade im (Social) Media-Zeitalter auslösen kann. Dass dies nicht nur theoretische Befürchtungen sind, zeigt ein zumindest indirekt vergleichbarer Vorgang aus den USA: Dort gelangten die medialen Verteidigungsstrategien in die Hände des Gerichts – und zwar auf eine richterliche Anordnung hin. Dies geschah so 2011 im US-Bundesstaat Illinois, als ein Richter am Landgericht von Madison County den Basler Konzern Syngenta zur Vorlage der Litigation-PR-Strategie einer von Syngenta angeheuerten PR-Agentur zwang, der zufolge das dortige Gericht als klägerfreundliches „juristisches Höllenloch" diskreditiert werden sollte, dem die Unparteilichkeit abhanden gekommen sein soll (Holmes 2011).

Unabhängig von der Frage, ob ein stirnseitiger Angriff auf ein Gericht einen klugen kommunikativen Ansatz darstellt, stellt sich anhand dieses Ereignisses erneut die Frage, ob nicht auch Litigation-PR-Berater unter den juristischen Schutzschirm eines Klägers oder Beklagten bzw. eines Verteidigerteams bei strafrechtlichen Verfahren gehören. In den USA und Großbritannien gibt es darüber mehr Debatten als hierzulande. In der Praxis hat sich dabei herauskristallisiert, dass Litigation-PR-Berater zumindest etwas geschützter sind, wenn sie direkt von der Kanzlei für ein Mandat angeheuert und bezahlt werden, was hierzulande jedoch eher die Ausnahme darstellen dürfte (Holzinger 2011: 61).

2. Der Einsatz der Litigation-PR in white collar-Fällen

Doch zurück zur Litigation-PR bei wirtschaftsstrafrechtlichen Verfahren, in denen zumeist Organmitglieder von Konzernen, also Vorstands- und Aufsichtsratsmitglieder, im Visier der Staatsanwaltschaft und oft parallel am medialen Pranger stehen. In diesen Fällen kommen Litigation-PR-Berater inzwischen häufig zum Einsatz, gerade wenn es sich um Verfahren bei den „big four" handelt, die auf Wirtschaftskriminalität hoch spezialisierten Staatsanwaltschaften in Bochum, Frankfurt, München I und Stuttgart mit ihren rund 150 spezialisierten Staatsanwälten. Wie vielfach beschrieben, ist es die Aufgabe der Litigation-PR-Berater in solchen Verfahren, die Standpunkte und Argumentation der Verteidigung mittels verschiedener PR-Instrumente effektiv und „cross-medial" zu platzieren, um damit eine mediale Vorverurteilung des Angeklagten zu verhindern und so seine Reputation so gut wie möglich zu schützen. Gerade für Top-Manager in einem Alter, in dem sie unter normalen Umständen noch eine längere berufliche Wegstrecke vor sich hätten, zählt dies zur Kernanforderung an Litigation-PR-Experten.

In wirtschaftsstrafrechtlichen Verfahren kann Litigation-PR durchaus einiges bewirken: Eine angemessene, dramaturgisch smarte Medienkampagne, welche die Balance halten soll zwischen dem Schutz der Reputation des Betroffenen und der mittelfristigen Vermittelbarkeit der Person auf dem engen Arbeitsmarkt für Top-Führungskräfte, kann die Arbeit der Strafverteidiger und Zivilanwälte des Betroffenen wirkungsvoll unterstützen: Das Überschreiten der öffentlichen Wahrnehmungsschwelle eines Falls durch mehrere Medienberichte kann dazu führen, dass die kriminalpolizeiliche Ermittlungsarbeit mit einer höheren Priorität, mehr Mitteln und zusätzlichem Personal gefahren wird oder durch Erkenntnisse aus aktuellen Medienberichten sogar einen neuen inhaltlichen Fokus erhält.

Schließlich kann eine wirkungsvolle Litigation-PR-Strategie den Impuls für ein sich stetig selbst verstärkendes Medieninteresse an einem solchen Fall geben, mit dem Ergebnis, dass immer mehr Medien auf den Zug aufspringen und tiefer bzw. aggressiver recherchieren.

Das kann einem Betroffenen durchaus zugutekommen: Journalisten können dadurch die Ermittlungsarbeit der Polizei ergänzen, komplettieren, gar indirekt stimulieren oder antreiben. Es gibt Fälle, in denen sich Verteidiger wie Staatsanwälte auf die Ergebnisse von veröffentlichten Medienberichten beziehen, die nicht nur zu einem Einstellungsbescheid des Verfahrens führen, sondern zugleich auch ein neues Ermittlungsverfahren gegen andere Personenkreise begründen können – zum Beispiel wegen falscher Verdächtigung nach § 164 StGB.

Ebenso zählt es zu den kritischen Aufgaben eines Beraters in dieser Situation, die medialen Aktivitäten der Staatsanwaltschaft penibel und zeitnah zu verfolgen und gegebenenfalls öffentlich darauf zu reagieren. In manchen prominenten Kapitalverbrechensfällen der jüngeren Zeit konnte man der Staatsanwaltschaft vorwerfen, die Öffentlichkeit mit ihren Aussagen in die Irre geführt zu haben. In zahlreichen Wirtschaftskriminalitäts-Prozessen sehen sich Staatsanwälte aufgrund ungeschickter oder unangemessener öffentlicher Aussagen vor und während des Prozesses dem harschen Vorwurf ausgesetzt, zur medialen Vorverurteilung des Beschuldigten wesentlich beigetragen zu haben (Holzinger/Wolff 2008: 163ff.).

Dass Staatsanwälte mit „relativ gefestigten Feindbildern" (Georg Meck) operieren und eine „völlig andere Öffentlichkeitsarbeit als früher" betreiben (Hans Leyendecker), konstatieren denn auch Journalisten (Selbach 2008). In diese Kategorie passt der Fall eines Oldenburger Staatsanwalts, der sogar heimlich an einer anonymen Strafanzeige gegen einen bundesweit bekannten Fleischfabrikanten mitwirkte und dabei gegen Vorschriften verstieß. Ein Landgericht stellte später fest, dass der Staatsanwalt gegen das Legalitätsprinzip und das Gebot der Objektivität verstoßen habe. Von den ursprünglich 24 Anklagepunkten schaffte es nur noch ein einziger vor Gericht – doch was nützt dies dem Unternehmer noch, nachdem Medien zuvor monatelang ausführlich über all seine angeblich so schlimmen Taten auf Basis der staatsanwaltschaftlichen Vorwürfe berichteten (Leyendecker/Nitschmann 2009; Krogmann 2011)? Wenngleich Staatsanwälte hierzulande – im Vergleich zu den USA – die Öffentlichkeit selten als Sprungbrett für eine spätere Karriere in Politik und Wirtschaft nutzen, gibt es immer wieder Inszenierungsansätze von Staatsanwälten, die aus rechtsstaatlicher Brille heraus gesehen befremdlich erscheinen (Kastner 2011).

Dass eine Staatsanwaltschaft in Deutschland per se eine neutrale Behörde ist, die gegenüber einem Beschuldigten auch eine Fürsorgepflicht hat und die ihn entlastende Sachverhalte konkret bei den Ermittlungen zu überprüfen und zu berücksichtigen hat, scheint etwas in Vergessenheit geraten zu sein.

3. Strafverfolgungsbehörden und Medien – das Ende der Zurückhaltung?

Dass das teilweise unterentwickelte Kommunikationsverständnis und -verhalten von Staatsanwälten zum Problem für den Rechtsstaat werden kann, wird von Justizkreisen selbst eingeräumt: „Zum Verzweifeln" seien sie, die „Durchstechereien" von Ermittlungsergebnissen der Polizei und der Staatsanwaltschaften an die Medien, monierte im vergangenen Jahr der Stuttgarter Generalstaatsanwalt Klaus Pflieger den Umstand, dass Strafverfolgungsbehörden immer öfter Informationen an die Medien zu Lasten eines Beschuldigten oder Angeklagten weiterreichen (Jahn 2011). Übrigens: Dies ist ein strafbarer Vorgang – wo aber bleiben die öffentlichkeitswirksamen und damit auch abschreckenden Präzedenzverfahren, in denen die Justiz den Staatsanwaltschaften und der Polizei einmal kräftig auf die Finger klopft? Es kommt vor, dass Ermittlungsakten auch nach längst erfolgter Einstellung eines Verfahrens in die Hände von Medienvertretern gelangen – für diese ist dann zwar nicht mehr die zwischenzeitlich erfolgte Einstellung des Verfahrens von Interesse, sondern die aus dem Ermittlungsverfahren zusammengetragenen, sensiblen persönlichen und geschäftlichen Informationen wie beispielsweise Kontodaten, Steuererklärungen, Gehaltsabrechnungen und Geschäftsbeziehungen.

Doch längst spielen auf dieser schlammigen Wiese nicht mehr nur Beschuldigte und Staatsanwälte gegeneinander: Insbesondere seit der juristischen Aufarbeitung der jüngsten Finanzmarktkrise agieren vielfach auch Top-Führungskräfte des Noch- oder ehemaligen Arbeitgebers der beschuldigten (Ex-)Manager eifrig mit - und das nicht immer in der Mannschaft ihres beschuldigten Kollegen. Der früher gelobte Korpsgeist der Wirtschaftselite hat vielerorts längst musealen Status erlangt. Da kann es vorkommen, dass nur kurze Zeit nach Bekanntwerden einer Strafanzeige oder der Einleitung eines Ermittlungsverfahrens gegen einen Manager diesen belastende Informationen anonym in Redaktionen gelangen, seien es interne Vermerke, E-Mail-Verkehr oder von bekannten Rechtsanwaltskanzleien oder Wirtschaftsprüfern vorab erstellte Prüfgutachten zu haftungsrelevanten Tatbeständen. Neben banalen Rachegelüsten dient ein solches Handeln aus Sicht der so handelnden Einzelpersonen oder gar des Unternehmens oftmals dazu, die Aufmerksamkeit der Justiz und der Medien verstärkt auf eine bereits skandalisierte Person zu lenken, um vom eigenen Fehlverhalten oder weiteren, bisher unentdeckten juristisch und medial relevanten Problemen im Unternehmen abzulenken.

4. Beschuldigte in der Schockstarre

Beschuldigte und womöglich kürzlich geschasste Manager, die sich in einer solchen persönlich stark belastenden Lage oft in einem emotionalen Ausnahmezustand befinden, haben plötzlich keinen Zugriff mehr auf die Kapazitäten der vertrauten Kommunikationsabteilung im Unternehmen und sind ohnedies eher unsicher, ob und wie sie mit Medien in einer solchen dramatischen Situation umgehen sollen. Sie finden dann häufig keine angebrachten Worte, dementieren die lancierten Vorwürfe nicht einmal dort, wo es tatsächlich angebracht wäre. Sie sind für Medienvertreter häufig nicht direkt und rasch erreichbar, da die bisherigen Medienkontakte, sofern diese überhaupt in nennenswertem Maß vorhanden waren, stets über die interne Presseabteilung gesteuert wurden. Im Zweifel raten die neu mandatierten Anwälte ihren Mandanten in einer solchen Situation erst einmal dazu, sich besser gar nicht zu äußern, um den juristischen Spielraum nicht einzuengen. Das kann im Einzelfall sogar richtig sein, in der Regel ist allerdings zumindest ein klares Dementi unzutreffender Vorwürfe als Minimalantwort angezeigt. Die Praxis zeigt jedoch überwiegend: Die Betroffenen tauchen wortlos ab, gleichermaßen gefangen im Netz der erfahrungsgemäß gerade von den Boulevardmedien geschürten medialen Vorverurteilung und der Trägheit des Justizapparats, bei der es leicht einmal über ein Jahr dauern kann, bis ein komplexer Sachverhalt von den zuständigen Behörden vollständig ausermittelt ist. Und Sie kennen die Schicksale verurteilter Top-Manager, über die das Manager Magazin schrieb: „Es ist schwer, öffentlichkeitswirksam verurteilte Manager oder Unternehmer zu finden, die sich eine zweite Karriere aufbauen konnten. In Deutschland scheint der Wiedereinstieg ganz und gar unmöglich. Bestenfalls gelingt er noch im Ausland, wo niemand das Vorleben des Delinquenten kennt und die verbüßte Strafe kein lebenslanges Stigma ist" (Schwarzer 2011).

Aus der Perspektive des Unternehmens betrachtet sind solche Vorgänge und Situationen nicht weniger brisant und knifflig: Geschasste, beschuldigte oder bereits angeklagte und damit beschädigte Vorstands- oder Aufsichtsratsmitglieder sind, wenn sie denn nicht von sich aus bereits mit einer medialen Schlammschlacht drohen, häufig eine leichte Beute für gewiefte Journalisten, die ihnen eine Möglichkeit bieten, sich ihren Frust, Ärger und ihre Enttäuschung einmal richtig „von der Seele zu reden", was regelmäßig in eine für beide Seiten desaströsen Schlammschlacht-Spirale führen kann, wie zuletzt unter anderem bei der einst so angesehenen European Business School, Beluga oder Arcandor zu beobachten war. Wie aber sollen Unternehmen mit Top-Managern effektiv öffentlich umgehen, die persönlich einer Straftat beschuldigt werden? Eine schwierige Frage, der man sich aufgrund der immanenten Komplexität seriös nur bei Einzelfallbetrachtung nähern kann. Das Reaktionsspektrum reicht jedenfalls von unmittelbarer Trennung über Freistellung bis hin zur eisern durchgehaltenen Solidarität, wobei letztere nicht zwingend einem besonderen Liebesverhältnis des Unternehmens zur betreffenden Person geschuldet sein muss, sondern auch deren heiklem Insiderwissen um das Unternehmen. In jedem Fall sollte die Unternehmensführung die vielfachen Wechselwirkungen eines Strafprozesses gegen einen führenden (früheren) Kopf des Unternehmens zum Image des Unternehmens sorgfältig analysieren.

Auch hierbei unterstützen Litigation-PR-Experten, vor allem dann, wenn es noch eine funktionierende Beziehung zwischen beschuldigtem Manager und Unternehmen gibt – was in der Praxis allerdings eher selten der Fall ist. Dann können Litigation-PR-Berater auf Grundlage einer abgestimmten Einsicht in die Ermittlungsakten des Beschuldigten und aufgrund von Gesprächen mit seinem Strafverteidiger diejenigen kritischen Punkte vorab identifizieren, für die sich das Unternehmen baldmöglichst kommunikativ wappnen sollte, sei es mittels einer Pressekonferenz, einer Pressemitteilung oder mit – in der Praxis in solchen Fällen das mit Abstand am weitesten verbreitete Instrument – Hintergrundgesprächen mit führenden Medienvertretern. Je nach Status Quo der Beziehung zwischen Manager und Unternehmen bereiten Litigation-PR-Experten den Manager im Auftrag des Arbeitgebers auch gezielt für den Umgang mit den Medien vor und während des Verfahrens vor. Dass das durchaus Sinn machen kann, hat hierzulande nicht nur der erste Mannesmann-Prozess gezeigt. Um vorneweg Missverständnisse auszuräumen: Dabei geht es nicht darum, Aussagen des Angeklagten inhaltlich zu manipulieren oder schlicht zu verfälschen, sondern sie vor allem hinsichtlich ihrer Präzision und Verständlichkeit zu optimieren. Auch die Deutsche Bank muss sich fragen lassen, ob die teilweise doch arg missglückten Auftritte ihres aktuellen und vor allem ihres ehemaligen Aufsichtsratsvorsitzenden im legendären Kirch-Prozessmarathon nicht abschlägig auf das Image des Bankinstituts abstrahlen (Matussek 2011). Vielleicht unterschätzen hiesige Unternehmen solche Sachverhalte noch. Oder scheitern die hausinternen Kommunikatoren an der Beratungsresistenz ihres mächtigen Führungsapparats?

5. Litigation-PR im Zivilrecht: Zahlreiche Einsatzgebiete

Das Zivilrecht bietet zweifellos die größere Spielwiese für Litigation-PR. Hier kann sie sich etwas freier und müheloser entfalten, hier treten unter Umständen auch Litigation-PR-Berater gegeneinander auf der Seite ihrer jeweiligen Mandanten an. Denn im Zivilrecht kann Litigation-PR sowohl auf Seiten der Kläger, als auch auf Seiten der Beklagten als Waffe im Kampf ums Recht eingesetzt werden, während sie in strafrechtlichen Verfahren ausnahmslos auf Seiten der Verteidigung eines Beschuldigten bzw. Angeklagten zum Einsatz kommt.

Litigation-PR-Beratung entwickelte sich hierzulande – jedenfalls aus Sicht des Autors – zunächst aus einem kleinen Nukleus von Rechtsgebieten, in denen sie zumeist und fast ausnahmslos auf Klägerseite eingesetzt wurde. Zu diesem Nukleus zählte primär das Kapitalmarktrecht mit dem offensiven bis teilweise aggressiven medialen Vorgehen von Anlegeranwälten gegen Finanzinstitute oder verbraucherlastige, börsennotierte Konzerne (beispielsweise beim wohl größten Wirtschaftsprozess Deutschlands, dem sogenannten „Telekom-Prozess"). Dazu zählt auch das deutsche bzw. europäische Kartellrecht, bei dem sich bereits vor rund zehn Jahren Dienstleister auf den Erwerb, die Aufbereitung und die Durchsetzung von kartellrechtlichen Schadenersatzansprüchen spezialisiert haben. Neben Finanz- und Rechtsdienstleistern dieser Art gehen auch immer mehr Konzerne dazu über, in sogenannten privaten Folgeklagen nach der Verhängung eines behördlichen Bußgelds gegen Kartellanten vorzugehen und dabei obendrein die mediale Karte gegen diese mit aller Macht zu spielen, während Kartellanten ihrerseits bei Litigation-PR-Experten Unterstützung dafür suchen, die Folgen von drastisch hohen Bußgeldern gerade von der EU gegenüber Aktionären, Lieferanten, Mitarbeiter etc. argumentativ zu relativieren, auch, indem man die Aussichten auf nach unten revidierte Bußgelder bei den zumeist eingelegten Berufungsverfahren herausarbeitet und statistisch unterlegt.

In dieser Aufzählung darf der „Klassiker" Arbeitsrecht gewiss nicht fehlen, denn seit heftige Kontroversen zwischen Managern nicht mehr – wie häufig früher noch hinter verschlossenen Eichentüren – diskret geregelt werden, sondern oft den Weg in die Medienöffentlichkeit finden und dort mit aller Wucht ausgetragen werden, spielen wiederholt Litigation-PR-Experten mit: Sei es bei personellen Nachwehen des unrühmlich kollabierten Neuen Marktes wie beispielshalber Schumacher vs. Infineon oder vermutlich auch beim aktuellen, einstweilen realsatirisch anmutenden Dauereklat Claasen vs. Solar Millenium, bei dem der Kläger Claassen laut Medienberichten dem Unternehmen sogar vorwirft, es hätte ihn als „geistig minderbemittelt" und „nicht mehr vermittelbar" diskreditiert.

In der Praxis kommen Litigation-PR-Berater dabei überwiegend auf Seiten geschasster Manager zum Einsatz – eine Wanderung auf einem extrem schmalen, schwierigen Grat. Die Beratung setzt dabei beispielsweise daran an, die schon durch den Rauswurf beschädigte Reputation eines Managers engagiert zu verteidigen, andererseits die mediale Öffentlichkeit für den Druck auf den bisherigen Arbeitgeber einzusetzen, um möglichst rasch eine Einigung über die Modalitäten des unfreiwilligen Abschieds zu stimulieren – und zwar dergestalt, dass dabei nicht gleich ein weiterer, nachgeschobener Kündigungsgrund durch ein allzu rüdes öffentliches Auftreten fabriziert wird oder gar immense materielle Ansprüche durch mediale Amokläufe zunichte gemacht werden, wie dies jüngst bei der gefeuerten Yahoo-Chefin Carol Bartz der Fall gewesen sein dürfte.

Besonders haarig in der Beratung sind jedoch die Situationen, in denen Top-Führungskräfte in einem unaufhaltbaren Trennungsprozess zwar noch pro forma im Dienst eines Unternehmens, de facto aber bereits mit mehr als einem Fuß draußen stehen: Bereits zu diesem Zeitpunkt können sie sich nicht mehr auf die Loyalität und die Unterstützung der hauseigenen Kommunikationsabteilung im erforderlichen Management des kritischen Nachrichtenwerts verlassen.

Top-Führungskräfte sollten aber gleichzeitig den zu erwartenden öffentlichen Einschlag dieses Nachrichtenwerts auf die persönliche Reputation möglichst frühzeitig analysieren und gezielt beeinflussen oder, falls noch möglich, Einfluss zum Beispiel beim Timing und der Formulierung der anstehenden Presse- oder Pflichtmitteilung ihres Noch-Arbeitgebers ausüben. Oder sie sind in der Lage, diese – das ist zweifelsohne der seltene Idealfall – dem Aufsichtsrat noch als Entwurf vorlegen zu dürfen. In solchen Situationen bedarf es – trotz des immensen Zeitdrucks und des politisch elektrisierten Umfelds – eines sehr gut durchdachten Vorgehens und eines diskreten Teamplays mit einem besonders vor- und umsichtig agierenden Berater. Litigation-PR-Berater betreuen Mandanten aber nicht nur in der kritischen Phase einer erzwungenen, außerplanmäßigen Trennung, sondern bereiten für ihre Mandanten in einer solchen Situation beispielsweise auch einen ausführlichen „Argumenter" vor, der als Kompendium der überzeugendsten Sprachregelungen zum Sach- und Rechtsverhalt in zeitnah zu führenden Hintergrundgesprächen mit den Leitjournalisten verwendet werden sollte, die den bisherigen Arbeitgeber bis dato „gecovert" haben.

6. Visuelle Rechtskommunikation und Public Affairs gewinnen an Bedeutung

Mit kolossalen Schritten hat der gewerbliche Rechtsschutz unterdessen gegenüber den ursprünglichen Einsatzgebieten der Litigation-PR wie beispielsweise dem Kapitalmarktrecht aufgeholt, wie man nicht nur anhand der furiosen Schlachten in der globalen Mobilfunk-Branche beobachten kann, bei denen im Blitzlichtgewitter der Journalisten Flagschiffprodukte von Messeständen durch richterliche Anordnung abgeräumt werden und bereits Klagen gegen Produkte in den Medien angekündigt werden, die noch gar nicht auf dem Markt erhältlich sind. Wenn sich Konzerne so heftig attackieren und der eine dabei zugleich noch der größte Kunde des anderen ist, wie im Falle von Apple und Samsung, bleiben nicht nur die juristischen Hintergründe erklärungsbedürftig. Gerade auf dem Gebiet des gewerblichen Rechtsschutzes kommt eine hierzulande noch weitgehend unentdeckte Teildisziplin der Litigation-PR bevorzugt zum Einsatz, die in den USA bereits fester Bestandteil der dortigen Beratung ist: Visuelle Rechtskommunikation. Sie soll sehr komplexe, hochtechnische Sachverhalte für Richter, Jurymitglieder und Medien einfacher konsumierbar machen und die Macht der (animierten) Bilder oder anschaulichen Produktmodelle in Rechtsstreitigkeiten für eine Partei ausspielen.[3]

An Bedeutung scheint die Litigation-PR-Beratung auch bei Dumping-Verfahren in der EU zu gewinnen. Die Europäische Union kann zum Schutz gegen unfaire Handelspraktiken bekanntermaßen bei Einfuhren aus nicht zur EU gehörenden Staaten sogenannte Anti-Dumping-Zölle erlassen. Ausgangspunkt hierfür ist ein klar geregeltes Beschwerde- und Untersuchungsverfahren der EU-Kommission, bei dem sich gerade kleinere europäische Zuliefererbranchen in diesem zwar rechtsbasierten, gleichwohl auch hochpolitischen Verfahren des Einsatzes der Litigation-PR bedienen, um die für ihr vielleicht existenzielles Anliegen wichtige mediale Aufmerksamkeit und politische Unterstützung im Kampf gegen aggressive Konkurrenten besonders aus Fernost zu

---

[3] „Jeder Politiker und jeder Atomlobbyist, der ab dem heutigen Tag von der Sicherheit der Kernenergie sprechen wird und von einem geringen Restrisiko, weiß, dass in dieser Sekunde im Kopf seiner Zuhörer die Bilder aus Fukushima auftauchen und sich in jedem Kopf eine kleine Explosion ereignet. Der 12. März 2011 ist nicht deshalb das Ende des Atomzeitalters, weil die Menschheit vernünftig geworden ist. Sondern weil die Wirkmacht der Bilder im Kopf so stark ist, dass sie nicht mehr verdrängt werden können", schrieb Florian Illies (2011) in einem lesenswerten Beitrag für „Die Zeit" über dieses Thema.

sichern. Gerade auf diesem Gebiet zeigt sich auch die Nähe der Litigation-PR zur Disziplin der Public Affairs; denn neben der professionellen Aufbereitung dieser komplexen Verfahren für zeitknappe oder auch rechtskenntnisschwache Journalisten bedarf es bei Anti-Dumping-Verfahren einer besonderen politischen Kompetenz des Beraters.

Denn mächtige Verbände aus derselben Industrie können durchaus eine zu ihren eigenen Zulieferern gegenläufige Haltung entwickeln, getrieben aus der eigenen Sorge um Marktzugangsbeschränkungen für ihre mächtigen Verbandsmitglieder in diesen hoch dynamischen, profitträchtigen Wachstumsmärkten. Aber auch das Verwaltungsrecht, das Umweltrecht und das Produkthaftungsrecht – hier vor allem der medial ausgetragene Disput mit aktivistischen Kunden- und Betroffenengruppen – sowie das Arzt- und Medizinrecht (Kunstfehlerprozesse) nehmen an Bedeutung für die Litigation-PR-Beratung zu.

Auffallend ist, dass die anfänglich insbesondere in Wirtschafts- und Unternehmenskreisen stark befürchteten juristischen und medialen Auseinandersetzungen um Diskriminierungsvorwürfe vor allem von Arbeitnehmern nach Verabschiedung des Allgemeinen Gleichbehandlungsgesetzes (AGG) weitestgehend ausgeblieben sind und in Deutschland, besonders im Vergleich zu den USA, bisher keine Anwaltszirkel von nennenswertem Ausmaß entstanden sind, die sich auf die Vertretung angeblich diskriminierter Arbeitnehmer spezialisiert haben und dabei auch die Medien für ihre Fälle einsetzen.[4]

Neben der Unterscheidung nach rechtlichen Einsatzgebieten der Litigation-PR kann ebenso nach Kläger- oder Beklagtenkategorien bei Disputen und Rechtsstreitigkeiten unterschieden werden, z.B. Business to Business (B2B), Consumer to Business (C2B) oder – vielleicht als neue Kategorie vor allem im Zuge der juristischen Aufarbeitung der Finanzmarktkrise(n) und verschärfter Compliance-Regelungen entstanden – Ex-Management to Business, oder auch Business to Ex-Management (M2B/B2M).

---

[4] Dabei gilt es zu berücksichtigen, dass ein Teil angeblich diskriminierter Arbeitnehmer in den USA aufgrund des dort nicht besonders arbeitnehmerfreundlichen Arbeitsrechts vielleicht geneigt sein dürfte, im Falle einer Kündigung ersatzweise über Diskriminierungsvorwürfe zu ihrem Recht (und ihrem Geld) zu kommen.

7. Internationalisierung der Litigation-PR-Beratung unausweichlich

Litigation-PR-Beratung macht im Zuge der weit fortgeschrittenen Globalisierung der Wirtschaft auch an den Landesgrenzen nicht halt. Im Windschatten grenzüberschreitender Rechtsstreitigkeiten wird sie dabei jedoch gleich auf doppelte Weise herausgefordert: Sie muss sich nicht nur mit der Medienlandschaft, sondern auch intensiv mit dem Rechtssystem eines anderen Landes beschäftigen. In der Praxis bedeutet dies, sich nicht nur mit anderen Redaktionskulturen oder -praktiken auseinanderzusetzen, beispielsweise den Regeln und Mechanismen bei einem Interview. Anspruchsvoller ist die Analyse der Verfahrensschritte, Gerichtshierarchien und Besonderheiten des ausländischen Gerichtssystems und deren Implikationen für die Dynamik und den Grad der Transparenz des Verfahrens – gerade in unserem Online- und Social Media-Zeitalter, in dem sich kritische Nachrichtenwerte in Windeseile in anderen Jurisdiktionen verbreiten können. Litigation-PR in einem Land, in dem eingereichte Schriftsätze bei Gericht schon am frühen Morgen von den Zeitungs- und Nachrichtenagenturvolontären vor Ort kopiert werden können, folgt eben anderen Logiken und Taktiken wie hierzulande. Der Konfrontation mit anderen Rechts- und Mediensystemen folgt eine in ausländischen Jurisdiktionen häufig anders strukturierte Zusammenarbeit mit den dortigen Rechtsanwaltskanzleien.

Gerade in den USA und in Großbritannien ist es üblich, dass Litigation-PR-Berater direkt von den mandatsführenden Kanzleien angeheuert und auch vergütet werden. Dies hat auch mit dem zuvor bereits thematisierten „attorney-client-privilege"-Aspekt zu tun. In Deutschland scheinen direkte Mandatierungen der Litigation-PR-Berater durch den Mandanten eher die Regel zu sein, wobei diese häufig in vorheriger Abstimmung oder mittels vorheriger Empfehlung der mandatsführenden Kanzlei an den Mandanten erfolgt.

Die Nachfrage nach Kommunikationsberatung bei Disputen und Rechtsstreitigkeiten dürfte in Folge der jüngeren Wirtschafts- und Finanzkrisen auch in naher Zukunft sehr stark aus Kreisen von Unternehmen und deren Führungskräfte im Kontext angeblich pflichtwidrigen oder strafbaren Handelns kommen. Gerade weil die deutsche Justiz – häufig aufgrund nicht ausreichender gesetzlicher Grundlagen – sich erkennbar schwer damit tut, auf diesem Gebiet das Fehlverhalten von Unternehmen und Managern mit einem gesellschaftlich positiven und befriedenden Impuls effektiv zu ahnden, ist die Gefahr für die Betroffenen unverändert groß, wenn nicht gar ansteigend, quasi ersatzweise im „Gerichtssaal der öffentlichen Meinung" gerichtet zu werden.

Literatur

Holmes, Paul (2011): The Holmes Report, in: http://tinyurl.com/3as8dxc, eingesehen am 4.11.2011.
Holzinger, Stephan (2011): „Kampf ums Recht", in: message – Internationale Zeitschrift für Journalismus, 2/2011, S. 59-61.
Holzinger, Stephan/Wolff, Uwe (2009): Im Namen der Öffentlichkeit, Wiesbaden.
Illies, Florian (2011): Die Macht der Bilder, in: http://www.zeit. de/2011/12/Iconic-Turn-Bilderm acht, eingesehen am 19.8.2011.
Jahn, Joachim (2011): Verkündet, in: http://tinyurl.com/63e73ka, eingesehen am 31.8.2011.
Kastner, Bernd (2011): Dienstwagenscherz mit Oberstaatsanwalt, in: http://tinyurl.com/6hg2spd, eingesehen am 13.9.2011.
Krogmann, Karsten (2011): Tönnies-Prozess: Schwere Vorwürfe gegen Südbeck, in: http://www.nwzonline.de/Region/Artikel/2642870/Schwere-Vorw%FCrfe-gegen-S%FCdbeck.html, eingesehen am 2.2.2012.
Leyendecker, Hans/Nitschmann, Johannes (2009): Jagdszenen aus Oldenburg, in:http://www.sueddeutsche.de/politik/staatsanwalt-unter-verdacht-jagdszenen-aus-oldenburg-1.454955, eingesehen am 2.2.2012.
Matussek, Karin (2011): Deutsche Bank Faces Breuer Trial as Leo Kirch Legacy of Lawsuits Lives On, Bloomberg News, in: http://tinyurl.com/6by2gl6, eingesehen am 18.8.2011.
N.N. (2009): o.T., in: Frankfurter Allgemeine Zeitung, 4.2.2009, Nr. 29, S. 21.
N.N. (2011): o.T., in: JUVE Rechtsmarkt, 11/2011, S. 3.
Schwarzer, Ursula (2011): Knast und Knete, in: http://tinyurl.com/5uj9q9t, eingesehen am 4.9.2011.
Selbach, David (2008): Scharfe Hunde, dicke Fische, in: pr magazin 6/2008, S. 46.

IV. Perspektiven

Rechtsfindung und Rufwahrung:
Zur Zukunft der Litigation-PR in der juristischen Praxis

Alexander Unverzagt, Claudia Gips & Peter Zolling

Abstract

This article attends to prognoses and perspectives of Litigation-PR, which is prepared in a reserved manner in scientific studies and research in Germany. Possible challenges for judiciary are described and several expansions of the Litigation-PR-sector from criminal law to other areas of law are demonstrated. The article also discusses the topics "extension of advocacy working areas" and "legal education". Answers to questions concerning the direct need to legislative adjustments and the delineation of a possible danger of a two-tier-legislative-system conclude the text.

Litigation-PR, hier verstanden als professionell angelegte und gezielte Kommunikations-Begleitung vor, während und nach Gerichtsverfahren, ist in stark medial beeinflussten Gesellschaften ein unumkehrbarer Trend. Dieser dürfte künftig an Intensität noch erheblich zunehmen – mit den für alle involvierten Parteien (vgl. *Abbildung 1*) damit verbundenen Chancen und Risiken:

(1) Litigation-PR kann dem Übereifer, den Verzerrungen und Grenzüberschreitungen skandalisierender Medien im Namen von Fairness, Gerechtigkeit und sachlich-abwägender Urteilsbildung entgegenwirken. Sie kann darauf abzielen, den guten Ruf bis dahin unbescholtener Personen zu erhalten bzw. zu rehabilitieren und dabei durchaus vorteilhafte Begleiteffekte für die Qualität der Rechtsfindung haben: Die Öffentlichkeit der Verhandlung – Ausfluss des Demokratieprinzips – wird gestärkt; die Medienöffentlichkeit eröffnet Teilhabemöglichkeiten für ein breites Publikum; Verfahrensfehler werden publik; Gerichte sind gezwungen, Urteile verständlich zu begründen. Im besten Fall wird das

Vertrauen in den Rechtsstaat gestärkt, wenn die Öffentlichkeit mehr Anteil hat.

(2) Gleichzeitig bestehen im Zusammenhang mit Litigation-PR zahlreiche Risiken, die auch wesentlich davon abhängen, wie Litigation-PR betrieben wird. Dies beinhaltet die Verletzung von tragenden Elementen unserer Rechtskultur wie z.b. der Unschuldsvermutung, dem Recht auf rechtliches Gehör (Art. 103 Abs. 1 GG) oder der richterlichen Unabhängigkeit (Art. 97 GG). Hinzu kommen mögliche Persönlichkeitsrechtsverletzungen durch die rücksichtslose Rufdemontage von Opfern oder Zeugen, um den eigenen Auftraggeber in ein gutes Licht zu rücken. Ob und wie sich diese Risiken auswirken, dürfte maßgeblich davon abhängen, dass es gelingt, praktikable und weithin akzeptierte Grundsätze einer fachlich fundierten Litigation-PR zu etablieren, die sich zwar dem Mandanten- bzw. Behördeninteresse verpflichtet weiß, ebenso indes der Wahrung ethischer Standards, die dem eigenen Handeln Grenzen setzen.

Nachstehend wird der Ist-Zustand nicht nochmals hinterfragt und dann kritisch bewertet – dies ist in den anderen Beiträgen dieser Publikation schon sehr ausführlich und von unterschiedlichen Warten aus geschehen. Vielmehr geht es darum, die Perspektiven der Litigation-PR in der juristischen Praxis auszuloten.

1. Herausforderungen für die Justiz

Die Medialisierung der Justiz und der dadurch auch gestiegene Bedarf an Litigation-PR ist in diesem Band bereits ausführlich beschrieben worden (vgl. die Beiträge von Heinrich und Boehme-Neßler in diesem Band). Diese Entwicklung stellt auch eine Herausforderung für die Justiz dar:

Zum einen werden Staatsanwaltschaft(en) und Gerichte noch mehr als bisher gehalten sein, sprachlich verständlich und nachvollziehbar zu informieren, auch um der Justiz Gehör und das Verständnis für ihr Vorgehen zu verschaffen. Denn wie Christiansen (vgl. Beitrag in diesem Band) es formuliert: „Justizpressearbeit dient dem Normverständnis des Bürgers, indem sie den Inhalt von Normen und deren Anwendung aufzeigt". Damit gestaltet sie zunehmend Wahrnehmung und letztlich die Akzeptanz der Justiz in der Öffentlichkeit.

Zum anderen ist jedoch auch für staatliche Behörden und Institutionen eine positive Berichterstattung wichtig. Öffentlichkeitsarbeit, um die eigenen Erfolge darzustellen und sich als kompetent und handlungsfähig zu präsentieren, kann

Rechtsfindung und Rufwahrung: Zur Zukunft der Litigation-PR in der juristischen Praxis

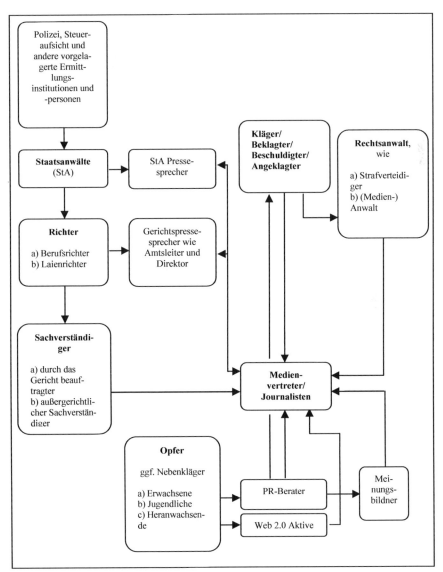

Abb. 1: Involvierte im Bereich der Litigation-PR.
© Alexander Unverzagt, Claudia Gips.

daher auch der eigentlichen Aufgabe von Behörden etc. entgegenstehen. Dies wird insbesondere an den Staatsanwaltschaften deutlich: Die Staatsanwaltschaft befindet sich in einem besonderen Balanceakt als Ermittlungs- und Anklagebehörde, die dabei aber gleichzeitig auch den Interessen des Angeklagten verpflichtet ist.

Anders als in den USA sind Staatsanwaltschaften nach deutschem Recht eben nicht einseitige Partei, sondern gehalten, gleichermaßen belastende und entlastende Tatsachen zu ermitteln und zu würdigen. Die deutsche Staatsanwaltschaft wird auch sicherlich deshalb als die „objektivste Behörde der Welt" bezeichnet. Wendet sich die Staatsanwaltschaft mit vertraulichen Informationen aus dem Ermittlungsverfahren an die Medien, kann dies die Rechte des Beschuldigten unter Umständen gleich mehrfach verletzen: Erstens tangiert es dessen Allgemeines Persönlichkeitsrecht (vgl. Unverzagt/Gips 2010: 179ff.), zweitens droht der Grundsatz *in dubio pro reo* unterminiert zu werden, da dieser seine Wirkkraft auch durch den Ausschluss einer öffentlichen Vorverurteilung entfaltet.

Mitarbeiter und Verantwortliche in der Justiz werden daher einen Weg finden müssen, die gestiegene Medienaufmerksamkeit für eine bessere Kommunikation mit den Bürgern zu nutzen, ohne dabei dem Drang zu verfallen, die eigene Arbeit möglichst positiv zulasten des Angeklagten darzustellen oder Ermittlungsverfahren, die medial intensiv begleitet werden, über Gebühr in die Länge zu ziehen.

2. Ausweitung des Geltungsbereichs der Litigation-PR

Litigation-PR spielt in Deutschland zurzeit vornehmlich in Strafverfahren eine Rolle. Es ist jedoch zu erwarten, dass eine entsprechende professionelle Kommunikationsberatung auch in anderen Verfahren wie z.B. öffentlichkeitswirksamen Wirtschafts- oder auch Umweltprozessen sowie in gerichtlichen Auseinandersetzungen z.B. um städtebauliche Großprojekte Anwendung finden wird (vgl. den Beitrag von Köhler in diesem Band). In Zivilprozessen spielen zwar Bedenken zur Unterlaufung der Unschuldsvermutung, wie sie im Zusammenhang mit Strafprozessen geäußert werden (vgl. den Beitrag von Boehme-Neßler in diesem Band), keine Rolle, dafür gibt es hier ganz andere Problembereiche (vgl. den Beitrag von Jahn in diesem Band). Zu nennen wäre in diesem Zusammenhang die Gefahr, dass ein professionell gesteuertes Medieninteresse zu einem künstlich erzeugten Vergleichsdruck führen kann. Rechtsstreitigkeiten werden dann möglicherweise nicht mehr vor Gericht ausgetragen, sondern durch eine geschickt arrangierte PR-Kampagne im Vorfeld bereits im Keim erstickt. Der öffentliche Druck kann sogar die Rechtsfindung in Zivilprozessen vereiteln, wenn etwa dem Gegner mit der Veröffentlichung desavouierenden Materials gedroht wird. Litigation-PR in Zivilprozessen kann zudem zur Behinderung von Konkurrenten durch gezielte rufschädigende Prozessführung eingesetzt werden.

Litigation-PR kann in Zivilprozessen jedoch durch Vergleiche auch zu schnelleren und für beide Parteien besseren Lösungen führen, wenn aus Angst vor einer negativen Berichterstattung der kaum öffentlichkeitswirksame, außergerichtliche Weg bevorzugt wird. Dies kann in Zivilverfahren mitunter sogar der wirtschaftlich schwächeren Seite nutzen, indem diese bspw. durch angedrohte Blog-Kampagnen im Internet ihre Unterlegenheit ausgleicht und den Gegner so in die Defensive und damit doch noch auf den Weg des Kompromisses bringt.

3. Die Erweiterung der juristischen Arbeitsbereiche

Durch Litigation-PR steigen auch die Anforderungen an die juristische Arbeit, sowohl in rechtlicher Hinsicht als auch im Hinblick auf Zusatzqualifikationen.

Die Arbeit der Juristen beschränkt sich nicht länger auf die eigentlichen rechtlichen Gesichtspunkte des Falles und ist noch mehr als bisher nach einer wie auch immer gearteten gerichtlichen Entscheidung nicht abgeschlossen. Die Kommunikation gegenüber der Öffentlichkeit und den Medien, aber auch deren Überprüfung über die Auswertung der Entscheidungen der Justiz wird zunehmend Teil der juristischen Tätigkeit. Vor, während und nach Gerichtsprozessen müssen Reputationsverluste aufgearbeitet werden, ob nun durch Hintergrundgespräche (vgl. Unverzagt/Gips 2010: 488-492) oder durch eine neue mediale Präsenz. Hinzu kommen etwaige zivilrechtliche Auseinandersetzungen gegen digitale Archiv-Betreiber (vgl. Unverzagt/Gips 2010: 251-253) mit dem Ziel, ungünstige Darstellungen in der Vergangenheit aus den Medien zu entfernen.

Rechtsvertreter werden für diesen Bereich in Zukunft wohl ebenso wegen ihrer Fähigkeiten zur medialen Darstellung wie aufgrund ihrer juristischen Fähigkeiten ausgewählt werden und Kooperationen zwischen Agenturen und Kanzleien werden zunehmen (vgl. den Beitrag von Schulze van Loon, Odebrecht und Penz in diesem Band). Anwälte und Kommunikations-Spezialisten werden Teams mit verteilten Rollen bilden müssen, die in enger Abstimmung Zuständigkeiten, Ziele, Vorgehensweisen, Themenfelder und Sprachregelungen festlegen – zum Nutzen des Mandanten. Dabei wird es auch darauf ankommen, juristisches und kommunikatives Handeln zu synchronisieren, mit dem Ziel, zwischen taktischer Verschwiegenheit und offensiver Medieneinbeziehung zweckmäßige Mittelwege zu finden. Gegebenenfalls müssen sich Anwälte für öffentliche Auftritte (z.B. TV-Interviews) auch mit Hilfe eines Medientrainings wappnen – ebenso wie ihre Mandanten. Ob diese Entwicklung dem Rechtsfindungsprozess – um den es letztlich allein geht – zuträglich ist, bleibt abzuwarten.

4. Auswirkungen auf die Ausbildung der Juristen

Mit der erwähnten Erweiterung der Tätigkeitsbereiche steigt auch der Bedarf an entsprechender Ausbildung und Schulung (vgl. den Beitrag von Rademacher und Bühl in diesem Band).

Pressesprecher der Staatsanwaltschaften und der Gerichte, ebenso wie Rechtsanwälte, sind in der Regel nicht speziell für kommunikative Aufgaben ausgebildet. Dazu kommt, dass sie diese Tätigkeiten in der Regel „neben" ihrer Tätigkeit als Staatsanwalt bzw. Rechtsanwalt ausüben. Durch die steigenden Anforderungen angesichts der erwähnten Medialisierung der Justiz werden die Justiz-Pressesprecher in Zukunft nicht mehr nur Juristen sein, sondern eher Juristen mit einer Zusatzausbildung in strategischer Kommunikation oder PR-Berater mit zumindest einer juristischen Grundausbildung, wie einem Ersten Staatsexamen oder Ähnlichem (vgl. den Beitrag von Huff in diesem Band).

Eine stärkere Einbeziehung von Themen der Kommunikation im Rahmen der allgemeinen Juristenausbildung wäre dabei u.U. sinnvoll, wird aber in absehbarer Zeit sicherlich nicht zum Pflichtfach gehören.

Die Rechtsanwaltskammern und Richter-, sowie Staatsanwaltschaftsvereinigungen werden daher noch stärker als bisher professionalisierende Weiterbildungsangebote präsentieren müssen, ggf. sogar in Zusammenarbeit mit den PR-Verbänden. Dabei sollte jedoch mit Nachdruck darauf geachtet werden, in diesem Zusammenhang die standesrechtlichen Regelungen und rechtlichen Grenzen von Öffentlichkeitsarbeit aufzuzeigen.

5. Rechtliche und gesetzliche Anpassungen

Es bedarf in naher Zukunft aus unserer Sicht keiner Ergänzungen der rechtlichen und insbesondere gesetzlichen Regelungen bezüglich der Prozesse mit starker Medienresonanz und der dabei beteiligten Juristen wie Staatsanwälte,

Richter und Anwälte. Die bestehenden Gesetze (vgl. den Beitrag von Christiansen in diesem Band), Anweisungen, Regelungen etc. reichen aus, bedürfen aber einer bewussteren und eindeutigeren Befolgung.

Gerade die Anwaltschaft wird sich – auch vor dem Hintergrund der starken Zunahme der Anzahl der in Deutschland tätigen Rechtsanwälte – immer wieder daran erinnern müssen, dass Anwälte auch Organe der Rechtspflege sind. Desgleichen ist für die anderen juristischen Berufe eine verstärkte Besinnung auf rechtliche Vorgaben und berufsethische Standards (vgl. den Beitrag von Trüg und Mansdörfer in diesem Band) sicherlich von Vorteil und kann entscheidend dazu beitragen, Litigation-PR auch zum gesamtgesellschaftlichen Nutzen einzusetzen.

Der bisweilen geforderten weiteren Reglementierung der Medien zur Gerichtsberichterstattung bedarf es nicht, genauso wenig wie der die Pressegesetze und den Pressekodex (vgl. Unverzagt/Gips 2010: 53, 459ff.) ergänzenden Verpflichtung(en) der Medienschaffenden auf eine möglichst objektive Beobachterrolle. Bereits die existierenden Regelungen lassen Verhältnisse wie in den Vereinigten Staaten von Amerika gerade nicht zu. Artikel 5 des Grundgesetzes und die damit verbundenen, teilweise wegweisenden Entscheidungen der unterschiedlichen Gerichte, die Pressegesetze, der Pressekodex, sowie die verschiedenen PR-Richtlinien sollten bei deren Berücksichtigung und konkreter Anwendung auf den jeweiligen Fall ausreichen, um den Kommunikationsexperten sehr deutlich ihre Verantwortung nicht nur für die Sache ihres Auftraggebers, sondern auch für den Gesamtstaat immer wieder vor Augen zu halten (vgl. den Beitrag von Remus in diesem Band).

Besondere Aufmerksamkeit wird dabei jedoch den im Web 2.0 entstandenen unmittelbaren Teilhabe- bzw. Mitwirkungsmöglichkeiten wie Foren, Blogs und Bewertungsportale etc. zukommen. Im Rahmen dieser heute noch immer neuen Medien werden teilweise anonyme Meinungsäußerungen, Diskreditierungen, Verleumdungen, falsche Tatsachenbehauptungen vorgenommen, die nicht immer justiziabel sind. Die damit zusammenhängende Gefahr, dass die spontanen, verkürzten und radikal subjektiven Äußerungen auf allgemein zugänglichen Informationsseiten zu einer Tendenzverstärkung oder aber -wende in der öffentlichen Wahrnehmung von in einen Prozess involvierten Personen beitragen, bedarf weiterhin der aufmerksamen Beobachtung und gegebenenfalls der Setzung denkbarer technischer Grenzen. Andererseits erweitern diese Medien die Möglichkeiten zur unmittelbaren und demokratischen Beteiligung an gesellschaftsspezifischen Themen wie Strafprozessen und anderen gerichtlichen Verfahren und können zur Waffengleichheit auch bei finanziell weniger gut gestellten Prozessparteien beitragen.

6. Verzerrungstendenzen durch Litigation-PR

Die Möglichkeiten der Litigation-PR können auf Dauer zu einem weiteren gesellschaftlichen Ungleichgewicht und letztlich zu einem Zwei-Klassen-Rechtssystem führen. Sie ist neben der qualifizierten Rechtsberatung durch exzellente Juristen ein zusätzliches Instrument für diejenigen, die es sich leisten können und etwas zu verlieren haben.

Professionelle Litigation-PR ist kostenintensiv und kommt damit vorwiegend denen zugute, die finanzstark sind. Die verfassungsmäßig postulierte Chancengleichheit vor Gericht, aber eben auch im Hinblick auf den Court of Public Opinion, erweist sich damit einmal mehr als hoher Anspruch ohne Gewähr. Litigation-PR ist so gesehen ein Interventionsmittel für diejenigen, die innerhalb und außerhalb einer Rechtsstreitigkeit nicht nur den juristischen Erfolg suchen, sondern auch ihren Reputationswert bzw. den Wert der unternehmerischen Marke erhalten bzw. wiederherstellen möchten und im Zuge dessen gewillt sind, die Öffentlichkeit, Gerichte und Behörden massiv zu beeinflussen.

Daran ändert auch nichts, dass das Web 2.0 auch denjenigen, die nicht über unbeschränkte finanzielle Mittel verfügen, die Möglichkeit einer Darstellung der eigenen Meinung für eine breite Öffentlichkeit – auch außerhalb des Gerichtssaals – eröffnet.

Litigation-PR, verstanden als professionelle Kommunikationsbegleitung, bedeutet jedoch letztlich die Einbindung von in der Regel professionellen Kommunikationsberatern, die neben den eingeschalteten Rechtsberatern auch noch zu vergüten sind. Diese Kosten werden auch zukünftig nicht erstattungsfähig sein, da es aus rechtsstaatlichen, zumindest aus sozialpolitischen, Überlegungen keine entsprechenden gesetzlichen Regelungen geben dürfte.

Eine geschickte und taktisch kluge Vorbereitung eines Strafprozesses durch Litigation-PR-erfahrene Juristen und PR-Berater kann zudem dazu führen, dass der Angeklagte durch rechtlich zulässige Absprachen mit der Staatsanwaltschaft (§ 257c StPO) hohen Strafzumessungen entgehen oder die Einstellung des Verfahrens erreichen kann.

Bei allen Möglichkeiten für zusätzliche Transparenz in Gerichtsverfahren, die Litigation-PR bietet und unabhängig davon, wie redlich auch immer Litigation-PR betrieben wird, kann sie durchaus dazu führen, dass es zu einer Verzerrung der Realität in der öffentlichen Darstellung kommt: Berichtet wird in den Medien schließlich ja nicht über die alltäglichen Fälle, sondern über prominente Persönlichkeiten oder Sensationsfälle. Dadurch entstehen in der Öffentlichkeit ein unrealistisches Bild von der Arbeitsweise der Justizbehörden und Anwälte und der Eindruck, dass eben solche Sensationsfälle die Regel sind.

Inwieweit Litigation-PR also hier einen Beitrag zur Stärkung des Rechtsgefühls in der Gesellschaft oder zur Akzeptanz des Rechts leisten kann, bleibt fraglich.

Literatur:

Unverzagt, Alexander/Gips, Claudia (2010): Handbuch PR-Recht, Berlin: Helios Media.

Rechtskommunikation in der (europäischen) Öffentlichkeit: Aspekte des künftigen Einsatzes von Litigation-PR

Lars Rademacher

Abstract

The comparison between court trials and a theatre play is an old one – and in fact a lot more than a mere comparison. Carrying out a trial is in itself a performance as well as a battle. Drawing insights from the work of German scholar Cornelia Vismann the paper deals with the effects that arise from this double nature of play and battle. A court trial does not reconstruct the actual delict as much as it renarrates it, thereby creating an own reality. It is a widespread misunderstanding that a trial focuses a sentence: the main issue is the trial as play, there are but a few situations where the battle disposition rules and dominates the perception. This has significant consequences for the intended influence that the use of Litigation-PR tries to evoke.

Wie Alice Schwarzer eingangs betont hat, ist das Ausmaß der Litigation-PR das Besondere und Neue an der aktuellen Situation. Doch ist dies nur eine Wahrheit. Eine zweite besteht in der dramatischen Umstellung des Rechtssystems, das mit der Orientierung an der medialen Logik zu seinen Ursprüngen zurückfindet. Denn letztlich ist der Archetyp der Gerichtsverhandlung das Tribunal, eine „Versammlung um ein Ding", die dem Gerichthalten „performative Züge" aufnötigt und als Wettkampf zur Entscheidung drängt (Vismann 2011: 12). „Diese zweifache Grundmodalität gerichtlicher Verfahren, seine Rahmung als Theater und Kampf, bestimmt die Technik des Rechtsprechens", resümiert die viel zu früh verstorbene Kulturwissenschaftlerin Cornelia Vismann (ebd.) in ihrem schon jetzt epochal zu nennenden Werk über die *Medien der Rechtsprechung.*

Das ist der Ausgangspunkt für alles Denken in *Prozesstechnik, Prozesslogik* und *Prozessdynamik.* Alles, was danach kam, waren neutralisierende Umdeutungen. Betrachtungen des juristischen Prozessgeschehens, die auf die Unabhängigkeit und Neutralität der Judikative pochen, Deutungen, die das Humanum herauskürzen aus der Prozesslogik und die Entscheidungsfindung als quasi-automatischen Prozess in eine Systemverantwortung zu übertragen suchen, verschleiern – ob bewusst oder unbewusst – diesen elementaren Zusammenhang. Die behauptete Neutralität hat ihren Grund in der unerfüllbaren Sehnsucht nach Letztverantwortlichkeit und Höchstrichterlichkeit: Wer darf Normen setzen und zwischen richtig und falsch entscheiden? Wer ist der Herr über das Prinzip? Und an die Stelle des unbesetzten Throns tritt – das Verfahren (Luhmann), der Prozess, das Organisationsgeschehen, das bereits Franz Kafka in seiner namenlosen Abstraktheit so unvergleichlich beschrieben hat.

Das Verfahren also muss leisten, was ein absoluter Herrscher nicht mehr leisten darf. Und ohne den Status des Absoluten ist alles andere anfechtbar: als tendenziös, als unausgewogen, als unerfahren, als befangen, als ungerecht. Kein Einzelner also vermag die Last des Entscheidens auf Dauer zu tragen. Seine Rechtfertigung stünde permanent auf dem Spiel. Es braucht mithin den Unabhängigen, den Dritten, der ebenso wenig existiert wie der absolute Herrscher. Das konsentierte Verfahren rückt an seine Stelle. Und alles, was wir dazu erfinden (etwa das Institut des Senates, das eine Konziliarentscheidung produziert), dient einzig und allein der Aufrechterhaltung des Eindrucks von Neutralität und unbeeinflussbarer Entscheidungsfindung (vgl. Luhmann 1969: 116).

Vismann hingegen geht gewissermaßen zurück und zugleich nach vorn, wenn sie bemerkt, dass Rechtsprechung in den konkret gewachsenen (europäischen) Rechtssystemen von zwei unterschiedlichen Dispositiven, dem agonalen und dem theatralen, auf unterschiedliche Weise geprägt sei. Sie macht zwei Modi aus, in denen dies besonders präsent ist: Im Normalfall regiert das „Theater des Gerichts", nur in Sonderfällen dominiert mit dem herausgehobenen Rechtsstreit das agonale Prinzip. Und beides wird in je unterschiedlicher Mischung in den Rechtssystemen repräsentiert und bedingt einen je unterschiedlichen Einsatz von Medien in der Rechtsprechung. Diese Unterschiede, die es hier abschließend zu würdigen gilt, haben Auswirkungen auf den europäischen Rechtsrahmen und damit auch auf die intendierte Einflussnahme durch Maßnahmen der strategischen Rechtskommunikation.

1. Gerichthalten als Nacherzählen

Urteil und Gericht sind so stark miteinander verknüpft, dass sie synonym gesetzt werden; eine Perspektive, die dem gegenüber das theatrale Element als unbedingten Bestandteil des Gerichtes wahrnimmt, existiert kaum. Lediglich Niklas Luhmann (1969: 107) hat dies in *Legitimation durch Verfahren* bereits notiert.

Doch wie Vismann (2011: 22) betont, hat dies auch bei Luhmann nur den Charakter der öffentlichen Legitimation, die bezeugen soll, dass es bei Gericht mit rechten Dingen zugegangen sei. Die überkommene Nachordnung des Theatralen hinter die Urteilsfindung bleibt hingegen bestehen. Dies zeigt sich schon daran, dass die Justiz selbst zwar die Gerichtsverhandlung als wichtig definiert – allein über den Aufwand des Zeremoniells kann man bereits geteilter Meinung sein. In Fällen mit geringem öffentlichen Interesse oder bei geringer Schuld kann auf eine Verhandlung mitunter verzichtet werden (vgl. ebd. 23).

Doch damit ist die Funktion des öffentlichen Prozesses ganz unzureichend beschrieben. Denn es geht dabei eben nicht um die Legitimation des Urteils, sondern um die Transformation des Dinges, um das sich die Versammlung bildet, in einen rechtlich fassbaren Tatbestand. Es geht um seine Einordnung, seine Versprachlichung und (später) Verschriftlichung. Es ist der Ort des Nachempfindens und Nacherlebens. Das Theater existiert nicht als Nachrangiges im Gericht und um des Urteiles willen, nein, das Gericht selbst existiert um des Theaters willen: „Das Theater des Gerichts leistet die Wiederaufführung der Tat im symbolischen Raum. (...) Gerichthalten heißt Theater veranstalten." (Vismann 2011: 31) Das ist weit mehr als die landläufig gezogene Parallele zwischen Gericht und Theater. Es geht auch nicht darum, die Tat als solche nachzustellen (wie es die Spurensicherung oder Forensiker tun), sondern es geht um die Übertragung ins Medium der Darstellung und der Sprache, als deren Bühne das Gericht fungiert und damit selbst zum Medium wird. Hier sind die Regeln vorgegeben. Wer wann reden darf, ist standardisiert, aber das Stück selbst ist absolut neu, „ohne Präzedenz" (Vismann 2011: 33). Es ist gerade nicht die Nachstellung der Tat, es ist etwas anderes, seine Nacherzählung – und das in mehreren Varianten, in mehreren Wahrheiten. Die Tat wird zu einem umkämpften Ereignis in der Sprache.

2. Vom Urteilen und Richten

Als zweites Dispositiv benennt Vismann, wie erwähnt, den Kampf, die öffentliche Auseinandersetzung. Denn obwohl das Urteil zunächst keine bedeutende Rolle für den Prozess besitzt (denn er wird ja um des Theaters willen inszeniert), gehört es letztlich dazu. Es macht dadurch einen Unterschied, dass es in der Lage ist, den Status der Beteiligten zu verändern. Es macht aus Angeklagten Schuldige oder Unschuldige, es beendet den Rechtsstreit. Die Bedingung des Urteilens aber sind die Nicht-Beteiligten, die Zuschauer (vgl. Vismann 2011: 75). Erst ihre Distanz zur Bühne „ermächtigt die Zuschauenden, über das zu entscheiden, was sie sehen." Das Amphitheater wird zur architektonischen Idealsituation einer demokratischen Entscheidungssituation. Damit kommen drei Elemente zusammen: die binäre Entscheidungssituation, die Bindung an das Vorhandensein von Zuschauern – und eine amphitheatrale, offene (oder geöffnete) Entscheidungssituation (vgl. ebd. 81).

Das Prozessdrama muss mit offenem Ausgang durchlebt werden, der Richter (so Luhmann 1969: 116) muss die Ungewissheit inszenieren und unbedingt bis zum Schluss aufrechterhalten. Es ist ein „öffentliches Erscheinenlassen von Gegenwart" (Seel 2001: 56). Die Verhandlung also macht das Vergangene erst aktuell – und hält es damit in der Schwebe. In diesem Schwebezustand nun werden die Deutungen umkämpft, der Einsatzort der Litigation-PR ist geboren. Recht ist ein teils demokratisches, teils autokratisches, perspektivisches und perspektivenabhängiges Prozessprodukt. Und dennoch werden Entscheidungen innerhalb des Rechtssystems von handelnden und beeinflussbaren Subjekten erzeugt (wie Kepplinger in diesem Band gezeigt hat). Und der Druck aus Umweltsystemen wie Politik und Medien hat in den letzten Jahren stetig zugenommen (wie Eisenegger in diesem Band betont hat).

3. Zwischen Erwartungs-Erwartungen und Mirkoperspektive

Wer die hier vorgeschlagene Perspektivierung von Rechtsprechung befürwortet, wird in der Beeinflussung von Gerichtsverhandlungen und ihrer medialen Verarbeitung sicher nichts Ungewöhnliches erkennen, sondern lediglich eine Spiegelung des Prozesses, eine Reflexion der prozessinternen Abläufe in ihren Umwelten. Dazu zählen die vielfältigen Experten und Beobachter ebenso wie Zeugen und Opfer und deren Anwälte. Sie alle treten mit ihren je eigenen Wahrheiten an auf der theatralen Bühne des Gerichts und bewirken ihrer mediale Spiegelung. Litigation-PR zieht nun – abhängig von der jeweiligen Verfahrensart – die Konsequenz aus der prinzipiellen Gestaltbarkeit der Wertungsargumentationen innerhalb und außerhalb des Gerichtssaals.

Diese können mal darin bestehen, einen Prozess abstrakt als Erzählung mit Kapiteln, Höhepunkten und Verlaufsmustern zu konzipieren. Man kann einen Prozess aber auch als Zusammenspiel von aufeinander bezogenen (internen und externen) Wirkungssphären beschreiben – oder auch als verkapseltes System, das die Wahrheitsfindung allein aus der Innenschau hervorbringt.

Je nachdem, wie diese Konsequenzen gezogen werden, entfallen die Tätigkeitsschwerpunkte eher mit Blick auf die Beeinflussung der im Gerichtssaal Handelnden – oder mit Blick auf die diversen Publika, die das Theater des Gerichts beobachten. Aus den an Vismann angelehnten Überlegungen ergibt sich aber, dass die Beeinflussung von Prozessbeteiligten (seien es Zeugen, Kläger oder gar Richter) sich keineswegs im deutschen (oder europäischen) Rechtsrahmen ausschließt. Mögen auch die Methoden variieren: die Beeinflussung der Prozessbeteiligten, die Einwirkung auf Konstruktionsbedingungen, unter denen Bewertungsalternativen verhandelt werden, ist zu zentral, um keine Deutungsangebote zu unterbreiten. Wenn Richter bereits zugeben, dass sie im Strafmaß beeinflussbar sind (wie es die Studie Kepplingers nahelegt), dann werden auch die übrigen Prozessbeteiligten ihre Erwartungen und Erwartungs-Erwartungen fortwährend aneinander anpassen.

4. Prozesstechnik, Prozesslogik, Prozessdynamik

Luhmann wies darauf hin, dass der Richter den offenen Ausgang permanent stabilisieren muss. Er darf daran keinen Zweifel zulassen – selbst wenn er vielleicht bereits eine Meinung hat. Er muss streng genommen stets bereit bleiben, sich durch die Entwicklung überraschen zu lassen. Er muss zugleich als Regisseur dafür Sorge tragen, dass formal das Erwartbare geschieht: alle Regeln müssen eingehalten werden. Das gebieten die formalen Vorschriften der Prozesstechnik und der Prozesslogik.

Prozesstechnik meint hier: Ein Richterspruch, der nicht nach der vereinbarten Form hergestellt wurde, ist wertlos. Zugleich hat eine Urteilsfindung, die nicht den Erwartungen an den bisherigen Verlauf entspricht, mit erhöhter Annahmeschwierigkeit zu kämpfen (vgl. Eisenegger in diesem Band). Es muss also eine Herleitung aus dem Verlauf, eine *Prozesslogik* möglich sein. Schließlich ist der Ausgang aber von rein internen Abläufen abhängig; nicht von der medialen Berichterstattung (die allerdings Eingang finden kann in die interne Bearbeitung); nicht von den handelnden Charakteren, sondern von der *Eigendynamik* des Prozesses, von seiner Offenheit, von seinem Möglichkeitsraum, die als Voraussetzung stets besteht.

5. Formen des Gerichts und Gerichthaltens

Schließlich sei noch auf ein paar Formen und Darstellungsweisen von Gericht und Gerichthalten kurz eingegangen, die Cornelia Vismann nennt und die mir für die künftige Beurteilung der Rolle von Litigation-PR bedeutsam erscheinen. Zunächst entwickeln sich spezifische Formen des Agons, die sich auch in aktuellen Fällen wie dem Kachelmann-Prozess oder vergleichbaren Verfahren gut nachweisen lassen. Die Form des Tribunals, des öffentlichen Schauprozesses, erfordert ganz besondere Darstellungs- und Regiekünste. Sowohl seine Prozesslogik als auch seine Prozessdynamik sind herausgehobenen Anforderungen unterworfen. Die Außensteuerung nimmt rapide zu (sei es als kontrafaktische Außenorientierung der Beteiligten oder als tatsächliche Einflussnahme etwa durch Protest oder Anteilnahme).

Auch der Prozess, der übertragen wird, hat seine eigenen Gesetze. Courtroom-Logiken, die Vismann (2011: 223) auch bei den Nürnberger Prozessen ausmachen kann, übernehmen teilweise die Regie. Sobald Kameras anwesend sind, wird alles zum Duell (vgl. ebd. 372). Und auch die einmal gemachten Aufnahmen engen spätere Gerichtsverhandlungen wesentlich mehr ein als die klassischen Protokolle.

Damit ist klar, dass Gerichthalten trotz der kodifizierten Form in abweichender Gestalt und in unterschiedlicher medialer Prägung auftreten kann und so Prozesslogik und Prozessdynamik beeinflusst.

6. Gerechtigkeit als (europäisches) Konstrukt?

Unter den beschriebenen Voraussetzungen von zentralen Begriffen wie Gerechtigkeit zu sprechen, erscheint schwierig. Denn zum einen wird Gerechtigkeit per Aushandlung der Prozessbeteiligten und per Diskurs mit der Umwelt konstruiert. Übertragen in einen anderen kulturellen Rahmen (und der liegt bereits innerhalb Europas vor) wird eine universale Form von Gerechtigkeit mithin als schwer rekonstruierbar einzustufen sein. Denker wie Habermas (2011) formulieren zwar gemeinsame theoretische Grundlagen (etwa für eine gemeinsame europäische Exekutive); doch fehlen die gemeinsamen moralisch-legislativen Voraussetzungen, auf deren Basis die Exekutive ins Werk gesetzt werden könnte.

Was insbesondere fehlt, ist eine gemeinsame europäische Öffentlichkeit, die der Bezugspunkt auch für strategische Rechtskommunikation wäre. Also wird europäische Öffentlichkeit zunächst nur durch das Europa der Institutionen repräsentiert. Die einzigen transnationalen Öffentlichkeiten sind die der Unternehmen – und damit die der Wirtschaftsöffentlichkeit (auf die Holzinger in diesem Band verweist). Sie verlangt dem Berater Kenntnis in gleich mehreren Rechts- und Moralsystemen ab. Statt zu abstrahieren, muss Litigation-PR sich differenzieren, sich auf Gerechtigkeiten einstellen statt auf Gerechtigkeit.

Zu Hilfe kommt der Entwicklung einer transnationalen Kommunikationsstrategie in strittigen Rechtsfragen lediglich die meta-moralische Bewegung der Corporate Responsibility und des Corporate Citizenship, die ein neues moralisches System jenseits traditioneller Rechtsnormen und Staatsgrenzen etabliert. Auch darüber hinausgehende Moralisierungsschübe (etwa die Occupy-Bewegungen oder das Aufkommen der „moralisch sauberen" Piraten-Partei) sind zumindest Anzeichen einer Repolitisierung des öffentlichen Bewusstseins (die wie bei Eisenegger in diesem Band auch einen Effekt auf die Justiz haben kann). Solche Elemente der Moralkommunikation können Litigation-PR sicher nicht ersetzen. Sie nehmen als Ergänzung der strategischen Rechtskommunikation aber deutlich zu (vgl. dazu umfassend Schultz 2011). Damit verschiebt sich die Grenze weiter in Richtung der vorgelagerten Moralisierung der Akteure im Sinne des Reputationsschutzes, was letztlich einer weiteren Einengung der Handlungsspielräume von Wirtschaftsakteuren gleichkommt.

Wie stark damit ein Effekt auch außerhalb des (Wirtschafts-) Strafrechtes ausgelöst werden kann, ist schwer zu beantworten. Eines aber ist deutlich: Wenn die Bedeutung von sozialer Reputation und expressiver Reputation weiter zunimmt, wie dies Eisenegger ja ebenfalls vorzeichnet, dann wird zumindest eine Grenze immer weiter erodieren – die zwischen dem ästhetischen und dem moralischen Urteil. Wie ich an anderer Stelle schon einmal mit Bezug auf politische Akteure festgestellt habe (Rademacher 2005), bleibt dem Publikum dann letztlich nur die Möglichkeit eines ästhetischen Urteils. Die letzte Grenze der Urteilsfindung wäre damit in einen demokratischen Rahmen überführt. Man muss das aber nicht unbedingt als Zivilisation begreifen.

Literatur

Habermas, Jürgen (2011): Zur Verfassung Europas. Ein Essay. Frankfurt am Main: Suhrkamp.
Luhmann, Niklas (1969, 1983): Legitimation durch Verfahren. Frankfurt am Main: Suhrkamp.
Rademacher, Lars (2005): Politik als Autorschaft. Bemerkungen zu einem alternativen Erklärungsmodell politischen Kommunizierens, in: Ders. (Hg.): Politik nach Drehbuch. Von der politischen Kommunikation zum politischen Marketing. Münster: Lit, S. 52-62.
Schultz, Friederike (2011): Moral – Kommunikation – Organisation. Funktionen und Implikationen normativer Konzepte des 20. und 21. Jahrhunderts. Wiesbaden: VS.
Seel, Martin (2001): Inszenieren als Erscheinenlassen. Thesen über die Reichweite eines Begriffs, in: Früchtl, Josef/Zimmermann, Jörg (Hg.): Ästhetik der Inszenierung. Dimensionen eines künstlerischen, kulturellen und gesellschaftlichen Phänomens. Frankfurt am Main: Suhrkamp, S. 48-62.
Vismann, Caroline (2011): Medien der Rechtsprechung. Hg. v. Alexandra Kemmerer und Markus Krajewski. Frankfurt am Main: S. Fischer.

Verzeichnis der Autorinnen und Autoren

Prof. Dr. Dr. Volker Boehme-Neßler, Jahrgang 1962, ist Jurist und Politikwissenschaftler. Er lehrt als Professor für Öffentliches (Wirtschafts-) Recht an der Hochschule für Technik und Wirtschaft in Berlin. Zuvor war er einige Jahre als Rechtsanwalt tätig. Seine Forschungsschwerpunkte sind u.a.: Medien und Recht, Bilder und Recht, Rechtssoziologie und Rechtstheorie.

Dr. Alexander Bräunig ist Rechtsanwalt in der Weiterbildung zum Notar im Notariat Scheiber & Partner in Frankfurt am Main. Nach erfolgreichem Studium der Rechts- und Wirtschaftswissenschaften in Frankfurt am Main, Zürich und Hamburg (Wirtschaftswissenschaftliches Vordiplom 2004, Erstes Juristisches Staatsexamen 2007) promovierte Alexander Bräunig an der Bucerius Law School zum Thema „Untreue in der Wirtschaft". Das Referendariat im Kammergerichtsbezirk Berlin, im Rahmen dessen er u.a. für Hogan Lovells LLP, Raue LLP, das Bundespresseamt sowie die Allianz Deutscher Produzenten tätig wurde, schloss er 2011 mit dem Zweiten Juristischen Staatsexamen ab.

Anton Bühl, Jahrgang 1980, ist PR-Berater bei der Agentur Firefly Communications in München. Seine Schwerpunkte liegen auf B2B Kommunikation, Consumer Kommunikation, Krisenkommunikation und Social-Media-Kommunikation. Die Studie „Wie professionell ist Litigation-PR in Deutschland?" entstand 2010 als Abschlussarbeit an der MHMK, Macromedia Hochschule für Medien und Kommunikation in München im Projekt „Professionelle Rechtskommunikation" unter der Leitung von Prof. Rademacher.

Dr. Per Christiansen, MSc (LSE) ist Rechtsanwalt, Smolny Christiansen, Hamburg, und Senior Research Fellow am Hans-Bredow-Institut für Medienforschung. Der Fokus seiner Arbeit liegt auf der Medienregulierung. Zuvor war er Leiter Recht und Personal der AOL-Gruppe in Deutschland. Seine Arbeit hat ihn frühzeitig dazu geführt, Verfahren im Team mit Kommunikatoren zu führen, etwa in Regulierungsverfahren und politischer Kommunikation (z.B. bei der Einführung von Flatrate-Tarifen), in Verfahren zur Imagebildung (z.B. Klagen gegen Spammer) oder in der Begleitung von sensiblen strafrechtlichen Vorgängen (z.B. bei Ermittlungsverfahren gegen Internet-Nutzer). Er ist Mitherausgeber des Blogs litigation-pr-blog.de.

Dr. Mark Eisenegger, Jahrgang 1965, ist Co-Leiter des fög, Forschungsinstituts für Öffentlichkeit und Gesellschaft an der Universität Zürich, Vorstand des European Centre for Reputation Studies (ECRS) und Lehrbeauftragter an den Universitäten Zürich, Lugano und Freiburg. Seine Forschungsschwerpunkte sind: Wirtschaftssoziologie, Organisationskommunikation, Reputationstheorie und -analytik.

Claudia Gips ist seit 2007 Rechtsanwältin in der Kanzlei Unverzagt von Have. Gemeinsam mit Prof. Alexander Unverzagt veröffentlichte sie 2010 das „Handbuch PR-Recht", in das ihre zahlreichen Erfahrungen im Rahmen der anwaltlichen Beratung von PR-Agenturen, Pressesprechern und PR-Beratern, die für private Unternehmen und Personen sowie kommunale Institutionen und Verantwortlich arbeiten, einflossen. Sie ist als Dozentin im PR-, Presse-, Urheber- und Medienrecht tätig.

James F. Haggerty, Rechtsanwalt und Präsident der PR Consulting Group, ist einer der bekanntesten Litigation-PR-Berater der Vereinigten Staaten und gilt als einer der Gründerväter professioneller Litigation-PR in den USA. Er ist Autor des Buches *In The Court of Public Opinion: Winning Strategies for Litigation Communications,* das 2009 in 2. Auflage erschienen ist.

Dr. Ines Heinrich ist Diplom Kulturwirtin und promovierte Kommunikationswissenschaftlerin. Mit ihrer Dissertation an der Freien Universität Berlin hat sie Pionierarbeit für die Erforschung der Litigation-PR im deutschsprachigen Raum geleistet. Ihre Erfahrungen mit rechtsstreitbegleitender Kommunikation in einer Münchener PR Agentur motivierten sie, Litigation-PR auf ein wissenschaftliches Niveau zu heben und die erste kommunikationswissenschaftliche Grundlegung zu erarbeiten. In ihrem Buch „Litigation-PR: PR vor, während und nach Prozessen" setzt sie sich intensiv mit Perspektiven, Potenzialen und Problemfeldern der strategischen Kommunikation in Rechtsstreitigkeiten auseinander. Dr. Ines Heinrich arbeitet als Kommunikationsberaterin.

Stephan Holzinger, Jahrgang 1968, studierte Dipl.-Verwaltungswissenschaft an den Universitäten in Konstanz und Oslo und begann seine berufliche Laufbahn zunächst in den USA, wo er im Stab von US-Senator John Warner mitarbeitete. 1994 kam Holzinger zur BMW Group, wo er bis Ende 2000 mehrere Vorstandsressorts durchlief. Zuletzt war er dort Leiter Finanzpublikationen und Sprecher. 2001 begann er seine unternehmerische Karriere, zunächst im Bereich der Finanzkommunikation, ab 2004 dann im Bereich der rechtsstreitbegleitenden Öffentlichkeitsarbeit (Litigation PR) und Krisenkommunikation. Holzinger veröffentlichte zusammen mit Uwe Wolff „Im Namen der Öffentlichkeit" ebenso wie diverse Fachbeiträge in führenden internationalen Medien. Er ist Geschäftsführender Gesellschafter der Holzinger Associates GmbH – Crisis & Litigation Communicators in München.

Martin Huff, Jahrgang 1959, ist Rechtsanwalt und Geschäftsführer der Rechtsanwaltskammer Köln. Zudem hat er einen Lehrauftrag für Medienrecht an der Forschungsstelle für Medienrecht der Fachhochschule Köln. Nach seinem Studium der Rechtswissenschaften an der Universität Bayreuth war er von 1985 bis 1990 Redakteur bei der „Neuen Juristischen Wochenschrift – NJW", später von 2011 bis 2005 deren Chefredakteur, und von 1991 bis 1999 Mitglied der Wirtschaftsredaktion der Frankfurter Allgemeinen Zeitung. Von 1999 bis 2001 war er Pressesprecher des Hessischen Ministeriums der Justiz. Zudem war Huff von 2003 bis 2007 stellvertretendes Mitglied des Hessischen Staatsgerichtshofs. Neben umfangreichen juristischen Fachveröffentlichungen und Vorträgen hat Huff auch Erfahrung in der Schulung von Pressesprechern der Justiz und leitet regelmäßig Fortbildungen von Juristen zu diesem Thema.

Prof. Dr. Joachim Jahn, Jahrgang 1959, ist seit 1999 Wirtschaftsredakteur der F.A.Z. Seit 2009 Mitglied der Berliner Parlamentsredaktion; außerdem verantwortlich für die wöchentliche Seite „Recht & Steuern". Zuvor tätig für „Hannoversche Allgemeine Zeitung" und „Handelsblatt". Nebenher Promotion zum Dr. jur.; zahlreiche Gastbeiträge in rechtswissenschaftlichen Fachzeitschriften. Seit 2010 Honorarprofessor an der Universität Mannheim („Deutsch für Juristen"; Presserecht). Workshops an der Uni Münster („Journalismus und Recht"). Träger des „Regino-Preises 2010 für herausragende Justizberichterstattung" (Print). Prüfer beim Auswahlverfahren der Bucerius Law School (2007 bis 2010).

Verzeichnis der Autorinnen und Autoren

Prof. Dr. Hans Mathias Kepplinger, Jahrgang 1943, ist Professor für Empirische Kommunikationsforschung an der Johannes Gutenberg-Universität Mainz. Zu seinen Forschungsschwerpunkten gehören die reziproken Effekte der Medien – ihre Einflüsse auf diejenigen, über die sie berichten. Damit verbunden ist die Erforschung der indirekten Wirkungen der Medien auf Menschen, die die relevanten Beiträge u.U. selbst nicht genutzt haben, aber von den medial verursachen Verhaltensänderungen anderer, die sie genutzt haben, beeinflusst werden.

Andreas Köhler, Jahrgang 1984, ist seit 2010 Wissenschaftlicher Mitarbeiter an der MHMK, Macromedia Hochschule für Medien und Kommunikation – zunächst im Studiengang Medienmanagement in München, seit 2012 im Studiengang Journalistik in Köln. Er studierte in Braunschweig Politikwissenschaft, Medienwissenschaften und Soziologie. 2006 bis 2009 schrieb Andreas Köhler als freier Autor für die Wochenzeitung des Deutschen Bundestages „Das Parlament". Seine Forschungsschwerpunkte sind Politische Kommunikation, Sozialpolitik und Gesundheitskommunikation. Als Doktorand an der Universität der Bundeswehr in München arbeitet er an einer Dissertation zum Thema Symbolische Reformpolitik.

Brigitte Koppenhöfer war bis zum Frühjahr 2011 Vorsitzende Richterin am Landgericht Düsseldorf. Als solche leitete sie den Mannesmann-Prozess u.a. gegen Deutsche-Bank-Chef Josef Ackermann, Ex-Mannesmann-Chef Klaus Esser und den früheren IG-Metall-Boss Klaus Zwickel. Der Prozess wurde von einem massiven Medieninteresse begleitet. In einer persönlichen Vorbemerkung zur Urteilsverkündung kritisierte Koppenhöfer die Versuche der Einflussnahme durch die Politik und die gezielte übermäßige Inanspruchnahme der Medien durch Verteidiger und Staatsanwaltschaft.

Patricia Langen, Jahrgang 1989, schloss im August 2011 ihr Studium im Fach Medienmanagement mit Fachrichtung PR-und Kommunikationsmanagement mit dem Bachelor of Arts an der MHMK, Macromedia Hochschule für Medien und Kommunikation in München ab. Ihre Abschlussarbeit widmete sie dem Thema „Prominente in öffentlichen Strafprozessen" mit einem besonderen Augenmerk auf die Objektivitätspflicht in der Rechtsberichterstattung im Fall Jörg Kachelmanns.

Dr. Marco Mansdörfer, Jahrgang 1975, ist schwerpunktmäßig als Strafverteidiger tätig und vertritt seit dem Sommersemester 2010 den Lehrstuhl für Wirtschaftsstrafrecht an der Universität des Saarlandes. Seine Lehr- und Forschungstätigkeit umfasst neben dem Wirtschaftsstrafrecht, Wirtschaftskriminologie und Compliance auch das Medienstrafrecht.

Hartwin Möhrle, Jahrgang. 1956, ist geschäftsführender Gesellschafter und Mitbegründer der Kommunikationsagentur A&B One. Seine Schwerpunkte liegen in den Bereichen Unternehmenskommunikation, Krisen- und Risikokommunikation, Issues-Management und Compliance. Er berät unterschiedliche Branchen, Konzerne, Mittelstand und Einzelpersonen in akuten Krisen und in der Krisenprävention. Hartwin Möhrle ist Dozent am Schweizerischen PR-Institut, an der Frankfurt School of Finance & Management und ausgebildeter Coach. Er veröffentlicht kontinuierlich zu Themen der Krisen- und Risikokommunikation.

Tom Odebrecht, Jahrgang 1984, studierte European Studies an den Universitäten Maastricht und Oslo. Es folgte ein Master in nordamerikanischer Politik und Wirtschaft an der FU Berlin. Nach seiner Tätigkeit als Journalist in Argentinien arbeitete Tom Odebrecht als Politikberater in Berlin. Seit Anfang 2011 ist er bei der Kommunikationsberatung Molthan van Loon Communications (GPRA) im Bereich Unternehmenskommunikation tätig.

Ulrike Penz, Jahrgang 1986, studierte PR/Öffentlichkeitsarbeit an der FH Hannover. Das darauf folgende Masterstudium Kommunikationsmanagement schloss sie mit einer Thesis zum Thema Wertschöpfung und Risiko von Kommunikation ab. Seit Oktober 2010 berät Ulrike Penz bei Molthan van Loon Communications (GPRA) in Hamburg Kunden im Bereich Markenkommunikation.

Prof. Dr. Lars Rademacher, Jahrgang 1972, verantwortet den Studienschwerpunkt Corporate Communications im internationalen Masterstudiengang Media and Communication Management an der MHMK, Macromedia Hochschule für Medien und Kommunikation in München. Er leitet dort das Projekt „Professionelle Rechtskommunikation" und forscht u.a. zu Compliance-Kommunikation, Governance und Corporate Social Responsibility. Vor seiner akademischen Laufbahn war Rademacher sechs Jahre Berater, anschließend leitete er die Kommunikation des Science Centers „phaeno" in Wolfsburg und war Pressesprecher in der Konzernkommunikation der BASF.

Nadine Remus ist seit 2008 Wissenschaftliche Mitarbeiterin an der Fakultät Medien der MHMK, Macromedia Hochschule für Medien und Kommunikation in München. Seit 2010 ist sie Doktorandin an der Ludwig-Maximilians-Universität München zum Thema „Health Communication Science and Health Communication Management". Zuvor verantwortete sie als Pressesprecherin die Unternehmenskommunikation eines mittelständischen Unternehmens. Remus studierte in Göttingen Medien- und Kommunikationswissenschaft, Betriebswirtschaftslehre und Rechtswissenschaften, sowie Public Relations & International Economics an der Universidad de La Laguna (Spanien). Ihre aktuellen Forschungsprojekte beziehen sich auf Gesundheits-, Rechts- und Krisenkommunikation sowie CSR und Interne Kommunikation.

Alexander Schmitt-Geiger, Jahrgang 1973, ist Inhaber der auf Litigation-PR, politische Kommunikation und PR für Rechtsanwalts-, Steuerberatungs- und Wirtschaftsprüfungskanzleien spezialisierten Agentur COMMUNICATION PUBLIC AFFAIRS in München. Er studierte Rechts- und Politikwissenschaften in Passau und München und unterrichtet als Lehrbeauftragter Lobbying an der MHMK, Macromedia Hochschule für Medien und Kommunikation in München. Zuvor war er als PR-Berater in einer Agentur, einer sicherheitspolitischen Einrichtung und in der öffentlichen Verwaltung tätig.

Dietrich Schulze van Loon, Jahrgang 1953, ist Gründer von Molthan van Loon und Gesellschafter der Molthan van Loon Communications GmbH (GPRA) in Hamburg. Über sein berufliches Engagement hinaus war er von 2005 bis 2009 Präsident der GPRA und ist seit 2009 Ehrenpräsident. Darüber hinaus ist er Lehrbeauftragter für Krisenkommunikation an der FH Hannover.

Alice Schwarzer ist Journalistin und Essayistin. Die EMMA-Verlegerin ist seit 1971 auch eine der erfolgreichsten SachbuchautorInnen Deutschlands. Mit dem Thema Recht beschäftigt sie sich seit ihrer Tätigkeit als Gerichtsreporterin bei der Tageszeitung. In ihren feministischen Analysen nimmt die Funktion der „Männerjustiz" seit 1977 einen zentralen Raum ein. Für EMMA und BILD kommentierte Schwarzer auch den Kachelmann-Prozess.

Dr. Ansgar Thießen ist Managing Director von Knobel Corporate Communications, dem Schweizer Associate von Hill+Knowlton Strategies. Thießen berät Unternehmen und öffentliche Einrichtungen in strategischer Krisenkommunikation und Smart Relations. Er sitzt im Vorstand des Schweizer Verbands für Krisenkommunikation und ist international prämierter Fachbuchautor für Krisenkommunikation und Strategie.

Dr. Gerson Trüg, Jahrgang: 1971, ist Rechtsanwalt und Fachanwalt für Strafrecht in der wirtschafts- und in der steuerstrafrechtlichen Sozietät Gillmeister Rode Trüg, Freiburg i. Br. (www.freiburgstrafrecht.de). Außerdem ist er Lehrbeauftragter an der juristischen Fakultät der Eberhard-Karls-Universität Tübingen. Sein wissenschaftliches Interesse gilt dem Wirtschafts- und Steuerstrafrecht sowie dem Strafverfahrensrecht.

Prof. Alexander Unverzagt ist Rechtsanwalt und Gründungs-Partner der Anwalts-Sozietät Unverzagt von Have mit Sitz in Hamburg, Berlin und Köln, die auf nationales wie internationales Medien- und Kulturrecht sowie gewerblichen Rechtsschutz spezialisiert ist. Er ist Co-Autor des 2010 erschienenen „Handbuch PR-Recht" und Autor und Referent zahlreicher Beiträge Ferner ist er Dozent am Deutschen Institut für Public Relations (DIPR) und der depak in Berlin sowie Gesellschafter einer Gesellschaft für Krisenkommunikation. Als Lehrbeauftragter für den Bereich Urheber- und Verlagsrecht unterrichtet Unverzagt an der Universität Hamburg.

Dr. Peter Zolling ist Hamburger Büroleiter der MediaCompany GmbH, einer der führenden Kommunikations-Agenturen in Deutschland. Er war lange Jahre als politischer Journalist tätig, u.a. beim Hörfunk und Fernsehen des früheren Süddeutschen Rundfunks und beim SPIEGEL in Hamburg. Zolling ist einer der Pioniere im Bereich Political Consulting in Deutschland. Seit über einem Jahrzehnt berät er zahlreiche Kunden krisenstrategisch. Der studierte Historiker ist Verfasser mehrerer Standardwerke, darunter eine verfassungsgeschichtliche Einführung ins Grundgesetz, und lehrt als Dozent am Deutschen Institut für Public Relations (DIPR) „Medienpraxis für die Öffentlichkeitsarbeit von Unternehmen und Organisationen".

Stichwortverzeichnis

A

Absprachen mit der Staatsanwaltschaft 348
Anfangsverdacht 153, 265, 293
Angeklagter 144
Anspruchsgruppen 27, 29, 30, 36
Anwaltssozietäten 246, 306
Anzeigeerstatter 261, 265, 266, 294
Arbeitsrecht 333
Auskunftsanspruch 178, 295, 299, 300
Auskunftspflicht 191
Außergerichtliche Meinungsbildung 133

B

Beeinflussung von Prozessbeteiligten 355
Befangenheit 128, 137, 143, 289
Behördenleiter 177, 270
Behördensprecher 270
Berichterstattung 10ff., 18, 25, 28, 31, 41, 62, 66, 68, 71, 77, 87, 92, 112, 124ff., 131ff., 140, 142, 149, 153, 155, 159ff., 170ff., 179, 184, 189, 190ff., 219ff., 233, 236, 238, 239ff., 247, 249, 260, 263ff., 267, 280, 284ff., 307ff., 311ff., 321, 342, 345, 355
Berufsrichter 59f., 67f., 219, 265, 326
Beteiligteninteressen 159
Bewertungsportale 347
Bilanzfälschung 326
Bildaufnahmen 128, 160, 291
Blog-Kampagnen 345
Blogs 124, 243, 248, 347
Boulevardisierung 67, 78
Boulevardmedien 198, 331
Bundesgerichtshof 11, 259f., 263, 265
Bundesrat 204, 211
Bundesregierung 205, 207, 211f., 214
Bundestag 207, 211, 212, 213, 214, 215
Bundesverfassungsgericht 77, 84, 128, 132, 138, 162, 173, 203ff., 274, 281
Bürgernähe 87
Bürgerrechtspartei 213

C

Caroline-Urteil 263
CDU/CSU 212
Class Actions 64, 69
Clinton-Lewinsky-Affäre 66
Compliance 258
Corporate Citizenship 357
Corporate Governance 110
Corporate Responsibility 357
Court of Public Opinion 37, 42, 49, 348
Courtroom-Logiken 356
Court-TV 291

D

Dark Sites 311
Darstellungsformen 198
Dementi 331
Demokratie 78, 87, 169, 173, 176, 181, 184, 201, 282
Demokratiegebot 138, 284
Deutsche Bank 41, 43, 261, 323, 332
Deutungsangebote 355

E

Eilantrag 214
Einschaltquote 77
Einstellung des Verfahrens 330, 348
Emotionalisierung 83
Enthüllungsjournalismus 66
Entmündigung der Richter 11
Entscheidungssituation 354
Ermessensentscheidung 101
Ermittlungsverfahren 130, 135, 164, 219, 261, 264f., 268, 275, 293ff., 297ff., 304, 316, 324, 330, 344
europäische Öffentlichkeit 356
Exekutive 173, 356
Exklusivinterviews 265
Expressive Reputation 357

F

Facebook 43, 118, 252
Fachanwalt für Medienrecht 308
Fachöffentlichkeit 141
Fairness 93, 299, 341
FDP 214
Fernsehwirklichkeit 80
Foren 140, 149, 347
Fortbildung 271
Freispruch aus Mangel an Beweisen 187
Funktionen der Litigation-PR 247
Fürsorgepflichten 163

G

Gegendarstellung 132, 312
Geheimnisverrat 326
Gerichtsberichterstattung 123
Gerichtshof der Öffentlichkeit 75
Gerichtsöffentlichkeit 87, 88, 152, 161
Gerichtsreporter 124, 222, 243
Gerichtszeichnungen 128
Glaubwürdigkeit 30f., 35, 36, 59, 102, 116, 191, 196, 198, 200, 207, 210, 281, 287, 305
Großbritannien 328
Grundsatz der Öffentlichkeit 126

H

Hintergrundgespräche 124, 270, 311, 345
Höchstrichterlichkeit 352

I

In dubio pro reo 100
Informationsfreiheit 172, 176, 179
Informationsfreiheitsgesetz 178, 179
Inquisitionsjournalismus 66
Insiderhandel 326
Inszenierung 198
Integrität 93
Interessenabwägung 294
Interne Kommunikation 29
Interne Presseabteilung 331
Internetauftritt 269, 274
Interpretationslogik 25, 198
Investor Relations 28, 29
Issues Management 28

J

Jahrespressegespräch 270
Journalismus 25, 71, 180, 181ff., 248, 257
Judikative 172ff., 203, 351
Jugendgerichtsverfahren 295
Juristischer Syllogismus 97
Jurysystem 58, 60
Justizberichterstattung 138, 185, 200
Justizialisierung 205
Justizirrtum 12
Justizkommunikation 125, 146, 149, 267, 269, 274
Justiz-PR 25

K

Kachelmann-Prozess 9, 279, 304, 356
Kamera 77, 270
Kameras 356
Kapitaldelikts-Verfahren 327
Kapitalmarktrechtliche Musterverfahren 69
Kapitalverbrechen 326
Kernbereich privater Lebensgestaltung 162
Kernbotschaften 32, 195, 200
Kernteam 308, 310, 311
Klassenjustiz 9
Kolonialisierung 79
Kommunikationsabteilung 331
Kommunikationsberatung 305, 307ff., 323, 325, 337, 344
Kommunikationsfreiheit 173
Kommunikationsmanagement 27, 29, 33, 36, 37
Kommunikationsstrategie 27, 189, 307, 309, 322, 326, 357
Kommunikative Strategie 101
Konziliarentscheidung 352
Kooperationen zwischen Kommunikations- und Rechtsberatung 304
Körperverletzung 187, 245, 263, 294
Krise 28, 30ff., 35f., 96ff., 100, 109, 243, 304, 315ff., 322f.
Krisenkommunikation 28f., 31, 36, 97, 308f., 315f., 323f.,
Krisen-PR 31, 33, 99f., 244, 257
Krisenverschärfung 97

Stichwortverzeichnis

L

Laien 10, 60, 67, 129, 219, 230, 232, 238, 281, 289
Landespressegesetz 139, 158, 177f., 191, 268
Legalitätsprinzip 146, 265, 329
Legislative 173
Legitimation des Urteils 353
Legitimation durch Verfahren 352
Lobbyismus 143
Lokalpresse 279, 282

M

Manipulationsvorwurf 250
Mannesmann-Prozess 34, 70, 262, 323
Mannesmann-Verfahren 283
Massenmedien 31, 78, 79, 88, 123, 124, 172, 174, 175, 177, 182
Materielles Recht 98
Medialisierung der Justiz 25, 26, 37, 342, 346
Mediatisierung 152
Medien der Rechtsprechung 351
Medienanwalt 12
Mediendemokratie 201
Mediendruck 77
Mediengesellschaft 11, 24, 25, 27, 33, 35, 36, 37, 76, 78, 79, 80, 86, 87, 89, 90, 111, 119, 149, 151
Mediennutzung 235, 236, 239
Medienöffentlichkeit 78, 85, 88, 127, 152, 156, 282, 283, 333, 341
Medienrechtliche Sorgfaltspflichten 296
Mediensprecher 269, 271, 272
Mediensystem 24, 26, 57
Medientrainings 346
Medizinberichterstattung 200
Moralisierung 113, 114, 357
Moralkommunikation 357

N

Nachrichtenwertfaktoren 188
Nachteilpotential 101
NATO 214
Nebenkläger 261, 286, 327
Neutralität 18, 146, 155, 158, 165, 351, 352
Niveau der US-Medien 66
Normenkontrollklagen 205

Normvorstellungen 94

O

O. J. Simpson-Prozess 59
Objektivität 146, 194, 198, 240, 297, 304, 329
Objektivitätsgebot 188
Objektivitätspflicht 146, 188, 189, 191, 192
Offenheit 93
Öffentliche Abwertung des Gegners 137
öffentliche Aufmerksamkeit 78, 105, 188, 294, 316, 323
Öffentliche Auseinandersetzung 353
öffentlichen Entscheidung 93
Öffentlicher Diskurs 94
Öffentliches Vertrauen 95
Öffentlichkeit der Verhandlung 341
Öffentlichkeitsverantwortung 151, 153, 155, 156, 157, 159, 161, 163, 164, 165, 166
Ökonomie der Aufmerksamkeit 265

P

Persönlichkeitsrechtsverletzungen 342
Pflicht zur Aktualisierung von Medieninformationen 274
Pharmahersteller 64
Plädoyer 235, 239, 282
Polizeibehörden 297
Postmortaler Persönlichkeitsschutz 300
Prangerwirkung 132
Pressedezernenten 269
Pressefreiheit 126, 132, 155, 263, 290, 296
Pressekodex 131, 200, 347
Pressekonferenz 32, 160, 299, 332
Pressereferenten 269
Pressesprecher 269
Pre-Trial-Discovery-Verfahren 62, 63, 67, 71
PR-Instrumente 31, 32
PR-Instrumente 328
privilegierte Quelle 296, 297
PR-Kampagne 345
Produktion öffentlicher Meinung 189
Professionelle Rechtskommunikation 246
Prominenz 201, 279, 280, 286, 312
Provokationspotenzial 257
Prozessdynamik 351, 356

Prozessführungsstrategie 101
Prozessklima 101
Prozesslogik 351, 355, 356
Prozessordnung 100
Prozessprodukt 245, 354
Prozesstechnik 351, 355
Prozessuales Recht 98
PR-Richtlinien 347
Psychologisierung des Täters 11
Publizistische Vorverurteilung 188
Punitive Damages 60, 61

R

Recht auf rechtliches Gehör 342
Recht auf Selbstdarstellung 162
Rechtsanwaltskammern 346
Rechtsbewusstsein 89
Rechtsdienstleister 333
Rechtsfolgen 97
Rechtsfrieden 78
Rechtsgefühl 89
Rechtsgüter 99, 294
Rechtskommunikation 76
rechtskonformen Verhaltens 93
Rechtsstaat 9, 11, 82, 87, 88, 126, 261, 262, 268, 330, 342
Rechtsstaatsprinzip 81, 154, 155
Rehabilitation 87
Remoralisierung 83
Repolitisierung 357
Reputation 24, 25, 27, 28, 29, 30, 33, 34, 35, 36, 37, 76, 86, 93, 95, 105, 107, 108, 109, 110, 111, 112, 115, 117, 118, 124, 125, 132, 134, 135, 136, 243, 244, 303, 305, 308, 309, 315, 316, 317, 323, 324
Reputationserwartungen 95, 102
Reputationskonstitution 95, 102
Reputationsstärkung 198
Reputationsträger 34, 35, 95, 107, 108, 109, 112
Richterethik 220

S

Saalöffentlichkeit 78, 88, 282
Sachverständige 231, 232, 238, 286, 287
Sammelklage 64, 213, 259
Schadensbegrenzung 195, 313
Schauprozess 356

Schikaneverbot 134
Schöffen 67, 68, 265, 289, 325, 326
Selbstschutzrechte 102
Selektionslogik 25, 198
Serielle Medienstory 188
Skandalinszenierung 320
Social Media 118, 311, 337
Soziale Reputation 357
Sozialpsychologie 129
Spartensender 65
SPD 211, 212, 214
Spekulationen 30, 66, 93, 244, 297, 305, 312
Sphärentheorie 162
Spin Doctor 321
Spin-Doctor 48, 257
Sprachregelungen 311, 334, 345
Staatsanwaltschaftsvereinigungen 346
Stellvertreterprozess 261
Strafantrag 235, 236, 238, 239, 240
Strafmaß 10, 59, 68, 101, 209, 233, 235, 236, 238, 240, 241, 245, 265, 321, 355
Strafprozesse 11, 187, 200, 224
Strafschadensersatz 61
Strafverfahren 98, 100, 105, 123, 130, 138, 144, 152, 155, 156, 157, 159, 161, 162, 209, 210, 215, 219, 231, 232, 239, 240, 260, 267, 276, 279, 295, 344
Strafverteidiger 327
Strategische Kommunikationsberatung 326
Strukturelle Ungleichbehandlung 133
Strukturierte Zusammenarbeit 337
Subsumtion 97
Sympathie 197

T

Tageszeitungen 70, 197
Telekom-Prozess 333
Theater des Gerichts 352
Ton- und Filmaufnahmen 127
Tornado-Einsatz 214
transnationalen Öffentlichkeiten 356
Tribunal 351
Twitter 43, 243, 252

U

Unschuldsvermutung 81, 82, 86, 90, 114, 128, 131, 132, 139, 142, 148, 155, 161,

162, 188, 191, 192, 262, 290, 297, 304, 342, 344
Unternehmenskommunikation 303, 313
Untreuevorwürfe 326
Urteilsverkündung 154, 188, 212
USA 42, 57, 58, 59, 60, 61, 62, 63, 64, 65, 66, 67, 70, 71, 72, 74, 111, 124, 127, 244, 248, 258, 291, 303, 321, 327, 329, 335, 336, 337, 344
US-Verfassung 58

V

Verbandsklagen 69
Verbot unsachlicher Werbung 137
Verdachtsberichterstattung 130, 131, 132, 133, 138, 139, 146, 285, 293, 296, 297
Verfahrensakteure 101
Verfahrenshoheit 319
Verfassungsklage 203, 206, 207, 208, 210, 211, 212, 214, 215, 216
Vergewaltigung 13, 133, 187, 188, 196, 279, 305, 326
Verschwiegenheitspflicht 139, 146, 147, 272, 310
Vertrauenssubjekte 95
Vertraulichkeit 291
Vier-Faktoren-Modell 188, 199, 200

Vierte Gewalt 158, 280
Vorratsdatenspeicherung 204, 210, 212, 213, 214
Vorverurteilung 26, 82, 131, 138, 189, 191, 198, 297, 304, 328, 329, 331, 344
VW-Affäre 264

W

Waffengleichheit 85, 142, 160, 161, 165, 251, 258, 347
Wahrheitsfindung 100, 146, 240, 354
Wahrheitsgehalt 296
Wahrheitspflicht 100, 132, 136, 144, 146
Web 2.0 320, 347, 348
Weimar-Prozess 10
Werbebegriff 257
Wertungsargumentationen 354
Wettbewerbsdruck 67, 70
Wirkung der Bilder 195
Wirtschaftskriminalität 328

Z

Zeugenaussagen 136, 298
Zeugnisverweigerungsrecht 327

Kommunikationswissenschaft

Hans-Jürgen Bucher / Peter Schumacher (Hrsg.)
Interaktionale Rezeptionsforschung
Theorie und Methode der Blickaufzeichnung in der Medienforschung
2012. ca. 250 S. Br. ca. EUR 29,95
ISBN 978-3-531-17718-2

Andreas Fahr
Rezeptionsprozesse
Grundlagen, Messung, Anwendungsfelder
2012. ca. 300 S. Br. ca. EUR 24,95
ISBN 978-3-531-18214-8

Matthias Karmasin / Matthias Rath / Barbara Thomaß
Normativität in der Kommunikationswissenschaft
2012. 300 S. Br. ca. EUR 29,95
ISBN 978-3-531-18324-4

Martin Löffelholz / Claudia Auer / Sylvia Krichbaum / Alice Srugies
Public Diplomacy
2012. ca. 450 S. Br. ca. EUR 39,95
ISBN 978-3-531-18323-7

Thorsten Quandt / Jürgen Wilke / Christine Heimprecht / Thilo von Pape
Fernsehwelten
Auslandsnachrichten im deutschen Fernsehen
2012. ca. 200 S. mit 10 Abb. Br. ca. EUR 24,95
ISBN 978-3-531-18771-6

Lars Rademacher / Alexander Schmitt-Geiger
Litigation-PR: Alles was Recht ist
Zum systematischen Stand der strategischen Rechtskommunikation
2012. ca. 300 S. Br. ca. EUR 39,95
ISBN 978-3-531-18201-8

Ulrich Saxer
Mediengesellschaft
Eine kommunikationssoziologische Perspektive
2012. 820 S. Geb. ca. EUR 79,95
ISBN 978-3-531-13371-3

Ansgar Zerfaß / Lars Rademacher / Stefan Wehmeier
Organisationskommunikation und Public Relations
Forschungspradigmen und neue Perspektiven
2012. ca. 320 S. Br. ca. EUR 39,95
ISBN 978-3-531-18098-4

Erhältlich im Buchhandel oder beim Verlag.
Änderungen vorbehalten. Stand: Januar 2012.

Einfach bestellen:
SpringerDE-service@springer.com
tel +49 (0)6221 / 345 – 4301
springer-vs.de

Journalismus

Klaus-Dieter Altmeppen /
Regina Greck (Hrsg.)
Facetten des Journalismus
Theoretische Analysen und empirische Studien
2011. ca. 250 S. Br. ca. EUR 29,95
ISBN 978-3-531-17524-9

Andreas Baumert / Sabine Reich
Interviews in der Recherche
Redaktionelle Gespräche zur Informationsbeschaffung
2., überarb. u. erw. Aufl. 2012. 200 S. Br. ca. EUR 19,95
ISBN 978-3-531-18159-2

Klaus Beck / Simon Berghofer /
Leyla Dogruel / Janine Greyer
Wirtschaftsberichterstattung in der Boulevardpresse
2012. 194 S. mit 16 Abb. Br. EUR 29,95
ISBN 978-3-531-18615-3

Beatrice Dernbach / Wiebke Loosen
Didaktik der Journalistik
Konzepte, Methoden und Beispiele aus der Journalistenausbildung.
2012. 473 S. mit 9 Abb. Br. EUR 49,95
ISBN 978-3-531-17460-0

Beatrice Dernbach
Vom Elfenbeinturm ins Rampenlicht
Prominente Wissenschaftler in populären Massenmedien
2012. 280 S. mit 30 Abb. Br. EUR 24,95
ISBN 978-3-531-17853-0

Falk Tennert
Ursachendiskurse in der Wirtschaftskommunikation
Krisenkommunikation und Reputationskrisen: Modelle - Studien - Empfehlungen
2012. ca. 250 S. Br. ca. EUR 29,95
ISBN 978-3-531-17876-9

Josef Trappel / Stefan Gadringer /
Sabrina Kweton / Teresa Vieth
Redaktion und Werbung
Theoretisch modelliert. Empirisch geprüft.
2012. ca. 300 S. Br. ca. EUR 29,95
ISBN 978-3-531-18773-0

Claudia Mast
Neuorientierung im Wirtschaftjournalismus
Redaktionelle Strategien in Presse, Rundfunk und Onlinemedien
2012. ca. 300 S. Br. ca. EUR 29,95
ISBN 978-3-531-18200-1

Erhältlich im Buchhandel oder beim Verlag.
Änderungen vorbehalten. Stand: Januar 2012.

Einfach bestellen:
SpringerDE-service@springer.com
tel +49(0)6221/345-4301
springer-vs.de

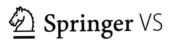

Lehrbücher / Nachschlagewerke

Klaus Beck
Das Mediensystem Deutschlands
Strukturen, Märkte, Regulierung
2012. ca. 290 S. (Studienbücher zur Kommunikations- und Medienwissenschaft) Br. ca. EUR 19,95
ISBN 978-3-531-16370-3

Hans-Bernd Brosius / Friederike Koschel / Alexander Haas
Methoden der empirischen Kommunikationsforschung
Eine Einführung
6., durchges. Aufl. 2012. 250 S. (Studienbücher zur Kommunikations- und Medienwissenschaft) Br. ca. EUR 19,95
ISBN 978-3-531-17608-6

Beatrice Dernbach / Christian Kleinert / Herbert Münder
Handbuch Wissenschaftskommunikation
2012. 500 S. Geb. ca. EUR 59,90
ISBN 978-3-531-17632-1

Norbert Franck
Gekonnt referieren. Überzeugend präsentieren
Ein Leitfaden für die Geistes- und Sozialwissenschaften
2012. 168 S. mit 30 Abb. Br. EUR 14,95
ISBN 978-3-531-18156-1

Michael Jäckel
Medienwirkungen kompakt
2012. 150 S. Br. ca. EUR 14,95
ISBN 978-3-531-18606-1

Hans J. Kleinsteuber
Radio
Eine Einführung
2012. 369 S. mit 8 Abb. u. 14 Tab. Br. EUR 29,95
ISBN 978-3-531-15326-1

Wolfgang Schweiger / Andreas Fahr
Handbuch Medienwirkungsforschung
2013. 600 S. Geb. ca. EUR 49,95
ISBN 978-3-531-18158-5

Hartmut Weßler / Michael Brüggemann
Transnationale Kommunikation
Eine Einführung
2012. ca. 250 S. (Studienbücher zur Kommunikations- und Medienwissenschaft) Br. ca. EUR 24,95
ISBN 978-3-531-15008-6

Erhältlich im Buchhandel oder beim Verlag.
Änderungen vorbehalten. Stand: Januar 2012.

Einfach bestellen:
SpringerDE-service@springer.com
tel +49(0)6221/345-4301
springer-vs.de

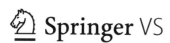

Printed by Publishers' Graphics LLC